VOLKSWIRTSCHAFTLICHE UND WIRTSCHAFTSGESCHICHTLICHE ABHANDLUNGEN

WILHELM STIEDA

ALS FESTGRUSS ZUR SECHZIGSTEN WIEDERKEHR SEINES GEBURTSTAGES DARGEBRACHT

IM VEREIN MIT SCHÜLERN UND VEREHRERN
HERAUSGEGEBEN
VON
WILHELM EDUARD BIERMANN

MIT EINEM BILDNIS VON W. STIEDA

LEIPZIG
VERLAG VON VEIT & COMP.
1912

Wilhelm Stieda

VOLKSWIRTSCHAFTLICHE UND WIRTSCHAFTSGESCHICHTLICHE ABHANDLUNGEN

WILHELM STIEDA

ALS FESTGRUSS ZUR SECHZIGSTEN WIEDERKEHR SEINES GEBURTSTAGES DARGEBRACHT

IM VEREIN MIT SCHÜLERN UND VEREHRERN HERAUSGEGEBEN

VON

WILHELM EDUARD BIERMANN

LEIPZIG
VERLAG VON VEIT & COMP.
1912

Inhalt.

Zwei Kapitel aus Leipzigs Handels- und Verkehrsgeschichte.

I. Die Bank des Quints (1727). — II. Ein Eisenbahnprojekt Leipzig-Magdeburg (1829).

Von **Siegfried Moltke.**

Ein Bankprojekt und ein Eisenbahnprojekt Leipzigs! Wäre das erste zustande gekommen, es hätte viel Unheil gebracht. Würde das andere durchgeführt worden sein, es hätte reichen Segen gebracht. Scheiterte dieses an dem in jener Zeit vielleicht verständlichen, vielleicht sogar verzeihlichen Konkurrenzneid der Magdeburger Kaufmannschaft, so verdankt Leipzig und Sachsen es dem Scharfblick der Leipziger Kaufmannschaft, daß ein Institut abgelehnt wurde, dessen ganzer Organisationsplan selbst gegen seine Verwirklichung sprechen mußte.

Beide Projekte haben bisher in den Archiven geschlummert und werden hier zum ersten Male zur Kenntnis gebracht, nachdem sie — das eine vor fast zwei Jahrhunderten, das andere vor fast einem Jahrhundert — ad acta gelegt worden waren. Ob sie auch nicht gerade hochbedeutende archivalische Funde darstellen, dürften sie doch beide, und insbesondere das Bahnprojekt, wichtig genug sein, um von Forschern gern begrüßt zu werden. An diese habe ich auch in erster Linie gedacht, woraus es sich erklärt, daß ich fast rein aktenmäßige Darstellungen, möglichst von allen eigenen Reflexionen freie Schilderungen gebe. Gewissermaßen als Quellenmaterial bringe ich die beiden Kapitel ihnen allen und namentlich dem Manne dar, der selbst durch eigene Arbeiten wie durch Anregung und Förderung von Arbeiten seiner zahlreichen Schüler die handels- und verkehrsgeschichtliche Forschung in so hervorragender Weise gehoben hat. Ihm, dem Verehrer Friedrich Lists, des Mannes, dem Deutschland, in erster Linie natürlich Leipzig, seine erste größere Eisenbahn verdankt, wird vielleicht der Nachweis, daß

Leipzig schon lange vor Lists Auftreten dem neuen Verkehrsmittel größtes Interesse entgegengebracht hat, eine angenehme Überraschung bereiten. Denn es kann nicht von der Hand gewiesen werden, daß durch die Ergebnisse der Beratungen des Magdeburger Projektes der Boden für die Saat Lists in Leipzig bereits empfänglich gemacht worden war.

I. Die „Banqve des Qvints" (1727).

Am 13. Oktober des Jahres 1727 erschien in der Ratsstube zu Leipzig der Salzinspektor Herr von Gottberg und überbrachte zwei Briefe des Königlich Polnischen und Kurfürstlich Sächsischen Generalfeldmarschalls Grafen von Flemming, deren einer an die Leipziger Kaufmannschaft (in französischer Sprache), der andere an den Rat der Stadt zu Leipzig (in deutscher Sprache) gerichtet war. Beide besagten dasselbe, daß nämlich der König genehmigt habe, eine „gewisse Sozietät", die zu des Landes Bestem gereichen werde, zu errichten.*) Der Monarch habe den Kammerrat von Lüttichau sowie die Herren d'Aubonne und von Gottberg aus der für diese Angelegenheit niedergesetzten Kommission bestimmt, daß sie der Leipziger Kaufmannschaft das Projekt unterbreiten sollten. Flemming ersuchte Rat und Kaufmannschaft, „alles mögliche, damit gedachte Sache zustande gebracht werde, beizutragen", wodurch nicht nur Ihrer Königlichen Majestät, sondern auch dem Rat, der Kaufmannschaft und dem Publico ein Dienst erzeigt werden würde. von Gottberg kam zu ungelegener Zeit, denn die Michaelismesse nahm augenblicklich die Kaufmannschaft vollständig in Anspruch. Dennoch wurde bereits am 15. Oktober eine Sitzung des Rates in der Schoßstube abgehalten, in der von Lüttichau außer sich selbst noch folgende als Kommissionsvorsitzende nannte: Graf von Flemming, Geheimer Rat von Seebach und Kammerherr von Wobser. Man kam in dieser Besprechung zunächst nur zu der allseitigen Versicherung, daß bei dieser Sache alles angewendet werden würde,

---

*) Vgl. Acta: Eine in Vorschlag gebrachte Banqve unter dem Nahmen des Qvints betr. Ao. 1727. III. B. 120. B. 776b. Ergangen bey der Rath Stube zu Leipzigk. (Im Ratsarchiv.) — Acta: Das Project der sogenannten Banqve des Qvints betr. E. Löbl. Kauffmannschafft zu Leipzigk zuständig. (Eigentum der Handelskammer zu Leipzig.)

was zur Erfüllung der allergnädigsten Intention gereichen könne, nur brauche selbige viel Überlegung und Einsicht, „damit alles mit genugsamem Grunde und Bestand traktieret werden möge, dazu ein jeder gern aufrichtig raten werde“. Es saßen eben in dieser Ratssitzung schon Kaufleute als Mitglieder des Rates, bei denen der in dieser Sitzung verlesene Plan der fraglichen „Sozietät“ sicher in mehr als einem Punkte schwerwiegende Bedenken hervorrief. Von einer Bank im eigentlichen Sinne des Wortes konnte nicht recht die Rede sein, vielmehr stellte diese Sozietät ein Gemisch von Bank, Lotterie, Aktiengesellschaft, Pfandleihinstitut etc. dar. Doch hören wir den Plan, dessen wichtigster (paragraphierter) Teil in buchstabengetreuem Abdruck hier wiedergegeben sein soll. Irgendwelchen Kommentars wird es nicht bedürfen, er spricht klar für sich selbst.

Die Konzession sollte unentgeltlich erteilt werden, die Direktion der Kompanie wollte man dem Rate und den Kaufleuten zu Leipzig „gänzlich überlassen und diese würden leichtlich erkennen, wie vorteilhaft der Effekt, die Folgerungen solcher Bank nicht allein für das ganze Land, sondern auch für die Stadt Leipzig insbesondere sein würden. Aus der Mitte des Magistrats sollten ein Präsident und vier Kommissare oder Inspektoren gewählt werden, denen austrägliche (einträgliche) Besoldungen für die Mühe bei der Direktion zuteil werden sollten. Überdies forderte der Plan noch sechs oder acht Direktoren aus der Kaufmannschaft, welchen eine hinlängliche und starke Provision von allen Einnahmen zustehen wird, sowohl von dem, was sie selbst einnehmen, als durch ihre Korrespondenten und Gevollmächtigten erheben und einhändigen“. Sowohl von den Direktoren als auch von den Inspektoren sollten einige mit als „Aktionisten“ bei der Bank zugenommen werden, sobald sie es fordern würden. „Und überhaupt haben sie sich sowohl bey Ihro Königl. Majestät als allen Membris der Kompagnie alle Gnade und Gewogenheit zu versprechen und zu hoffen.“ Wegen der besonderen Einrichtung sollten sie überall zu Rate gezogen werden, und ihren Vorschlägen sollte tunlichst Folge geleistet werden, „wie sie dann vor alle diesfalls benötigten Unkosten und Aufwand keineswegs zu sorgen haben“. Soweit die dürftigen Vorschläge für die Organisation des Vorstandes und der Verwaltung der Bank. Einiges darüber besagen noch die 37 Paragraphen des eigentlichen Planes, fast möchte man sagen: Spielplanes.

Er lautet:

1.

Die Banqve soll bestehen von einer Million so einige Personen so dazu unterschrieben werden, herschießen, und dagegen einen ieden frey stehen wird, sein Glück zu probieren, auff die Weise wie es in folgenden mit mehrern zu ersehen ist.

2.

Es wird ein Praesident, etliche Inspectores und Directores zu dieser Banque geordnet werden, in welcher Gegenwart ein ganz Spiel französischer Charten besehen und daraus 5. Charten heraus gezogen werden sollen auf bloßes Glück und ohne daß jemand sie sehe. Diese 5. Charten thut man in ein besonderes Schächtelgen, versiegelt und numeriret selbiges, welches also beschaffen, der Quint genennet wird.

3.

Die übrigen 47. Charten, wovon die 5 Charten zum Quint heraus gezogen sind, krieget auch niemand zusehen, und werden gleichfalls in ein besonderes Schächtelgen versiegelt und mit des heraus gezogenen Quints Nummer bezeichnet, welches man den Stamm oder den Talon nennet.

4.

Gleichwie alle Tage, außer denn Sonn- und Fest-Tagen ein Quint durch Eröffnung solches Schächtelgens gezogen werden soll, so können in Versammlung des Magistrats, der Directeurs und Inspecteurs auff einmahl soviel Quinten nach vorbeschriebener weise gemachet werden, als in einem ganzen Jahre nöthig seyn möchten.

5.

Alle solche Quinten werden in einen eisernen Kasten verschlossen, wovon ein jedweder aus dem Magistrat, so als Inspector denominiret werden wird, einen besonderen Schlüssel zu sich nimmt, und mit den Talons oder den Büchsen, worinn die Stämme versiegelt sind, wird es auff gleiche weise gehalten.

6.

Man kan wieder den Quint sein Glück probiren, wie man selbsten will, und auf 1. 2. 3. oder 5. Carten zugleich setzen.

7.

Wer auff eine Charte sezet dem stehet frey 1 thlr: zusetzen, oder mehr nach Gefallen biß zu 500 thlr.

8.

Wer auff 2. Carten zugleich setzet mag von 1. thaler an bis 100 thlr. sezen.

9.

Auff 3. Charten zusammen stehet frey von 1. thlr. an biß 50. thlr. — zusetzen.

10.

Wer aber auf 5 Carten zugleich setzet darff nicht mehr und nicht weniger als 5 thlr. sezen.

11.

Wer nun also sein Glück wieder die Banqve des Qvints probieren will, und sich an Ort und Stelle befindet, kan bey den geordneten Contoirs sich melden, und gegen Bezahlung sich Wechselbriefe oder Assignation auf die Directeurs der Banqve geben laßen.

Wer aber anderwärts ist, gehet zu den accreditirten Correspondenten vom Quint, und läßet sich gleichergestalt Wechsel oder Assignation auf die Directeurs geben, nach der Form, wie sie nachhero §. 20. beschrieben sind. Die Directeurs acceptiren auch solche Wechsel, indem sie die Correspondenten selbst erwehlen mögen, und für ihren Credit stehen.

12.

Wer wieder die Banqve des Quints spielen will, kan sich den Wechsel auf den Quint eines gewißen Tages und Monats geben laßen, wie er selbst will. Zum Exempel, einer der an Ort und Stelle ist kan Assignation auf den Quint des morgenden Tages nehmen, oder auch auf einen eines andern Tages nach eigenen Belieben. Die Auswärtigen aber müßen nach Entlegenheit der Orthe solchen Quint sich erwehlen, daß zuvor von den Correspondenten an die Directeurs adviso gegeben werden kan.

13.

Die Inspectores und Directores kommen alle Tage an bestimmten Orte etwann um 10. Uhr zusammen, durchsehen die Bücher, wo alle Assignations oder Wechselbriefe, so auf den Quint desselben Tages gezogen oder genommen sind, eingetragen worden, schließen selbige, eröffnen nachhero öffentlich in Beyseyn eines jedweden, so zugegen syn will, von Fremden oder Spielern, den eisernen Kasten, worinnen die Quints verschloßen sind und laßen einen von den Interessenten oder Mit-Spielern einen Quint aufs gute Glück aus den Kasten heraus langen. Dieser Quint wird öffentlich aufgemacht und öffentlich registriret aus was vor Charten derselbe bestanden. Nachgehends eröffnet man den Kasten, worinnen die Stämme oder Talons liegen, und suchet die Nummern des gezogenen Qvints hervor, damit durch die übrigen 47. Charten erwiesen werden kan, daß es mit dem Qvint richtig zugegangen, und keine unrechte Charte untergeschoben ist.

14.

Die Registraturen von dem gezogenen Qvint werden in ein gewißes Buch behörig eingetragen, und sowohl von den Inspecteurs und Directeurs, als auch etwa von 5. oder 6. Interessenten oder Mitspielern so gegenwärtig gewesen, zu mehrerer Beglaubigung unterschrieben, zugleich richtige Copey davon an alle Creditores und auswärtige Correspondenten des Qvints geschicket.

15.

Wer sich einen Wechsel auf eine Charte geben laßen, gewinnet, falls die benante Charte in dem Qvint, wieder welchen er spielet, sich befindet und bekommt 10fach soviel als er bezahlet hat. Und zwar die Helffte baar, die andere Helffte aber an neuen Assignationen oder Wechseln auff andere Qvints. Zum Exempel, der Cassirer des Qvints bezahlet 10. thler: an den, so einen Wechsel auf eine Charte vor 1 thlr. an sich gelöset und gewonnen hat. Nehmlich 5 thlr: baar, 5 thlr. aber mit einer neuen Assignation oder Wechsel auf 5. Charten zugleich eines anderen Qvints. Solchermaßen wird auch einer bezahlet, so 2 thlr bis zu 500 thlr, wie laut §. 7. erlaubet ist, auf eine Charte gesetzet hat.

16.

Wer Wechsel auf 2. Charten zusammen genommen, gewinnet, wofern die benannten 2. Carten in dem Qvint, auf welchen der Wechsel lautet, befindlich sind, und bekomt zum Gewinnst 100. mahl soviel, als er vor den an sich gelöseten Wechsel bezahlet hat; $^3/_4$. werden baar vergnüget das vierte Viertel aber mit neuen Assignationen und Wechseln auff andere folgende Qvints. Z. E. der Cassirer des Qvints bezahlet 100. thlr an einen, so seinen Wechsel mit 1. thlr: gelöset und gewonnen hat. Nehmlich 75. thlr an demselben baar, und 25. thlr mit neuen Assignationen oder Wechseln auf 5. Charten zusammen in folgenden Qvinten. Ebenermassen wird auch einer bezahlet, so 2. thlr bis 100. thlr: wie laut §. 8. erlaubet ist, auf 2. Charten zusammen gesezet und gespielet hat.

17.

Wer Wechsel auf 3. Carten zusammen genommen, gewinnet, woferne die benanten 3. Carten in dem Qvint, auf welchen der Wechsel lautet enthalten sind, und bekommt zum Gewinst 1500. mahl soviel, als er vor den gelösten Wechsel bezahlet hat, $^4/_5$ tel werden baar contentiret, ein Fünftel aber mit neuen Assignationen oder Wechseln auf folgende Qvints. Z. E. der Cassirer gibt 1500. thlr: dem, so seinen Wechsel auf 3. Carten zusammen mit 1 thlr gelöset hat. Nehml: 1200. rth. baar, und 300 rth. an neuen Assignationen oder Wechseln auf andere folgende Qvints.

Gleichergestalt kriegt einer nach proportion, der 2 rth. bis 50 rth. nach der Erläubnüs §. 9. auff 3. Carten zusammen gespielet und gewonnen hat.

Noch ist zumercken, daß wer neue Assignationes oder Wechsel in bezahlung eines theils seiner Gewinste, er mag auff 1. auff 2. oder auff 3. Carten zusammen gesezet haben, bekomt, die Freyheit behält, selbst zuerwehlen auch einzutheilen, auf welche Qvints von diesen, oder jenem Tage er solche neue Assignationes gerichtet haben will, ingleichen was er für Carten in der neuen Assignation oder Wechsel sich benennen zulaßen beliebet.

18.

Wer sich Wechsel auf 5. Carten zugleich geben läßet, gewinnet $\frac{250.}{m}$ thlr wenn der Qvint auff welchen der Wechsel lautet, aus den benanten 5. Carten bestehet. Hat er aber nur 4. Carten vom Qvint getroffen, gewinnet er nicht mehr als $\frac{10}{m}$ rth, wo er aber nur 3. Carten gerathen hat, bringt er nur 250. rth zur consolation.

Wobey also wohl zu mercken ist, daß die, so Wechsel auf 5. Carten zugleich nehmen, überaus glücklich seyn und einen sehr großen Gewinst thun können.

Ja, wenn sie auch das Unglück haben und die 5. Carten des Qvints nicht alle treffen, werden sie doch sehr öffters einen preiß von $\frac{10}{m}$ rth davon tragen, wenn sie 4. Carten errathen, und woferne sie auch nur 3. Carten treffen, wird ihnen sehr offte die Consolation von 250 thlr: zu theile werden, so doch ebenfalls ein ansehnlicher Gewinst ist.

Alle diese Gewinste, so wie obgemeldt vor die so auff 5. Carten zugleich spielen, ausgesezet sind, werden ganz und gar mit baaren Gelde bezahlet.

19.

Weil die dirigirung des Qvints große Unkosten erfordern wird, so daß der Vortheil von 4. p Cento den die Banqve gegen die Spieler, welche nur auff 1. Carte sezen, hat keinesweges dahinzureichen würde, dahero es billig, hierunter einige Gleichheit zu erhalten; So werden diejenigen, welche sich Wechsel auf eine Carte allein geben laßen, sich nicht entbrechen, dem Banqvier, der ihnen den Wechsel ausstellet, noch 2 gr vor iedweden Wechsel à parte zuentrichten.

20.

Ein ieglicher der wieder die Banqve des Qvints spielet, kan sein Glück versuchen und die Carten wehlen nach Belieben, wie ihm denn gleichfalls freystehet, sich seinen Qvint auszusuchen, welches nachhero in dem darüber gelöseten Wechsel deutlich angezeiget und beschrieben wird, auf folgende Weise:

Entwurff solcher Assignationen oder Wechsel auf die Directeurs des Qvints

/:Not: die im Entwurff benanten Carten, ingl. die Summe des Geldes und der Tag sind nur ohngefehr und zum Exempel gesezet:/

Auff eine Carte:

An d. H. Directeur des Qvints. Wenn der König von Herzen in dem Qvint, so den 1. Decembr: ieztlauffenden Jahres gezogen werden wird, sich befindet, werden dieselben an Vorzeigern dieses auff Sicht 10. thlr: zubezahlen belieben, auff Art und weise wie es bey dem Qvint versprochen und reguliret ist. Valuta habe an 1. thlr: erhalten. Sigl.

Auff 2. Carten

Wenn der König und die Frau von Hertzen in dem Qvint, so den 1. Decbr: ieztlauffenden Jahres gezogen werden wird, befindlich sind, gelieben dieselben dem Inhaber auff Sicht dieses zu bezahlen die Summa von 100. thlr nach Vorschrift der Ordnungen des Qvints, valuta habe an 1 rth richtig erhalten.

Auff drey Charten,

An d. Hh. Directeurs des Qvints.

Wenn der König, die Frau und der Knecht von Herzen sich in dem Quint, so den 1. Decbr: ieztlauffenden Jahres gezogen wird, befindet, gelieben dieselben dem Inhaber auf Sicht dieses zubezahlen die Summe von 1500 thlr denen Statuten des Quints gemäß, Valuta habe an 1. thlr richtig erhalten.

Auff 5. Carten.*)

An d. Hh. Directeurs des Quints.

Wenn der König, die Frau, der Knecht, das As und die Zehen den Quint ausmachen, so den 1. Decembr: ieztlauffenden Jahres gezogen werden wird, gelieben dieselben dem Inhaber auff Sicht dieses zubezahlen die Summa von $\frac{250}{m}$ rth — woferne aber nur 4. von obbemelten Carten in selbigem Quint seyn würden, gelieben dieselben zu bezahlen die Summa von $\frac{10}{m}$ rth und wofern nicht mehr als 3. von gemelten Carten im Quint sind, gelieben dieselben nur zubezahlen die Consolation von 250 rth. Valuta habe am 5 thlr richtig erhalten.

21.

Die Inhaber der Wechsel können aus denen zu publicirenden Registraturen, so bey dem Quint, auf welchen ihre Briefe lauten, gefertiget worden, so gleich ersehen, ob die Carten, auf welche sie gesezet darinn enthalten, und sie also gewonnen, in welchem fall sie ihre Wechsel in dem Contoir oder bey dem Banqvier, wo sie selbigen genommen, verificiren oder auf folgende weise indossiren laßen:

An den Inhaber dieses, oder auf Ordre des Hh. N. N.
Es stehet also frey, das endossement auff sich und ordre, oder auff den Inhaber stellen zu laßen.

22.

Wenn solche verification und endossirung geschehen, mögen sie sich bey dem Cassirer des Quints melden, welcher die Wechsel so gleich auff Sicht bezahlen wird.

---

*) Randbemerkung: NB. fehlt auf 4. Charten, steckt aber einigermaßen im folgenden.

23.

Gleichwie nach Maßgebung des §. 15. 16. und 17. ein theil des Gewinsts baar, ein gewißes Antheil aber mit neuen assignationen oder Wechseln auf 5. Carten zusammen des Quints zuvergnügen ist, Als müßten diejenigen, so sich ihre Gewinste bezahlen laßen wollen, zugleich bey einschickung ihrer Wechsel die Carten und die Tage anzeigen, welche sie in ihren neuen Wechseln benannt haben wollen, auf daß nemlich der Cassirer des Quints sie ohne aufenthalt so gleich abfertigen und expediren könne.

24.

Wer gewonnen und folglich einen zahlbaren Wechsel in Händen hat, dem stehet frey, solche Wechsel, wie andere gewöhnliche zu verhandeln, und laut Cours zu negociren.

In solchem Fall aber muß er das endossement bey der verification nur auff das zufordern habende baare Geld stellen und sich eine absonderliche assignation an den Cassirer des Quints geben laßen, damit er gegen diese den übrigen theil seines Gewinsts an neuen Assignationen oder Wechseln auf 5. Carten empfangen könne.

25.

Um diejenigen, welche im ersten Jahre ihr Heil gegen die Banqve versuchet und glücklich gewesen von den avantagen und Vortheilen der Banqve participiren zulaßen, so ist man gesonnen, zu Ende des ersten Jahres 2500. Actions zu Leib-Renten anzulegen, wovon jedwede 4000. rth — kostet und folglich zusammen ein Capital von einer Million ausmachen.

26.

Die Banqve bezahlet jährlich $\frac{100}{m}$ thlr: als Interesse von obiger Million, welche Interessen jährlich unter die noch lebenden Actionisten vertheilet werden, maßen denen lebenden der Verstorbenen Antheil zuwächset; Auff welche weise also die lebenden Aktionisten gleich Anfangs 10. pCento Interesse nebst einem Zuwachsse von Jahren zu Jahren genießen werden.

27.

Die lebenden Actionisten erben nicht allein das Interesse derer Abgestorbenen, sondern auch deren Capital, daß demnach die Banqve zu Ende und Ablauff der Concession, nemlich nach 7. Jahren seit aufgerichteten Leib Renten das ganze Capital an 1. Million thlr: wieder heraus giebet, welches Capital unter die noch lebenden Actionisten zugleich vertheilet wird, wodurch geschehen kan, daß die lebenden ihr Capital gedoppelt wieder kriegen.

28.

Ob gleich diese Leib Renten einzig und allein vor die, so gegen die Banqve gewonnen haben, gewidmet sind, so wird man doch auch selbige denen zukommen laßen, so solche glückliche und zahlbare Wechsel an sich erhandelt und die Zahlung davon bey der Banqve erhalten haben, maßen der Gewinner so seinen Wechsel verhandelt, zugleich sein Recht mit cediret, so er sonsten auf die Leib Renten gehabt hätte.

29.

Aus obigem erhellet, daß keiner Recht hat, auf die Actions der Leib Renten zu unterschreiben, als der so sich Gewinst Wechsel entweder an sich selbst, oder an seine Ordre und Gevollmächtigten der Banqve bezahlen laßen. Wer nun auf solche weise seine Zahlung erhalten, demselben wird man sich einschreiben und seine Gewinnste ihm alle mahl dabey nachtragen laßen bis zur erfüllung der benöthigten Summen, und solchergestalt bekommt er das Recht Actions auf Leib Renten sich geben zu laßen.

30.

Die, so nicht an Ort und Stelle sind, können ihre Suscription nach dem Muster, so ihnen gegeben werden soll, eigenhändig einschicken.

31.

Ein ieglicher, so durch Suscription das Recht erlanget, Actions auf Leib Renten zu kriegen, kan sein Recht cediren an wem er will.

Wenn nun die Leib Renten angehen und eröffnet werden, muß einer entweder durch eigene Suscription oder erhaltene Transports darthun, daß er 400 thlr: bey der Banqve bezahlet gekriegt, da er denn hinlänglich berechtiget ist, diese 400 rthlr bey der Banqve zugeben.

32.

Wären bey Anfang der Leib-Renthen mehr Suscriptiones als zu 1. Million Rthlr: so wird solcher denen abgehen, die die stärcksten

Summen haben. Z. E. wenn einer Recht hätte auff 3. oder 4. Actiones, es wären aber der Actionen zuviel und mehr als 1. Million, so wird denen so die stärcksten Summen haben, nach Beschaffenheit und Nothdurfft soviel Actiones weniger austheilet, daß die andern Actionisten auch Actiones kriegen und das Capital nicht über eine Million heransteige. Hingegen wenn bey anfang der Leib-Renten nicht Subscriptiones genug verhanden wären, das Capital der Million zuerfüllen, so wird man die übrigen Actiones denen zukommen laßen, so noch nicht völlig 400 rthl Subscribiret haben, die aber den 400 rthl am nächsten kommen, gehen den andern für, so weniger haben.

33.

Ob gleich obgemelter maßen die Gewinst-Wechsel nicht ganz und gar mit baarem Gelde bezahlet werden, so kan doch der Gewinner auf die ganze Summa, er mag sie baar oder an neuen Assignationen vergnüget kriegen, subscribiren.

34.

Die Banqve wird auch Pfande an Schaustücken, an Gold: und Silber Jubelen und andere Kostbarkeiten annehmen, und bezahlet man nicht mehr als 1: p. Cent solange man es darinnen läßet. Die Banqve übernimmt alle Gefahr und Unglücksfälle und der Deponent kan es wieder einlösen, wenn er will.

35.

Wenn nun diese Banqve zu Leipzigk etabliret werden möchte, will man zu Beförderung des commercii die Freyheit geben, daß wer sich Gewinst Wechsel bey der Banqve bezahlen laßen, ein Blat vor seine Rechnung halten und alle seine bezahlt bekommene Summen nach und nach eintragen laßen könne.

Sobald er dadurch erweisen kan, daß er bey der Banqve ohne gefahr bis $\frac{20}{m}$ th. auf Gewinst Wechsel erheben, soll ihm darüber ein richtiges Attestat und Verschreibung ausgestellet und von der Zeit an bis zu Verlauff der Concession Sr. Königl. Majt. jährlich 300. rthl vor ihn und seine Rechnung zur Accise oder andern bey der Handlung vorfallenden praestandis bezahlet werden. Übrigens mag er ein neues Blat vor seine Rechnung anfangen lassen und auf obbeschriebene maße zu anderweiten Exemtionen oder erhaltung anderer jährl. 300. rthl. sich den Weg bahnen.

36.

Die Besitzer und Eigenthümer oberwehnter Verschreibungen von der Banqve können die 300. rthl durch die Banqve an die Accise oder andere gehörige Orte, sowohl auf einmahl als auch nach und nach vor ihre Rechnung bezahlen laßen. Es ist ihnen auch erlaubet, vor andere Kauff: und Handelsleute bis zur Summa der 300 rthl zu assigniren und bezahlen zulaßen. In Summa, sie können damit gebahren wie sie wollen, es auff andere transportiren, dieses Recht verkauffen, verschencken, vermachen oder auf andere weise damit disponiren, maßen die Banqve allemahl diese 300. rthl bezahlen will, jedoch muß der Transport davon an niemand anders, als einen Kauff- oder Handelsmann geschehen, weil die Absicht sowohl zu Beförderung des Commercii als zum Nuzen derer Interessenten gerichtet ist.

37.

Es ist schon oben erwehnet, und verstehet sich auch alhier von selbst, daß wer ein Blat vor seine Rechnung nehmen will, zum Behuff dieser Verschreibungen, daß er nicht allein die Gewinst Wechsel mit einschreiben laßen darff, so er vor sich selbst gewonnen, sondern daß er auch die andern Gewinst Wechsel, so er etwa von andern an sich gehandelt, hierbey mit einrechnen kan.

— — — — — — — — — — — — — — —

Die Leipziger Kaufmannschaft hat den Plan eingehend, und zwar sofort, d. h. noch im Oktober 1727 beraten. Seit dem Jahre 1688 hatten sich ihre Vertreter, die Handlungsdeputierten als Vorstand des Großhandels und die Kramermeister als Vorstand des Kleinhandels, in Angelegenheiten, die beide, Großhandel und Kleinhandel, gemeinsam angingen, auch gemeinsam beraten.*) So auch in diesem Falle der Bank des Quints. Das Ergebnis führte zu einer Ablehnung des Projektes. Die Kaufmannschaft bezeichnete das ganze Werk als auf einem für sie gefährlichen Hasard beruhend, vor dergleichen rechtschaffene Kauf- und Handelsleute sich schon aus eigenstem Interesse hüten müßten. Schon der Schein eines solchen Unternehmens müsse gemieden werden, wolle man nicht den Verlust allen Kredits herbeiführen. Obwohl der Plan nicht

*) Vgl. Moltke, Urkunden zur Entstehungsgeschichte der ersten Leipziger Großhandelsvertretung S. LIIff., Leipzig 1904; ferner Moltke, Leipzigs Handelskorporationen S. 10, Leipzig 1907.

alle Einzelheiten beleuchtet, glaubte die Kaufmannschaft doch deutlich ersehen zu können, daß die geplante Bank „mit dem bekannten Aktienhandel oder mit dem sogen. Königsspiel verwandt“ sei, und während sie jenen eine Pest der Länder und Kommerzien nannte, die lange genug grassiert habe und endlich von selbst ihr Ende habe finden müssen oder, wie in Hamburg „gar bei Zeiten verboten und gleichsam in der Geburt den Kommerzien zum besten ersticket worden sei“, weist sie andererseits darauf hin, daß auch das Königsspiel, an das sich zu Meßzeiten so viele Handlungsdiener und Lehrlinge zu ihrem eigenen Verderb und Schaden gewöhnt hatten, ebenfalls von selbst eingegangen sei, und daß „der Meister desselben die Ungewißheit seines Metiers mit seinem eigenen Schaden habe erfahren müssen“. Es sei auch hinlänglich bekannt, daß die Kaufleute, auch die größten, die „sich mit dem Aktienhandel zu metieren angefangen“ hätten, nicht nur sofort ihren Kredit verloren hätten, sondern daß auch zahlreiche völlig zugrunde gegangen seien. Als Beispiel hierfür wird für den Leipziger Platz der „vorher im größten Flor und Kredit gestandene Baronet und Bankier in London Justus Beck“ genannt. Der Quint sei nicht minder schädlich, deshalb auch in Rom, Paris und Genua bei hoher Strafe verboten worden. Die Größe des Hasards gehe schon daraus hervor, daß den fünf „schweren“ Treffern siebenundvierzig unausbleibliche Nieten gegenüberstehen.

Wie nun ein rechtschaffener Kaufmann sich einem solchen Hasard nicht widmen könne, wie man ihm die Betätigung an und in ihm gar nicht zumuten könne, so müßten auch die Handlungsdeputierten und Kramermeister, die die gesamte Leipziger Kaufmannschaft repräsentieren, die angesonnene Direktion der Bank des Quints als auch deren Etablierung am Leipziger Platz „wegen allerhand daher besorglicher üblen Suiten, insonderheit wegen des unausbleiblichen Verderbs der Jugend, namentlich der kaufmännischen, ablehnen“. Dem Rat der Stadt wurde in diesem Sinne Bericht erstattet. Ein gleichzeitiges hiervon benachrichtigendes Schreiben an den Generalfeldmarschall von Flemming scheint nicht abgegangen zu sein, es trägt einen Randvermerk: „Dieses Schreiben ist unnöthig“. Interessant ist in diesem Konzept jedoch der Hieb, der den zuständigen Kollegien erteilt wird. Die Kaufmannschaft bittet den Grafen, wegen ihrer Ablehnung der Bank keine Ungnade auf sie zu werfen, „sondern vielmehr in Gnaden zu erlauben, daß wir die das alhiesige Negocium drückende viele so aus- als innländische Hindernüße und Beschwehrungen, darauff wir, derer beyden Königl. Collegiis gethanen öffteren Vorstellungen ungeachtet, seit vielen Jahren her, weder einige Resolution, noch Remedur erlangen können, deroselben mit ehesten in tieffster Submission anderweit vorstellen".

Paul Dietrich von Gottberg hat sich als Mitglied der ad hoc eingesetzten Königlichen Kommission mit Fleiß der Aufgabe unterzogen, der Stellungnahme der Kaufmannschaft entgegenzutreten. Er kann zunächst nicht umhin, der Kaufmannschaft den Vorwurf zu machen, sie habe, weil sie sich aus dem Projekt „kein ganz vollständiges Konzept von der intendierten Bank habe machen können", einfach gleich die ganze Sache refüsiert und depreziert, anstatt Flemming, d'Aubonne, von Gottberg oder irgendein anderes Kommissionsmitglied um Aufklärung des nicht Verstandenen anzugehen. Was das Hasard bei der Sache betreffe, so meint er, die den Fonds von einer Million stellende Sozietät könne bei außergewöhnlichen Vorfällen allerdings verlieren, da sie aber ziemliche Avantagen vor den Spielern voraus habe, seien solche Fälle nach menschlichem Ermessen fast unmöglich. Jedenfalls habe ein Direktor oder Kollekteur nichts zu befürchten, denn er nehme seine zulängliche Sicherheit an den zusammengeschossenen Fonds, etabliere seine Korrespondenten an ihm bekannten Orten, nehme die Einlagegelder selbst und durch seine Korrespondenten ein, übermache die Gewinnste an gehörige Orte, wozu er das Geld teils selbst in Händen habe, teils seinen Rekurs zur Bank wisse. Von solchem roulierenden Gelde ziehe er eine einträgliche und mehr als gewöhnliche Provision und riskiere auf keine Weise weder sein Vermögen noch seinen Kredit, profitiere vielmehr, je mehr Geld durch seine Hände gehe, sowohl an der Provision als an der Ausbreitung seiner Kundschaft und an der Verbesserung seines Kredits durch pünktliche Bezahlung der auf ihn gestellten und zahlbaren Scheine und Wechsel.

Weiter wendet sich von Gottberg gegen die Ansicht der Leipziger Kaufmannschaft, daß die Bank des Quints verwandt sein solle mit dem Aktienhandel oder mit dem Königsspiele. Ziemlich unverblümt wirft er den Gutachtern vor, daß sie beide nicht zu kennen scheinen, weshalb ihnen auch „das Fundament eines gegründeten Sentiments und Gutachtens" fehle. Die Bezeichnungen „Actions" und „Leibrenten" könne man sehr leicht durch andere ersetzen (!), auf die Sache selbst komme es an. Daß der Aktienhandel in Frankreich und in England sich so verhaßt gemacht habe, sei kein Wunder, „weil der Modus zur Praktizierung und Ausführung des Werkes nirgend determiniert und eingeschlossen war, sondern alles von den Phantasien und gutem Willen einiger wenigen Leute dependierte, welche durch allerhand und selbstbeliebige Künsteleien heute steigen und morgen fallen verursachten, um inmittels im trüben zu fischen und von Leute Schaden und Verlust zu profitieren". Für die Bank des Quints läge aber ein Projekt vor, worinnen alles und jedes deutlich beschrieben und noch weiterhin zu beschreiben sei, ja von welchem die Sozietät der Bank, sogar die Inspektion und die Direktion nebst genüglicher Rekompensierung für ihre Mühewaltung, auch noch andere geben wolle. Sie würden also stets „Meister des Werkes" sein und, nachdem sie einmal ihre Sicherheit und gewisse Mesures genommen, auf keine Weise weder obligieret werden noch können, in dem einmal beliebten Modo Änderungen zu machen. Zudem stehe ja der Kaufmannschaft frei, ihre Erinnerungen und Vorschläge für Abänderungen des Projektes zu machen, die sicher Entgegenkommen finden würden.

Gottberg gibt zu, daß das allegierte Königsspiel seine Mißbräuche (Übelstände) gehabt habe, aber weder die hohen Kollegia noch die verordnete Kommission würden sich entbrechen, allem etwa zu besorgenden Unheil vorzubeugen. Auch hier würden alle guten Vorschläge in Obacht gezogen werden, die dazu dienen, jede Möglichkeit zu beseitigen, die Bank des Quints mit dem Königsspiel zu vergleichen. Worin allerdings eine Gleichheit bestehen soll, das sei „bei noch nicht examinierter Sache und bis dato ermangelnden vollständigen Konzepten weder gewiesen noch sonsten abzusehen". Und nochmals sucht er den Vergleich mit dem Aktienhandel haltlos zu machen. Zwischen ihm und der projektierten Bank sei ein sehr großer Unterschied. Bei jenem habe die Hoffnung und das Beispiel eines schnellen und großen Reichtumserwerbes häufig die Leute bewogen, sehr große Kapitalien in Aktien anzulegen und sich damit „allen mit einschlagenden Verwandlungen und Hasards zu exponieren". Dies sei bei der Bank des Quints wenig oder gar nicht zu befürchten. Die Einlagen seien limitiert, jeder könne nach Gefallen einlegen, viel oder wenig, und wenn die Summen noch zu groß seien, könnten sie vor der Publizierung genauer eingeschränkt werden. Außer diesem Hasard sei für die Spieler kein weiterer Handel, es sei denn, daß einer mit den Leibrenten oder Verschreibungen auf 300 Taler Befreiungsgelder nichts zu tun haben wolle und seine Gewinnstbilletts an andre zu verhandeln suche. Aber hierdurch könne kein Mensch ruiniert werden, denn der Gewinn und Verlust seien nicht jählings wie bei dem französischen Aktienhandel. Es würde zu unvernünftig sein, alle Leibrenten an sich zu handeln und alles auf seinen Kopf und sein Leben zu wagen. Das Projekt lasse auch deutlich erkennen, daß wenn mehr Prätendenten zu den Leibrenten sich finden sollten, als nötig seien, solcher Überfluß denen, die am meisten haben, abgeschnitten und folglich die Leibrenten unter so viele Leute verteilt werden sollen, als nur möglich. Außerdem könne der Handel nicht täglich vor sich gehen, sondern wenn die Leibrente ihren Anfang genommen hat und auf diesen oder jenen verschrieben ist, so habe keine Zession mehr statt und komme nur auf des Eingeschriebenen Leben oder Tod an. „Mit den Erhandelungen der Gewinnstbilletts, um sich die 300 Reichstaler Befreiungsscheine zu machen, sieht es auch bei weitem nicht so gefährlich aus, denn ich weiß voraus, wie hoch der Profit dabei ist oder nicht. Der ganze Handel kann einige wenige Prozente bei den Gewinnstbilletts austragen für den Verkäufer, der Käufer sieht vorher aus der Publikation des Projekts, was er dabei gewinnen kann. Wenn nun einer nicht blindlings, ohne die Avantage der Bank zu erwägen, alle Tage auf viele Nummern des Quints wie ein Unbesonnener setzen wollte, so ist nicht abzusehen, wie einer sich in einer oder anderen Weise dabei ruinieren oder jemand durch anscheinende solche Gefährlichkeit seinen Kredit verlieren könnte.“ Kein Gesellschaftsmitglied könnte bei gutem Gang der Bank seine Anteile „aufs höchste losschlagen“, denn die Bankanteile bleiben beständig auf den Personen und können nach den Satzungen nicht verhandelt werden, damit sie nicht in ausländische Hände kommen.

Der Behauptung, daß andern Ortes die Bank des Quints verboten worden sei, stellt von Gottberg die entgegen, daß bisher in der ganzen Welt weder eine Lotterie, noch ein Spiel, noch sonst ein Unternehmen unter dem Namen des Quints bestehe. Die Genuesischen Spiele, die eigentlich Seminario heißen und am meisten als Jeux de Gennes bekannt seien, hätten zwar einige Gleichheit mit dem Projekt des Quints, allein da diese genuesische Art des

Spiels schon seit langem bestehe und auch jetzt noch (1727) trotz aller Unglücksfälle, Kriege, Revolutionen in den meisten Orten Italiens usw. sich erhalten habe und floriere, so könne dem Quinte auch diese Gleichheit nicht schaden, sondern vielmehr zu dessen besserem Ruhme und Rekommendation dienen. Wohl habe der Papst*) aus heiligem Eifer in seinem Staate diese Genuesischen Spiele verboten, nur um dem Aberglauben zu steuern (als cabalam, punctiren usw.), es stehe aber fest, daß dieses Verbot ebensowenig durchgängigen Effekt gehabt habe wie das den Geistlichen geltende Gebot, keine Perücken zu tragen. Ein weiteres Verbot der Genuesischen Spiele sei unbekannt, auch in Frankreich, wo übrigens nicht eine einzige Institution bestehe, die mit der geplanten Banqve des Qvints auch nur die geringste Ähnlichkeit habe.

Was die Proportion von fünf schweren Treffern gegenüber 47 Nieten betreffe, so meint von Gottberg, daß diese Objektion nicht sehr stark zu sein scheint. Von 52 Karten oder Nummern gewännen 5, welche jede zehnmal so viel kriegen, als für sie eingelegt sei. Wenn man also auf alle 52 Nummern einen Taler setze, bekomme man 50 Taler gewiß wieder. Zwei Taler gingen zwar verloren, dagegen könne man die gewonnenen 50 Taler zur Erlangung der Leibrenten und der Befreiungsscheine annotieren lassen oder an andere zedieren, wodurch die vier Prozente, die man verloren hat, wieder ersetzt und rekompensiert würden. Diese Sachlage sei für den Spieler so vorteilhaft, daß die Bank nimmermehr auskommen würde, wenn sie bei den anderen Klassen auf 2, 3 oder 5 Nummern nicht etwas größere Avantage hätte. Gesetzt aber, das Hasard wäre wirklich für den Spieler zu groß, so würde das doch dem Kollekteur nicht schaden, sondern er könne desto eher der Bank und der Bestätigung seines Kredites versichert sein.

Schließlich kommt von Gottberg auf die Deprekation seitens der Leipziger Kaufmannschaft nochmals zu sprechen, wirft letzterer aber wieder Voreiligkeit vor, da sie doch selbst sage, sie habe sich noch kein richtiges Bild (Konzept) von der ganzen Sache machen können, andrerseits noch keine Erläuterung des ihr Unverständlichen verlangt oder erhalten. Was die „allerdings nicht unerheblichen Bedenken" hinsichtlich des Verderbs junger Leute und Handlungsdiener betreffe, so sei dieses Bedenken auch schon

---

*) Benedikt XIII.

in Erwägung gezogen worden. Man sei aber willens, deshalb alle Präkautionen zu nehmen, auch alle guten Vorschläge zu akzeptieren und zu employieren. Es bestehe kein Zweifel, daß Mittel und Wege gefunden würden, diesem Unheil vorzubeugen.

Am 4. November erteilten Handlungsdeputierte und Kramermeister dem Rat der Stadt hierauf die Antwort, daß sie bei ihrem vormaligen Bescheid bleiben müssen. Die Direktion der projektierten Bank als Korporationen oder als einzelne Mitglieder derselben zu übernehmen, erscheine ihnen weder tunlich noch ratsam. Hingegen werde jedes einzelne Mitglied der Deputierten und Kramermeister, en particulier, wenn sie von der Realität der Sache überzeugt sein würden, das seinige von selbst zu kontribuieren sich nicht entbrechen, „welches, weiln die übrigen gemachten Vorstellungen in unsere Profession nicht laufen, folglich von uns weder hinlänglich examiniret noch beurtheilet werden können, wir auff die erwehnten Erinnerungen (von Gottbergs) anderweit nicht verhalten sollen".

Mit dieser zweiten Ablehnung war das Projekt endgültig begraben und sicher, „dem Rat, der Kaufmannschaft und dem Publico, aber auch Ihrer Königlichen Majestät" durch dieses Begräbnis ein größerer Gefallen getan worden, als durch ein unrühmliches Ende, das der Bank des Quints nicht ausgeblieben sein würde.

II. Das Eisenbahnprojekt Leipzig-Magdeburg (1829).

Im Jahre 1825 wurde die erste Eisenbahn dem öffentlichen Verkehr übergeben, es war die englische Linie Stockton-Darlington. Im Jahre 1835 rollte auf deutschem Boden (Nürnberg-Fürth) der erste Zug. Zwischen beiden Jahren hatten die Vereinigten Staaten von Amerika (1827), Österreich-Ungarn (1828) und Frankreich (1828) die ersten Eisenwege gebaut. Doch allerorten regte sich der Trieb, das Flügelrad sich dienstbar zu machen. Nicht zuletzt in Leipzig, von dem es durchaus nicht immer mit Recht hieß: Lipsia vult expectari! Im Jahre 1833 hatte Friedrich List seine beiden Schriften „Über ein sächsisches Eisenbahnsystem" und „Aufruf an unsere Mitbürger in Sachsen, die Anlage einer Eisenbahn zwischen Dresden und Leipzig betreffend" veröffentlicht. Es darf als gewiß angenommen werden, daß er, dessen Absicht in der ersten größeren deutschen Eisenbahnstrecke in so glänzender Weise zur Erfüllung kam, keine Ahnung damals davon gehabt hat, daß schon ein halbes

Dezennium früher im Kreise der Leipziger Kaufmannschaft ein Projekt erörtert wurde, das, wenn auch nur um ein Geringes (2,6 Kilometer) an Ausdehnung noch größer war als das Leipzig-Dresdner, welches im ersten Plane von 1829 übrigens zum Teil, nämlich bis Strehla an der Elbe, mit vorgesehen war, da der Plan zunächst anheimgab: Leipzig-Strehla oder Leipzig-Halle bezw. Magdeburg. Man fühlte schon damals — und nicht nur in Leipzig, sondern auch in Halle — daß der Mangel eines geeigneten, Handel und Industrie dienstbaren Wasserweges für Leipzig ein großes Verkehrshindernis bedeutete. Man hoffte, daß ein Schienenweg von der sächsischen Handels- und Meßstadt nach einem der nächstliegenden schiffbaren Ströme diesem Mangel abhelfen würde. Die Erfahrungen, die man in England, Amerika usw. bis dahin mit den Eisenbahnen trotz aller namhaften Fortschritte in der Eisenbahntechnik gemacht hatte, konnten doch noch nicht den Blick, den Sinn für den Wert so klären, daß man erkannt hätte, daß die Vorteile des Wasserweges selbst durch den Schienenweg niemals geboten werden können. In einer nunmehr fast achtzigjährigen Eisenbahnpraxis haben wir diese Erkenntnis erlangt. Noch heute streben wir nach einer Ausdehnung des deutschen Kanalnetzes, Leipzig insbesondere nach seinem eigenen Kanal — trotz längst bewährter, nach allen möglichen Wasserbinnenstraßen und Seehäfen führenden Eisenbahnverbindungen.

Es scheint — wenigstens darf man es aus den Akten[1]) des Leipziger Handelsvorstandes[2]) vermuten —, daß auch in dieser für Leipzig, seinen Handel und seine Industrie so wichtigen Angelegenheit der Kaufmann, Bankier und Kramermeister Carl Leberecht Hammer den ersten Schritt getan hat.[3]) In Leipzig! Denn die erste Anregung ging von Halle aus. Der nachmalige Ge-

[1]) Acta des Handlungsvorstands zu Leipzig, die Anlegung einer Eisenbahn zwischen Leipzig und Magdeburg betreffend. Vom Jahre 1829. (Im Besitz der Handelskammer zu Leipzig)

[2]) Über dessen Organisation s. mein Buch „Leipzigs Handelskorporationen", Leipzig 1907. S. 13.

[3]) C. L. Hammer war Mitinhaber der noch heute florierenden Bankfirma Hammer & Schmidt in Leipzig. Seine hervorragenden Verdienste sind mannigfaltig. Allein seine Anregungen und Bemühungen zur Gründung der weltberühmt gewordenen Leipziger Handelslehranstalt (gegr. 1831) machen ihn schon unvergeßlich, s. Wolfrum, Die öffentliche Handelslehranstalt zu Leipzig 1831—1881, Leipzig 1881, S. 9ff.

heime Kommerzienrat Stadtrat und Handelskammerpräsident Ludwig Wucherer, ein Mann, dem Halle überaus viel zu verdanken hat,[1]) hatte eine Denkschrift an den Leipziger Stadthauptmann Ludwig Hartz gesandt, deren ganzer Wortlaut bedeutend genug ist, um hier vollinhaltlich wiedergegeben zu werden. Hartz hatte diese Denkschrift dem Handlungskonsulenten Dr. Wiesand zugestellt und so ist sie, da Hammer als Kramermeister (Vorstandsmitglied der Kramerinnung) zum Handlungsvorstand gehörte, auch in die Hände dieses bienenfleißigen, weitblickenden, immer nur das Wohl der gesamten Kaufmannschaft Leipzigs im Auge haltenden Mannes gekommen, der sich der wichtigen Angelegenheit offenbar mit größtem Eifer angenommen hat, wie ein noch zu erwähnender Brief an ihn dartut. Die Denkschrift sagt folgendes:

„Unter den Erfindungen neuerer Zeit nehmen die Eisenbahnen einen sehr hohen Standpunkt ein, indem sie teils ein ungleich wohlfeileres, zugleich aber bei weitem rascheres Transportmittel liefern als jedes früher gekannte binnenländische und deshalb notwendig nur günstig auf den Handel und Verkehr überhaupt, im umfassendsten Sinne des Wortes, einwirken müssen, teils neben jener Ersparnis an Kosten und Zeit den Unternehmern einer solchen Anlage mit Sicherheit einen Gewinn versprechen, den nicht manche Zweige der Spekulation aufweisen dürften.

Die in den Vereinigten Staaten Nordamerikas, in England und Frankreich schon bestehenden Eisenbahnen, die zunehmende Vermehrung derselben und die Anlegung ganz neuer, welche gegenwärtig in Österreich und Preußen für sehr bedeutende Landesstrecken ausgeführt wird, sprechen für die Richtigkeit eben aufgestellter Ansicht wie für den Wunsch, der sich manchem Bewohner des mittleren Deutschlands aufdrängt, auch in diesem Teile unseres gemeinsamen Vaterlandes Einrichtungen solcher Art entstehen zu sehen, welche dem durch die inneren Verhältnisse so tief gebeugten Handel ein neues Leben verleihen könnten.

Unter den Städten des mittleren Deutschlands gibt es aber wohl keine zweite, welche durch ausgebreiteten Handel sich eines so blühenden Wohlstandes erfreute, als Leipzig; keine, welche den Wechsel der Dinge mehr erfahren und darunter gelitten hätte.

---

[1]) Über ihn s. Hertzberg, Geschichte der Stadt Halle an der Saale, Halle a. S. 1893, Bd. 3 S. 654 (und die dort angezogenen Seiten).

Wäre die örtliche Lage Leipzigs anderer Art, z. B. wie die von Hamburg oder Magdeburg gewesen, so würden die politischen Ereignisse, welche hier so nachteilig einwirkten, wie bei jenen Städten vorübergehend gewesen sein, so aber haben die, aus der Lokalität entspringenden Beschränkungen, die durch politische Umwälzungen diesem Handelsplatze zugefügten Leiden in einer langen Reihe von Jahren nicht vermindert, sondern steigend vermehrt.

Gerade diese seine Lage aber im eigentlichen Mittelpunkte Deutschlands scheint jetzt — wo der Menschen erfinderische Geist Hindernisse der Art erfolgreich zu beseitigen gelehrt hat — die Mittel an die Hand zu geben, Leipzig und seinen früheren hohen Standpunkt unter den deutschen Handelsplätzen zurückzuführen.

Unmittelbare Verbindung mit einem schiffbaren Flusse ist es, was Leipzig für den eignen wie für den Speditionshandel hauptsächlich fehlt, und da eine solche Verbindung nicht wohl zu beschaffen, so könnte die Anlegung einer Eisenbahn diesen Mangel gänzlich und vielleicht selbst mehr als ersetzen, da der Frachtlohn auf einer solchen schwerlich je höher, in den meisten Fällen aber billiger zu stehen kommt als die Schiffsfracht im Innern des Landes.

Zwei Punkte scheinen sich am besten zu eignen, Leipzig mit einem schiffbaren Strome durch eine Eisenbahn in Verbindung zu setzen: Strehla an der Elbe und Halle an der Saale.

Erstere Stadt bietet hierbei für Leipzig den Vorteil, daß sie im Innenlande und günstig für die aus Böhmen kommenden Gegenstände des Handels und Ackerbaues liegt, den Nachteil aber einer zu großen Entfernung, in welcher überdies zwei Flußgebiete zu passieren sind, von denen das eine (das der Mulde) noch nicht einmal mit einer Brücke versehen ist, überhaupt wegen der Bösartigkeit dieses Wassers große Schwierigkeiten entgegenstellt, und eines im ganzen sehr unebenen, kupierten Terrains, wie einer kostspieligen und langsamen Wasserfahrt die Elbe hinauf.

Halle aber leidet nur an einem Übelstande, dem nämlich, für Leipzig im Auslande gelegen zu sein. — In die Augen springend sind dagegen die Vorteile, welche dieser Punkt gewährt, da die Entfernung nur geringe — etwa $4^1/_2$ Meilen —, das Terrain aber — rechts der Chaussee (von Leipzig aus gerechnet) und ganz nahe derselben — durchaus eben ist, sich auf dem Plateau der Stromscheide zwischen Elster und Mulde hinzieht, wo es nur von einem unbedeutenden Bache, der Reide, der nie Überschwemmungen veranlaßt, durchschnitten wird und deshalb keine kostspieligen Brückenanlagen erheischt.

Überdem aber ist die direkte Schiffahrt von Hamburg auf Halle bei fast um die Hälfte niedrigerer Fracht als die von Hamburg nach Strehla (bis wohin die preußisch-anhaltischen Elbschiffahrtszölle allein 15 $^{2}/_{3}$ Groschen, die dänisch-mecklenburgisch-hannöverschen aber 4 $^{5}/_{6}$ Groschen in Golde pro Ztr. von Kolonialwaren usw. ausmachen, während die ganze Fracht bis Halle inklusive aller Schiffahrtszölle nur 13—14 Groschen Kurant pro Ztr. beträgt), wenngleich erst seit wenigen Jahren entstanden, doch in bester Aufnahme, wie die jährlich sich mehrende Masse der auf diesem — bereits durch viele Leipziger Häuser mit Vorteil benutzten — Wege eingehender Güter beweist, und gewährt bei im Durchschnitte kürzerer Fracht, als die von Hamburg nach Strehla außer dem Vorteil der Kosten- und Zeitersparnis noch den des Vorhandenseins solider Handlungen und aller nötigen Einrichtungen zum Betrieb der Spedition sowohl stromauf- als stromabwärts.

Ferner ist die Gegend um Halle reich an Produkten und Erzeugnissen mancher Art, als Getreide, Bau- und Brennmaterialien, Salz usw., welche für einen Teil des Königreich Sachsens erwünschte Einfuhrartikel sind oder doch werden könnten, wenn verringerte Transportkosten den Verbrauch derselben erleichterten, was die Frequenz fraglicher Eisenbahn noch erhöhen würde.

Ganz besonders wichtig erscheint jedoch Halle hinsichtlich des zwischen Preußen an einem und Bayern und Württemberg am anderen Teile abgeschlossenen Handelstraktats für Leipzig werden zu können in betreff der Spedition von Kolonialwaren, welche mindestens für das ganze östliche Bayern der geographischen Lage nach am besten über jene Stadt geleitet werden dürfte, da der Wasserweg von Bremen aufwärts wegen der ihm unzertrennlich anklebenden Langsamkeit seinen zeitherigen Wert für Bayern verlieren muß, und Elbe und Saale bei ermäßigten Zöllen und Transportkosten den Vorzug vor der Weser verdienen, ferner die Straße von Halle über Altenburg, zwar ein wenig näher als über Leipzig, doch nur zum geringsten Teile chaussiert ist, mithin unbequemer und teurer sein muß als der über letzteren Platz.

Könnte demnach Leipzig, wie dieses bei Anlegung einer Eisenbahn nach Halle der Fall sein müßte, billigere Spesen als Altenburg berechnen, so unterliegt es keinem Zweifel, daß die ganze Expedition für Ostbayern sich über ersteren Platz ziehen würde.

Hiernach wären nun die Vorteile, welche Halle gegen Strehla (obgleich es noch andere gewichtige, wenn auch minder augenfällige gibt) böte, so bedeutend, daß ersterer Stadt für eine nach Leipzig anzulegende Eisenbahn wohl jedenfalls der Vorzug gebührte.

Nach Vorausschickung dieser kurzen Schilderung der örtlichen Verhältnisse wagt man es, den Herren Deputierten löblichen Handelsstandes:

Die Idee zur Anlegung einer solchen Eisenbahn vorzuführen und dieselben gehorsamst zu bitten, solche überhaupt hinsichtlich des Vorteils, der dadurch für Leipzig entstehen könnte, in wohlgeneigte Erwägung und Beratung nehmen zu wollen, auch gewogentlichst zu prüfen — wenn denselben die Anlage im allgemeinen ausführbar und wünschenswert erscheint, von welchem Punkte aus sie zu erreichen sein dürfte.

Fiele nun die Wahl des Punktes — ab welchem ein Eisenschienenweg anzulegen — auf Halle, so würde man sich erlauben, bei den verehrten Herren Deputierten ganz ergebenst darauf anzutragen, daß dieselben geruhen möchten, sich darüber auszusprechen, ob nach ihrer Ansicht die einzelnen Mitglieder löblicher Kaufmannschaft wie auch andere Privatpersonen sich für und bei Ausführung des in Rede stehenden Plans interessieren dürften.

In dem Falle, daß auf eine lebhafte tätige Teilnahme Leipzigs bei Ausführung gedachten Projektes zu rechnen und hierüber eine einigermaßen sicherstellende Erklärung zu erlangen sein dürfte, würden die Personen, von denen fragliche Idee ausgegangen, diejenigen Arbeiten sofort vornehmen lassen, welche zur Ermittlung eines ganz genauen Kostenanschlages notwendig gehören.

Der beiliegende Anschlag, wenn schon von einem gründlichen Sachverständigen entworfen, hat nicht an Ort und Stelle gefertigt werden können; er gibt daher nur eine Übersicht, vermag aber, des Gesagten wegen, nicht zur wirklichen Basis zu dienen.

Es ist indes aus diesem Entwurf zu entnehmen, daß, sollte die Ausführung auch einen bedeutend höheren Kostenaufwand verursachen, die Anlage dennoch einen bedeutenden Überschuß um so sicherer bieten müßte, als die Gesamtmasse der in beiden Richtungen zu transportierenden mit jährlich 500000 Ztr. jedenfalls zu gering angenommen ist.

Man würde, unter obiger Voraussetzung, ferner bei den beiderseitigen Regierungen vorläufig die erforderlichen Anträge machen, um den landesherrlichen Bewilligungen, welche zum Bestehen und Gedeihen einer Anlage, wie fragliche, notwendigst gehören, im voraus versichert zu sein, wobei man zurzeit schon die Hoffnung aussprechen kann, daß preußischerseits keine Hindernisse in den Weg gelegt werden würden; und nachdem dies alles geschehen — wozu man sich wegen der in Dresden bei dem hohen Finanzkollegio zu machenden Schritte die geneigte Einwirkung der verehrten Herren Deputierten seinerzeit zu erbitten gehorsamst erlauben wird —, gedenkt man mit dem auf nur erwähnten genauen Anschlag basierten Aktienplan zur Anlegung einer Eisenbahn zwischen Leipzig und Halle zunächst in diesen beiden am meisten dabei beteiligten Städten, dann aber — sollte die benötigte Summe daselbst nicht zusammenkommen — bei dem größeren Publikum aufzutreten".

Uns heutige Kinder der Zeit eines hochentwickelten Verkehrs und seiner technischen Vollkommenheiten, deren jede neue wir fast wie etwas Selbstverständliches, etwas längst Erwartetes hinzunehmen uns gewöhnt haben, wie mutet uns so manches in diesem Hallenser Exposé an, das aus der frühsten Zeit des Eisenbahnwesens stammt, aus einer Zeit, in der man sich vielfach noch um die Vor- und Nachteile stritt, die der von einer Lokomotive, diesem angestaunten Neuling, vor dem vom getreuen Pferde gezogene, auf Schienen rollende Wagen oder gar Wagenzug haben möchte. Wie seltsam klingt uns — wenn er uns auch für die damalige Zeit verständlich ist — der Einleitungsabschnitt! Und wenn wir dann lesen, daß Strehla den Nachteil größerer Entfernung, überdies zwei, man denke: sogar gleich zwei Flußläufe gegen sich sprechen lassen müsse, von denen der eine, die „bösartige" Mulde, noch nicht einmal eine Brücke habe (also vorhandene Brücken scheint man für die Bahn ins Auge gefaßt zu haben), wenn die Unebenheiten des „kupierten" Terrains hindernd genannt werden, dann möchten wir doch fast lächeln, wenn wir uns nicht gleichzeitig erinnern würden, daß bereits wenige Jahre später die Leipzig-Dresdener Eisenbahnkompanie alle die gefährlichen Klippen und Klüfte von ihren Dampfwagenzügen überfahren ließ, mit einer Geschwindigkeit und Fahrsicherheit noch dazu, die den heutigen Verhältnissen durchaus entspricht.[1])

Wichtig sind die Hinweise auf Leipzigs Niedergang als Handelsstadt, der die Bahn das Mittel werden soll, „auf ihren früheren hohen Standpunkt unter den deutschen Handelsplätzen zurückzukommen“. Interessant sind ferner, wie schon eingangs erwähnt. die Anspielungen auf den Mangel eines Wasserweges nach und von Leipzig, vor allem auch die Spesenberechnungen und Vergleiche zwischen Elbe- und Weserschiffahrt. Für unser Thema hat ferner der Hinweis auf den Handelstraktat zwischen Preußen und Bayern bezw. Württemberg ganz besondere Bedeutung, weil gerade er, der hier im Hallenser Exposé als Argument für die Bahn erwähnt wird, es ist, der als äußerer Anlaß dienen mußte, das Projekt scheitern zu lassen.

Es ist selbstverständlich, daß Wucherer in allererster Linie Halles Vorteil am Herzen lag, immerhin möchte ich doch nicht unerwähnt lassen, daß sein Charakter, wie er uns von verschiedenen Seiten durch seine Verdienste, die er sich erworben hat, durch sein ganzes gut deutsches, patriotisches Wirken und Handeln geschildert wird, dafür bürgt, daß er sehr wohl auch neidlos an Leipzigs Wohl gedacht hat. Er war ein Mann, der, was er einmal plante, auch gleich gründlich und nach allen Seiten erwog. Es lag ihm offenbar daran, gleich von vornherein bei den Leipziger Erwerbsgenossen mit einem Material anzutreten, auf Grund dessen sie sich auch nach der finanziellen Seite hin ein Bild von den Erfordernissen machen konnten, die die Durchführung des Planes der Leipzig-Halleschen Eisenbahn stellte. Was er auf Grund der Berechnungen seines „gründlichen Sachverständigen“ in seinem Kostenanschlag mitteilt, ist jedenfalls wichtig genug für die Geschichte des Eisenbahnwesens Deutschlands, um hier dargelegt zu werden.

Danach forderte ein einfach gelegter Weg (Eingleis), für schwere Güter berechnet, 19 Fuß Breite.[2]) Wucherer dachte zunächst an eine Eisenbahn mit Pferdezug! Für die Schienen waren 5 Fuß vorgesehen, einschließlich $4^1/_2$ Fuß Zwischenraum, für die Pferde je 3 Fuß auf jeder Seite des Schienenweges. Neben diesen „Steigen“ sollte je ein Graben von 4 Fuß Breite laufen. „Die

[1]) Man vgl. meinen im Frühjahr 1912 in Reclams Universum erscheinenden Aufsatz über Sachsens erste Eisenbahnfahrten.

[2]) Der Fuß = fast 314 mm.

Länge“, so wird hierzu bemerkt, „ergibt also die Grundentschädigung.“ Die Planierarbeit wurde in ihren Kosten um 20 Prozent höher veranschlagt als bei Chausseeanlagen, nämlich pro Meile mit 3000 Talern, „je nachdem die Profile ausfallen“ würden. „Das Befahren mit Kies und Überwalzen der Oberfläche mit eisernen Zylindern kann auch auf R. 1000 p. Meile sich belaufen“. Für Brücken rechnete man 200—400 Taler das Stück. „Schienen werden am besten aus Schmiedeeisen gewalzt. Bei einer Belastung von 10000 ℔ auf ein Rad wiegt jeder Fuß $4^1/_2$ ℔, also für zwei Schienen, jeder laufende Fuß der Bahn 9 ℔, und mögen 1000 ℔ 50 bis 60 Taler p. Ctr. gelten.“ Auf je drei laufende Fuß der Bahn sollen zwei Sandsteinwürfel von 1 Kubikfuß als Unterlage kommen, das Stück mit 8—10 Groschen berechnet. Die Schienen sollten auf diese Unterlagen mit eisernen Stangen, „so mit Blei eingegossen“, befestigt werden. Auf drei laufende Fuß waren zwei Stangen (zu je 5 Groschen, einschließlich Blei usw.) vorgesehen. Das Anlegen dieses Schienenweges berechnete der Plan mit einem Groschen pro Fuß der laufenden Bahn. „Nivellement und Aufsicht pro Meile R. 500.“ Jeder Wagen, der 4000 ℔ Ladung tragen sollte, war mit 200 Taler veranschlagt.

Hinsichtlich der „Leistungen“ sagte der Anschlag folgendes:

„Ein Pferd zieht auf der Horizontale bei $2^1/_2$ engl. Meilen Geschwindigkeit pro Stunde zirka 30000 Pfund acht Stunden weit pro Tag. Bei einem Ansteigen von 23 Minuten rechnen wir nur 12 à 15000 Pfund; vielleicht fiel die vorliegende Bahn so aus, daß 15 à 18000 Pfund zu führen wären. Bei 9 Stunden Entfernung würde auf der Mitte gewechselt, mithin wäre doppelte Bespannung nötig.“ Schließlich war dem Exposé noch folgende Aufstellung beigegeben[1]):

[1]) Über den Voranschlag, die wirklichen Kosten usw. der dann später (April 1838) in Angriff genommenen und ausgeführten Bahnbauten der Linie Leipzig-Magdeburg siehe in der im Jahre 1840 anonym erschienenen kleinen interessanten Schrift: „Die Magdeburg-Leipziger Eisenbahn“, Verlag von J. J. Weber in Leipzig, vor allem aber A. v. d. Leyens Abhandlung „Die Entstehung der Magdeburg-Leipziger Eisenbahn“ im „Archiv für Eisenbahnwesen“ 1880. Auch v. d. Leyen ist von dem 1829er Projekt nur dessen Ablehnung seitens der Magdeburger Kaufmannschaft bekannt geworden. Überaus lehrreich für die Stimmung, die in bezug auf das spätere Projekt in Magdeburger Kreisen herrschte, ist ein Artikel in der „Magdeburgischen Zeitung“ vom 3. Juli 1835. Leider fehlt es hier an Raum, ihn wörtlich wiederzugeben. Er ist als kulturhistorisches Denkmal wert, in einer Eisenbahn-Fachzeitschrift weiteren Kreisen zugänglich gemacht zu werden.

Eine Meile von 24000 Fuß

Grundentschädigung zirka	R.	2000
Planierarbeit	"	3000
Decke	"	1000
1 Brücke	"	400
216000 ℔ Schienen à R. 60 p. M.	"	13000
16000 Stück Sandsteine à 10 Gr.	"	6600
16000 Stangen à 5 Gr.	"	3300
24000 Stangen zu legen à 1 Gr.	"	1000
Nivellement usw.	"	500
Stellen zum Ausweichen usw.	"	1200
	R.	32000
Von R. 32000 5% Zinsen, 5% Abnützung	R.	3200
Aufsicht und Verwaltung	"	800
	R.	4000

Wenn 500000 Ztr. jährlich passieren, Wegegeld pro Ztr. $2^1/_2$ Pf. pro Meile, 1 Pferd geht täglich 4 Meilen mit 144 Ztrn., kostet nebst Treiben usw. R. 2, also pro Ztr. pro Meile Unkosten 1 Pf., Wagen usw. $^1/_2$ Pf. = 4 Pf. zusammen. Der Weg wäre 4 Meilen, also pro Ztr. 1 Gr. 4 Pf.

Vier Männer waren es zunächst, die dem Projekt sofort sympathisch gegenüberstanden: der Stadthauptmann Hartz, der Handlungskonsulent Dr. Wiesand, Carl Leberecht Hammer und Carl Tenner.[1]) Hammer, ein Kopf, der wie Ludwig Wucherer eine Sache gründlich vorzubereiten gewohnt war, ehe er in Beratungen sie fördern oder bekämpfen wollte, hat offenbar schon vor dem korporativen Zusammentritt der Leipziger Kaufmannschaft in Sachen der Eisenbahn Leipzig-Halle privatim mancherlei Fühlung genommen. Vor allem scheint er mit Tenner die Angelegenheit besprochen, ihn für sie zu interessieren versucht zu haben. Tenner hat ihm, „um zu zeigen, daß er an der geäußerten Idee eines Schienenweges zwischen Leipzig und Strehla wirklich Interesse nehme“, ausführlich geschrieben. Halle scheint für ihn, der ein Etablissement in Strehla

[1]) Tenner war Kaufmann in Leipzig. Er spielte dann bei der Gründung und im Direktorium der Leipzig-Dresdner Eisenbahn eine Rolle, geriet aber später in Konkurs. Hierüber s. Die Leipzig-Dresdner Eisenbahn in den ersten 25 Jahren ihres Bestehens, Leipzig 1864, S. 65.

eben erst eröffnet hatte, von vornherein gar nicht in Frage zu kommen. Er teilt am 10. Mai 1829 seinem Freund Hammer mit, daß er „von einem Manne, der den Gegenstand gründlichst verstehe und sich auf seinen neuerlichen Reisen in Frankreich und England vorzugsweise damit beschäftigt habe“, vom Gräflich Einsiedelschen Oberhüttenmeister Alex auf dem Lauchhammer, sich habe belehren lassen. Dieser Alex war ein Neffe des Handlungskonsulenten Wiesand. Es dürfte interessant sein, zu sehen, welche Kosten Alex für die Strecke Leipzig-Strehla gegenüber den Kosten, die wir oben für Halle-Leipzig sahen, berechnete. Er sagt:

„Angenommen, daß die Entfernung von Strehla nach Leipzig auf dem geradesten Wege 6 Meilen à 24 000 rhein. Fuß betrüge, so wird ein einfacher Schienenweg mit Ausweichungen für die bestkonstruierten

gußeisernen Schienen	wiegen:	stabeisernen Schienen
50 400 Ztr.	die Schienen	30 240 Ztr.
16 800 „	die Ausweichungen	10 080 „
12 800 „	Einsetzer aus Guß	12 800 „
80 000 „	Sa. Gußeisen	40 320 „ Stab
		12 800 „ Guß
		53 120 „ Sa.

und von Mückenberg aus franko Strehla das Gußeisen à Ztr. R. $4^1/_2$ und das Stabeisen gewalzt à Ztr. R. 6 kosten.

Sonach der Schienenweg aus Gußeisen . . . . 360 000 R.
aus Stabeisen . . . . 299 520 „

Alex hielt die Schienenwege aus Stabeisen für die zweckmäßigsten und glaubte auch, daß es eine unnötige Vermehrung des Anlagekapitals sein würde, doppelte Schienenwege ohne Ausweichungen anzulegen. Ein Pferd könne auf diesen Wegen bequem 4 Wagen von je 20 Ztr. Eigengewicht und 60 Ztr. Fracht in 3 Stunden eine deutsche Meile weit fördern, folglich würden 240 Ztr. Last von einem Pferd in 18 Arbeitsstunden von Strehla bis Leipzig geschafft werden können. Ein Wagen mit Zubehör würde etwa 150 Taler zu stehen kommen.

Alex kommt in dieser Bahnangelegenheit als erster, allerdings nur nebenbei, auf Dampfbetrieb zu sprechen. Er sagt: „Eine Dampfmaschine von 10 Pferdekraft, an Wert R. 4 500, wird bei 6 Dresdner

Scheffeln Steinkohlenaufgang in 12 Stunden, exkl. ihres eigenen Gewichtes, 1600 Ztr. in jeder Stunde 1 deutsche Meile weit fördern." Bemerkenswert ist, daß er hinzufügt: „In England zieht man die Förderung mit Pferden der durch Dampfmaschinen — trotz der wohlfeilen Feuerung — vor". Seine Ausführungen stützen sich auf die Erfahrungen, die man auf den Bahnen Shropshire, Darlington, Carron usw. in England und zu St. Etienne in Frankreich gemacht hat „und sind ganz sicher".

Tenner scheint — später wohl auch bei der Leipzig-Dresdener Bahn — besonders von persönlichen Geschäftsgründen aus sich sehr für die Bahn Leipzig-Strehla erwärmt zu haben. Er schließt seinen Brief an Hammer: „Übrigens muß gleich von vornherein dahin gearbeitet werden, daß Strehla nur in bezug auf Leipzig ein Freihafen oder Depot wird; außerdem dürfte unser Ort keineswegs die gewünschten Vorteile und eine Vergütung für seine Auslagen haben. — Der Bezug von Baumaterialien, Holz und Steinkohlen würde unserem Ort wesentliche Vorteile bringen und die Straße sehr beleben helfen. Mein neues Etablissement in Strehla könnte nach Befinden wohl 4000 Ztr. Fracht dafür liefern. In Summa, es lassen sich die Vorteile, die eine solche Eisenbahn darbieten würde, gar nicht berechnen". Auch in einem Schreiben Tenners an Wiesand plädiert er stark für Strehla, verspricht, daß er dafür sorgen werde, „daß seiner Zeit Strehla seine Ansprüche auf Teilnahme geltend mache", und bemerkt — ob mit Recht oder nicht, sei hier dahingestellt —, daß „in Dresden", wie er wisse, „seine Ideen mit Strehla" mehr als jene (Plan Halle) gelten. Die Akten reden jedoch auf keinem Blatt mehr von Strehla, es sei denn, daß der Leipziger Stadthauptmann Hartz einmal äußert: „Daß der Weg von Halle dem von Strehla vorzuziehen sein würde, scheint mir ausgemacht". Und weiter sagt dieser offensichtlich kenntnisreiche Mann hinsichtlich des Wucherer-Projekts und -Anschlages: „Ich halte die Sache selbst für nützlich; denn wenn man auch den Anschlag doppelt nimmt, würde man doch immer die Fracht auf 3 Groschen, also auf die Hälfte der seitherigen, setzen können. Es kommt nun darauf an, ob sich 200 000 Taler durch Aktien aufbringen ließen, wovon ich wohl ein paar selbst nehmen würde". Er hegt einige Zweifel hinsichtlich des Hallenser Anschlags, der nach einem in der Gegend von Elberfeld wirklich geschlossenen Kontrakte entworfen sein soll. In England rechne man die englische Meile zu 5000 £, und wenn in Deutschland einiges auch wohlfeiler sei, so sei doch das gewalzte Eisen hier teuerer als jenseits des Kanals.

Nach den Akten kann man bis hierher nur von einem Bahnprojekt Leipzig-Halle bezw. Leipzig-Strehla sprechen. Es hat den Anschein, als ob bis hierher, etwa Mitte Oktober 1829, nur private Aussprachen stattgefunden haben. Weder die Protokollbücher noch die Akten der Leipziger kaufmännischen Korporationen deuten auf eine offizielle, sitzungsgemäße Beratung der Angelegenheit; man wird angesichts dieses Mangels selbst die Einladung der Vorstände von der Hand Dr. Wiesands zur „weiteren Beratung über die in Antrag gekommene Errichtung einer Eisenbahn“ (vom 23. Oktober) nicht dahin deuten können, daß eine solche korporative Beratung schon vorher einmal stattgefunden habe. Wiesand bemerkt in dieser Einladung, daß auch der Stadthauptmann Hartz, „der an diesem für die Geschichte unseres Platzes so wichtigen Plane den lebhaftesten Anteil nimmt und viele Notizen in bezug darauf gesammelt hat“, sich zu der Konferenz einfinden werde. Also die Hallenser Saat war auf fruchtbaren Boden gefallen, der Wert „des hohen Standes, den die Eisenbahnen unter den neuen Erfindungen einnahmen“, schon lange vorher erkannt, ehe List sich in seinem berühmten Aufruf an die sächsischen Mitbürger wandte.

Und zur Zeit dieser Wiesandschen Einladung war in den Leipziger maßgebenden Kreisen der Plan schon über Halle hinaus gereift. Das besagt ein Brief von Alex an seinen Onkel Dr. Wiesand, datiert „Dresden (zur Zeit), den 12. Oktober 1829“. Daß Alex hier schon Lieferungen anbietet, läßt erkennen, wie ernst man an die Verwirklichung des Planes dachte, der nunmehr eine Durchführung der Bahnlinie bis Magdeburg vorsah. Alex schreibt:

„Ich habe von mehreren Seiten schon so viel über die Anlagen einer Eisenbahn zwischen Leipzig und Halle, Leipzig und Strehla etc. gehört, heut sagt mir der Herr Minister von Einsiedel, daß man zwischen Magdeburg und Leipzig eine Eisenbahn etablieren wolle und daß Sie mit an der Spitze dieses Unternehmens ständen. Während meines Aufenthaltes in England und Frankreich habe ich mich vorzüglich mit der Konstruktion der verschiedenartigen Eisenbahnen nebst dazugehörigen Wagen, Transportmethoden etc. beschäftigt, und es wäre mir sehr wünschenswert, bei Ausführung dieses Unternehmens behilflich zu sein. Von seiten der Einsiedelschen Eisenwerke können Sie sich überzeugt halten, daß von den besten Materialien und möglichst wohlfeil die Sache ausgeführt werden würde". Es geht daraus hervor, daß man schon an höherem Orte von Leipzig aus Fühlung genommen hatte, und daß die Regierungsorgane der Angelegenheit wohl ihre Sympathie nicht versagt hatten. Aber auch in Magdeburg hatte man Stimmung zu machen versucht, sowohl unter der Kaufmannschaft als auch in Regierungskreisen.

Der Leipziger Bankier und Großherzoglich Sachsen-Weimarische Generalkonsul Heinrich Küstner schien es unternommen zu haben, in Magdeburg maßgebende Persönlichkeiten für den Plan einer Eisenbahnverbindung zwischen beiden Städten zu gewinnen. Ein Schreiben des der einflußreichen Magdeburger Kaufmannsfamilie Deneke angehörenden Kaufmanns Wilhelm Deneke läßt erkennen, daß es nicht Küstners erster Brief an Deneke ist, den dieser am 30. Oktober 1829 beantwortet. Der Magdeburger teilt mit, daß er mit seinem Schwiegervater[1]) und „den beteiligten Behörden" gesprochen habe. Man habe das für beide Städte Nützliche des Unternehmens nicht verkannt, die Idee bleibe nicht unbeachtet, auch habe der Oberbürgermeister Magdeburgs über das Projekt bereits nach Berlin berichtet, ebenso sei der Provinzialsteuerdirektor informiert worden. Noch seien die Mitteilungen, die Deneke all diesen habe machen können, doch noch „zu oberflächlich, um sich auf einen Entschluß darnach einlassen zu können". Er bittet Küstner um detaillierte Auskunft, auch um Kostenberechnung, um sie den Vorstehern der Magdeburger Kaufmannschaft überreichen zu können, damit eine Erklärung im Pleno erzielt werden kann. „Ich hörte jetzt nur einzelne Ansichten, vielleicht von verschiedenen Interessen geleitet. Daß dem Unternehmen große Schwierigkeiten im Wege stehen, läßt sich nicht leugnen, das am schwersten zu Überwindende möchte das Ankaufen des Terrains zum Anlegen der Straße sein, und eine fast nicht zu berechnende Summe kosten, worüber sich gar kein Anschlag machen läßt, denn jeder Eigen-

[1]) Deneke war in erster Ehe mit Therese, in zweiter mit Mathilde Morgenstern, Töchtern des sehr einflußreichen Kaufmanns und Altermanns der Magdeburger Kaufmannschaft, des Kommerzienrats F. A. S. Morgenstern vermählt; s. Behrend, Magdeburger Großkaufleute 1906, S. 165.

tümer kann fordern und nehmen was er will, wenn anders sich nicht die Regierung ins Mittel legt."

Es ist bedauerlich, daß das vorhandene Archivmaterial so gar keine offiziellen Auslassungen enthält. Immer und immer wieder nur Privatbriefe, die zwar allen Zusammenhang ziemlich leicht finden lassen, dennoch aber amtliches Material, z. B. Sitzungsprotokolle der Kaufmannschaften Leipzigs, Halles und Magdeburgs, keineswegs zu ersetzen vermögen. Es sieht fast aus, als habe man sich gescheut, streng amtlich in der Sache zu verfahren, in dieser Angelegenheit, die man doch so eifrig in den drei Städten erörtert hat; das geht aus den Briefen deutlich hervor. So scheint Küstner in der Angelegenheit in Magdeburg gewesen zu sein, und es ist nicht ausgeschlossen, daß man dort wiederholt mit maßgebenden Persönlichkeiten zusammen beraten und wohl auch gekämpft hat. Denn Küstner leitet ein Schreiben an Dr. Wiesand ein: „Der OberBMstr. (Oberbürgermeister) Franke hat sich durch den Kämmerer Fabricius vertreten lassen. Er mußte wegen Unpäßlichkeit zurückbleiben (vielleicht auch um nicht aufs neue mit einigen Adel-Aristokraten wie das letzte Mal stark in die Haare zu geraten). Schartow[1]) schreibt: Die Sache wegen der Eisenbahn ist gut, und von Franke unterstützt, dürfen wir uns Hoffnung machen, die Sache vorwärts gehen zu sehen ... Das Beste wäre wohl, den Magdeburgern ein Rendezvous in Halle oder Köthen zu geben"

Die Leipziger, die Väter des Gedankens, die Bahn nicht nur bis Halle, sondern gleich bis Magdeburg zu bauen, arbeiteten, soweit die Akten der Leipziger Kaufmannschaft erkennen lassen, offenbar am eifrigsten und auch am zuversichtlichsten. Man darf nicht unbemerkt lassen, daß der Handlungskonsulent Wiesand seine Mandanten, die Kaufmannschaft, fast stets zusammenruft, weil „Erfreuliches" aus Magdeburg zu melden ist. Es liegt in solchen Gefühlskundgebungen der offene Beweis, daß die Sache, man möchte sagen: Herzenssache in Leipzig geworden war. Die Leipziger arbeiteten schon, sie berieten nicht nur. So hatten sie den Magister Johann Christoph Hohlfeld, Mathematikus an der Thomasschule, dem ältesten Leipziger Gymnasium, beauftragt, das notwendige Kartenmaterial zu beschaffen. Der aber mußte die Frucht-

[1]) Mitglied des Ältestenkollegiums der Magdeburger Kaufmannschaft. Siehe Behrend a. a. O. S. 149.

losigkeit seines Bemühens kundgeben, da die geeigneten „Charten“ nicht existierten, so daß es unmöglich sei, „die ungefähren Kosten des Unternehmens an den Tag zu legen. Es bleibt demnach bei meiner bereits mündlich gegebenen Ansicht immer das Beste, diejenigen Gegenden, durch welche der Zug gehen soll, von einem wirklichen Sachverständigen bereisen zu lassen, sobald dazu die nötigen Erkundigungen über die politische Möglichkeit sowie die günstigen Witterungsumstände vorhanden sind“. Vorher müsse man durch denselben Sachverständigen die bereits in Böhmen angelegten Eisenbahnen studieren lassen, „denn ich halte das wirkliche Anschauen an Ort und Stelle immer für zweckdienlicher als alle theoretischen Kenntnisse und weitläufige Beschreibungen“. Hohlfeld selbst lehnt es von vornherein wegen „Gesundheits- und anderen Umständen“ ab, die Reisen zu machen, empfiehlt aber, leider ohne ihn zu nennen, „einen meiner geachtetsten ehemaligen Schüler, der viele Jahre theoretischen und praktischen Unterricht bei mir genossen und der vielfache Proben seiner Geschicklichkeit im richtigen Beurteilen des Terrains, sowie in der Baukunde an den Tag gelegt hat“. Acht Tage später wurde — laut Einladungsumlauf — am 8. November 1829 wieder eine Sitzung abgehalten, zu der auch Hohlfeld eingeladen worden war. Protokoll fehlt wieder. Man darf aber wohl als Ergebnis der Verhandlung ein Schreiben Dr. Wiesands an Wucherer in Halle betrachten, das folgendes besagt:

„Ew. Wohlgeboren sind genau von den Plänen unterrichtet, welche man seit einiger Zeit gemacht und erwogen hat, um Leipzig durch eine Eisenbahn mit einem schiffbaren Flusse in Verbindung zu bringen. Am meisten Beifall hat der Antrag gefunden, durch eine solche Bahn Magdeburg und Leipzig zu verbinden und dieselbe über Halle zu führen. Halle dürfte dabei, sowie die beiden ersten Städte, sich mancher Vorteile erfreuen und würde wahrscheinlich für manche Zufuhrartikel und deren Vertrieb einen selbständigen Ablagerungsplatz gewinnen: jedenfalls ist nicht zu bezweifeln, daß die Umsicht und Tätigkeit der dortigen Kaufleute und Fabrikanten, wie die Nahrung der Stadt überhaupt, aus seiner Einrichtung mehrfachen Nutzen ziehen würde. Gewiß ist, daß Magdeburg, Leipzig und Halle ein gemeinsames Interesse an dieser Einrichtung haben. Deshalb ist denn auch der Vorschlag gemacht worden, daß diese drei Städte sich gemeinsam über diese

Unternehmung beraten möchten. Man beabsichtigt von seiten der hiesigen Kaufmannschaft, zu einer Zusammenkunft und Besprechung über diesen Gegenstand einzuladen. Im Auftrage der Vorstände derselben erlaube ich mir vorläufig bei ihnen anzufragen, ob man von seiten der dortigen Stadt an diesen Besprechungen Anteil nehmen würde".

Nach Magdeburg ist jedenfalls auch in gleichem Sinne geschrieben und von dort das Einverständnis zu einer Zusammenkunft kundgegeben worden, denn der nächste Einladungsumlauf vom 21. November 1829 wünscht Besprechung über die „erfreulichen, in bezug auf die Eisenbahn aus Magdeburg eingegangenen Nachrichten". Auch Wucherer antwortete umgehend: „Die projektierte Unternehmung ist jedenfalls sehr wichtig und wird die lebhafteste Teilnahme der hiesigen Kaufmannschaft in Anspruch nehmen". Man werde sehr gern an den Besprechungen teilnehmen und bitte, die Einladung zu diesen Konferenzen an die „Vorsteher der Halleschen Kaufmannschaft" gelangen zu lassen. Am 26. November fand in dieser Angelegenheit wieder Konferenz in Leipzig statt, auf der wohl beschlossen wurde, nunmehr an den Leipziger Magistrat in der Eisenbahnsache offiziell heranzutreten, wenigstens datiert noch vom selben Tage ein Schreiben, das erste und wohl einzige offiziell von den „Handlungsdeputierten" und von den „Kramermeistern" in der Angelegenheit der Eisenbahn voll signierte Schreiben, gerichtet an die Leipziger Stadtbehörde.

Auch dieses Schreiben ist als ein Dokument, das den Gang der Eisenbahnangelegenheit sowie die allgemeine Wirtschafts- und Verkehrslage der Stadt Leipzig um jene Zeit beleuchtet, wert, vollinhaltlich wiedergegeben zu sein:

„Ew. pp. ist nicht entgangen, wie sehr insonderheit der Transito- und Speditionshandel unserer Stadt in neuerer Zeit gesunken ist. Unser Handelsplatz wird gegenwärtig von seinen früheren Kunden und Abnehmern nach allen Richtungen hin gemieden und umgangen, und namentlich beziehen die Städte und Ortschaften des Inlandes wie des benachbarten Auslandes den gesamten Kolonialwarenbedarf direkt von Magdeburg. Bei dem Transport dieser Güter nach ihren Bestimmungsorten wird großenteils Leipzig ganz gemieden oder es gehen solche ohne Aufenthalt auf einer Achse hier durch. Der Kolonialwarenhandel, dieser sonst so wichtige Nahrungszweig, ist für Leipzig ganz verloren. Auch haben die sonst häufigen

Frachtgelegenheiten nach den Orten des Inlandes von hier aus aufgehört und sind verhältnismäßig teurer als bei direkten Beziehungen von Magdeburg. Überhaupt entwickeln sich die nachteiligen Folgen mehr und mehr, welche insbesondere die freie Schiffahrt auf der Elbe wie die Anlegung neuer Kommunikationsstraßen im Innern Deutschlands mit Umgehung Leipzigs für dessen Handel herbeigeführt haben.

Um den Warenzug wieder über Leipzig zu leiten und dem Handel unserer Stadt eine festere Basis zu geben, ist unlängst der Vorschlag gemacht worden, Leipzig durch eine Eisenbahn mit der Elbe und Magdeburg in eine wohlfeile und schnelle Kommunikation zu bringen, die Bahn auf Aktien zu errichten und über Halle, wenn es die Lokalität zuläßt, zu legen. Die Vorteile, welche für die Wohlfahrt unserer Stadt überhaupt durch Ausführung eines solchen Unternehmens hervorgehen dürften, sind einleuchtend. Dieses ist allseitig, auch von den diesseitigen hohen und höchsten Behörden, welche man mündlich und nur vorläufig davon in Kenntnis gesetzt hat, anerkannt und tunlichste Beförderung dieses Unternehmens dringend angeraten worden.

Der hiesige Handlungsstand, der bei Ausführung dieses Unternehmens ein großes Interesse hat, zog, um zuförderst die Ansichten, die man in Magdeburg und Halle davon hege, zu erfahren, von diesen Orten Erkundigungen ein. An beiden Orten hat man den Vorschlag mit größter Bereitwilligkeit und Teilnahme aufgenommen und diese nach vorgängiger Anfrage bei dem Ministerio in Berlin zu erkennen gegeben. Namentlich hat man von Magdeburg auf eine vorläufige nähere Besprechung über den gemachten Vorschlag angetragen, und hat als Ort der Zusammenkunft Cöthen in Vorschlag gebracht. Zu dieser Zusammenkunft, deren Zeitbestimmung von hier aus erwartet wird, wollen der Oberbürgermeister von Magdeburg wie der Vorsteher dortiger Kaufmannschaft,*) ingleichen einige Mitglieder derselben sich einfinden. Bei dieser Zusammenkunft werden auch Deputierte aus Halle erscheinen.

Da bei dem gedachten Unternehmen das Gemeinwohl unserer Stadt eben so sehr als die allhier für Handel und Verkehr bestehenden Einrichtungen interessiert sind, so halten wir es den

*) Carl Schultze, Kgl. Kommerzienrat, Inhaber der Firmen J. C. Weisse & Co. und Schultze & Eichel in Magdeburg; s. Behrend a. a. O. S. 17 ff.

obwaltenden Verhältnissen angemessen, Ew. pp. von allem in Kenntnis zu setzen. Zugleich erlauben wir uns, darauf aufmerksam zu machen, ob es nicht, da von Magdeburg der Oberbürgermeister Franke wie von der Stadt Halle Deputierte in Cöthen zu der gedachten Besprechung sich einfinden wollen, den Verhältnissen entsprechend sein dürfte, wenn außer den Deputierten des hiesigen Handlungsstandes ein Abgeordneter des Magistrats zu der anzuberaumenden vorläufigen Besprechung über das in Frage befangene Unternehmen sich einfände“.

Es war wohl nicht anders erwartet worden, als daß der Magistrat den Mann abordnete, der seither so hohes Interesse für die Eisenbahnfrage gezeigt hatte, den Stadthauptmann Ludwig Hartz. Und so geschah es. Es ist hier wohl der Platz, die Namen derjeniger Männer anzuführen, die, an der Spitze der Kaufmannschaft Leipzigs stehend, also in deren Namen, diese wichtige Angelegenheit in vielen Konferenzen zu beraten und zu fördern suchten, privatim durch Briefwechsel, Umfragen, Berechnungen usw. eine beträchtliche Summe von Zeit sich ihrem Geschäft entzogen, uneigennützig, stets das Wohl der gesamten Kaufmannschaft und Bürgerschaft im Auge haltend. Es sind die Handlungsdeputierten Johann Chr. Dürbig (i. Fa. Merck, Dürbig & Comp., Engl. Garnhandlung), Kammerrat Christoph Heinrich Ploß (i. Fa. Ploß & Kläbisch, Kolonialwaren und Garnhandlung, auch Kommissions-, Speditions- und Wechselgeschäft) und Jakob Heinrich Thieriot (i. Fa. Thieriot & Bassenge, Französische Seidenmanufakturwarenhandlung), sowie die Kramermeister Carl Leberecht Hammer (i. Fa. Hammer & Schmidt, Wechsel-, Kommissions- und Speditionsgeschäft), Chr. Aug. Lorenz (i. Fa. Brückner, Lampe & Co.) und Carl Gottfried Tenner (i. Fa. Chr. Gottlob Hecker, Gold- und Silberspinnfabrik). Daß auch andere lebhaften Anteil nahmen und sich betätigten, ist schon gezeigt worden.

Ploß hatte am 9. November bei der Firma Michaelson & Benedicks in Stockholm sich über Schienenlieferungen erkundigt. Bei dem Mangel an Preisberichten und Frachttarifen früherer Jahre dürfte es angebracht sein, auf den Bescheid der Stockholmer Firma einzugehen. Die Firma hat sich bei den drei ersten schwedischen Gußeisenwerken befragt und nach dem Ergebnis das unten folgende Conto finto aufgestellt, indem sie die in England gebräuchlichen Schienendimensionen zugrunde legte. Als Preis gab sie den Mittelpreis von denjenigen an, die von den verschiedenen drei Werken verlangt wurden. „Sie dürfen sich bei Ihrem Calcul jedoch nicht ganz genau nach dieser Aufgabe richten, indem selbe sich entweder zu Ihren Gunsten oder auch zu Ihrem Nachteil verändern kann, je nachdem die Dimensionen und nach diesen das Gewicht, nach welcher Sie Ihre Bestellung angefertigt zu haben wünschen, von denen in dem Conto finto angeführten abweichen. Sie werden bemerken, daß wir die Kosten bis Lübeck berechnet haben, auf welchem Wege Sie die Ware weit wohlfeiler und geschwinder erhalten, als wenn Sie den langen und unsichern Weg über Hamburg ginge. Auf Lübeck liegen hier wöchentlich Schiffe im Laden und von dort würde sie auf dem Stecknitzer Canal weiter nach Lauenburg und auf der Elbe nach Magdeburg abgesandt werden können. Die Kosten für diesen Transport sind uns zwar unbekannt, wir sollten aber denken, daß sie weit geringer als über Hamburg wären, indem Sie dadurch den Sundzoll, höhere Frachten und Assecurance-Prämien sparen, weniger Risiko haben und ohnedem geschwinder in den Besitz der Ware kommen.“ Von Interesse ist ferner folgender Passus aus dem Schreiben: „Wir zweifeln nicht, daß Sie ebensogut als wir den Unterschied berücksichtigen, der zwischen der Güte des schwedischen und des englischen Eisens stattfindet. Dennoch aber halten wir es für unsere Schuldigkeit, Sie aufmerksam darauf zu machen, daß wenn auch das englische Eisen wohlfeiler zu haben wäre — welches wir nach den hier eingeholten Nachrichten zu bezweifeln jedoch Ursache haben —, es doch Ihrem Bedarf zu Wegen in Deutschland nicht entsprechen würde, da es viel zu spröde und dem Rost zu sehr ausgesetzt ist. Als Beweis hievon bemerken wir Ihnen, daß die Engländer selbst jetzt keine Railways aus gegossenem Eisen mehr anfertigen, sondern dazu gewalztes Eisen benutzen, welches teurer als unser gegossenes zu stehen kömmt, ohne dem Nutzen desselben zu entsprechen, Selbst Ihr deutsches Eisen würde zu Eisenwegen nicht passen, weil es nicht geschmeidig genug ist“. Das Conto finto lautete:

Conto-Finto über 150 Fuß oder ca. 5 Sch℔ *) eiserne Railways Schienen gegossen aus schwed. Te-Eisen **) und von hier nach Lübeck verladen ***) (s. nächste Seite):

*) = Schiffspfund.

**) T-Eisen als Gattungsbezeichnung war bekannt. s. Schiebe, Universal-Lexikon der Handelswissenschaften 1837 Bd. 1 S. 457 oben.

150 Fuß Railways Schienen, bestehend laut beifolgender Zeichnung aus 50 Stücken, jedes Stück von ca. 3 Fuß Länge. Diese Schienen wiegen nach Verhältnis der Schwere, die darauf gefahren werden soll, von 36 bis 40 Pfund; angenommen daher zu 40 ℔ pro Schiene, würden 50 Schienen ca. 5 Sch℔ wiegen betragend à 14 fr . . . BR 70 —.

Unkosten:		
Ausgehender Zoll . . . à 1,10	rr 6,2	
Waaggelder, Bootmiete etc. à -16	„ 1,32	
Befrachtung u. Wechsel Court.-Conto und kleine Unkosten	„ 1,2	8,36
		BR 78,36
Provision $2^0/_0$		„ 1,27
		BR 80,15
Fracht von hier nach Lübeck à 24 & $5^0/_0$ Caplaken LCt. 7,14 à 102 . .		„ 7,32
Assecurance nach do = $2^0/_0$ mit provision Courtage etc. $1^0/_0$ . . .		„ -38
frei in Lübeck folglich . .		SpBR 88,37
à 128		WBR 33,16

Obs.: Ein Sch℔ von 400 ℔ schwed: Eisengewicht ist einem Sch℔ von 288 ℔ in Hamburg ganz gleich.

Alle bisherigen Vorgänge, insonderheit auch das Schreiben an den Leipziger Magistrat sind beredte Zeugen dafür, daß das Unternehmen nicht nur in Leipzig, sondern auch in Halle einer fördernden Teilnahme sich erfreuen durfte, die ein siegreiches Gelingen verbürgte. Am 26. November die Zuschrift an den Magistrat, am

---

***) Ebenfalls bei Schiebe 1839 Bd 3, S. 265 findet sich: „Die Hauptstadt Schwedens rechnet wie das Königreich seit dem J. 1777 nach Reichstalern (Riksdalers) zu 48 Schillingen (Skillingar) à 12 Rundstücken (Rundstyken, Pfennigen oder Oeren). Die Währung ist aber von zweierlei Art, und zwar 1. in Spezies-Valuta, in Riksdaler-Spezies, was man auch gemeinhin in Silber die Silberwährung nennt; oder 2. in Papiergelde, welches auch wieder in zweierlei Hauptgattungen zerfällt: in Banko, Banko-Sedlar (Bankzettel) und in Riksgäld-Sedlar (Reichsschuldzettel), und schon seit geraumer Zeit werden die Rechnungen in allen öffentlichen Angelegenheiten und Handelsgeschäften in Banko-Sedlar zu 8, 10, 12, 14, 16 Schill. und zu 2, 3, 5, 6, 9, 12, 24, 36, 50 Rtlr. und darüber geführt. . . Zwei Reichstaler in Bankzetteln sind gleich mit drei Reichstalern in Reichsschuldzetteln (oder wie 1 zu $1^1/_2$).“

2. Dezember die Antwort von Hartz, daß er zum Vertreter des Magistrats ernannt worden sei, und dann vier Tage später Eintreffen eines an den Kramermeister Lorenz gerichteten Privatbriefes aus der Feder des Vorstehers der Magdeburger Kaufmannschaft, des Carl Schultze, in dem dieser sich des ihm gewordenen Auftrages erledigt, der Leipziger Kollegenschaft mitzuteilen, daß man in Magdeburg auf das Projekt — „fürjetzt“ nicht eingehen wolle. Hier der Wortlaut:

„Magdeburg, den 15. Decbr. 1829. Rechnen Sie es mir nicht als Mangel an Freundschaft zu, daß ich Ihre beiden lieben Briefe vom 12. und 27. v. Mts. erst jetzt beantworte. Wie Sie wissen, wollte ich den bewußten Gegenstand in einer unserer Versammlungen zum Vortrag bringen, und da solche nicht gleich anberaumt werden konnte, mußte diese Sache einigen Aufschub erleiden. Zu einem Beschluß führte jedoch die Konferenz nicht, und bewog mich Ihr folgender Brief, eine zweite anzusetzen. Nunmehr bin ich beauftragt worden, Ihnen mitzuteilen, daß man auf das Projekt einer Eisenbahn zwischen dort und hier fürjetzt nicht eingehen könne. Mehrere Ansichten haben zu diesem Schluß geführt, wozu unter andern auch der Handelsvertrag zwischen Preußen und den Süddeutschen Staaten gehört, dessen Wirksamkeit nun bald beginnt, und man daher erst abwarten muß, welche Folgen daraus für den hiesigen Verkehr entspringen dürften, um so mehr, wenn diesen Verträgen später noch andere Staaten beitreten sollten. Eine Hauptansicht aber schien die zu sein, daß das Unternehmen selbst zu groß sei, um 1) Gewinn zu versprechen und 2) eine so billige Fracht herzustellen, daß sie gegen den gewöhnlichen Transport mit Vorteil benutzt werden könne, ungerechnet der mancherlei Hindernisse, die außerdem eintreten und sich erst beim Beginn dieses Unternehmens finden würden. Es tut mir leid, daß ich auf diese Weise abgehalten werde, einen zwischen uns angeknüpften Briefwechsel fortzusetzen und man die Ausführung solcher Pläne einer bessern Zukunft überlassen muß. Komme ich einmal wieder nach Leipzig, so werde ich nicht unterlassen, Sie zu besuchen, um mich privatim mit Ihnen über die gedachte Idee zu besprechen, der man als solcher seinen Beifall nicht versagen kann“.

Nach allen vorangegangenen Verhandlungen hatten die Leipziger diese Ablehnung offenbar nicht erwartet, auch nicht zu erwarten brauchen. Sie scheinen offenbar perplex gewesen zu sein und nicht recht an die Ablehnung geglaubt zu haben. Denn der Handlungsdeputierte Generalkonsul Küstner scheint bei Wilhelm Deneke in Magdeburg um Erklärung gebeten zu haben, denn dieser antwortete ihm am 28. Dezember 1829:

„Das was der Aldermann Schultze Herrn Lorenz überschrieben, war antwortlich Ihres Werten vom 21. v. M. der Beschluß der Mitglieder der hiesigen Kaufmannschaft; man will erst sehen, welche Vorteile die Handelstraktate, welche Preußen abgeschlossen, für Magdeburg darbieten, bevor man ein Unternehmen beginnt, welches mit so bedeutendem Kostenaufwand verknüpft, und am Ende für Magdeburg nicht das ist oder herbeiführt, was man erwarten sollte; ist der Transport bei jetziger Fortschaffung der Güter nach Böhmen, Bayern etc. wohlfeiler über Magdeburg, als wenn sie von Hamburg direkt zu Lande verladen werden, so wird uns die Spedition immer werden“.

Diese Bestätigung der Ablehnung wurde an dem Tage in Magdeburg geschrieben, für den Dr. Wiesand trotz Schultzes Brief zu einer erneuten Konferenz einlud, da „die vorwaltenden Verhältnisse von der Art sind, daß eine Beratung von Ihrer Seite nötig erscheint“. Diese Verhandlungen haben offenbar kein Resultat erzielt, denn am 29. Januar schreibt Wiesand an den Leipziger Abgeordneten Hofrat Dr. Gruner nach Dresden unter anderem:

„Es ist sehr zu beklagen, daß der Plan zur Errichtung einer Eisenbahn zwischen hier und Magdeburg für jetzt gescheitert ist. Soll unser Platz als bedeutender Handelsplatz und als Mittelpunkt des inländischen Großhandels sich behaupten, so ist es bei den gegenwärtig stattfindenden Handelsverhältnissen und Warenpreisen unerläßlich, daß er auf eine wohlfeilere und schnellere Weise die Zufuhren erhalte als andere Städte. Jetzt findet leider ein umgekehrtes Verhältnis statt, und nur die Geldmacht erhält noch das Geschäft. Diese aber kann nicht auf die Dauer widerstehen. Ein ähnliches Verhältnis findet hinsichtlich unserer Fabriken statt. Je wohlfeiler und besser diese arbeiten können, desto besser werden sie gedeihen. Die Wohlfeilheit wird aber durch billige und schnelle Zufuhren der rohen Materialien und Abfuhren der Fabrikate vorzüglich gefördert. Es scheint daher bei dem Festhalten am mitteldeutschen Handelsvereine nunmehr in unserm Interesse, nach allen Seiten hin unserm Absatze durch Handelsverträge Vorteile zu verschaffen. Sollte nicht auch ein solcher mit Österreich möglich zu machen sein? Was Österreich anbelangt, so hat es dasselbe Interesse wie Sachsen, für seine Fabrikation in Böhmen wohlfeile und schnelle Zu- und Abfuhren zu erhalten. Vereinte sich aber Österreich mit Sachsen, um über hier nach der Elbe durch Anlegung einer Eisenbahn zwischen Leipzig und Magdeburg den Vorteil eines billigen Transports zu erhalten, so würden die Verhandlungen mit Preußen über diesen Gegenstand um so eher Erfolg haben. Das Feld der Politik ist, wie ich mich bescheide, allerdings für den Privatmann ein unsicherer Boden: indessen scheint ein Interesse Österreichs bei der Sache allerdings erheblich, sowie dessen politisches Gewicht zu Vermehrung des unsrigen bei einer derartigen Verhandlung unerläßlich. Ein Handelsvertrag könnte hierzu den Weg bahnen."

Den wahren Grund der Magdeburger Ablehnung hatte der Aldermann Schultze nicht mit nach Leipzig geschrieben. Der war einfach der, daß man nur Leipzig zu dienen fürchtete mit der Bahn, daß diese aber Magdeburg Nachteil bringen würde. Das spricht das Protokoll der Ältestenkonferenz vom 11. Dezember 1829, in welcher die Eisenbahnangelegenheit beraten wurde, klipp und klar aus. Es lautet*):

„Geschehen Magdeburg, den 11. Dezember 1829. Gegenwärtig Herr C. Schultze, Herr Walwer, Herr Buhlers sen., Herr Fr. Fritze, Herr Leipzig, Herr D. Cuny, Herr Brauns, Herr Beuchel, Herr Marter, Herr Salomé, Herr Morgenstern. In der heutigen Versammlung der Herren Ältesten der hiesigen Kaufmannschaft sollte die durch Privatbriefe aus Leipzig in Anregung gebrachte Idee zu einer zwischen Magdeburg und Leipzig anzulegenden Eisenbahn in nähere Beratung genommen werden.

Zu dieser Versammlung hatte sich der Herr Geheime Rat und Provinzial-Steuerdirektor Sack einzufinden die Güte gehabt und

*) Die Abschrift des Protokolls verdanke ich Herrn Handelskammersyndikus Dr. Hans Leonhard in Magdeburg, der mir gleichzeitig mitteilte: „Der Protokollführer erwähnt Privatbriefe aus Leipzig, in denen die Anregung zum Bau einer Eisenbahn von Leipzig nach Magdeburg gegeben worden sei. Ich habe daraufhin unsere Akten aus dieser Zeit nochmals durchsehen lassen, doch sind Schriftstücke der erwähnten Art nicht gefunden worden". Auch die Kgl. Eisenbahndirektion Magdeburg hat solche Akten oder Aktenteile nicht ermitteln können (Schreiben an mich vom 16. November 1911). Ebenso war in Halle nichts zu ermitteln.

teilte seine Ansicht über die Folgen, welche eine solche Anlage für den Handel Magdeburgs haben könne, mit. Derselbe ging davon aus zu bemerken, daß der Speditions-Handel von Magdeburg zwar allerdings dadurch gewinnen, dagegen der eigene Handel verlieren und wieder in die Hände der Leipziger Handlungshäuser fallen würde. Man war einstimmig der Meinung, daß der Eigenhandel nach Sachsen eine vorzügliche Rücksicht verdiene und deshalb von der projektierten Eisenbahn für Magdeburg kein Vorteil, vielmehr Nachteil zu erwarten sei. Ob übrigens diese Anlage für die Unternehmer selbst Gewinn gewähren würde, und ob sich die Frachten so wohlfeil würden stellen lassen, als von seiten der Leipziger vorausgesetzt wird, dies läßt sich nach der übereinstimmenden Meinung aller Gegenwärtigen noch keineswegs übersehen.

Der erste Vorsteher, Herr Schultze, wurde ermächtigt, in diesem Sinne ablehnend auf die Vorschläge zu antworten".

Die Linie Leipzig-Magdeburg wurde dann doch noch erbaut und in den Jahren 1839/40 etappenweise eröffnet. Freilich wunderliche Meinungen hat auch ihr Plan gezeitigt, und es klingt fast wie ein Märchen, wenn man liest, daß der Oberbürgermeister Francke von Magdeburg gegen die Führung der Bahnlinie über Halle agitierte. Aber es ist Wahrheit. Halles Chronist*) erzählt: „Damals hatte derselbe ausgezeichnete Mann, dessen Einfluß bei dem König Friedrich Wilhelm III. unsere Provinz die Genehmigung der Anlage dieser ersten großen Verkehrslinie verdankte, der Oberbürgermeister August Wilhelm Francke von Magdeburg, im Frühjahr 1836 aus Gründen, die nur eben in der Kindheit des Eisenbahnwesens als solche erscheinen konnten, mit vielem Eifer, zum Glück jedoch ohne schließlichen Erfolg, dahin gestrebt, unsere Stadt von der Hauptlinie fernzuhalten, ihr nur die Verbindung mit dieser durch eine auf Brehna zu richtende Zweigbahn zu gewähren."

*) Hertzberg a. a. O. Bd. 3 S. 524 und Tollin, „August Wilhelm Francke" Bd. 3 S. 77 ff, in den Magdeburger Geschichtsblättern 1884 Heft 1–3.

Untersuchungen zur Geschichte des Objektes direkter Steuern[1])

von **Bruno Moll.**

Als etwas Selbstverständliches, was keiner weiteren Definition bedarf, gebraucht die Literatur der Finanzwissenschaft und der Steuergeschichte den Begriff „Vermögenssteuer“. Man sollte danach meinen, daß dieser Begriff eindeutig und zweifellos feststände. Indessen zeigt sich bei näherer Betrachtung bald, daß sehr verschiedene Phänomene ihm zugrunde liegen können. Man spricht von den französischen und englischen Vermögenssteuern des Mittelalters, von den mittelalterlichen Vermögenssteuern im Deutschen Reich, in den deutschen Städten und Territorien, von den Vermögenssteuern der Schweiz und der amerikanischen Einzelstaaten in neuerer Zeit. Aber in einem Falle ist es eine Kopfsteuer, im andern eine Immobiliarsteuer, bald wieder eine Steuer auf alle Objekte des Besitzes; hier ist der Kapitalwert, dort der Jahresertrag, anderswo sind beide Modi Bemessungsgrundlage der Steuer. Es dürfte auch dem Kenner der Finanzgeschichte gar nichts Neues mehr sein, daß unter dem Namen Vermögenssteuer sehr verschiedenartige Gebilde verborgen sind. Dennoch erscheint in den Darstellungen selten der Begriff des Steuerobjektes scharf herausgearbeitet, und seltener noch versucht man einmal sich darüber klar zu werden, inwieweit eine Steuer für die Epoche, der sie angehört, eine **vollständige** Erfassung des Vermögens (im weitesten Sinne, d. h. der wirtschaftlichen Leistungsfähigkeit) bedeutet. Man vermißt z. B. bei Darstellungen mittelalterlicher Steuern gewöhnlich den deutlichen Hinweis auf die an und für sich durchaus nicht selbstverständliche Tatsache,

---

[1]) Quellenangaben sowie eingehendere Ausführungen über die einzelnen Punkte dieser Skizze finden sich in meinen beiden Schriften: „Zur Geschichte der Vermögenssteuern“ 1911 und „Zur Geschichte der englischen und amerikanischen Vermögenssteuern“ 1912.

daß Handels g e w i n n als solcher nicht von der Steuer erfaßt wird. Und doch sollte strenge Klarheit nach dieser Richtung die Grundlage jeder Steuergeschichte bilden. Denn wie kann man z. B. über die sozialpolitische Bedeutung einer Steuer ein Urteil fällen, wenn man sich nicht zuvor darüber klar geworden ist, welche Einkommensquellen oder Besitzkategorien von ihr getroffen, welche geschont wurden?

Bei Anwendung einer kritischen Methode ergibt sich nun für d i e d e u t s c h e n T e r r i t o r i e n b i s z u m E n d e d e s 14. J a h r h u n d e r t s (m i t A u s s c h l u ß d e r S t ä d t e) folgendes Bild:

Die Steuer trifft den Grund und Boden, am liebsten nach dem Maßstab der Hufe, aber auch nach dem Morgenmaß. Letzteres gilt besonders im Westen sowie gegen Ende der Periode, überhaupt da, wo die wirtschaftliche Entwicklung relativ fortgeschritten ist. Die Hufensteuer will im Grunde den Ertrag der Güter treffen. Katen und Mühlen werden in einigen Territorien herangezogen. Von einer eigentlichen Bonitierung ist wenig zu merken. Mobilien werden nur hier und da und nur ergänzend besteuert.

Einer besonderen Erörterung bedarf die Besteuerung der Häuser. Die herrschende Lehre dürfte hier kaum aufrecht zu erhalten sein. Eine regelmäßige Besteuerung von Häusern hat wohl während des ganzen Mittelalters auf dem Lande nicht existiert. Einer kritischen Auslegung der Urkunden, welche die Häusersteuer erweisen sollen, halten, wie der Verfasser zu zeigen versucht hat, nur wenige vereinzelte Beispiele stand, aus denen man allgemeine Schlüsse nicht ziehen sollte. Insbesondere kann dann auch die Verbreitung der Gebäudebesteuerung in den Städten nichts für eine solche auf dem platten Lande beweisen. Die Entwicklung ging d o r t ihre eigenen Wege: Häuser und mobiles Kapital spielten in der Stadt eine ganz andere Rolle als auf dem Lande. Ferner hat es, wie von M y r b a c h mit Recht betont, auf dem Lande bis in späte Zeiten nur Burgen und armselige Hütten gegeben, so daß schon a priori eine Gebäudebesteuerung wenig wahrscheinlich wird. Vor allem aber wurde die Hufe als Komplex der verschiedensten Immobilien im ganzen besteuert, wobei man wohl an ihren E r t r a g gedacht hat; für eine selbständige Häusersteuer bleibt dann aber kein Raum. Die Besteuerung der Kötter beweist auch nicht viel, weil hier die Hütte wohl überhaupt nur als konkrete Erscheinung der wirtschaftlichen Leistungsfähigkeit einer Person aufgefaßt wurde, deren Einkommen man treffen wollte. Nach allem möchte ich annehmen, daß es kein Zufall sei, wenn die spärlichen Nachrichten über ein Vorkommen der Häuserbesteuerung fast nur aus solchen Gegenden stammen, wo die Hufenverfassung wegen eingetretener Besitzeszersplitterung nicht mehr den Steuermaßstab bildete, oder aber aus Gebieten, wo die Häusersteuer eine bloße Ergänzung der Hufenbesteuerung darstellt. Auch in diesen Ländern spricht übrigens nichts für die allgemeine Verbreitung der Häusersteuer.

Wir kommen jetzt zu der Frage, wieweit eine Besteuerung nach Einkünften vorkommt. Eine solche ist anscheinend bei der Kirche beliebt; indessen ist hier sicherlich nur an Grundzinse, Zehnten und Renten, nicht aber an Erträge von mobilem Kapital zu denken.

Eine wirkliche Besteuerung des beweglichen Besitzes — nicht seiner Erträge — finden wir im allgemeinen nur vereinzelt und nur ergänzend. Bei dem berühmten Bedeverkauf von 1281 in Brandenburg und in einer bayerischen Steuerordnung von 1311 werden gewisse Klassen nach ihrem Mobiliarvermögen besteuert. Aber im ersteren Fall handelt es sich nur um Müller, Kossäten und andere Leute, die nicht wenigstens eine Hufe Land haben; sie können ja nicht nach dem gewöhnlichen Maßstabe der Hufe besteuert werden. Im zweiten Falle sind es die Bauleute, also eine Klasse, der selbständiger Grundbesitz fehlt. Im allgemeinen aber ist der Mobiliarbesitz auf dem platten Lande der deutschen Territorien in der Periode bis zum Ende des 14. Jahrhunderts noch frei. Es läßt sich dies auch erklären. Freilich, die oft gehörte Deutung, das bewegliche Vermögen hätte noch keine Rolle gespielt, dürfte kaum zutreffen. Hatte man doch Viehbesitz, Gold, Silber, kostbare Steine und andere fahrende Habe schon in viel früherer Zeit. Eher dürfte der Grund wohl darin zu suchen sein, daß die Hufensteuer eben auf den Ertrag und nicht auf den Wert des Besitzes gerichtet war, einen Ertrag aber damals allein die Immobilien hervorbrachten. Denn Leihkapital spielte auf dem Lande ebensowenig eine Rolle wie der Handel. Aber auch das Handwerk dürfte viel weniger selbständige Einkommenquelle gewesen sein, als vielmehr im Rahmen der Grundherrschaften und Bauernhöfe seinen Platz gehabt haben. Daher also traf die einförmige Hufensteuer dennoch in jener Zeit die ganze wirtschaftliche Leistungsfähigkeit der Subjekte — wenigstens von dem einen Standpunkte des Ertrages, des Einkommens aus gesehen.

Die direkten Steuern in den deutschen Städten des Mittelalters waren ursprünglich Immobiliarsteuern. Dieser ziemlich allgemein anerkannte Satz dürfte zwar schwer auf direktem, induktivem Wege zu erweisen sein; denn alle bisher angeführten Beispiele liefern wohl den Beweis, daß Immobilien besteuert wurden, nicht aber einen strengen Beweis dafür, daß Mobilien nicht versteuert wurden. Indessen spricht so vieles zugunsten der in Frage stehenden Theorie, daß man sie immerhin als eine Voraussetzung von großer Wahrscheinlichkeit hinnehmen darf. Vor allem findet sich nämlich unter den uns bekannten Urkunden bis zur 2. Hälfte des 13. Jahrhunderts keine einzige, die auf das Vorhandensein einer allgemeinen Mobiliarbesteuerung (im Gegensatz zu einer bloß ergänzenden) in einer Stadt hinwiese. Dies kann aber kaum Zufall sein. Betrachten wir ferner die ersten Urkunden, die überhaupt von einer Besteuerung der beweglichen Habe zeugen, so kommen wir wohl zu der Annahme, daß diese Besteuerung bis zur Mitte des 13. Jahrhunderts sich nur ergänzend entwickelt haben dürfte, da wo kein Grundbesitz war, nämlich in der Hauptsache nur bei der Klasse der hörigen Hintersassen. Erst in der zweiten Hälfte des 13. Jahrhunderts tritt deutlich an manchen Orten eine allgemeine Mobiliarsteuer hervor. Die Immobiliarsteuern erfaßten nun außer dem Grund und Boden auch oft die Häuser; ihr Maßstab scheint meistens der Kapitalwert gewesen zu sein — während die ländlichen Immobiliarsteuern selten die Häuser besonders trafen und wohl nach dem Ertrage bemessen wurden. In der Stadt traten eben die Häuser schon früh als selbständige Objekte von Wert hervor, Käufe von Immobilien fanden häufiger als auf dem Lande statt, und Kaufpreise bildeten sich somit eher als dort. Auch konnte die Hufe, deren natürlichster Wertmaßstab der Ertrag war, in der Stadt nicht so lange ihre Bedeutung wahren wie auf dem Lande, weil der ursprünglich landwirtschaftliche Charakter der Städte sich vielfach verlor. Die städtischen Immobiliarsteuern, deren Maßstab uns bekannt ist, wurden nach dem Kapitalwert umgelegt; eine nach dem Ertrage bemessene Immobiliarsteuer dieser Zeit ist nicht nachgewiesen.

Die Frage, wieweit die städtischen Immobiliarsteuern damals die wirtschaftliche Leistungsfähigkeit der Subjekte erfaßten, dürfte schwer zu lösen sein. Ihre Erörterung würde hier zu viel Raum einnehmen.

Den Übergang zur Einbeziehung der beweglichen Habe in die Steuern scheint die Belastung der Renten gebildet zu haben, die übrigens nach mittelalterlicher Anschauung ganz allgemein zu den Immobilien gezählt werden und denen man in der Tat wohl mit Rücksicht auf ihre Gebundenheit in jener Epoche eine Art Zwischenstellung zwischen Mobilien und Immobilien einräumen darf. Sie erscheinen gegen Ende des 13. Jahrhunderts öfter als Steuerobjekt.

Im 14. Jahrhundert ist dann die Mobilarbesteuerung schon häufiger, um im folgenden Jahrhundert gänzlich zur Regel zu werden.

Den verbreitetsten Typus der direkten Steuer im Mittelalter stellt nach den bisherigen Nachrichten der „einheitliche, konsequente“ Vermögenssteuerbegriff dar. Ich verstehe darunter den Begriff derjenigen Steuer, welche Reduzierung der gesamten Summe wirtschaftlicher Güter im Eigentum einer Person — gewöhnlich allerdings mit Ausnahmen — unter Abzug der Schulden auf die Einheit des Geldwertausdrucks verlangt. Er liegt gleichzeitig den modernen Ergänzungssteuern zugrunde und ist deshalb der einzige Vermögenssteuerbegriff, den der Laie kennt. Freilich ist er in seiner abstakt konsequenten Form, in der er alle Objekte erfaßt, nicht sehr häufig. Für gewöhnlich sind nämlich irgendwelche Gegenstände befreit, und zwar im deutschen Mittelalter meistens ertraglose Objekte wie Hausrat, Kleider, Betten, Silbergerät, Kleinodien, Pferde, Rüstungen und Vorräte. Heidenhain betont, wie schon im 14. Jahrhundert in manchen Steuerordnungen die feine Unterscheidung zwischen Gebrauchs- und Produktivvermögen besteht; dieselben Gegenstände, z. B. Betten, Pferde, sind je nach ihrer Verwendung zum eigenen Gebrauch oder zum Erwerb steuerfrei oder steuerbar. Die Gründe für die Steuerbefreiung dürften im allgemeinen folgende gewesen sein: 1. Rücksicht auf den fehlenden Ertrag des Gebrauchs- und Verbrauchsvermögens, 2. Rücksichten auf das Existenzminimum, 3. wirtschaftspolitische Motive, 4. politische Motive, 5. steuertechnische Gründe.

Wieweit nun der einheitliche Vermögenssteuerbegriff der

wirtschaftlichen Leistungsfähigkeit gerecht wird, ist allgemein nicht zu bestimmen. Zwar der praktisch seltenere Fall des abstrakt konsequenten Begriffs ohne jede Befreiung (z. B. Basel im 15. Jahrhundert) stellt eine vollständige Erfassung der Besitzobjekte dar, somit eine vollständige Erfassung wirtschaftlicher Leistungsfähigkeit, von einer Seite aus gesehen. Aber doch eben nur von einer Seite aus. Denn unberücksichtigt bleibt die verschiedene Rentabilität von Landwirtschaft, Gewerbe und Handel; der Unterschied zwischen dem Ertrage des Produktivvermögens und der Nutzung des Gebrauchsvermögens; das Hervorgehen von Einkünften aus unsichtbarer Quelle, Arbeit und persönlichen Fähigkeiten. Hier zeigt sich eben, daß nicht jedes Einkommen, jede Quelle wirtschaftlicher Leistungsfähigkeit, sich in der Form des sichtbaren Besitzes ausdrücken läßt. Wir werden es deshalb verstehen, wenn der Gesetzgeber in ähnlichen Fällen — z. B. in den Einzelstaaten der nordamerikanischen Union im 17. und 18. Jahrhundert — den theoretisch höchst bedenklichen, ja einer wissenschaftlichen Prüfung gegenüber unhaltbaren Versuch wagt, jene Einkünfte aus unsichtbarer Quelle wirklich in Form von Besitz auszudrücken, ein Phänomen, das ich mit dem Namen „Phantasiekapitalien" kennzeichnen möchte. Um aber den konsequenten Vermögenssteuerbegriff nicht bloß abstrakt, sondern auch historisch zu würdigen, müssen wir uns darüber klar werden, daß in den meisten Fällen eben doch Befreiungen unproduktiver Gegenstände stattfanden, und daß man Arbeitseinkünfte oft besonders durch eine ergänzende Steuer zu treffen suchte. Demnach dürfte der konsequente Vermögenssteuerbegriff damals doch nicht so einseitig gewirkt haben, wie heute eine bloße Besitzvermögenssteuer ohne ergänzende Einkommens- oder Ertragssteuern wirken würde.

Der einheitliche Vermögenssteuerbegriff ist nicht der einzige im Mittelalter. Neben ihm finden sich Begriffe, die in ihrer komplizierten Struktur so interessant und so für das mittelalterliche Denken charakteristisch erscheinen, daß man sie geradezu für einen Haupttypus mittelalterlicher Vermögenssteuern angesehen hat, obwohl sie nach den bisherigen Nachrichten nur in wenigen Städten vorgekommen sind.

Diese Begriffe sind aber auch deshalb besonders interessant, weil sie große Verwandtschaft mit denen des Auslandes, insbesondere mit den Grundbegriffen der älteren englischen Staatssteuern aufweisen. Ich nenne diese Begriffe „kompliziert e“. Für die eine Gattung von Objekten ist hier der Wert, für eine andere der Ertrag, für die dritte ein fester Geldsatz Steuerbemessungsgrundlage. Indessen sind die Kombinationen nicht beliebig und regellos. Niemals wird bewegliches Vermögen nach dem Ertrage besteuert. Dieser Satz gilt auch sonst ganz allgemein für das Gebiet der deutschen Städte im Mittelalter: Eine Einkommensteuer kommt nicht vor, soweit die bisherigen Nachrichten vom Steuerobjekt reichen. Die in älteren Werken als Einkommensteuer gekennzeichneten Erscheinungen gehören vielmehr in Wirklichkeit zu den komplizierten Vermögenssteuerbegriffen, welche die Mobilien nach dem Kapitalwerte erfassen. Dagegen erscheint das Prinzip der festen Sätze bei den verschiedensten Vermögensobjekten, beweglichen wie unbeweglichen.

Die Frage nach der Entstehung der komplizierten Begriffe reduziert sich auf die Frage, warum Ertragsprinzip und feste Sätze in jenen Steuern vorkommen; denn das Wertprinzip ist ja durchaus das Gewöhnliche im deutschen Mittelalter. Die erste Frage hat Bücher beantwortet, wenn er sagt: „Der Boden war im Mittelalter gebunden und schwer realisierbar; er unterlag nicht regelmäßiger Tauschwertschätzung, sondern gewann immer nur in der Form der jährlichen Erträge für die Wirtschaft eine Bedeutung, die zahlenmäßig zu erfassen war. Das Mittelalter schätzte nur den Wert des Ertrages, in welchem die Bedeutung eines Vermögensobjektes konkret in die Erscheinung trat“. „Der Ertragswert als Wert des Ertragsobjektes ist eine Abstraktion, die der kapitalistischen Auffassung eines entwickelten Kreditwesens angehört.“ Dieser Gedankengang kann aufgefaßt werden als eine Anwendung des schon von Rodbertus betonten Satzes vom Rentenprinzip auf das Gebiet der Steuergeschichte: „Die Rente ist das wahre Prinzip des Immobiliarbesitzes, der (Rein) Ertrag ihr einzig richtiger Maßstab“. Wenn jene Erklärung nun auch eine überzeugende sein dürfte, so bleibt doch fraglich, warum gerade in der Mehrzahl der mittelalterlichen Städte das Ertragsprinzip nicht vorkommt. Diese Frage dürfte allgemein nicht zu beantworten sein.

Das Prinzip der festen Sätze, das Bücher ebenfalls erklärt hat, bezitzt zwei Formen. Entweder wird gleich ein bestimmter Steuersatz vorgeschrieben, z. B. eine Hufe Landes zahlt 6 Schillinge

Steuer, oder die Bewertung des Objektes wird angegeben, z. B. eine Hufe Landes wird einem Kapitalwert von 14 Mark gleichgesetzt und davon später die gewöhnliche Steuer erhoben. Ein innerlicher Unterschied liegt aber hier nicht vor. Das Prinzip der festen Sätze ist nun wohl zunächst bloß ein formales, dem in den einzelnen Fällen verschiedene Gedanken zugrunde liegen. Wo z. B. unproduktive Objekte (Vorräte, Erträge) einfach nach fertigen Geldsätzen versteuert werden, da kann es sich bloß um einen Modus der Veranlagungstechnik handeln. Um den Schwierigkeiten einer Einschätzung nach schwer zu ermittelnden Kaufwerten oder kapitalisierten Ertragswerten vorzubeugen, um die Neigung des Publikums zu Defraudationen unwirksam zu machen, hat man sich wohl mit solchen Durchschnittszahlen begnügt, die in jenen relativ einfachen Wirtschaftsverhältnissen noch erträglich waren und jedenfalls eine sichere, konstante Grundlage der Bewertung gaben. Anders aber scheint es da zu stehen, wo ertraggebende Immobilien nach einem festen Durchschnittssatze getroffen werden. Dort ist es wahrscheinlich, daß man an den durchschnittlichen Ertrag gedacht hat. Denn eher kann man in einer mittelalterlichen Stadt für ein Einheitsmaß von Landbesitz einen ungefähr gleichen Ertrag als eine Gleichheit der Kaufwerte annehmen. Unterscheiden sich doch die letzteren von den Ertragswerten durch feinere oder gröbere Beisätze mannigfacher Art, die vom einzelnen Fall abhängen und sich nie in eine Regel bringen lassen. Auch die Parallele mit der auf den Ertrag abzielenden ländlichen Hufensteuer liegt nahe. Ähnlich könnte an eine Besteuerung des gewerblichen Ertrages zu denken sein, wo die Fleischbänke, die Stände im Kaufhause usw. nach festen Sätzen getroffen wurden.

Im 14. bis 16. Jahrhundert wurden nach manchen Steuerordnungen die Mobilien doppelt oder dreimal so hoch belastet als der unbewegliche Besitz. Diese Erscheinung ist auf verschiedene Weise erklärt worden. Bald mag der Gedanke an den durchschnittlich höheren Ertrag des mobilen Kapitals, bald die Beobachtung, daß das letztere sich leichter der Besteuerung entzieht, wirksam gewesen sein. Auch die Vorstellung, daß Immobilien und Renten geschont werden müßten, weil in mittelalterlichen Städten die Landwirtschaft noch oft die Grundlage wirtschaftlicher Existenz bildete, wird eine Rolle gespielt haben, wie unter Umständen die wirtschaftspolitische Maxime, zur Anlage des Kapitals im Landbau zu ermuntern.

Wie auf dem platten Lande deutscher Territorien und wie wohl häufig beim Übergang der Städte zur Mobiliarbesteuerung kommen Alternativbegriffe auch noch in späterer Zeit vor. Grundbesitzer versteuern dann nur ihren unbeweglichen Besitz, andere Einwohner nur ihre bewegliche Habe. Indessen scheinen diese Fälle nicht häufig zu sein.

Es kommt nun vor, daß neben dem Besitz auch das Arbeitseinkommen als Steuerquelle gedacht ist. Manche Steuergesetze enthalten eine Progression nach unten, die sich nur als eine gewollte Belastung des Arbeitseinkommens erklären läßt, da es ja selbst im Mittelalter kaum wahrscheinlich ist, daß die untersten Klassen, welche vornehmlich von persönlicher Arbeit lebten, ihren Besitz höher versteuern sollten als die Reichen. Dann kommt zuweilen neben der Besitzvermögenssteuer schon eine unmittelbar nach dem Maßstabe der Jahreslohnes erhobene Abgabe vor, „eine partielle Einkommensteuer". Hier ist der Einkommensgedanke so weit durchgedrungen, daß das Einkommen bereits als Steuerobjekt, nicht mehr bloß als Steuerquelle erscheint. Endlich ist auch die Kopfsteuer aufzufassen als eine Ergänzung der Vermögenssteuer mit dem Zwecke, das Einkommen derer zu treffen, die wenig oder gar keinen Besitz versteuerten. Der Verfasser hat zu zeigen versucht, daß es unter diesem Gesichtspunkte nicht zulässig erscheint, von vornherein alle Kopfsteuern unterschiedlos zu behandeln. Vielmehr dürfte eine Unterscheidung derselben nach dem Gesichtspunkte der subjektiven Steuerpflicht hier unerläßlich sein. In dem Falle nämlich, in dem die Kopfsteuer ausdrücklich nur Unvermögende trifft, ist es klar, daß sie Arbeitseinkommen belasten soll. Auch wo alle Personen kopfsteuerpflichtig sind, wird mindestens bei den Unvermögenden das Arbeitseinkommen Steuerquelle sein. Ähnlich mag es noch gewesen sein, wo alle Haushaltungsvorstände die Kopfsteuer zahlten. Ganz anders aber liegt es, wo nur die zur Vermögenssteuer Verpflichteten, also gerade die Besitzenden, zur Kopfsteuer herangezogen wurden. Hier ist zum mindesten das Arbeitseinkommen der untersten Klassen frei. Es ist übrigens interessant, daß der Ausdruck „Vorschoß" hauptsächlich nur in diesen letzteren Fällen vorkommt. Hartwigs Theorie, der Vorschoß sei keine allgemeine Kopfsteuer, sondern nur eine Zuschlagssteuer für die Besitzenden gewesen, scheint sich daher zu behaupten.

Wenn eine Einkommensteuer[1]) in den deutschen Städten des Mittelalters nicht nachgewiesen ist, so dürfte dies kein Zufall sein. Man kannte noch nicht, ebensowenig wie in England, eine Heranziehung des eigentlichen beweglichen Kapitals nach dem Maßstabe des Ertrages. Die außerordentlich schwankende Natur vieler geschäftlichen Gewinne im Mittelalter dürfte wohl nicht zuletzt als Ursache dieses Mangels anzusehen sein. Daß aber das Ertragsprinzip — bis zu einem gewissen Grade ein Übergang zum Einkommensprinzip — sonst eine bedeutsame Rolle gespielt hat, daß es bald offen, häufiger aber versteckt zu bemerken ist, das habe ich zu zeigen versucht.

Die Entwicklung der direkten Staatssteuern Englands ist eine sehr einheitliche gewesen: Die Immobiliarbesteuerung des letzten Jahrtausend ist ununterbrochen vom Ertragsprinzip (Rentenprinzip) beherrscht, die Mobiliarbesteuerung bis in das 17. Jahrhundert hinein vom Kapitalprinzip. Die englische Steuergeschichte kennt weder den einheitlichen Vermögenssteuerbegriff noch — bis zum Ende des 18. Jahrhunderts — eine Einkommensteuer.

Den Grundsteuern des 11. bis 13. Jahrhunderts — Danegeld (Hidage), Carucagium und Steuer auf das Ritterlehen — dürfte die Vorstellung des rohen Ertrages durchgängig zugrunde gelegen haben. Anfangs mögen sie eben so vollständig in der Erfassung wirtschaftlicher Leistungsfähigkeit gewesen sein wie die deutsche Hufensteuer auf dem Lande, zuletzt, als schon Einkünfte aus Handel- und Lohnarbeit auftraten, mußten sie versagen.

Bei den außerordentlichen Steuern der Jahre 1166 und 1188 (Kreuzzugssteuern) wurden die Immobilien nach der Jahresrente, die Mobilien nach dem Kapitalwerte veranlagt. Es folgt das zunächst aus dem Wortlaut der Steuergesetze. Als Beweis für die Erfassung der beweglichen Habe nach dem Kapitalwerte ist hier wie bei späteren Steuern insbesondere noch die Tatsache anzusprechen, daß unproduktive Mobilien ausdrücklich als steuerbar genannt werden. Wie hätten solche aber nach dem Ertrage besteuert werden können, da sie doch gar keinen Ertrag abwarfen? Von der Fiktion eines Ertrages aber ist noch nirgends die Rede.

---

[1]) Die sogenannte partielle Einkommensteuer kann hier eine Phase in der Entwicklung zur Einkommensteuer darstellen, zählt aber nicht selbst als solche.

Die besprochenen Steuern erfassen nicht die Einkünfte aus Handel, Gewerbe, Leihkapital und Lohnarbeit. Gewinne aus gewerblichem und Leihkapital sind, wenn wir die Urteile der Wirtschaftshistoriker zu Rate ziehen, im 12. Jahrhundert noch selten gewesen. Jene anderen beiden Einkommensquellen aber existieren schon. Beim Handel kann nun freilich an einen gewissen Ausgleich gedacht werden, sofern die Steuern auf die mobilen Kapitalien nominell denselben Steuersatz haben wie die auf Immobiliar — Renten, in Wirklichkeit daher um vieles höher sind. Es könnte deshalb eine indirekte Erfassung der hohen Gewinne aus Handelskapital angenommen werden. Indessen war eine solche Belastung doch höchst roh und summarisch, und an ein wirkliches Aufsuchen jener Einkommensquelle ist nicht zu denken.

Die Steuern vom beweglichen Vermögen (vom 12. Jahrhundert ab), besonders der sogen. „Fünfzehnte und Zehnte", interessieren uns nur in der Zeit vor ihrer Erstarrung zu Repartitionssteuern. (Im 14. Jahrhundert.) Als eine ihrer wesentlichen Eigenschaften gilt die Tatsache, daß die Objekte fast stets unter dem wirklichen Werte eingeschätzt wurden. Man hat neuerdings versucht, die Steuern des beweglichen Vermögens wenigstens teilweise als nach dem Ertrage bemessene hinzustellen. Allein dieser Nachweis ist nicht als gelungen anzusehen. Der Wortlaut der Urkunden, das schon angezogene Argument einer Besteuerung unproduktiver Objekte und der ganze Verlauf der steuerlichen Entwicklung sprechen gegen die Annahme einer Mobiliarertragssteuer. Der Kapitalwert war vielmehr zweifellos Bemessungsgrundlage. Nur die zuweilen vorkommende enorme Höhe des Steuersatzes scheint in der Tat einer andern Lesart günstig zu sein. Indessen habe ich zu zeigen versucht, daß unter Berücksichtigung aller hier in Frage kommenden Momente jene nominelle Höhe des Satzes bedeutend reduziert erscheinen dürfte. Daß nun eine bloße Mobiliarbesteuerung, wie sie hier gewöhnlich vorliegt, unvollständig bleibt, leuchtet sofort ein; aber auch in den Fällen, wo daneben Renten aus Landbesitz besteuert wurden, fehlt immer noch die Erfassung der Gewinne aus den anderen Einkommensquellen, weil dort nur die Kapitalien belastet wurden.

Die sogenannten Einkommensteuern von 1435 und 1450, die stets als Beispiele mittelalterlicher Einkommenssteuern angeführt werden, verdienen diesen Namen nicht. Und zwar handelt es sich keineswegs bloß um den Namen, sondern um die Sache selbst, das Steuerobjekt. Auch hier fehlt deutlich die Erfassung der Gewinne aus Handel, Gewerbe und Leihkapital. Nur Einkünfte aus unbeweglicher Habe werden versteuert, darunter allerdings die Renten, ferner Einkünfte aus Ämtern und Löhne. Eine zu wenig kritische Auslegung der Steuergesetze und speziell gewisser Ausdrücke (profits, employments), welche hier nur auf Einkünfte der eben genannten Art Bezug haben können, wie sich aus dem Vergleich mit den zahlreichen späteren „Subsidiengesetzen" überzeugend erweisen läßt, hat offenbar zu der bisher herrschenden Ansicht verleitet.

Auch die „Subsidien" im engeren Sinne (im weiteren Sinne sind dies alle Steuern), nämlich die Gesetze der Jahre 1472, 1488, 1496 und gewisse Steuern des 16. und 17. Jahrhunderts, kennen noch nicht die direkte Heranziehung der Einkünfte aus Handel, Gewerbe und Leihkapital. Vielmehr werden die Immobilia nach dem Ertrage getroffen, ebenso Gehälter und zuweilen Löhne nach dem jährlichen Betrage, die Mobilien aber nach dem Werte. Es läßt sich dies aus dem Wortlaut der Gesetze erkennen. In den zahlreichen Sätzen nämlich, in denen von der Bemessungsgrundlage bei den Immobilien die Rede ist, erscheint das Wort „yerely": Wer jährlich so und so viele Pfund hat, heißt es dort. In den zahlreichen Sätzen, in denen vom Objekt der Mobiliarsteuer die Rede ist, fehlt das Wort yerely. Hier heißt es nur: Wer so und so viel Pfund hat an Silber usw. Man bringe nur einen einzigen Fall, wo es heißt: Wer jährlich so und so viel Pfund an Silbergerät usw. hat ... Es kommt hinzu, daß auch unproduktive Objekte zuweilen ausdrücklich von der Besteuerung befreit sind. Wenn aber der Ertrag Steuermaßstab gewesen wäre, wie hätte man dann darauf verfallen können, Gegenstände, die sowieso keinen Ertrag hatten, noch ausdrücklich zu befreien?

Daß England eine Besteuerung der Mobilien nach dem Ertrage im Mittelalter überhaupt nicht gekannt hat — ebensowenig wie die deutschen Städte —, diese Wahrheit wird auch durch die Beobachtung bestätigt, daß bei den „Monatsanlagen" des 17. Jahrhunderts und bei der land tax (Ende des 17. bis 18. Jahrhundert), wo im Gesetz zum ersten Male ausdrücklich auf den Ertrag des beweglichen Vermögens Bezug genommen wird, immer noch nicht die wirklichen, individuellen Einkünfte aus Handel, Gewerbe und

Leihkapital herangezogen werden, vielmehr die Fiktion einer Kapitalisierung eintritt: 100 Pfund mobilen Kapitals werden wie 5 Pfund Rente aus Immobilien versteuert. Man würde doch kaum nachträglich zu einem solchen mechanischen Notbehelf gegriffen haben, wenn eine Einkommensbesteuerung vorher jahrhundertelang geübt worden wäre. Nur einmal erscheint der moderne Einkommensbegriff im 17. Jahrhundert: Bei der Standessteuer von 1640 (1641) werden gewisse Klassen in folgender Weise umschrieben: „Wer jährlich so und so viel Pfund in Land, Renten, Handelskapital und Geld ausgeben kann". Aber das gilt nur für diese einzelne, außerordentliche Steuer und nur bei gewissen Klassen, die nicht zu den höher Besteuerten gehören. Hiervon abgesehen, kann bis zu der berühmten Steuer von 1799 von einer Einkommensteuer nicht die Rede sein. Der Grund dieser für den modernen Nationalökonomen auffallenden Erscheinung dürfte der sein, daß die Gewinne aus Geschäften aller Art noch allzusehr schwankten, um die Vorstellung eines regelmäßigen Ertrages aufkommen zu lassen, weshalb ein solcher nur bei Immobilien, Ämtern und Lohnarbeit deutlich in die Erscheinung trat.

Die alten Staaten der nordamerikanischen Union bis zur Mitte des 19. Jahrhunderts sind für das Studium der Vermögenssteuerbegriffe mehr als irgendein Land geeignet, weil fast alle nur denkbaren Formen der letzteren in ihnen sich finden. Der sichtbare Besitz ist die hauptsächlichste Bemessungsgrundlage.

Die Eigenart der von den amerikanischen Autoren so viel besprochenen faculty tax dürfte nicht in der oft betonten Eigenschaft liegen, daß sie sich mit rohen Durchschnitten begnügt, statt eine genaue individuelle Einschätzung zu verlangen, sondern in der Tatsache, daß in aller Regel nicht ein Einkommen oder ein Ertrag, sondern ein Kapitalwert (oder Bruchteil davon) die Bemessungsgrundlage bildet. Im Grunde freilich ist es gerade Einkommen, was die faculty tax treffen will, Ihr Wesen läßt sich in den kurzen Satz zusammenfassen: Sie sucht Einkommen auf den einheitlichen Nenner des sichtbaren Besitzes zu bringen oder Einkommen in der Form von Vermögensbesitz auszudrücken. Insofern sie bei diesem theoretisch bedenklichen Versuche dem Ermessen der Einschätzer freien Spielraum lassen muß und insofern ihr Objekt in einem gewissen Gegensatz zum Kapitalwert sichtbarer Gegenstände steht, möchte ich den Ausdruck „Phantasie-Kapitalien“ anwenden.

Das Prinzip der festen Sätze dürfte von den amerikanischen Autoren etwas zu einseitig beurteilt worden sein. Es stellt nicht immer eine Berücksichtigung des Durchschnittsertrages dar, sondern zuweilen, z. B. bei unproduktiven Objekten, aber auch da, wo bei der Landbesteuerung nur ein fester Satz für ein ganzes Territorium existiert, ein bloßes Mittel der Veranlagungstechnik, bei welchem an eine Berücksichtigung des Durchschnittsertrages nicht mehr zu denken ist.

Das wichtigste Charakteristikum für die Geschichte der Vermögenssteuerbegriffe bleibt in Amerika die schon berührte Tatsache, daß die Steuerbemessungsgrundlage fast stets ein Kapitalwert (oder Bruchteil davon), selten aber etwas anderes ist. Gilt dies für die Form des Steuerbegriffes, für die letzte offizielle Bemessungsgrundlage, so dringt materiell doch das Ertragsprinzip sehr häufig durch. Es zeigt sich das zuweilen in der Ansetzung von Durchschnittskapitalien, soweit solche nach dem obigen eine Berücksichtigung des Durchschnittsertrages darstellen. Es zeigt sich das ferner in der beliebten Differenzierung der Steuerhöhe für verschiedene Besitzkategorien; sei es unmittelbar im Steuersatze oder mittelbar durch die Vorschrift, daß überall nur ein (für die verschiedenen Steuerobjekte verschieden hoch zu bemessender) Bruchteil des Wertes in die Liste eingestellt, zuletzt aber überall der gleiche Steuersatz erhoben wird. Man bewirkt so eine Besteuerung, welche die Vorstellungen von den Differenzen in der Rentabilität der Objekte oder aber die wirtschaftlichen Machtverhältnisse widerspiegelt, man erreicht so insbesondere aber auch gern eine höhere Belastung von (unproduktiven) Luxusgegenständen, und man setzt auf demselben Wege eine Berücksichtigung aller möglichen wirtschaftspolitischen Prinzipien durch. In der besprochenen Erscheinung der Phantasie-Kapitalien liegt eine Berücksichtigung von spezifischem Einkommen vor — aber immer noch ist die Form des Kapitalwertbegriffes gewahrt —, zweifellos eine Überspannung des letzteren. Zuweilen tritt dann das Prinzip des rohen oder reinen Ertrages auch offen hervor, um selbst die offizielle Bemessungsgrundlage zu bilden. Der Einkommensgedanke wird deutlich in den partiellen Einkommenssteuern in den vierziger Jahren des 19. Jahrhunderts.

In dem heutigen nordamerikanischen Bundesstaate wird die

Frage erörtert, ob eine Einkommensteuer verfassungsmäßig sei. Es mögen dabei in Wirklichkeit mehr die politischen und wirtschaftlichen Machtverhältnisse im Spiele sein als eine theoretische Überzeugung, welche wohl nur zum Vorwande dient. Aber wenn behauptet wird, eine Einkommensteuer sei als „direkte Steuer" unkonstitutionell,[1]) so ist eine Stellungnahme hierzu nicht möglich ohne eine Kritik der Steuergeschichte, wie sie denn auch Seligman für diesen Punkt in scharfsinniger Weise gegeben hat — mögen wir immerhin den Nachweis des Satzes, daß im 18. Jahrhundert außer in Frankreich keine Einkommenssteuer existiert habe, bei ihm nicht finden. So zeigt sich, daß kritische Untersuchungen über Begriffe von Steuern, deren erster Zweck ist, Grundlage einer wirklich kritischen Steuergeschichte zu werden, gelegentlich einmal unmittelbar „aktuelle" Bedeutung gewinnen können.

[1]) Die Verfassung erlaubt eine direkte Steuer nur, wenn sie die Bevölkerung der Staaten zum Verteilungsmaßstabe nimmt — was bei einer Einkommensteuer so gut wie undenkbar ist.

Zur Geschichte des öffentlichen gemeinnützigen Arbeitsnachweises in Leipzig.

Von **Wilhelm Wick.**

Mit der Entwicklung des im Dezember 1899 gegründeten „Vereins für Arbeitsnachweis“ in Leipzig, der seit 1900 als öffentlicher gemeinnütziger Arbeitsnachweis seine Tätigkeit ausübt, ist der Name Wilhelm Stiedas aufs engste verbunden. Wenn Stieda auch bei der Gründung weniger aktiv beteiligt war, so hat doch sein unermüdliches Wirken als Vorsitzender — er bekleidete das Amt vom 1. 8. 1901 bis zum 23. 2. 1911 (seit dem Zeitpunkt ist er II. Vorsitzender) — wesentlich dazu beigetragen, daß der paritätische Arbeitsnachweis sich zu seiner heutigen Blüte entwickelte und zu einem sozialen Faktor der Stadt Leipzig wurde, dessen Fehlen heute sehr schwer empfunden würde.

Die beste Gabe Stiedas an den Verein sind die von ihm verfaßten Jahresberichte, die ein getreues Bild des Werdegangs des Arbeitsnachweises bieten, und die kleine von ihm 1903 für die Deutsche Städteausstellung in Dresden geschriebene Denkschrift „Der paritätische Arbeitsnachweis in Leipzig“, die in 1600 Exemplaren zur Verteilung gebracht wurde. Durch diese Drucksachen hat er nicht nur dem Leipziger Verein, sondern der gesamten gemeinnützigen Arbeitsnachweisbewegung im Königreich Sachsen große Dienste geleistet. Sein Interesse an der wichtigen sozialen Frage und seine Betätigung für sie führten dazu, daß er im Jahre 1907 in den Vorstand des Verbandes Deutscher Arbeitsnachweise berufen wurde. Als die allgemeine Entwicklung dazu drängte, die öffentlichen gemeinnützigen Arbeitsnachweise auf territorialer Grundlage zusammenzuschließen, um eine größere Ausdehnung herbeizuführen, um zwischenörtliche Vermittlung begründen zu können und einen immer größeren Überblick über den Arbeitsmarkt zu erreichen, arbeitete er unermüdlich an einem Zusammenschluß innerhalb

Sachsens. Der Mißerfolg, einen Zentralarbeitsnachweis für die Kreishauptmannschaft Leipzig herbeizuführen, schreckte ihn nicht ab. Der am 24. 1. 1911 in Dresden gegründete Landesverband der öffentlichen Arbeitsnachweise ist mit sein Werk. Der Vortrag, der zu der Gründung führte, ist niedergelegt in der kleinen Schrift „Die gemeinnützige Arbeitsnachweisbewegung“ (Nossen, Möllers Verlag).

Im folgenden soll versucht werden, neben einer Darstellung der dem Arbeitsnachweis vorangehenden Einrichtung, der Städtischen Arbeitsnachweisungsanstalt, und den Bestrebungen, einen städtischen Arbeitsnachweis herbeizuführen, eine Schilderung der Gründungsvorgänge und eine Übersicht der Gesamttätigkeit der Leipziger Anstalt in den nunmehr zurückliegenden 12 Jahren ihres Bestehens zu geben.

I. Die Städtische Arbeitsnachweisungsanstalt 1843—1903.

Der öffentliche gemeinnützige Arbeitsnachweis in seiner heutigen Ausdehnung ist in der Hauptsache ein Ergebnis der beiden letzten Jahrzehnte. Im allgemeinen sieht man das im Jahre 1865 eröffnete Stuttgarter Bureau für Arbeitsnachweis, das von der dortigen Filiale des Zentralvereins für das Wohl der arbeitenden Klassen in Gemeinschaft mit dem Gewerbe- und Arbeiterbildungsverein gegründet wurde, um eine völlig unparteiische Arbeitsnachweisung zu ermöglichen, und den 1883 gegründeten Berliner Zentralverein für Arbeitsnachweis als die Vorläufer an. Der 1841 in Dresden gegründete Verein für Arbeits- und Arbeiternachweisung und die 1843 in Leipzig gegründete Anstalt für Arbeitsnachweisung hingegen werden gewöhnlich hingestellt, als ob sie, Motiven der Wohltätigkeit und Armenpflege entsprungen, ausschließlich in ihrem Sinne gewirkt hätten. Eine nähere Beleuchtung der Leipziger Anstalt[1]) wird zeigen, daß diese, allerdings gegründet von dem Armendirektorium, sich doch keineswegs auf den Kreis der von ihr Unter-

[1]) Die Ausführungen beruhen bis zum Jahre 1881 auf den jährlichen gedruckten „Anzeigen der im Jahre 1803 in Leipzig errichteten Armenanstalt“ und den jährlichen besonderen gedr. „Hauptberichten über die Wirksamkeit der städtischen Anstalt für Arbeitsnachweisung“, die dankenswerterweise im Armenamt und dem städtischen Archiv eingesehen werden konnten. Nach dem Übergang des Armendirektoriums auf die Stadtverwaltung 1881 dienen die Berichte des Armenamtes und die Verwaltungsberichte der Stadt Leipzig als Unterlage.

stützten beschränkte, sondern daß sie sich von vornherein weitere Ziele steckte. Wir finden bei ihr verschiedene Grundsätze, wie z. B. Beschaffung von Notstandsarbeiten, Versorgung der Arbeitslosen mit Arbeitsgeräten, Abteilung für Dienstboten, betätigt, die heute Allgemeingut jedes größeren Arbeitsnachweises sind.

Die Stadt Leipzig hatte bereits 1704 auf kurfürstlichen Befehl eine Armenordnung[1]) eingeführt. Unter Leitung eines Deputierten des Rats mit Zuziehung freiwilliger Elemente aus der Bürgerschaft wurde ein „Almosenamt“ eingerichtet, das von besoldeten Beamten verwaltet wurde. Die Mittel wurden durch Kirchenkollekten, durch freiwillige Beiträge, durch Armenlotterien und Ratszuschüsse aufgebracht. Zunehmende Bettelei und Armut legten am Anfang des 19. Jahrhunderts den Wunsch nach Reformen nahe. Man wollte die Wohltätigkeit der reichen Stadt Leipzig unter zweckmäßiger Leitung nach neuen Gesichtspunkten organisieren. So wurde 1803 ein „Armendirektorium“ begründet, das im Jahre 1805 eingerichtet und am 30. 7. 1806 vom Rat bestätigt wurde. Die Einrichtung beruhte durchaus auf dem Prinzip der Freiwilligkeit, sowohl bezüglich der Organe als der Einkünfte. Das Armendirektorium wirkte in der segensreichsten Weise. Die zahlreichen großen und kleinen Stiftungen, die im Laufe der Jahre gemacht wurden, die zahllosen von ihm eingerichteten mildtätigen Einrichtungen — es seien nur genannt die Versorgungs-, Armen- und Waisenhäuser, das Obdachlosenheim, die Arbeitsanstalt, die Brockensammlung, die Brotbäckerei, die Bekleidungsanstalt, die vorbildliche Regelung des Ziehkinderwesens, heute allgemein das „Leipziger System“ genannt u. a. m. — machten es unentbehrlich für die Stadt. Nur die Entwicklung der allgemeinen Verhältnisse, das starke Anwachsen der Stadt nach 1870, die mehr und mehr versagende Freiwilligkeit in der Aufbringung der erforderlichen Mittel und der Wunsch, den jährlich entstehenden Fehlbetrag auf das Budget der Stadt übernommen zu sehen, ließen 1878 das Verlangen nach einem engeren Anschluß an die Gemeindeverwaltung aufkommen. Die Verhandlungen führten dazu, daß die Stadt 1881 das Armendirektorium mit sämtlichen Rechten und Pflichten übernahm.

Eine der wichtigsten Einrichtungen des Armendirektoriums war die Arbeitsnachweisungsanstalt. Die erste Anregung gab

---

[1]) Die Wohlfahrtseinrichtungen in Leipzig, Leipzig 1895.

Herr Kramermeister Flinsch in der Sitzung des Armendirektoriums v. 20. 7. 1842, indem er eine solche Anstalt als das einzige und wirksamste Mittel bezeichnete, „um dem herrschenden Pauperismus Schranken zu setzen“. Das Armendirektorium hielt die Anregung für so beachtenswert, daß es noch in derselben Sitzung einen Ausschuß ernannte. Nach vielen Beratungen und nachdem ein Vertreter in Dresden die Einrichtung des dortigen Vereins für Arbeits- und Arbeiternachweisung studiert hatte, wurde eine Satzung ausgearbeitet. Diese wurde am 29. 8. 1843 dem Rat mit dem Gesuche um Genehmigung der Errichtung einer Arbeitsnachweisungsanstalt unterbreitet. Unter dem 7. 12. 1843 erfolgte die „Konfirmation“ des eingereichten Statuts. Im Eingang desselben heißt es, daß die Anstalt gegründet wurde, „um dem so verderblichen Müßiggang der Armen durch Gewährung von Arbeit zu steuern, auch dem bei Gesuchen um Unterstützung aus der Armenanstalt von den Bittstellern so häufig gebrauchten Vorwande, daß von ihnen keine Arbeit gefunden werden könne, zu begegnen, zugleich aber um der Armenanstalt selbst eine Erleichterung zu verschaffen“. Die Anstalt wurde als ein Zweig der Armenverwaltung bezeichnet. An ihrer Spitze standen drei Mitglieder des Armendirektoriums. Je ein Mitglied hatte für einen Monat den Geschäftsbetrieb zu überwachen. Die Aufgabe war nach § 4, teils solchen Armen, „welche bereits aus der Armenanstalt Unterstützung erhalten, teils aber auch solchen Armen, welche noch nicht unterstützt werden, die jedoch, wenn ihnen ein Broterwerb nicht verschafft wird, der öffentlichen Unterstützung zur Last fallen würden, Arbeit nachzuweisen“. Die Vermittlung geschah von vornherein für beide Parteien unentgeltlich. Die Anstalt sollte hauptsächlich für in Leipzig heimatberechtigte Personen „oder solchen, die zum wenigsten ihren wesentlichen Wohnsitz hier genommen haben“, in Frage kommen. Die in der Stadt wohnenden Fremden oder Auswärtige waren sofort zurückzuweisen. Um von vornherein darauf aufmerksam zu machen, wurde der Titel „Städtische Anstalt für Arbeitsnachweisung“ gewählt. Später wurde man duldsamer, und auch auswärtigen Arbeitern, zumal denen aus den Vororten, wurde Arbeit vermittelt. Armenunterstützung wurde erst gewährt, wenn nachgewiesen werden konnte, daß sich der Betreffende vergeblich um Arbeit bemüht habe.

Wie aus den angeführten Worten der Satzung hervorgeht, war

die Anstalt keineswegs nur für Arme bestimmt, sondern jeder Arbeitslose konnte sich melden. Dies wird noch einmal besonders in der am 22. 1. 1844 erlassenen öffentlichen „Einladung“ an die „geehrten Mitbürger sowie die achtbaren Frauen Leipzigs“ zu eifriger Benutzung und Mitwirkung hervorgehoben. Mit Ausnahme der Vermittlung von Gesinde sollte sich der Arbeitsnachweis auf Arbeiter und Arbeiterinnen jeder Art für jede gewünschte Zeitdauer erstrecken. In diesem Aufruf wurde die Nachweisung von Arbeit gleichfalls als die beste Hilfe gegen Verarmung und als geeignetes Erziehungsmittel gegen Arbeitsscheu hingestellt.

Die Geschäftsräume wurden auf Anfordern von der Stadtverwaltung in einem Gebäude der Universitätsstraße mit dem notwendigen Mobiliar unentgeltlich zur Verfügung gestellt. Die Geschäftsführung ging in einfachster Weise mit drei Büchern, einem für Bestellungen und je einem für männliche und weibliche Arbeitsuchende, vor sich. Die Arbeitsuchenden hatten sich persönlich zu melden, während die Bestellungen von Arbeit in an zehn verschiedenen Stellen der Stadt angebrachten Bestellkästen niedergelegt werden konnten. Diese Einrichtung bewährte sich auf die Dauer nicht und wurde 1881 durch Annahmestellen bei verschiedenen Geschäftsleuten ersetzt. Die zugewiesenen Arbeitskräfte bekamen — heute ist noch dieselbe Einrichtung zur Arbeiterzuweisung in Gebrauch — Karten mit, die ausgefüllt mit Bemerkung über die Dienstleistung zurückzugeben waren. Bei Differenzen über den Arbeitslohn versprach die Anstalt vermittelnd einzugreifen, wofür auch in einigen Fällen Belege vorhanden sind. Die Arbeitsuchenden waren angehalten, von dem Ergebnis ihrer Bewerbung Anzeige zu erstatten.

Die Anstalt erfreute sich sofort regster Benutzung. Schon im ersten Monat, im Februar 1844, gingen 121 Bestellungen für männliche Arbeiter und 110 für Arbeiterinnen ein, von denen 101 für Männer und 65 für Frauen Erledigung fanden. Die Gesamtzahl der im ersten Jahre eingegangenen Bestellungen betrug 4987 (2132 für Männer, 2855 für Frauen), von denen 1995 für Männer und 2536 für Frauen Erledigung fanden.

Die Anstalt beschränkte sich nicht darauf, ihr angebotene Arbeit zu vermitteln, sondern sie suchte selbst Arbeitsgelegenheit zu schaffen. Sie wandte sich im Dezember 1845 mit einem Gesuch an den Rat, daß Leute angestellt würden, „die die Reinigung von

Schuhzeug und Kleidern Vorübergehender längs der frequentesten Straßen und Plätze“ und „das Herumfahren bezw. Tragen von Flußwasser durch alle Bezirke und in alle Häuser der Stadt und der Vorstadt, wohin solches Wasser nicht geleitet ist“, besorgten. Die Gesuche wurden genehmigt. Vom 1. 2. 1846 an sorgten zwölf Leute nach genauer Instruktion mit von dem Arbeitsnachweis gelieferten Werkzeugen für nicht mehr als $^1/_2$ Ngr. für die äußere Reinigung der Leipziger. Diese scheinen aber nicht viel Sinn dafür gehabt zu haben, denn die Einrichtung verschwand bald wieder, während die Flußwasserfahrer viele Jahre lang ihrem damals scheinbar sehr notwendigen Beruf nachgingen. Nach den Berichten lieferten sie 1847 ca. 1000, 1848 ca. 1200 Faß Wasser usw. Der Mangel, daß Arbeitslose oft nichts verdienen können, weil ihnen das nötige Handwerkszeug fehlt, führte dazu, daß die Anstalt bald nach der Gründung Spaten, Tragen, Holzsägen, Sägeböcke u. a. m. anschaffte und diese gegen geringe Gebühr (3 Pf. pro Tag, 6 Pf. pro Woche) den Arbeitslosen überließ. Allzu gute Erfahrungen scheinen hiermit nicht gemacht worden zu sein, denn in einem Bericht, den die Stadt Barmen 1862 erbat, wurde betont, daß die Werkzeuge unverhältnismäßig abgenutzt würden. Auch Notstandsarbeiten zur Linderung der Arbeitslosennot regte die Anstalt an. 1848 finden wir schon 756 für die Stadt vermittelte Erdarbeiter. Als ihm Jahre 1849 die unruhigen Zeiten immer noch nicht überwunden waren und der Geschäftsgang stockte, wurden auf Ansuchen wiederum 350 Notstandsarbeiter beschäftigt. 1850 werden 153 genannt.

Um der Anstalt einen immer größeren Wirkungskreis zu verschaffen und auch um den sich schon damals unangenehm bemerkbar machenden Schäden der gewerbsmäßigen Stellenvermittlung entgegen zu treten, wurde 1848 mit Genehmigung der Polizeibehörde die Vermittlung von „Dienstboten in festen Dienst“ in den Tätigkeitsbereich aufgenommen. Der Bericht des Jahres kann feststellen, daß die neue Einrichtung sehr lebhaft in Anspruch genommen worden ist, so daß zu hoffen steht, daß durch sie „der Vortheil der Dienstherrschaften und des Gesindes nicht minder als auch der Nutzen der Anstalt“ gefördert werden könnte. In dieser Abteilung wurden polizeilich genehmigte Gebühren erhoben. Die Dienstherrschaften hatten ebenso wie die Stellensuchenden 4 Ngr. Einschreibegebühr zu bezahlen, die in Stellung gebrachten höheren

Dienstboten, wie Kellner, Hausknechte, Ammen, Köchinnen, Kutscher usw., hatten nach der Einstellung 20 Ngr., die niederen 10 Ngr. zu entrichten.

Um drohenden Rückgang zu verhindern, wurden die Einschreibegebühren für Dienstsuchende später ganz aufgehoben und die Vermittlungsgebühren erniedrigt.

Um die Öffentlichkeit immer wieder auf die Einrichtung hinzuweisen, bediente man sich eifrig der Mitwirkung der Tageszeitungen, denen man über die steigenden Erfolge berichtete. Hierdurch wurde die Arbeitsnachweisanstalt auch außerhalb Leipzigs bekannt. Schon im Jahre 1844 wandten sich die Städte Halle, Regensburg, Berlin, Chemnitz, im folgenden Jahre Schwerin, Karlsruhe, die Kgl. Regierung in Trier und andere Stellen mehr an die Anstalt, um die Einrichtung kennen zu lernen und sie für ihre Bezirke gegebenenfalls nachahmen zu können. Im 4. Band des Archivs der politischen Ökonomie und Polizeiwissenschaft (N. F. Heidelberg 1846) vergleicht der Leipziger Nationalökonom Hanssen in einem Aufsatz „Über öffentliche Nachweisungsanstalten" die Leipziger Anstalt [1]) mit der Dresdner in der Absicht, zur Nachahmung in anderen Städten anzuregen.

Die folgende Übersicht über die Geschäftstätigkeit der Anstalt von 1844 bis 1881 (siehe die Tabelle auf S. 66 und 67) schließt sich eng an die jährlichen Berichte an. Sie weichen von der heutigen Arbeitsmarktberichterstattung wesentlich ab. Diese will neben Nachrichten über Veränderungen in den einzelnen örtlichen Arbeitszweigen hauptsächlich die Zahl der Arbeitslosen, die der offenen und besetzten Stellen von möglichst vielen Orten statistisch erfassen, um aus ihnen weitere Schlüsse ziehen zu können. Die Zusammenstellungen jener Anstalt aber strebten danach, erkennen zu lassen, inwieweit es gelang, Arbeitslosen, die sonst der Armenunterstützung zur Last gefallen wären, Verdienst zu verschaffen. Deshalb wird auch in jedem Jahr der ungefähre Arbeitslohn nach der Angabe auf den zurückgegebenen Zuweisungskarten festgestellt unter Hinzurechnung von 5 Ngr. für jeden Tag, an dem volle Verpflegung gewährt wurde. In der heutigen Arbeitsnachweisstatistik werden Arbeitslose, die von einer

[1]) Dort sind die Geschäftsberichte der ersten beiden Jahre ausführlich behandelt. Auch Schemen der im Gebrauch befindlichen drei Geschäftsbücher sind abgedruckt.

Jahr	Neuangemeldete Arbeiter			Gesuche nach Arbeitern			Ausgeführte Arbeitsbestellungen			Die Bestellungen wurden ausgeführt von Individuen			Darunter waren aus der Armenkasse unterstützt			Prozentsatz der Unterstützten	Ungefährer Arbeitsverdienst in Talern[4])	Diensbotenabteilung[5])			Kosten der sächlichen Verwaltung in Talern[6])
	männl.	weibl.	zus.	m.	w.	zus.	m.	w.	zus.	m.	w.	zus.	m.	w.	zus.			Nachfragen nach Gesinde (m. u. w.)	Zum Dienst angemeldet (männl. u. weibl.)	Erhalt. Dienste (männl. u. weibl.)	
1844	1022	1187	2209	2132	2855	4897	1995	2536	4531	—	—	—	—	—	—	—	—	—	—	—	329
1845	313	414	737	1949	3358	5307	1870	3256	5106	378	524	902	92	308	400	44,1	—	—	—	—	682
1846	119	234	353	1733	3290	5023	1708	3257	4965	317	558	875	20	41	61	6,9	6 500	—	—	—	676
1847	156	199	355	1786	2790	4576	1775	2744	4549	342	426	768	16	33	49	6,5	7 200	—	—	—	613
1848	560	162	722	2169	2356	4522	2150	2314	4464[1])	918	361	1279	49	26	75	5,8	28 000[1])	898	871	361	455
1849	177	173	350	1661	2824	4535	1632	2837	4469[2])	595	381	976	37	23	60	6,2	22 616[2])	552	579	257	426
1850	77	174	251	1410	3396	4806	1404	3377	4781[3])	453	504	957	29	41	70	6,1	7 751	606	633	292	501
1851	64	132	196	985	2533	3518	981	2525	3506	401	487	888	27	46	73	8,2	5 874	370	489	205	519
1852	85	157	242	1096	2376	3472	1089	2367	3456	389	456	845	28	52	80	9,4	5 495	235	405	132	566
1853	63	166	229	894	2351	3245	879	2337	3216	354	406	760	31	54	85	11,1	4 894	152	332	102	591
1854	44	108	152	849	2067	2913	839	2054	2893	301	390	691	28	45	73	10,5	4 435	87	235	59	611
1855	70	135	205	823	2135	2963	819	2121	2940	193	318	511	27	51	78	13,3	3 700	47	213	39	631
1856	68	113	181	782	2734	3516	726	2550	3276	142	381	523	11	38	49	9,4	3 848	37	154	31	656
1857	53	118	171	520	2997	3517	509	2880	3389	89	410	499	3	23	26	5,3	4 106	283	421	153	553
1858	84	149	233	879	3312	4191	868	3251	4119	92	419	54	10	37	47	9,2	4 911	561	998	341	630
1859	83	163	246	937	3025	3962	926	2987	3913	118	321	439	21	54	75	17,1	4 577	566	1160	382	466
1860	90	132	222	1191	3070	4261	1182	3041	4223	154	294	448	19	47	65	14,5	4 450	471	1115	296	456

1861	53	131	184	962	3236	4198	950	3194	4144	119	321	443	14	53	67	15,1	4 376	465	908	299	465
1862	53	111	164	747	3752	4499	747	3752	4409	86	291	376	8	45	53	14,0	4 550	372	892	214	516
1863	33	130	163	846	4691	5537	832	4615	5447	103	326	329	6	31	37	11,2	5 040	372	765	207	534
1864	37	136	173	583	4990	5573	569	4868	5437	83	340	423	5	34	39	9,2	4 883	308	677	221	562
1865	83	216	299	477	5883	6360	444	5637	6081	120	412	532	11	56	67	12,5	4 951	342	568	238	560
1866	?	?	358	?	?	5466	?	?	5243	?	?	770	?	?	99	12,8	7 472	?	?	?	790
1867	?	?	242	?	?	4338	?	?	4196	?	?	590	?	?	111	18,8	4 272	?	?	?	794
1868	?	?	278	?	?	4977	?	?	4872	?	?	673	?	?	94	13,9	4 482	?	?	?	813
1869	75	250	325	431	5661	6092	420	5526	5692	158	578	736	13	91	104	14,1	5 452	341	509	240	668
1870	—	—	—	—	—	—	—	—	—	—	—	—	—	—	—	—	—	—	—	—	588
1871	—	—	—	—	—	—	—	—	—	—	—	—	—	—	—	—	—	—	—	—	—
1872	132	355	487	488	8331	8819	472	8066	8538	—	—	—	—	—	—	—	ca. 26 297 Mk.	246	349	159	636
1873	148	345	493	542	9505	10047	529	9269	9708	—	—	—	—	—	—	—	„ 25 711 „	137	258	101	684
1874	140	320	460	507	9034	9541	500	8839	9339	—	—	—	—	—	—	—	„ 25 050 „	147	329	120	868
1875	148	380	528	464	8450	8949	456	8300	8756	—	—	—	—	—	—	—	„ 25 464 „	163	304	135	875
1876	163	366	529	297	6753	7050	276	6637	6913	—	—	—	—	—	—	—	„ 24 062 „	165	269	58	2690 Mk.
1877	221	362	583	262	4877	5139	236	4796	5032	—	—	—	—	—	—	—	„ 17 766 „	156	155	43	2301 „
																					1998 „

[1]) Einschl. 756 Erdarbeitern mit 21 000 Taler Lohn für Rechnung der Stadtkasse.

[2]) Einschl. 360 Erdarbeitern mit 15 722 Taler Lohn für Rechnung der Stadtkasse.

[3]) Einschl. 145 Erdarbeitern auf Rechnung der Stadtkasse.

[4]) Nach Angabe auf den zurückgegebenen Karten unter Hinzurechnung der Beköstigung bei Hausdiensten (5 Ngr. für den Tag).

[5]) Die männlichen Dienstboten sind nicht ausgeschieden, weil sie nur eine kleine Zahl bilden.

[6]) Ausschließlich Lokalmiete. Die Zahlen sind den „Ausgaben" in den allgemeinen Berichten entnommen. Ab 1. 1. 1878 wurde das Kalenderjahr Geschäftsjahr, während vorher die Zeit vom 1. Juli bis 30. Juni galt. Neugroschen und Pfennige sind hier weggelassen.

aushilfsweisen Beschäftigung zurückkehren, von neuem als arbeitslos gezählt, weil sonst ein krasses Mißverhältnis zwischen offenen und besetzten Stellen entstünde. Hier werden nur die im Laufe des Jahres erfolgten Neumeldungen gezählt, während die aus dem Vorjahr Übernommenen sozusagen eine Art Stammarbeiter bilden. Die Zahl der „Individuen", die die Arbeitsbestellungen ausführten, übersteigt in jedem Jahr um ein vielfaches die der Eingeschriebenen. Der überwiegende Teil der ausgeführten Arbeiten ist als kurzfristige Beschäftigung anzusehen. Daß durch die Anstalt aber auch viele Arbeitslose in dauernde Stellungen gebracht wurden, wird öfter hervorgehoben. Eine grundsätzliche Beschränkung auf bestimmte Gebiete bestand nicht, wenn auch gelernte Arbeiter nur selten genannt werden. Für sie war durch die Innungen und Innungsherbergen gesorgt. In jedem Jahresbericht werden die männlichen und weiblichen „Arbeitsbranchen", für die vermittelt wurde, angeführt. Wir finden z. B. außer den Handarbeitern

1849	64	männliche und	35	weibliche	Arbeitsgruppen
1852	62	„ „	32	„	„
1863	35	„ „	28	„	„
1869	26	„ „	24	„	„

Manche der angeführten Tätigkeiten, wie z. B. Holzhacker, Auflader, Logieräumer, Rolledreher, Eisaufhacker u. a., würden wir allerdings heute ohne weiteres unter Tagelöhner zählen. Unter den gelernten Arbeitern begegnen wir bei den Männern Malern, Flickschneidern, Schuhmachern, Schreibern und Kolporteuren, bei den Frauen Näherinnen, Schneiderinnen und Köchinnen.

Dem glänzenden Anfang 1844, der der starken Reklame durch Verteilung von mehreren tausend Flugblättern zugeschrieben wird, folgte ein allmählicher Rückgang, den man in Geschäftsstockungen und lauer Beteiligung der Arbeitgeber begründet findet. Nach Verlegung der Geschäftsräume in das alte Gewandhaus in der Universitätsstraße im Jahre 1856 ist wieder ein allmähliches Ansteigen zu verzeichnen. Leider fehlen ausführliche Berichte über die Kriegsjahre 1866 und 1870/71. Ein größerer Andrang Arbeitssuchender und eine stärkere Unterstützung der Beschäftigten durch die Armenkasse ist von 1866 ab festzustellen. 1866 wurden viele Pfleger für Cholerakranke gesucht. Am 28. 7. 1870 wurde im Augusteum für die Dauer des Krieges ein besonderer Nachweis für Arbeiter, die bei dem stockenden Geschäftsgang Arbeit in der

Landwirtschaft suchten, eröffnet, während die alten Einrichtungen nur für die Stadt gelten sollten. Näheres ist nicht festzustellen.

Die Hauptstärke der Anstalt lag von Anfang an in der weiblichen Abteilung. Der Charakter der hier vermittelten Arbeit an Hilfskräften für den Haushalt, wie Wäscherinnen, Scheuerfrauen, Aufwartungen usw., ist an und für sich ein kurzfristiger, die einzelnen Bewerberinnen arbeiteten an sehr vielen Stellen. So ist es erklärlich, daß in allen Jahren die verhältnismäßig geringe Zahl der festgestellten „Individuen“ die um ein vielfaches größere Zahl der Bestellungen erledigt. Aber auch diese Menschen vor Not geschützt und den Dienstherrschaften unter ständiger Kontrolle schnell und gewissenhaft geeignete Kräfte zugewiesen zu haben, ist ein Verdienst, das die Anstalt sich in den 60 Jahren ihres Bestehens erworben hat. Restlos alle Bestellungen zu erfüllen, gelang ihr freilich ebensowenig wie den heutigen Arbeitsnachweisen.

In den Berichten finden wir weiterhin die Arbeitsuchenden nach Altersstufen angeführt. Die Mehrzahl gehörte dem besten Alter von 25 bis 50 Jahren an. Daß manchmal auch Arbeitsuchende über 70 Jahre festgestellt werden, erklärt sich aus der Verbindung mit dem Armenamt; daß aber auch viele unter 25 Jahren vorkommen, kann als Beweis gelten, daß die Anstalt als Vermittlungsstelle für ständige Arbeit betrachtet wurde. Dafür spricht auch, daß eine Tafel angebracht war, auf der offene Stellen mitgeteilt werden. Der geringe Prozentsatz der neben der Beschäftigung aus der Armenkasse Unterstützten zeigt, daß die Anstalt als allgemeine Arbeitsvermittlungsstelle wirkte. Aus den unter Arbeitsverdienst genannten Zahlen, denen sicherlich nicht allzuviel Wert beigelegt werden darf, wurden unter Zugrundelegung der auch gezählten Arbeitstage Durchschnittslöhne[1]) für den Tag ausgerechnet, die z. B. betrugen:

1852	7	Ngr.	6	Pfg.
1855	7	„	9	„
1860	10	„	2½	„
1861	9	„	9½	„

Die 1848 eingerichtete Dienstbotenvermittlungsstelle erhielt sich aus den oben genannten eigenen Einnahmen. Die Übersicht

[1]) Über in jener Zeit gezahlte Löhne vgl. Hanssen a. a. O. S. 321.

zeigt, daß von einer Dienstbotennot bis 1878 nach den angeführten Zahlen nicht die Rede sein kann. Die Zahl der um Dienst Nachsuchenden ist fast durchweg doppelt so groß als die der offenen Stellen. Trotzdem gelang es nicht, alle offenen Stellen zu besetzen. Die immer größer werdende Konkurrenz der gewerbsmäßigen Stellenvermittler wurde schon Anfang der 50er Jahre angeführt als Grund des Rückganges. Der spätere Aufschwung zeigt jedoch, daß andere Gründe die Ursache gewesen sein müssen. Die Abteilung beschränkte sich nicht auf Vermittlung nach Leipzig, sie vermittelte auch nach auswärts.

Leider brechen die Berichte mit dem Jahre 1877 ab. Aber die Anstalt hat weiterbestanden, denn in den Berichten des Armenamtes werden die Ausgabeposten angeführt. 1881 ging sie mit der gesamten Armenpflege in städtische Verwaltung über. Im großen und ganzen änderte sich nichts an den Grundzügen der Geschäftsführung, nur die Dienstbotenabteilung wurde wahrscheinlich mit Rücksicht auf die steuerkräftigen Stellenvermittler fallen gelassen. Der erste Jahresbericht spricht allerdings von umfassenden Reformen. Diese besckränkten sich aber darauf, daß, wie schon erwähnt, in Läden öffentliche Annahmestellen für Bestellungen eingerichtet wurden, auf die immer wieder Zeitungsannoncen hinweisen, und daß eine bessere Auswahl der Arbeitskräfte vorgenommen werden sollte, um nicht Unwürdige zu vermitteln. Die laufend unterstützten Armen sollten von den Pflegern in jedem Falle erst auf ihre Würdigkeit geprüft werden, eine Erschwerung, die sicherlich die Entwicklung nicht gefördert hat. Die Zahl der männlichen Bewerber verringerte sich von Jahr zu Jahr. 1881 finden wir noch 108 neu angemeldete Arbeiter, 1882 waren es nur 53, und 1900 liegen schließlich nur 27 Angebote für Männerarbeit vor, von denen 12 Erledigung fanden. In den für den Monat aufgestellten Übersichten werden nach dem Geschlecht getrennt registriert Arbeitsangebote, ausgeführte Arbeit und unausgeführte Arbeit. Da die Arbeitstage weiterhin gezählt wurden, konnte der Betrag des Arbeitsverdienstes, eine für die damalige Anstalt wichtige Zahl, weiterhin ausgerechnet werden. Die Zahl der männlichen Bewerber soll bei ihrer geringen Bedeutung in der folgenden Übersicht nach 1885 fehlen. Die geleistete Arbeit ist fast durchweg als Aushilfsbeschäftigung zu betrachten, sofern man nicht die Arbeit von Waschfrauen, Scheuerfrauen und Aufwartungen — auf sie entfällt der größte Teil — mit anderem Maßstab messen will. Es ergibt sich folgendes Bild:

Jahr	Arbeitsangebote	Ausgeführte Arbeiten	Unausgeführt gebliebene Angebote	Betrag des Arbeitsverdienstes in Mark
1881	440 + 4595	409 + 4554	31 + 59	—
1882	524 + 4823	481 + 4730	43 + 93	—
1883	470 + 4899	337 + 4485	133 + 414	18 230
1884	439 + 5162	303 + 4628	136 + 534	20 844
1885	386 + 5370	241 + 4725	145 + 645	18 729
1886	5032	4254	778	18 107
1887	4019	3791	628	16 793
1888	4203	3709	494	15 714
1889	4568	3943	625	17 754
1890	3791	3377	414	14 335
1891	3302	3026	282	13 388
1892	2339	2133	206	8 943
1893	2584	2300	284	9 546
1894	2659	2408	248	10 780
1895	3381	2847	534	12 659
1896	3905	3219	606	12 992
1897	4991	4037	954	18 720
1898	4386	3587	799	17 833
1899	4988	4157	831	19 602
1900	4709	3929	780	16 929
1901	3560	3136	424	9 764
1902	2227	1990	237	5 723

Wenn der Tiefstand des Jahres 1892 auch überwunden wurde, so machte sich doch von 1900 ab der Einfluß des nach zeitgemäßeren Grundsätzen arbeitenden „Vereins für Arbeitsnachweis" bemerkbar. Männliche Arbeitskräfte wurden überhaupt kaum angefordert. Nachdem der Verein für Arbeitsnachweis 1901 eine weibliche Abteilung errichtet hatte, wurde auch dieser Teil der Tätigkeit der Anstalt überflüssig. Immerhin zeigt eine Übersicht nach den Vorschriften des Kaiserlichen Statistischen Amtes für das Jahr 1903 noch 1592 weibliche Arbeitsuchende und 1769 offene Stellen, denen 1592 besetzte Stellen gegenüberstehen. Der Verein für Arbeitsnachweis hat in dem gleichen Jahre 12 122 Stellen für weibliche Arbeiter vermittelt. Das Nebeneinanderbestehen der beiden Anstalten ließ die Frauen bei beiden Anstalten um Arbeit nachfragen. Bei dieser Sachlage tat das Armenamt den einzig richtigen Schritt: es löste nach 60jährigem Bestehen am 31. 12. 1903 die Arbeitsnachweisungsanstalt auf und verwies die Einwohnerschaft an den Verein für Arbeitsnachweis.

Zählt man zu einer zum 50jährigen Bestehen der Anstalt[1]) erfolgten Zusammenstellung die seit jener Zeit erzielten Geschäftsergebnisse, so kommt man auf 288555 Bestellungen auf Arbeit, denen 273435 Erledigungen gegenüberstehen (der Verein für Arbeitsnachweis hat in 12 Jahren seines Bestehens 239820 Stellenlosen Arbeit vermittelt). Der Prozentsatz der von 1845 bis 1877 — das erste Jahr sei außer acht gelassen — in Arbeit Gebrachten, die Armenunterstützungen bezogen, schwankt in der Hauptsache zwischen 5 und 15. Diese Tatsache in Verbindung mit dem Tätigkeitsergebnis und den die Anstalt von Anfang an beherrschenden Grundsätzen, die beiden Parteien mit Ausnahme der Dienstbotenabteilung unentgeltliche Inanspruchnahme garantierten, berechtigen, die Nachweisungsanstalt als eine für ihre Zeit[2]) wichtige soziale Einrichtung und als einen bemerkenswerten Vorläufer des öffentlichen gemeinnützigen Arbeitsnachweises hinzustellen. Hanssen überschreibt seinen 1846 erschienenen Aufsatz, dem er die Leipziger Anstalt mit zugrunde legt, „Über öffentliche Arbeitsnachweisungsanstalten" und betont, daß es richtiger sei, Arbeit nachzuweisen, als teure und doch meistens nicht rentierende Arbeitsanstalten, deren Erzeugnisse bei der geringen Mannigfaltigkeit schwer gewinnbringend abzusetzen sind, zur Beschäftigung der Arbeitslosen einzurichten. Auch hierin entsprach die erste Leipziger Anstalt dem heutigen öffentlichen Arbeitsnachweis, der nicht Arbeit beschaffen, sondern nur das Zustandekommen von Arbeitsverträgen in unparteiischer Weise erleichtern will. Daß die männlichen Arbeiter sich immer mehr und mehr von der Anstalt zurückzogen, ist sehr verständlich. Der deutsche Arbeiter nach 1880 ist ein anderer als der in der Mitte des Jahrhunderts. Er ist selbständiger und selbstbewußter, und eine Einrichtung, die mit der Armenpflege zusammenhängt, erscheint ihm nicht der richtige Ort, um seine Arbeitskraft anzubieten.

II. Die Bestrebungen zur Herbeiführung eines städtischen Arbeitsnachweises.

Die großen Krisen, die den Aufschwung des deutschen Wirtschaftslebens nach der Reichsgründung begleiteten, hatten mit aller

---

[1]) Verwaltungsbericht der Stadt Leipzig 1893.

[2]) Alt-Leipzig hatte 1840 51712, 1850 63824, 1870 102936, 1900, nach Eingemeindungen hingegen, 191834 Einwohner.

Deutlichkeit die Schäden erkennen lassen, die für den einzelnen und die Allgemeinheit aus der Arbeitslosigkeit entspringen. Daß in einer guten Organisation der Arbeitsvermittlung ein Mittel liegt, der Arbeitslosennot vorzubeugen und sie zu mildern, erkannte man schon damals. Bereits 1884[1]) ist aus Arbeiterkreisen dem Deutschen Reichstag eine Petition mit einem Gesetzesentwurf zur Heibeiführung einer reichsgesetzlichen Regelung des Arbeitsnachweises zugegangen. Obgleich sich viel Sympathie für den Plan zeigte und man die Eingabe dem Reichskanzler als Material überwies, blieb doch dieser erste Versuch ohne wesentliches Ergebnis. Erst die steigenden Erfolge der eingangs genannten Arbeitsnachweise in Stuttgart und Berlin, das infolge eines Antrags der Stuttgarter Gewerkschaften 1892 von Lautenschlager aufgestellte Projekt, das kommunale Arbeitsnachweise forderte, die wissenschaftliche Behandlung der Materie — u. a. verlangt Georg Adler in seiner Basler Antrittsrede städtische Arbeitsnachweise —, die Verhandlungen des Sozialen Kongresses in Frankfurt a. M. 1893 führten dazu, daß die Regierungen sich der immer lauter werdenden Forderung der Öffentlichkeit nicht entziehen konnten. Das Jahr 1894 sah Erlasse der württembergischen, bayrischen und preußischen Regierungen, die auf das Unzulängliche der bestehenden Einrichtungen zur Arbeitsvermittlung hinwiesen und den Städten die Errichtung unparteiischer Arbeitsnachweise empfahlen.

Das Kgl. Sächs. Ministerium sprach in einer Verordnung vom 12. 4. 1894 dem Kgl. Statistischen Bureau den Wunsch aus, „gedruckte Unterlagen über die im Königreich Sachsen vorhandenen Arbeitsnachweisstellen" zu erhalten. Die Ergebnisse sind niedergelegt in einem Aufsatz von Viktor Böhmert: „Zur Statistik der Arbeitslosigkeit, der Arbeitsvermittlung und der Arbeitslosenversicherung" (Zeitschr. des Kgl. Sächs. Statistischen Bureaus 40. Jahrg. 1894). An gemeinnützigen Anstalten bestanden eigentlich nur die Leipziger und die Dresdner Anstalt, während die in Freiberg vom Verein für Volkswohl „Feierabend" und die in Bautzen vom Verein gegen Hausbettelei unterhaltenen Einrichtungen weniger Bedeutung hatten. Im übrigen gab es Innungsnachweise, zum Teil mit den Herbergen zur Heimat, die auch gelegentliche Arbeitsvermittlungen in einfachster Form pflegten, verbunden. Die ein-

[1]) Conrad, Die Organisation des Arbeitsnachweises S. 180.

seitigen Arbeitsnachweise der Arbeitgeber und Arbeitnehmer, die aus jener Zeit datieren, waren erst in geringem Umfange vorhanden. Die Arbeitslosenzählung bei Gelegenheit der Berufs- und Betriebszählung am 14. 6. 1895 und der Volkzählung am 2. 12. 1895 lenkten von neuem die Aufmerksamkeit auf das wichtige soziale Problem.

In Leipzig brachte zu Anfang Januar 1895[1]) der damalige Oberbürgermeister Georgi in einer auf Einladung stattfindenden Sitzung zwischen Ratsmitgliedern und Stadtverordneten die Frage zur Sprache. Er verwies auf die vorliegenden Anregungen der Regierungen, die Schäden der gewerbsmäßigen Stellenvermittlung, die Schwierigkeiten der Stellenbeschaffung für ungelernte Arbeiter, obgleich oft genügend Stellen vorhanden seien, und die keineswegs genügenden Vermittlungseinrichtungen für gewerbliche Arbeiter, die von den Innungen oder Gewerkschaften ins Leben gerufen, doch nur einem geringen Teile der Arbeitsuchenden zustatten kämen. Trotzdem von vornherein Vertreter des Handwerks die bestehenden Einrichtungen als genügende erklärten, wurde eine Kommission, die aus dem damaligen Bürgermeister Dr. Tröndlin, drei Stadträten, dem derzeitigen Stadtverordneten Prof. Bücher und dem Direktor des Statistischen Amtes Prof. Hasse bestand, eingesetzt. Von vornherein betonte man, daß die Einrichtung hauptsächlich für ungelernte Arbeiter in Frage kommen sollte, daß eine Zentralisation für alle Berufe nach dem Vorbilde Berlins oder Kölns aber auch für Leipzig als wünschenswert erachtet werden müßte.

In der Unterkommission wurde die Frage erörtert, „ob es notwendig und zweckmäßig sei, den Arbeitslosen bezw. gewissen Arbeitslosen Unterstützungen zu gewähren, und bejahendenfalls, ob und welche besonderen Einrichtungen hierzu zu treffen und wie die erforderlichen Mittel zu beschaffen seien“, und „ob und wie hierbei sich werde ein Arbeitsnachweis beschaffen bezw. verbinden lassen“. Man dachte daran, den Armenpflegern einige Arbeitslose in Fürsorge zu übergeben, die ihnen aus bereit zu stellenden Mitteln Unterstützungen gewähren und sich um Arbeit für sie bemühen sollten. Bald aber spitzte sich die Frage dahin zu, daß nur ein zentralisierter Arbeitsnachweis, der in einem großen, günstig gelegenen Raume unterzubringen sei, den Arbeitslosen in ihrer miß-

[1]) Die folgenden Ausführungen beruhen auf Akten des Rates, für deren Überlassung auch an dieser Stelle pflichtschuldigst gedankt sei.

lichen Lage Förderung bringen könne. Nach vielen Beratungen reichte die Kommission am 8. 7. 1895 dem Rat folgende Anträge ein:

1. einen städtischen Arbeitsnachweis für männliche Personen ohne grundsätzliche Beschränkung auf ungelernte Arbeiter zu errichten und bezüglich der Einrichtungen dieser Vermittlungsstelle dem Muster derjenigen des Zentralvereins für Arbeitsnachweis für Berlin zu folgen;
2. die bisher bestehende städtische Anstalt für Arbeitsnachweisung von Eröffnung der neuen Vermittlungsstelle an nur noch für weibliche Personen fortbestehen zu lassen.

In der Begründung des Antrags wurde auf die Schädlichkeit der gewerbsmäßigen Stellenvermittlung, die nach eigenen Angaben im Jahre 1893 für 13218 nachgewiesene Stellen 43964 Mk. an Gebühren eingenommen habe — fast $3^1/_2$ Mk. für eine Vermittlung —, hingewiesen und betont, daß bereits 20 deutsche Städte öffentliche Arbeitsnachweise besäßen und 16 weitere die Einführung planten. Die Erfolge der bestehenden Einrichtung des Armenamtes wurden anerkannt, sie sollte für weibliche Personen weiterbestehen. Den Anträgen wurde ein Satzungsentwurf beigefügt, der eine Einschreibegebühr von 10 Pf. vorsah und festsetzte, daß Lohnarbeit jeder Art zu vermitteln sei. Der Satzungsentwurf war von dem Gewerbegericht genehmigt worden. Dessen Ausschuß hatte bereits einen Antrag auf Errichtung eines städtischen Arbeitsnachweises, der von je 4 Arbeitgebern und 4 Arbeitnehmern unter Vorsitz eines Ratsmitgliedes geleitet werden sollte, eingereicht.

Am 16. 11. 1895 wurde in einer Ratsplenarsitzung die Vorlage beraten und man beschloß einstimmig, versuchsweise einen Arbeitsnachweis zu begründen. Die Frage der näheren Ausführung — man hatte sich mehr für die Nachahmung des Berliner oder Kölner Beispiels ausgesprochen — wurde an die Kommission zurückverwiesen. Immerhin war durch diesen Beschluß, der finanzielle und moralische Unterstützung in Aussicht stellte, die Frage wesentlich gefördert worden.

Der Versuch, das Beispiel von Köln nachzuahmen, mißlang. Dort hatten sich 1894 drei Arbeitgeberverbände und fünf Arbeitervereine vereinigt, um durch einheitliches Zusammenarbeiten Arbeit zu vermitteln. Das Leipziger Gewerkschaftskartell verhielt sich auf eine an seinen Vertreter gerichtete Anfrage gegenüber einem ähnlichen Vorgehen wie in Köln nicht völlig ablehnend, erklärte aber, seine Entscheidung erst dann treffen zu können, wenn sich die beteiligten Arbeitgeberverbände zur Gründung eines Arbeitsvermittlungsverbandes bereit erklärt haben würden. Eine weitere Verfolgung der Anregung wurde durch die bestimmt ablehnende Erklärung des Leipziger Innungsausschusses vom 1. 3. 1897 unmöglich gemacht. An die Gründung eines Vereins dachte man damals nicht.

Wenn die Frage so scheinbar auf einen toten Punkt gekommen war, so ruhte sie doch nicht vollständig. Der Rat brachte ihr weiterhin Interesse entgegen und entsandte zu der am 13. September 1897 in Karlsruhe stattfindenden 1. Deutschen Arbeitsnachweiskonferenz, die den Anstoß zur Gründung des Verbandes Deutscher Arbeitsnachweise gab, einen Stadtrat als Vertreter.

Das Verdienst, die Frage wieder auf die Tagesordnung gebracht zu haben, gebührt der Leipziger Gemeinnützigen Gesellschaft.[1]) Dort hielt der damalige Handelskammersekretär Dr. Pohle am 7. 11. 1898 einen Vortrag über städtische Arbeitsnachweise, der Veranlassung wurde, einen Ausschuß zur Prüfung der Angelegenheit für Leipzig zu wählen. Außerdem wandte sich die Gesellschaft an den Rat der Stadt mit der Bitte, ein Mitglied abordnen zu wollen, das sich an den Arbeiten zur Herbeiführung eines mit finanzieller Unterstützung der Stadt zu errichtenden öffentlichen Arbeitsnachweises beteiligte. Der Rat entsprach dem Gesuch bereitwilligst und entsandte die Stadträte Dr. Büttner und Dr. Wagler. Damit treten wir in die eigentliche Geschichte des Vereins für Arbeitsnachweis ein.

III. Die Gründungsgeschichte des Vereins für Arbeitsnachweis in Leipzig.

Der Ausschuß zur Vorbereitung des Arbeitsnachweises bestand neben den beiden oben erwähnten Stadträten aus dem Vorsitzenden der Gemeinnützigen Gesellschaft, dem Handelskammersekretär (Syndikus) Dr. Gensel, dem Bankdirektor Sauer, dem Buchhändler Voerster, der als Vorsitzender des im Jahre 1895 gegründeten Vereins zur Fürsorge für erkrankte Arbeiter im Interesse seiner

[1]) Die folgenden Ausführungen beruhen auf den Jahresberichten und den Akten des Vereins für Arbeitsnachweis.

Schutzbefohlenen bereits im Oktober 1898 dem Rat ein Gesuch betr. Einrichtung eines städtischen Arbeitsnachweises eingereicht hatte, dem Kaufmann Gontard und den Privatdozenten Dr. Pohle und Dr. Goetz. Er trat zum ersten Male am 12. 1. 1899 auf Einladung und unter Leitung des Vorsitzenden der Gemeinnützigen Gesellschaft zusammen. Gestützt auf die Erfahrungen von 1895 sah man von vornherein davon ab, den Rat von neuem um Errichtung eines städtischen Arbeitsnachweises zu bitten, man einigte sich vielmehr dahin, ähnlich dem Berliner Zentralverein für Arbeitsnachweis einen Verein für Arbeitsnachweis ins Leben zu rufen, der aus Beiträgen seiner Mitglieder mit städtischer Unterstützung einen öffentlichen Arbeitsnachweis unterhalten und einrichten sollte. Mit Rücksicht auf den bekannten ablehnenden Standpunkt der Innungen, die an ihren eigenen, in den meisten Fällen vom Sprechmeister geleiteten Arbeitsnachweisen festhalten zu müssen glaubten, und der Großindustrie — die Metallindustriellen [1]) hatten inzwischen 1897 einen eigenen unparitätischen Arbeitsnachweis gegründet — beschloß man, die Arbeitsvermittlung vorläufig auf ungelernte männliche Arbeiter zu beschränken. Man faßte aber sofort einstimmig die spätere Einrichtung einer weiblichen Abteilung, insbesondere für Dienstboten, trotz der gerade auf diesem Gebiet bestehenden Schwierigkeiten, ins Auge. Eine kleine Einschreibegebühr der sich meldenden Arbeiter wurde aus verschiedenen Gründen für notwendig erachtet. Das wichtigste Ergebnis der ersten Sitzung war, daß man für den in der aufzustellenden Satzung vorzusehenden Ausschuß für die Beaufsichtigung und Geschäftsführung den Grundsatz der vollständigen Parität festlegte: gleichviel Arbeitgeber und Arbeitnehmer sollten ihm angehören.

Die Satzungen wurden von Stadtrat Büttner aufgestellt. Der 1. Entwurf, der im großen und ganzen alle heute in Geltung befindlichen Bestimmungen enthält, wurde in zwei Lesungen genehmigt und bereits am 28. Februar an 25 Vereine von Arbeitgebern und Arbeitnehmern, an den Rat, das Gewerbegericht, die Ortskrankenkasse, die Handelskammer, Gewerbekammer und an Privatpersonen, von denen man glaubte, Interesse voraussetzen zu dürfen, zur Begutachtung versandt. Man wollte von vornherein möglichst weite Kreise weitgehend interessieren und trat deshalb bereits am 12. 3.

[1]) Keßler, Die Arbeitsnachweise der Arbeitgeberverbände, Leipzig 1911, S. 14.

1899 mit einem Zeitungsartikel, der die Mängel der bestehenden Einrichtung darlegte, die früheren vergeblichen Versuche streifte und die Hauptgrundsätze der Satzung erläuterte, an die Öffentlichkeit. Von den verschiedensten Seiten wurden Wünsche und Bedenken geäußert, denen man, soweit es möglich, war entgegenkam. Durch Widerstände — näheres weiter unten — ließ man sich nicht beirren und berief bereits zum 30. Mai, nachdem in der Zwischenzeit eine erweiterte Ausschußsitzung stattgefunden hatte, eine öffentliche Versammlung, in der die Konstitution vollzogen und der Vorstand gewählt werden sollte. Soweit kam man allerdings nicht. Die von etwa 90 Personen, hauptsächlich Arbeitern, besuchte Versammlung sprach sich gegen die Erhebung jeder Einschreibegebühr aus — auch Professor Stieda war mit ihr nicht einverstanden — und beschloß neben mancherlei anderen Änderungen, daß bei Arbeitseinstellungen, falls Einigungsversuche keinen Erfolg haben sollten, ein zu gleichen Teilen aus Arbeitgebern und Arbeitnehmern bestehender Ausschuß zu entscheiden hätte, ob der Arbeitsnachweis weiter zu funktionieren habe. Die endgültige Annahme der Satzung wurde verschoben. Der Ausschuß beriet sie sorgfältig von neuem und reichte sie am 26. Juni dem Rat mit einer Schilderung seiner bisheriger Leistungen und der Bitte um Genehmigung ein. Von ihr sollte das weitere Vorgehen abhängig gemacht werden. An der Zustimmung des Rats war nicht zu zweifeln. Bereits am 3. Juli erfolgte die Gutheißung des Entwurfs mit der Bedingung, daß eine Einschreibegebühr von 10 Pf. für die sich meldenden Arbeiter eingeführt und eine Bestimmung geschaffen würde, daß jede Satzungsänderung der Genehmigung, nicht nur der Zustimmung des Rates bedürfe.

Betrachten wir nun die mühevoll geschaffene Satzung in ihren Hauptpunkten näher. Der Name wurde festgelegt in „Verein für Arbeitsnachweis in Leipzig“. Unter dieser Bezeichnung werden die Rechte einer juristischen Person ausgeübt. Über die Aufgaben heißt es: „Der Verein bezweckt, Arbeit jeder Art, auch Lehrstellen zu vermitteln, soweit nicht körperschaftlich geordnete Arbeitsnachweise vorhanden sind, und unterhält hierzu eine Arbeitsvermittlungsstelle in zwei Abteilungen, von denen die eine für männliche, die andere für weibliche Arbeiter bestimmt ist“. Diese Abgrenzung des Gebietes für die Tätigkeit des Arbeitsnachweises war erst im Laufe der Beratungen nicht ohne manchen Widerspruch eingefügt worden, um, wie erwähnt, von vornherein den Gegnern keine Angriffspunkte zu bieten. Sie hat sich für die Entwicklung als nicht vorteilhaft gezeigt, denn jeder Versuch der Ausdehnung auf gelernte Arbeiter wurde mit Bezug auf die Satzung bekämpft. Heute nach zwölfjähriger Vergangenheit schweben Verhandlungen zur Aufhebung, die hoffentlich zum Ziele führen. „Allgemeinheit", d. h. Vermittlung für alle Berufe ist unbedingt erforderlich. Der genannte paritätische Verwaltungsausschuß besteht aus je vier Arbeitgebern und vier Arbeitnehmern, die je zur Hälfte für drei Jahre durch den Ausschuß des Gewerbegerichts und den Vorstand der Ortskrankenkasse — Arbeitgeber und Arbeitnehmer je durch ihre Vertreter — gewählt werden. In derselben Weise sind gleichviel Ersatzmänner zu bestimmen. Falls die Wahlen nicht zustande kommen, sind die Mitglieder durch den Rat der Stadt zu ernennen. Um die Abstimmungen vollkommen paritätisch zu gestalten, bestimmt die Geschäftsordnung, daß bei der Anwesenheit von nicht gleichviel Arbeitgebern oder Arbeitern, die durch das Los zu Bestimmenden, sich der Stimme zu enthalten haben. Die Ausschußmitglieder gehören ohne Ausnahme dem Vorstand an, der weiterhin aus acht durch die Mitgliederversammlung zu wählenden Mitgliedern, wobei tunlichst auch weibliche Mitglieder zu berücksichtigen sind, und einem Vertreter des Rates der Stadt — gewöhnlich dem Dezernenten des Gewerbeamtes — besteht. Der Vorstand wählt aus seiner Mitte einen Vorsitzenden, einen Rechnungsführer und einen Schriftführer. Der Vorsitzende und dessen Stellvertreter dürfen weder Arbeitgeber noch Arbeitnehmer im Sinne des Gewerbegerichts sein. Im übrigen sind für den Gesamtvorstand wählbar alle diejenigen, die dem § 10 des Gewerbegerichtsgesetzes entsprechen. Die Vorstandsmitglieder verwalten ihre Ämter ehrenamtlich, jedoch kann für verloren gegangene Arbeitsstunden Entschädigung gewährt werden. Der Vorstand wählt aus seiner Mitte einen aus je vier Arbeitgebern und Arbeitern bestehenden Ausschuß, der bei Arbeitsstreitigkeiten in Kraft zu treten hat. Neben dem Vorstand besteht als oberstes Organ noch die Mitgliederversammlung mit genau umgrenzter Zuständigkeit.

Die weiteren Bestimmungen regeln die Mitgliedschaft — einmalige Zahlung von 100 Mk. oder fortlaufende jährliche Zahlung von 3 Mk., bei Vereinen von 5 Mk. sind notwendig, um als Mitglied geführt zu werden —, die Zuständigkeit und die Pflichten der Vorstandsangehörigen, die Abstimmungsverhältnisse u. a. m.

Der letzte Paragraph trifft Bestimmungen über die wichtige Frage des Verhaltens im Falle von Arbeitseinstellungen oder Aussperrungen, den Punkt, der die paritätischen Arbeitsnachweise so wesentlich von den einseitigen gleichen Einrichtungen der Arbeitgeber und Arbeitnehmer, die in letzter Linie doch nur als Kampfmittel wirken, unterscheidet. Es wird kurz gesagt weitervermittelt unter Kenntnisnahme der Streitigkeiten. Die betreffende Satzungsbestimmung lautet: „Im Falle einer Arbeitseinstellung oder Aussperrung sind die Arbeitsuchenden durch Anschlag darauf hinzuweisen. Den Beteiligten hat der Vorstand eine kurz bemessene Frist zu setzen, binnen deren sie das Einigungsamt des Gewerbegerichts anzurufen haben. Wenn letzteres nicht geschieht oder eine Einigung nicht zustande kommt oder wenn sich die Parteien dem Schiedsspruch nicht unterwerfen, so hat der in § 9 Abs. 2 (vgl. oben) erwähnte Ausschuß mit tunlichster Beschleunigung zu beschließen, ob der Arbeitsnachweis für das beteiligte Geschäft oder den beteiligten Geschäftszweig seine Tätigkeit einstellen soll. Im Fall der Stimmengleichheit gibt der Vorsitzende den Ausschlag". Diese Vorschrift, die später durch eine besondere Dienstanweisung ergänzt wurde, war mit das schwierigste Problem. Sie ist entstanden nach den damals bereits bewährten Beispielen von München, Gera, Trier und Bamberg. Anfänglich sollte der Vorstand entscheiden, ob der Arbeitsnachweis seine Tätigkeit einzustellen hätte, auf Vorstellungen der Arbeitervertreter war dann der besondere Ausschuß bestimmt worden. Das weitere Verlangen, daß der Arbeitsnachweis bis zur Beschlußfassung seine Tätigkeit einstellen sollte, war nicht angenommen worden.

Die soeben erwähnten Widerstände gegen den geplanten Arbeitsnachweis gingen in der Hauptsache von den sozialdemokratischen Gewerkschaften aus, die christlichen und die Hirsch-Dunkerschen hatten von vornherein ihre tatkräftige Unterstützung zugesagt. Mehrere Lokalverbände der letzteren sowohl als Einzelmitglieder erwarben, sobald es möglich war, die Mitgliedschaft. Bei den Gewerkschaften war die Arbeitsnachweisfrage zu jener Zeit noch durchaus ungeklärt. Als die Unternehmer in den neunziger Jahren begannen, von sich aus Arbeitsnachweise ins Leben zu rufen, war dies für die Gewerkschaften ein Grund, der Frage auch erhöhte Aufmerksamkeit zuzuwenden.[1]) Man erklärte den Arbeitsnachweis als ein wertvolles Mittel zur Hebung der Lage der Arbeiter und zur Sicherung ihrer wirtschaftlichen Existenz. Er gehöre deshalb in die Hand der Arbeiterorganisationen. Die Mitwirkung von Staat und Gemeinde müsse sich darauf beschränken, Mittel zu den notwendigen Einrichtungen und zu deren Erhaltung herzugeben. Von gemeinschaftlich verwalteten Einrichtungen wollte man nichts wissen. „Grundsätzlich abzulehnen ist jede Erwägung der Möglichkeit einer gemeinsam geführten Arbeitsvermittlung zwischen Arbeiter und Arbeitgeber." „Die Arbeitsnachweise den Gewerkschaften!" So verkündete eine Entschließung auf dem 2. Gewerkschaftskongreß zu Frankfurt a. M. 1899. Da in diese Zeit die Leipziger Pläne fielen, ist es nicht zu verwundern, daß bereits in einer Sitzung des Leipziger Gewerkschaftskartells v. 6. 2. 1899 beschlossen wurde, alle Versuche zur Herbeiführung eines Arbeitsnachweises unter unparteiischer Leitung zu bekämpfen, weil man in ihm die Absicht sah, „die Arbeiterschaft von den Bahnen des Klassenkampfes abzulenken". Der Arbeiter habe über seine Arbeitskraft als seine einzige Ware selbst zu verfügen. Nur in einem städtischen Arbeitsnachweis für landwirtschaftliche Arbeiter und Dienstboten wollte man einen Fortschritt sehen. In einer zweiten Versammlung anfangs Mai, zu der die Vertreter der Ortskrankenkasse und des Gewerbegerichtes besonders hinzugezogen waren, wurde scharfe Kritik an dem Satzungsentwurf geübt. Man behauptete in einseitiger Auffassung der Vorschläge, die Rechte der Arbeiter seien nicht gewahrt, die Arbeitgeber würden doch das Übergewicht erhalten, und beschloß von neuem, jede Mitarbeit abzulehnen. Die Arbeitervertreter der Ortskrankenkasse und des Gewerbegerichtes mußten ihr Verhalten nach diesem Beschluß einrichten.

Der Umschwung in den Anschauungen bereitete sich aber, wie hier eingeschaltet sein mag, bereits damals vor. In der Leipziger sozialdemokratischen Volkszeitung war anfangs Mai vor der Versammlung — ein Beweis, wie wenig man auf das Urteil der

---

[1]) Nach einer für Preußen veranstalteten Erhebung gab es dort 1894 230 Nachweise von Arbeiterseite. Eine von den sozialdemokratischen Gewerkschaften 1902 veranstaltete Erhebung ergab 815, und die Denkschrift des Kaiserl. Statistischen Amtes von 1904 über die Folgen der Arbeitslosigkeit schätzt ihre Zahl auf annähernd 1000.

wissenschaftlichen Verfechter der Ideen gibt — eine ausführliche Besprechung von Calwers Broschüre „Der Arbeitsmarkt und Arbeitsnachweis" (Stuttgart 1899) erschienen, in der die öffentlichen kommunalen Arbeitsnachweise als die einzig richtige Art der Arbeitsvermittlung hingestellt werden und betont wird, wie vorteilhaft es ist, „den Arbeitsnachweis als solchen außerhalb des sozialen Kampfes zu stellen und den Gegensatz, der zwischen den Interessen der Arbeiter und Unternehmer nun einmal vorhanden ist, auf einem neutralen Boden auszufechten, die kämpfenden Parteien unter gleichen Bedingungen, soweit die Arbeitsvermittlung in Frage kommt, in den Kampf ziehen zu lassen". Die gewerkschaftlichen Einrichtungen sind nicht verschwunden, aber die Anschauungen haben sich so weit geändert, daß 1908 die sozialdemokratische Holzarbeiterzeitung schrieb[1]): „Der Arbeitsnachweis muß, wenn er seine Aufgabe erfüllen soll, aus der Reihe der Kampfmittel ausscheiden", und daß Liebknecht im Jahre 1910 im Preußischen Abgeordnetenhause gegen jeden einseitigen Arbeitsnachweis polemisierte und sich für paritätische Einrichtungen erklärte.

Die Gewerbekammer, der natürlich auch ein Satzungsentwurf geschickt worden war, lehnte gleichfalls ihre Mitarbeit ab. Nach §§ 81 a Ziff. 2, 100 a u. 103 des Gesetzes v. 26. 7. 1897 betr. Abänderung der Gewerbeordnung seien die Innungen verpflichtet, Fürsorge für den Arbeitsnachweis zu treffen, und die Gewerbe- oder Handwerkskammern hätten die Aufgabe, die Einrichtungen zu fördern. Sämtliche Innungen würden sich in kurzer Zeit der Aufgabe gegenübersehen, die Einrichtung eines fachlichen Arbeitsnachweises in die Hand zu nehmen, durch den nicht nur gelernten, sondern auch ungelernten Arbeitern Arbeitsstellen nachgewiesen werden sollten. Ein Bedürfnis sei nicht anzuerkennen, und Verwicklungen seien die unausbleibliche Folge. Die Leipziger Ökonomische Sozietät glaubte, ein wesentlich für industrielle Arbeiter Leipzigs zu gründendes Institut nicht unterstützen zu können, weil sie „die Organisation eines landwirtschaftlichen Arbeiternachweises für das ganze Königreich Sachsen, welcher mit den bereits bestehenden gleichartigen Einrichtungen in der preußischen Provinz Sachsen gemeinsam zu arbeiten haben soll, plane". Die Erfolge

---

[1]) Der Arbeitsnachweis in Deutschland (Verlag der Westdeutschen Arbeiterzeitung M.-Gladbach 1910) S. 17.

haben die Hinfälligkeit der entgegenstehenden Urteile bewiesen, die Zahlen reden für das Bedürfnis eine beredte Sprache. Gerade für landwirtschaftliche Arbeiter, für Vermittlung aus den großen Städten, in denen die Arbeitslosen zusammenströmen, nach dem flachen Lande, kann ein allgemeiner Arbeitsnachweis, dem die Innungen sich in Form von Facharbeitsnachweisen angliedern, Hervorragendes leisten. Und daß ein Arbeitsnachweis, der paritätisch verwaltet wird, eine neutrale Stelle darstellt und ein Mittel zum sozialen Frieden ist, wagt heute nach vieljähriger Bewährung der Einrichtung niemand mehr im Ernst zu bestreiten.

Nachdem der Rat der Stadt die Satzung genehmigt hatte, galt die weitere Aufgabe den für den Vorstand vorzunehmenden Wahlen. Der Ausschuß wandte sich im August an das Gewerbegericht und an die Ortskrankenkasse, damit sie die ihnen zustehenden Vertreter wählten. Die Folgen der Agitation des Gewerkschaftskartells zeigten sich jetzt. Am 13. September teilte Herr Stadtrat Wagner mit, daß die Arbeiterbeisitzer des Gewerbegerichts jede Beteiligung abgesagt hätten, weil sie grundsätzlich städtische Arbeitsnachweise fordern müßten und ebenso schrieb der Vorstand der Ortskrankenkasse am 26. September, ohne Begründung zu geben, daß die Arbeitnehmer die Wahlen ablehnten. Für die Arbeitgeber hatte der Vorstand der Krankenkasse zwei Vertreter gewählt, während das Gewerbegericht erklärte, geeignete Mitglieder gefunden zu haben. Nach diesen ablehnenden Erklärungen wurde satzungsgemäß der Rat gebeten, die fehlenden Arbeiterbeisitzer zu wählen. Am 4. November teilte dieser die Namen von je vier Vorstandsmitgliedern und vier Ersatzmännern mit. Berücksichtigt wurde je ein Mitglied des evangelischen Arbeitervereins und des kirchlichen Familienverbandes Leipzig-Lindenau.

Inzwischen war man nicht müßig gewesen, Vereinsmitglieder zu werben. Bei der konstituierenden Versammlung am 7. 12. 1899, in der die übrigen acht Vorstandsmitglieder, darunter eine Dame, gewählt wurden, trugen sich bereits 62 Mitglieder in die Anwesenheitsliste ein. Neben einem Buchdrucker war durch diese Wahl noch ein Buchbinder als Vertreter der Hirsch-Dunkerschen Gewerkschaften in den Vorstand gekommen. Mit der Konstituierung des Vereins und des Vorstandes waren die Arbeiten des „Ausschusses zur Vorbereitung des Arbeitsnachweises“ naturgemäß erledigt. Am 12. Dezember wählte der Vorstand aus seiner Mitte

Herrn Privatdozenten Dr. Pohle zum 1. Vorsitzenden, während die Ämter des Schrift- und Kassenführers je Arbeitgebern und Arbeitnehmern übertragen wurden. Der anfänglich zum Vorsitzenden gewählte Stadtrat Büttner glaubte, bei seiner amtlichen Stellung verzichten zu müssen, er wurde stellvertretender Vorsitzender. Die gerichtliche Eintragung in das Register des Kgl. Amtsgerichtes erfolgte noch am 30. 12. 1899, so daß das Gründungsjahr mit der glücklichen Vollendung des begonnenen Werkes endete.

IV. Der Verein für Arbeitsnachweis in Leipzig 1900—1911.

Die Vorarbeiten waren erledigt, nun galt es, die Pläne zur Tat werden zu lassen und der Öffentlichkeit die Leistungsfähigkeit zu beweisen. Ohne wesentliche Beihilfe der Stadt, für deren Bewohner die Vereinstätigkeit in erster Linie bestimmt ist, konnte man — darüber hatte von Anfang an Einmütigkeit geherrscht — nichts erreichen. Deshalb wandte sich der Vorstand sofort im Januar 1900 mit einem ausführlichen Gesuch an den Rat, zeigte seine Konstituierung an und bat um finanzielle Beihilfe und mietfreie Überlassung geeigneter Räume für eine männliche und weibliche Abteilung. Rat und Stadtverordnete sahen ohne weiteres den großen Fortschritt, den das zu begründende Institut für die Stadt brachte, ein und bewilligten 3000 Mk. Beihilfe und 1000 Mk. für die erste Einrichtung. Von dem vom Verein in Aussicht genommenen Lokal in der Landfleischerhalle am Johannisplatz mußte wegen zu hoher Umbaukosten abgesehen werden, hingegen wurde in der ersten Etage eines städtischen Hauses in der Reichsstraße ein großer Raum für die männliche Abteilung zur Verfügung gestellt. Inbezug auf die weibliche Abteilung legte der Rat dem Vorstand nahe, von ihrer Einrichtung zunächst noch abzusehen, welchem Wunsche man Rechnung trug, da für Vermittlung weiblicher Arbeitskräfte zunächst noch die städtische Einrichtung beim Armenamt sorgte.

Die Bauarbeiten in dem überlassenen Hause wurden so beschleunigt, daß bereits am 16. 7. 1900 die Arbeitsvermittlungsstelle für männliche Arbeiter mit einer kurzen Feier, an der neben zahlreichen Vereinsmitgliedern und Vertretern der Presse auch Mitglieder des städtischen Parlaments teilnahmen, eröffnet werden konnte. Die Inanspruchnahme war von Anfang an, besonders von der Arbeiterseite her, eine sehr lebhafte. In den 15 Tagen des Juli wurden 626 Arbeiter, im August 748 eingeschrieben. Die Arbeitgeber brachten der Neueinrichtung auch sofort reges Interesse entgegen. Im Juli wurden 215, im Oktober hingegen, nach steigenden Zahlen in jedem Monat, schon 448 Arbeiter verlangt. Unglücklicherweise zeigte das Ende des Jahres 1900 eine fallende Konjunktur, so daß beschlossen werden mußte, bei dem großen Andrang Arbeitsloser auswärtigen Arbeitern die Einschreibung zu versagen und sie Einheimischen zu widerraten. Die Tätigkeitsergebnisse sollen weiter unten im Zusammenhang behandelt werden.

Mit der Führung der Geschäfte war unter den zahlreichen Bewerbern ein früheres Arbeitnehmervorstandsmitglied der Krankenkasse beauftragt worden, dem ein Expedient und später bei dem starken Andrang, zumal in den Wintermonaten, ein Aufwärter zur Aufrechterhaltung der Ordnung zur Seite stand. Die Geschäftsführung vollzog sich von Anfang an nach einer von einem gemischten Ausschuß bald nach der Konstituierung aufgestellten Geschäftsordnung.[1] Sie ist ohne wesentliche Abänderung heute noch im Gebrauch. Zugrunde gelegt wurde das sogen. Kartensystem, das mit Vermeidung jeglicher bureaukratischen Vielarbeit, im Gegensatz zum umständlichen Listensystem, bei dem alle Geschäftsvorfälle in viele dickleibige, schwer zu handhabende Bücher einzutragen sind, eine einfache Abwicklung der Geschäfte sichert. Auch hierin ist bis heute keine Änderung eingetreten. Im großen und ganzen sind drei hauptsächliche Karten in Anwendung. Ein in der Mitte teilbares Kartenformular dient zur Registrierung der sich meldenden Arbeitslosen. Auf der linken Seite werden die Personalien, der Tag der Eintragung, die Dauer der Arbeitslosigkeit vermerkt. Dieser Teil bleibt in der Geschäftsstelle, während der rechte Abschnitt. mit dem Namen ausgefüllt, dem Arbeiter ausgehändigt wird und als Legitimation zum Eintritt und Aufenthalt in dem besonders im Winter in Anspruch genommenen Warteraum dient. Beide Teile tragen übereinstimmende fortlaufende Nummern, mit deren Hilfe jederzeit die Anzahl der sich Meldenden festzustellen ist. Auf einer anderen Karte werden die Bestellungen der Arbeitgeber, die mündlich, schriftlich und telephonisch — in den meisten Fällen — erfolgen können, vermerkt. Diese offenen Stellen werden vom Ver-

[1] Abgedruckt bei Stieda „Der paritätische Arbeitsnachweis in Leipzig“.

walter mehrere Male am Tage, in eiligen Fällen sofort, im Warteraum ausgerufen. Unter den sich Meldenden werden, Geeignetheit vorausgesetzt, die bereits längere Zeit Eingeschriebenen (an der Nummer erkenntlich) sowie die Ortsangehörigen den Neueingeschriebenen oder Neuzugezogenen bevorzugt. Mit dem dritten Formular (einer Anweisung) versehen, werden die Arbeitsuchenden, die ihre Legitimationskarte abzugeben haben, zum Arbeitgeber geschickt. In der Regel werden mehr Leute, wie verlangt, zugewiesen, damit der Arbeitgeber eine Auswahl treffen kann. In geeigneter Weise ist dem Arbeitsnachweis zur Kenntnis zu bringen, ob und wieviel Arbeiter angenommen wurden, eine für die Statistik sehr wichtige Tatsache. Die im Besitz der Geschäftsstelle vorhandenen Karten werden mehrere Jahre aufbewahrt. Auskünfte u. a. m., die oft vom Armenamt, Gewerbegericht usw. eingefordert werden, sind bei dem Kartensystem ebenso leicht zu geben wie bei der Eintragung in Listen. Für spezielle Fälle sind dann noch einige weitere Kartenformulare vorhanden. Die weibliche Abteilung wird nach gleichen Grundsätzen verwaltet.

Vor allem vereinfacht die Erledigung der Geschäfte mittels Karten die Statistik, die täglich aufgestellt wird, so daß am Monatsende nur zu addieren ist.

Schon der vorbereitende Ausschuß war sich darüber klar, daß für das neue Unternehmen tüchtig Propaganda gemacht werden mußte. Von allen wesentlichen Beschlüssen wurde von Anfang an den Tageszeitungen aller Richtungen Berichte zugesandt. Aufrufe zur Benutzung wurden in dem lokalen und dem Inseratenteil erlassen und nach jedem Monat ein kurzer Bericht über die Tätigkeit des verflossenen veröffentlicht, eine Praxis, die bis heute geübt wird. Plakate wurden an geeigneten Stellen, zumal in öffentlichen Gebäuden, wo Arbeitgeber und Arbeitnehmer verkehren, zum Aushang gebracht und ihr Inhalt von Zeit zu Zeit an den Anschlagsäulen veröffentlicht. Durch Rundschreiben in mehreren tausend Exemplaren wurden die Unternehmer zur regelmäßigen Inanspruchnahme aufgefordert. Die Polizeidirektion gestattete den Aushang von Plakaten in den Bezirksmeldestellen und übernahm es außerdem, bei der polizeilichen Meldung Hinweiszettel in die Dienstbücher einzukleben. Die preußische und die sächsische Eisenbahnverwaltung erlaubten, in den Bahnhöfen Leipzigs und in den von Leipzig verkehrenden Wagen 4. Klasse Plakate anzubringen. Die letztere Maßnahme ist mit kurzer Ausnahme seit 1901 in Anwendung. Auf Konto dieser eifrigen Propaganda ist sicher ein Teil des Erfolges zu setzen.

Auch die Handelskammern und die Gewerbekammern wurden bald nach Eröffnung der Geschäftsstelle gebeten, die von ihnen vertretenen Kreise durch Hinweise in den Jahresberichten oder in anderer geeigneter Weise auf das Unternehmen, seine Zwecke und Ziele hinzuweisen. Den Standpunkt der Leipziger Handelskammer kennen zu lernen, bot sich Gelegenheit, als diese sich auf Veranlassung des Ministeriums gutachtlich zu dem am 15. 11. 1900 von freisinnigen Abgeordneten dem Reichstag unterbreiteten Antrag betr. zwangsweiser Errichtung paritätischer Arbeitsnachweise zu äußern hatte. Über das aus vielen Gründen interessante Gutachten (es fehlt in den Jahresberichten des Vereins) heißt es im Protokoll der 316. öffentlichen Sitzung der Leipziger Handelskammer v. 9. 5. 1901:

„Im Einvernehmen mit dem Handelsgesetzgebungsausschusse ist geantwortet worden, daß im Interesse der Industrie, die ohnehin nach mancherlei Richtung unter den weitgehenden Ansprüchen der Arbeiterschaft zu leiden habe, der Errichtung von obligatorischen Arbeitsnachweisen, insbesondere von sogen. paritätischen, Widerstand entgegengesetzt werden müsse. Die Arbeitgeber könnten niemals darauf eingehen, sich ihr in der Natur der Sache begründetes Bestimmungsrecht über die Vergebung der Arbeit verkürzen zu lassen. Das letztere würde aber, nach den auf anderen Gebieten mit ähnlichen Einrichtungen gemachten Erfahrungen, unzweifelhaft eintreten. Im übrigen müsse zwischen gelernten und ungelernten Arbeitern streng unterschieden werden. Für *gelernte* Arbeiter dürften schon jetzt genügend Arbeitsnachweise vorhanden sein, die sich teils in den Händen der Arbeitgeber, teils in den Händen der Arbeitnehmer befinden und auch zur Zufriedenheit der Beteiligten funktionieren. Dagegen könnte die Errichtung von Arbeitsnachweisen für *ungelernte* Arbeiter unter Umständen zweckmäßig und nützlich sein, wenn man sich auch für eine *zwangsweise* Errichtung dieser Arbeitsnachweise nicht aussprechen könne."

Wenn der Verein sich auch in der Angelegenheit selbst eines Urteils enthalten wollte, so glaubte er doch der irrigen Meinung, als ob durch paritätische Arbeitsnachweise der Arbeitgeber in seiner Freiheit bei der Besetzung offener Stellen eingeschränkt werden sollte, entgegentreten zu müssen. Er tat es in einem Schreiben an das Kgl. Ministerium des Innern, indem er u. a. ausführte:

> „Die Grundsätze, welche in den uns bekannten dem Verbande Deutscher Arbeitsnachweise angehörigen paritätischen Arbeitsvermittlungsstellen für die Auswahl der angemeldeten Arbeitsuchenden bei der Besetzung einer offenen Stelle maßgebend sind, rechtfertigen eine solche Befürchtung jedenfalls nicht. Speziell unsere Geschäftsordnung, die in den meisten Punkten der der gleichartigen Berliner Anstalt nachgebildet ist, bestimmt in § 6 hierüber folgendes: ‚Der Verwalter des Arbeitsnachweises ruft die gemeldeten Stellen im Wartesaal aus und wählt unter den sich Meldenden die nach seiner Meinung geeigneten Personen aus, wobei die bereits längere Zeit Eingeschriebenen sowie die ortsangehörigen Arbeiter vor den neueingeschriebenen oder neuzugezogenen eine Bevorzugung erfahren. In der Regel werden mehr Arbeiter ausgewählt als verlangt sind, damit der Arbeitgeber seinerseits eine Auswahl treffen kann'. Wie diese Bestimmung deutlich erkennen läßt, wollen die paritätischen Arbeitsnachweise den Unternehmer in keiner Weise in der Freiheit bei der Auswahl der Arbeitskräfte beschränken, sondern sie suchen ihm vielmehr diese Auswahl zu erleichtern, indem sie ihm nur solche Arbeiter zuschicken, die für die betreffende Stelle wirklich geeignet erscheinen. Nur unter Personen, die an sich gleichgeeignet sind, erfahren dann die bereits längere Zeit eingeschriebenen eine Bevorzugung."

Nach dieser Zeit sind ähnliche Erwiderungen nicht wieder notwendig gewesen. Das Kleingewerbe hat von Anfang an sehr eifrig von der Vermittlung ungelernter Hilfskräfte Gebrauch gemacht, wenn die Innungen im übrigen auch auf ihren ablehnenden Standpunkt glaubten beharren zu müssen.

Die bei der Begründung auf Wunsch des Rates vorgesehene Einschreibegebühr von 10 Pf. wurde bereits im Juli 1910 abgeschafft. Die für sie angeführten Gründe, daß sie eine gewisse Kontrolle garantieren und einem übermäßigen Zudrange steuere, daß die Arbeiter, falls sie an einer ihnen zugewiesenen Arbeitsstätte nicht angenommen würden, wieder zurückkehrten, um ihr Geld nicht einzubüßen, und daß sie eine Einnahmequelle bedeute (sie brachte

1900 110,25 Mk. ein), erwiesen sich auf die Dauer als nicht stichhaltig.[1]) Vollständige Unentgeltlichkeit ist einer der ersten Grundsätze des paritätischen Arbeitsnachweises.

Die von vornherein ins Auge gefaßte Abteilung zur Vermittlung von Arbeit auch für Arbeiterinnen und Dienstboten wurde am 1. 7. 1901 mit dem Prinzip der Unentgeltlichkeit in von der Stadt zur Verfügung gestellten Räumen am Naschmarkt eröffnet. Sie entwickelte sich gleich der männlichen Abteilung in der besten Weise und überflügelte diese bald. Die Tätigkeit wurde eine noch größere als die alte Arbeitsnachweisungsanstalt 1903 ihre Pforten schloß. Heute stellt die weibliche Abteilung ein bei den Leipziger Hausfrauen sowohl als auch bei der Industrie zur Beschaffung weiblicher Arbeitskräfte aufs beste eingeführtes und durch starke Inanspruchnahme dankbar anerkanntes Institut dar. Der größte Teil der Tätigkeit entfällt auf die kurzfristige Vermittlung von Scheuerfrauen und Waschfrauen. Zu dieser Tätigkeit finden sich immer genug Arbeitsuchende, ein Beweis, wie sehr in der Großstadt die Frauen, nicht nur Ledige und Witwen, auf Verdienst angewiesen sind. Der Andrang von Ehefrauen tritt besonders bei Streiks, wie im Sommer 1911 bei dem Metallarbeiterstreik beobachtet werden konnte, zutage. Von Anfang an wurde, ähnlich wie bei der alten Anstalt, die Vermittlung von weiblichen Hausangestellten, Haus- und Stubenmädchen, Köchinnen und anderen Personen, die sich für längere Zeit in den Haushalt einfügen wollen, gepflegt. Nach einem verheißungsvollen Anfang 1901 mit 898 und 1902 mit 2184 zum Hauspersonal zu zählenden Personen ging die Vermittlung immer weiter zurück, bis sie im Jahre 1909 den Tiefstand mit 323 erreichte. Die Gründe hierfür wurden in der durch den immer größer werdenden Bedarf der Industrie an weiblichen Arbeitskräften, geringer werdenden Neigung, in häusliche Dienste zu treten, in dem für Dienstherrschaften ungünstiger gelegenen, seit 1903 bezogenen Lokal in der Münzgasse und vor allem in der starken Konkurrenz der gewerbsmäßigen Vermittler gefunden. Die zahllosen Mißstände der gewerbsmäßigen Stellenvermittlung, es seien nur genannt die hohen Gebühren und das Interesse am Stellenwechsel, der die Einnahmen bedingt, führten bekanntlich

---

[1]) vgl. über Gebühren Schriften des Verbandes Deutscher Arbeitsnachweise 1900 Heft 2 S. 36ff., 1901 Heft 3 S. 80ff.

am 2. 6. 1910 zum Erlaß des Reichsstellenvermittlergesetzes, das in der Hauptsache den Konzessionszwang verschärft, die Aufsichtsbehörden zur Feststellung der Gebühren verpflichtet und Neukonzessionen vom Bestehen ausreichender gemeinnütziger Arbeitsnachweise abhängig macht. Das Gesetz war dem Verein ein willkommener Grund, den schon lange gehegten Wunsch, eine Filiale zur Vermittlung von weiblichem Hauspersonal einzurichten, am 1. 7. 1910 zur Tat werden zu lassen. Die Filiale, im Zentrum der Stadt gelegen, allen speziellen Erfordernissen Rechnung tragend, hat bereits in den 6 Monaten 1910 404 Stellen vermittelt bei 1844 offenen und 628 Arbeitsuchenden. Im ganzen wurden 1910 569, 1911 hingegen 1144 weibliche Hausangestellte in Dienst gebracht. Eine Einschreibegebühr von 1 Mk., die von Dienstherrschaften nur im Fall der gelungenen Vermittlung zu zahlen ist, hilft die bedeutenden Ausgaben zu decken. Zu wünschen ist, daß diese Einrichtung so sehr Allgemeingut wird, daß Neukonzessionierungen von gewerbsmäßigen Stellenvermittlungen im Laufe der Zeit überflüssig werden. Eifrige Propaganda durch Zeitungen, Plakate usw., zumal in der Eisenbahn, ist notwendig. Eine im Jahre 1904 vom Verein getroffene Einrichtung, daß in gewissen Wochenstunden Lehrerinnen im Arbeitsnachweis anwesend waren, um auf die Vorteile des häuslichen Dienstes hinzuweisen, hat sich ebensowenig bewährt wie die Herausgabe eines „Ratgebers“ vom Lehrerinnenverein. Das ungebundenere, wenn auch weit ungesündere Leben in der Fabrik lockt zu sehr.

Zur Stadtverwaltung, von deren finanzieller Unterstützung das Bestehen des Vereins und seine Ausdehnung abhängen, bestehen die engsten Beziehungen. Sie hat selbst das größte Interesse an einem gut arbeitenden Arbeitsnachweis. Die lärmenden Züge der Arbeitslosen zum Rathaus unterbleiben, wenn Nachfrage und Angebot ständig statistisch festgestellt und Vorbeugungsmittel getroffen werden können. Die Armenlasten, die zum Teil aus allgemeinen Mitteln bestritten werden, verringern sich, wenn für Arbeit gesorgt wird, wie man schon 1844 erkannt hatte. Als im Jahre 1902 der Verein anregte, bei den städtischen Arbeiten, sowohl bei den in eigner Regie ausgeführten als bei den an Unternehmern vergebenen, den Bedarf an männlichen Arbeitskräften, um die Spannung zwischen offenen Stellen und Arbeitsuchenden weniger fühlbar zu machen, in erster Linie beim Arbeitsnachweis zu decken, wurde der Bitte, soweit es möglich war, entsprochen. Das Ideal, daß in das Lastenheft der für die Stadt arbeitenden Unternehmer eine Bestimmung aufgenommen wird, daß die Arbeiter beim Arbeitsnachweis bezogen werden müssen, wie es z. B. in Straßburg durchgeführt ist, hat sich allerdings noch nicht verwirklichen lassen. In den für die Arbeitslosen besonders harten Wintermonaten kann die Stadt durch sogen. Notstandsarbeiten (Straßen-, Schleußenbauten usw.) und Beschaffung der Arbeiter zur Beseitigung des Schnees helfend eingreifen. Auch in dieser Beziehung ist den Anregungen des Vereins stattgegeben worden. Es wurden

Jahr	Notstandsarbeiter vermittelt	Schneekarten ausgegeben[1])
1901	190	—
1902	363	1657
1903	349	1200
1904	617	1300
1905	435	1136
1906	398	978
1907	216	1200
1908	240	1200
1909	806	2000
1910	228	1740

Für die Notstandsarbeiten hat der Rat ein besonderes Statut aufgestellt (abgedr. im Jahresbericht 1904), das unter anderem die Bestimmung enthält, daß 80 % der Arbeiter durch den öffentlichen Arbeitsnachweis zu beziehen sind, und daß ihnen ein Mindestlohn von 2,72 bis 3,50 Mk. gewährt werden muß.

Dem Verband Deutscher Arbeitsnachweise, der seit 1898 die Zentralstelle aller öffentlichen gemeinnützigen Arbeitsnachweise darstellt, gehört der Verein seit seiner Gründung an. Die Verbandsversammlungen wurden regelmäßig beschickt. 1910 hielt der Vorsitzende, Professor Stieda, in Breslau ein Referat über die Beschäftigung ausländischer Arbeiter. 1908 hatte Leipzig die Ehre, den 5. Deutschen Arbeitsnachweiskongreß in seinen Mauern begrüßen zu dürfen, wobei dem Vorsitzenden ein Teil der Versammlungsleitung zufiel. An den Bestrebungen zur Ausdehnung

---

[1]) In den allgemeinen Zahlen der Arbeitsuchenden sind die Schneeschipper nicht genannt.

des öffentlichen Arbeitsnachweises im Königreich Sachsen nahm der Verein regsten Anteil. Er begrüßte dankbar den grundlegenden Erlaß der Regierung v. 30. 11. 1906,[1]) der den Gemeinden die Begründung öffentlicher Arbeitsnachweise nahelegt, und beteiligte sich hervorragend an den Verhandlungen am 24. 1. 1911, die zur Begründung eines Landesverbandes führten. Der Vorsitz wurde ihm übertragen. Der Verband soll die Weiterausdehnung des öffentlichen Arbeitsnachweises und seine Zentralisation, die die Vorbedingung einer späteren zwischenörtlichen Vermittlung ist, fördern. Die Bestrebungen zur Zentralisation des Arbeitsnachweises in Leipzig, wie sie eine im Jahre 1909 aus Ratsmitgliedern und Stadtverordneten zusammengesetzte Kommission, zu der die Vorsitzenden des Vereins hinzugezogen wurden, erstrebte, sind im Sande verlaufen. 1903 gab es in Leipzig 29 Nachweise der Arbeitgeber und 27 der Arbeitnehmer. 1911 berichteten an das Kaiserl. Statistische Amt durch das Städt. Statistische Amt 16 der ersten und 22 der zweiten Art. Der Arbeitsnachweis der Metallindustriellen berichtet direkt an den Gesamtverband der Metallindustriellen in Berlin. Die Schaffung einer Zentralstelle für die Stadt, bei der alle Meldung Arbeitsloser und alle offenen Stellen zusammenliefen, wäre schon allein aus dem Grunde wichtig, um einen genauen Überblick des Leipziger Arbeitsmarktes zu haben. Die Zahlen z. B. der Arbeitsuchenden, die heute monatlich im Reichsarbeitsblatt genannt werden, entsprechen durchaus nicht der Wirklichkeit, weil die einzelnen Arbeitsuchenden sich an den verschiedensten Stellen einschreiben lassen können. Für eine regere Vermittlung nach auswärts, die das Überangebot in der Großstadt zu vermindern geeignet wäre, ist auch Zentralisation eine wichtige Bedingung. Kleinere Ansätze zur Zusammenfassung sind durch den 1904 vollzogenen Anschluß des Zentralverbandes der Heizer und Maschinisten und die am 1. 5. 1910 erfolgte Übertragung des Arbeitsnachweises des Brauereivereins zu verzeichnen.

Der Verein hat selbst kein Mittel außer acht gelassen, seinen Wirkungskreis auszudehnen. Dem Mangel, den schon die alte Arbeits-

---

[1]) Eine vorher vom Ministerium veranstaltete Enquete hatte 14 kommunale Arbeitsnachweise festgestellt, die mit Ausnahme von Chemnitz kaum einen bemerkenswerten Erfolg zu verzeichnen hatten.

nachweisungsanstalt empfand, daß oft Arbeitslose keine Beschäftigung finden können, weil es ihnen am Werkzeug fehlt, hat der Verein durch Anschaffung von Hacken und Schippen, die den Arbeitslosen gegen Hinterlegung ihrer Papiere überlassen werden, schon seit Jahren zu steuern versucht. Für die Engrosmessen sind besondere Vorkehrungen getroffen, daß Hilfskräfte von dem Arbeitsnachweis bezogen werden. Der Oberpostdirektion wurde die Vermittlung von Aushilfskräften für den Weihnachts- und Neujahrsverkehr angeboten und auch z. B. 1903 185, 1904 257, 1905 153, 1906 82 Arbeitslosen Erwerb verschafft. Die Zahlen zeigen, daß getroffene Einrichtungen sich so herumsprechen, daß die Dienste freiwillig angeboten werden, wodurch die Zahl der Arbeitslosen sich, wenn auch nur unwesentlich, vermindert. Entlassene Reservisten meldeten sich in jedem Jahr in großer Zahl. Es wurden 1901 von 151 Arbeitsuchenden 48 in Stellung gebracht, 1902 war das Verhältnis 212:108, 1903 200:97, 1904 198:98, 1905 155:112, 1906 156:120, 1907 98:70, 1908 144:36, 1909 115:36, 1910 83:53. Im Sommer 1911 fanden Verhandlungen mit den Vereinen der Gastwirte und Gastwirtsangestellten, die am meisten unter der gewerbsmäßigen Stellenvermittlung zu leiden haben und deren einseitige Einrichtungen niemals zum Verschwinden dieser unsozialen Einrichtung beitragen können, statt, mit dem Ergebnis, daß sich Arbeitgebervereine die ca. 1600, und Arbeitnehmervereine, die ca. 600 Mitglieder umfassen, mit dem Verein für Arbeitsnachweis zusammenschlossen, um einen Facharbeitsnachweis für das Gastwirtsgewerbe anzugliedern. Er soll unter Leitung eines Fachmannes stattfinden; die Vereine bringen einen Teil der Kosten auf, ein weiterer Zuschuß soll von der Stadt und dem Verein für Arbeitsnachweis geleistet werden.

Die Ausgaben des Arbeitsnachweises, die sich in der Hauptsache aus Gehältern — 1910 waren zwei Beamte in der männlichen, zwei Beamtinnen in der weiblichen Abteilung, eine in der Filiale für Dienstboten und ein Aufwärter tätig — und Drucksachen zusammensetzen, werden bestritten aus Mitgliedsbeiträgen und freiwilligen Zahlungen, dem städtischen Zuschuß, aus Zinsen eines kleinen angesammelten Kapitals und den erwähnten Einschreibegebühren. Die Stadt stellt neben dem jährlichen Barzuschuß noch die Geschäftsräume, die 1910 durch einen Neubau für die männliche Abteilung mit einem Warteraum, der 500 Leute fassen kann, vergrößert wurde, unentgeltlich zur Verfügung. Eine Zusammenstellung von Einnahme und Ausgabe ergibt

Jahr	Städt. Zuschuß Mk.	Aus Mitglieds-[1]) beiträgen und freiwilligen Zahlungen Mk.	Zahl der Mitglieder	Gesamtausgabe Mk.	Kosten einer Vermittlung[2]) Mk.
1900	4000	1125,—	191	3 197,02	—
1901	6000	1164,—	194	6 090,64	—
1902	6000	1347,—	249	8 511,01	0,75
1903	7000	2050,50	411	8 869,26	0,48
1904	7000	2385,05	434	10 019,14	0,49
1905	7000	2406,50	410	10 035,86	0,46
1906	8500	2970,25	460	9 409,56	0,42
1907	8500	3438,50	434	8 755,68	0,41
1908	8500	3336,05	418	9 173,94	0,49
1909	8500	3245,—	408	9 240,86	0,45
1910	8500	3228,10	411	11 745,88	0,52

Die Ausgaben sind im Verhältnis zu der geleisteten Arbeit als niedrige zu bezeichnen. Eine Einrichtung in städtischer Regie würde mit denselben Kosten wahrscheinlich das gleiche nicht leisten. Die Erfolge waren nur dadurch möglich, daß sich immer sozial denkende Männer fanden, die die nicht wenig Arbeit verursachenden Ehrenämter des Vorstandes bekleideten. Mögen dem Verein immer Männer zur Verfügung stehen, die, wie Professor Stieda und der langjährige 2. Vorsitzende, der Privatmann Wilhelm Rünger, der heute 1. Vorsitzender ist, bereit sind, ihre ganzen Kräfte in den Dienst der Sache zu stellen.

Nach dieser historischen Übersicht endlich noch ein Wort über die Tätigkeit des Vereins für Arbeitsnachweis und seine Statistik.

Die Tätigkeit eines Arbeitsnachweises läßt sich nur in Zahlen ausdrücken. Bevor man diese näher betrachtet, ist es wichtig zu wissen, wie sie entstehen. Leipzig hat sich von den durch unrichtige Auffassung der Arbeitgeber- und Arbeitnehmerseite leicht zu Verwechslungen führenden Ausdrücken Angebot und Nachfrage nach

---

[1]) Mitglied kann werden, wer mindestens 3 Mk. Jahresbeitrag bezahlt. Die geringeren Zahlungen werden in der Zusammenstellung als freiwillige gezählt. Da die Zahl der geleisteten Beiträge festgestellt wird, ist die Mitgliederzahl leicht zu bestimmen.

[2]) Um die Kosten auszurechnen, ist als Zuschuß zu den Ausgaben bis 1910 eine Summe von 1500 Mk. in Ansatz gebracht als Miete für die Geschäftsräume, für 1910 2000 Mk.

Arbeit ferngehalten. Es zählt nach dem ersten Jahr, in dem eingeschriebene, verlangte und beschäftigte Arbeiter unterschieden werden, nach „Offene Stellen“, „Arbeitsuchende“ und „Besetzte Stellen“. Bestellungen können nicht zurückgewiesen werden, mithin werden unter „offene Stellen“ alle Gesuche um Arbeiter gezählt, und zwar nicht die Fälle der Bestellungen, sondern die verlangten einzelnen Arbeitskräfte. Unter „besetzte Stellen“ werden alle Vermittlungen gezählt, von denen durch Rückgabe der Zuweisungsformulare, durch telephonische Anfragen, durch Nichterneuerung des Gesuchs um Arbeiter oder in anderer einwandsfreier Weise festgestellt werden kann, daß die Stellen wirklich besetzt sind. Bloße Zuweisung von Arbeitskräften — eine Handhabung, die leider bei vielen einseitigen Arbeitsnachweisen in Gebrauch ist — genügt keineswegs zur Einreihung unter „vermittelte Stellen“. Am wichtigsten ist die Feststellung des Begriffs „Arbeitsuchende“, der auf keinen Fall allgemein mit „Arbeitslose“ zu identifizieren ist; denn als Arbeitsuchender kann sich mancher eintragen lassen, der nur die Absicht hat, sich bei passender Gelegenheit zu verändern. Für die Leipziger Anstalt enthält allerdings eine Gleichstellung der Begriffe nicht allzuviel Fehlerhaftes, weil der Arbeitsnachweis bis heute nur für ungelernte Arbeiter in Frage kommt, die fast ohne Ausnahme erst dann eine neue Stelle suchen, wenn sie die frühere verlassen haben. Die Arbeitsuchenden werden demjenigen Berufe zugeteilt, in dem sie Arbeit suchen. Sind sie bereit, gelernte und event. auch ungelernte Arbeit anzunehmen, so werden sie bei dem Berufe der gelernten Arbeit gezählt.

Grundsätzlich muß für die folgenden Übersichten festgehalten werden, daß bis zum 1. 1. 1906 ein Anschreibeverfahren galt, nach dem die Arbeitsuchenden für die Zeitdauer eines Monats nach dem Tag der Einschreibung nur einmal gezählt wurden, falls sie in dem Zeitraum vorübergehende Arbeiten von der Dauer unter 8 Tagen ausgeführt hatten. Am 1. 1. 1906 wurde das Anschreibeverfahren auf Anregung des Verbandes Deutscher Arbeitsnachweise dahin geändert, daß die von einer kurz andauernden Beschäftigung Zurückkehrenden von neuem als „Arbeitsuchende“ gezählt werden. Diese Änderung hat vor allem in der weiblichen Abteilung, bei der die Vermittlung der an und für sich kurzfristigen Arbeit von Scheuerfrauen, Waschfrauen u. a. m. eine sehr große Rolle spielt, einschneidend gewirkt. Die Zahl der 1906 gegen 1905 gezählten Arbeitsuchenden hat sich fast verdoppelt. Richtiger ist das neuere Verfahren, weil der Umstand, daß wenig Arbeitsuchende eine bei weitem größere Zahl von Arbeiten ausgeführt haben, hinfällig wird.

Folgende Tabelle zeigt die Tätigkeit des Arbeitsnachweises vom 1. 7. 1900 bis 31. 12. 1911:

Jahr	Offene Stellen			Arbeitsuchende			Besetzte Stellen		
	männlich	weiblich	zus.	männlich	weiblich	zus.	männlich	weiblich	zus.
1900	2 055	—	2 055	3 748	—	3 748	1 844	—	1 844
1901	4 375	2 727	7 102	5 196	2 785	7 981	4 121	1 733	5 854
1902	5 825	10 697	16 522	6 430	8 155	14 585	5 209	6 838	12 047
1903	9 216	16 355	25 571	8 948	8 779	17 727	8 222	12 122	20 344
1904	9 828	19 684	29 512	11 065	9 658	20 723	9 280	14 309	23 589
1905	10 402	21 051	31 453	9 485	9 246	18 731	9 777	15 455	25 232
1906	10 912	23 678	34 590	13 892	18 131	32 023	9 947	16 429	26 376
1907	11 102	18 620	29 722	14 051	16 841	30 892	10 201	14 965	25 166
1908	8 475	15 573	24 048	13 527	16 144	29 671	8 247	13 173	21 420
1909	11 034	15 253	26 287	15 202	15 414	30 616	10 509	13 145	23 654
1910	11 540	17 907	29 447	14 192	16 491	30 683	10 654	14 621	25 275
1911	13 555	20 437	33 992	13 900	18 434	32 334	12 262	16 757	29 019
Zusammen	108 319	181 982	290 301	129 636	140 078	269 714	100 273	139 547	239 820

Wenn wir das Ergebnis getrennt nach beiden Abteilungen graphisch auftragen (s. S. 98 u. 99) und von der Entwicklung und der immer größer werdenden Anziehungskraft in den ersten zwei bis drei Jahren absehen, so bemerken wir, wie das geänderte Anschreibeverfahren nach 1906 in der weiblichen Abteilung gewirkt hat: Bis dahin haben 1903—1905 weniger Arbeitskräfte bedeutend mehr Arbeitsplätze besetzt. Nach 1906 gleicht sich das Verhältnis aus, und die Kurve der offenen und besetzten Stellen nimmt beinahe denselben regelmäßigen Verlauf wie in der männlichen Abteilung. Der Einfluß des Anschreibeverfahrens ist so groß, daß selbst bei der dritten Aufstellung, die beide Abteilungen vereinigt, weniger Arbeitsuchende mehr Stellen besetzen. Die graphische Darstellung gibt weiterhin ein Gesamtbild der Entwicklung des Nachweises und bringt besonders den Zusammenhang zwischen Arbeitsnachweis und geschäftlicher Konjunktur, der die ungelernten Arbeiter in gleicher Weise betrifft, zum Ausdruck. Sehen wir auch hier von den ersten Jahren, die ein erfreuliches Ansteigen der Tätigkeit zeigen, ab. 1905 war ein günstiges Wirtschaftsjahr, wenn es auch durch Streiks erschüttert wurde, es zeigt sich ein Ansteigen der offenen und besetzten Stellen. Die geringere Zahl der Arbeitsuchenden erklärt sich; sie fanden auch ohne Vermittlung Arbeit. Ohne Einfluß ist aber auch sicherlich nicht eine damals eingeführte Geschäftspraxis, nach der die Vormerkkarten nicht auf die Dauer von 4 Wochen nach dem Einschreibetag, sondern bis zum Ablauf des dem Tage der Einschreibung folgenden Monats gelten. 1906 ist ein Jahr höchster wirtschaftlicher Blüte. Offene und besetzte Stellen, zumal in der weiblichen Abteilung — die Zahl von 34590 offenen Stellen ist noch nicht wieder erreicht worden —, steigen. Die Kurve der Arbeitsuchenden bei dem guten Beschäftigungsgrad wäre sicher nicht in der Weise in die Höhe gegangen, wenn nicht zufällig in dem Jahre das neue Zählverfahren eingeführt worden wäre. 1907, in dem schon verschiedene Umstände lähmend auf den Geschäftsgang wirkten, zeigt in der männlichen Abteilung noch ein Ansteigen, in der weiblichen ein Sinken, das auch die Gesamtdarstellung beeinflußt. 1908 lastete ein schwerer Druck auf dem deutschen Wirtschaftsleben. Die Kurve erreicht den größten Tiefstand. Die offenen Stellen verminderten sich in der männlichen Abteilung um 23,7, in der weiblichen um 16,4 %. Sonderbarerweise hat sich auch die Zahl der Arbeitsuchenden verringert. Die Unmöglichkeit, Arbeit zu bekommen, hielt sie wahrscheinlich zurück, sich einschreiben zu lassen, und wies sie mehr wie vorher auf den Weg der Umschau. Der erfreuliche Aufschwung, der nach der Krise das Wirtschaftsleben auszeichnet, macht sich auch in unserer Darstellung geltend. 1911 erreicht der Arbeitsnachweis seinen höchsten Stand mit 29019 besetzten Stellen.

Ein gleich interessantes Bild ergibt sich, wenn man die Tätigkeit des Arbeitsnachweises nach Monaten getrennt betrachtet. Das für die männliche Abteilung seit 1901 für 11 Jahre und für die weibliche Abteilung seit 1902 für 10 Jahre für alle Monate vorliegende Material gestattet bei dem erheblichen Zeitraum Durchschnitte auszurechnen. Die Abweichungen der einzelnen Jahre gehen in diesen Durchschnittszahlen unter, sodaß diese als symptomatisch für den Arbeitsmarkt ungelernter Arbeiter gelten können. Eine Zahlendarstellung ergibt folgende Übersicht (s. S. 100—105):

Graphische Darstellung

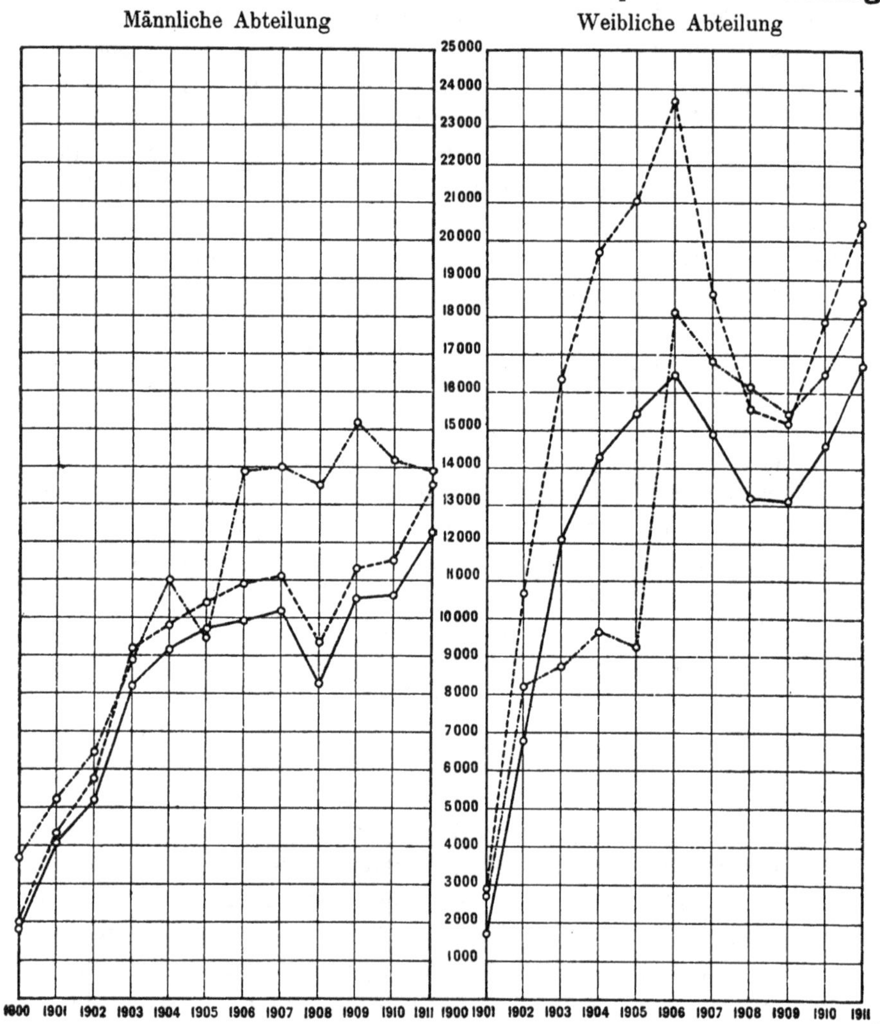

- - - - - - - - Offene Stellen.

-·-·-·-·-·-·-· Arbeitsuchende.

——————— Besetzte Stellen.

der Vermittelungstätigkeit.

Beide Abteilungen zusammen.

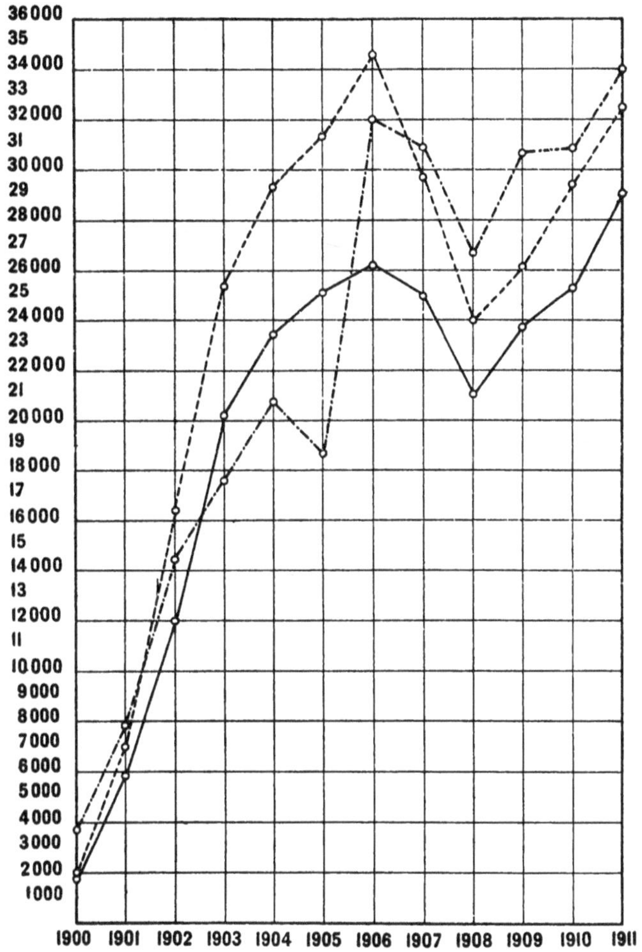

Die Ordinaten sind im halben Maßstab der Einzeldarstellungen aufgetragen.

Männliche Abteilung: Offene Stellen.

Jahr	Jan.	Febr.	März	April	Mai	Juni	Juli	Aug.	Sept.	Okt.	Nov.	Dez.	Jahres-summe	Dieselbe einschließlich der vom Vormonat übernommenen unerledigten Aufträge	Monatlich durchschnittlich übernommen
1900	—	—	—	—	—	—	215	357	432	448	315	288	2 055	—	—
1901	250	282	447	397	296	337	326	352	433	397	379	479	4 375	—	—
1902	616	238	332	531	390	531	493	441	688	696	457	512	5 825	—	—
1903	726	586	798	760	735	687	753	918	950	793	890	620	9 216	9 661	37,1
1904	567	856	837	903	774	803	808	901	840	895	808	836	9 828	10 148	26,6
1905	702	651	1009	814	893	769	879	878	1186	943	865	831	10 402	10 698	24,7
1906	693	733	1070	890	847	877	912	968	1086	1027	930	879	10 912	11 386	39,5
1907	869	713	1093	1126	945	937	884	954	1028	1137	799	617	11 102	11 539	36,4
1908	765	620	799	776	621	696	705	726	916	734	615	502	8 475	8 658	15,3
1909	1087	675	1223	995	761	1015	960	947	1020	1072	708	571	11 034	11 240	17,2
1910	839	685	1310	1039	703	796	760	1159	1172	1043	1043	991	11 540	11 878	23,1
1911	965	902	1409	1238	1219	1110	1210	1223	1230	1198	944	907	13 555	14 092	44,7
Monatsdurchschnitt von 1901 bis 1911	731,5	631,0	938,8	860,8	744,0	778,0	790,0	860,0	959,0	894,1	767,1	704,1	805,0		

Männliche Abteilung: Arbeitsuchende.

Jahr	Jan.	Febr.	März	April	Mai	Juni	Juli	Aug.	Sept.	Okt.	Nov.	Dez.	Jahres-summe	Dieselbe einschließlich der vom Vormonat übernommenen unerledigten Aufträge	Monatlich durchschnittlich übernommen
1900	—	—	—	—	—	—	626	748	809	896	341	328	3 748	—	—
1901	359	314	323	435	348	394	454	398	528	518	475	650	5 196	—	—
1902	607	263	379	659	409	531	502	429	720	541	328	1062	6 430	—	—
1903	819	538	636	724	651	678	679	763	895	920	874	771	8 948	10 776	135,7
1904	1100	806	771	900	932	978	886	962	937	1021	986	786	11 605	12 960	112,8
1905	1120	667	819	753	1028	650	722	798	720	806	756	646	9 485	10 884	116,6
1906	1374	890	1092	1052	1039	1077	1172	1213	1215	1251	1248	1269	13 892	16 207	192,7
1907	1307	1064	1019	1319	1140	1113	1225	1059	1243	1371	1200	991	14 051	15 536	123,8
1908	1362	939	1039	1180	993	976	1068	1046	1194	1433	1289	1008	13 527	15 472	162,1
1909	1603	1126	1258	1201	1034	1211	1211	1184	1274	1400	1541	1159	15 202	17 228	168,8
1910	1389	1010	1220	1330	1065	1008	1007	1195	1200	1190	1483	1095	14 192	15 923	144,2
1911	1455	1053	1113	1214	1155	1025	1094	1268	1168	1142	1195	1018	13 900	15 195	107,8
Monatsdurchschnitt von 1901 bis 1911	1133,7	787,7	874,5	978,8	890,4	876,5	910,9	937,7	1008,5	1053,9	1034,1	950,5	953,6		

Männliche Abteilung: Besetzte Stellen.

Jahr	Jan.	Febr.	März	April	Mai	Juni	Juli	Aug.	Sept.	Okt.	Nov.	Dez.	Jahressumme
1900	—	—	—	—	—	—	190	289	387	407	297	274	1 844
1901	236	254	422	367	259	317	293	352	405	363	373	480	4 121
1902	612	216	304	485	355	434	426	392	612	518	416	439	5 209
1903	661	541	671	638	640	603	672	788	850	740	722	696	8 222
1904	536	806	761	834	734	740	759	863	766	873	777	831	9 280
1905	664	620	930	772	864	719	828	854	1041	864	813	808	9 777
1906	657	656	981	807	815	744	788	874	988	912	876	859	9 947
1907	794	661	992	1038	863	833	829	848	934	1012	784	613	10 201
1908	764	567	776	762	618	658	674	707	893	713	616	499	8 247
1909	1081	618	1142	967	731	954	927	901	956	987	664	551	10 509
1910	814	627	1211	993	634	726	710	1054	1014	961	968	942	10 654
1911	931	822	1286	1155	1034	981	1051	1115	1108	1047	890	842	12 232
Monatsdurchschnitt von 1901 bis 1911	704,7	583,5	861,5	801,6	686,1	700,8	723,4	795,3	869,7	816,4	718,1	687,3	745,7

Weibliche Abteilung: Offene Stellen.

Jahr	Jan.	Febr.	März	April	Mai	Juni	Juli	Aug	Sept.	Okt.	Nov.	Dez.	Jahres-summe	Dieselbe einschließlich der vom Vormonat übernommenen unerledigten Aufträge	Monatlich durchschnittlich übernommen
1901	—	—	—	—	—	—	162	513	541	536	481	494	2 727	—	—
1902	816	995	927	889	779	811	861	933	1186	970	776	754	10 697	—	—
1903	1243	1390	1657	1298	1227	1235	1349	1508	1629	1499	1197	1118	16 355	—	—
1904	1636	1759	2229	1646	1672	1453	1629	1729	1807	1564	1362	1198	19 684	22 930	270,5
1905	1569	1821	2265	1938	1993	1594	1561	1827	1963	1609	1628	1283	21 051	24 232	265,1
1906	1638	1986	2599	2058	2122	1891	2021	2126	2217	2170	1551	1299	23 678	25 707	169,1
1907	1805	1554	2006	1793	1686	1308	1356	1458	1641	1654	1328	1031	18 620	19 763	95,3
1908	1359	1539	1665	1614	1278	1279	1128	1052	1409	1326	966	928	15 573	16 488	76,3
1909	1135	1121	1666	1475	1341	1310	1219	1143	1349	1381	1096	1017	15 253	15 987	61,2
1910	1069	1228	1822	1722	1408	1275	1486	1658	1834	1764	1337	1304	17 907	19 348	120,1
1911	1423	1591	2277	1933	2005	1607	1606	1903	1792	1585	1383	1332	20 437	22 268	152,5
Monatsdurchschnitt von 1902 bis 1911	1369,8	1498,4	1911,3	1639,6	1551,1	1376,3	1421,6	1533,7	1682,8	1552,2	1262,4	1126,4	1494,8		

Weibliche Abteilung: Arbeitsuchende.

Jahr	Jan.	Febr.	März	April	Mai	Juni	Juli	Aug.	Sept.	Okt.	Nov.	Dez.	Jahressumme	Dieselbe einschließlich der vom Vormonat übernommenen unerledigten Gesuche	Monatlich durchschnittlich übernommen
1901	—	—	—	—	—	—	260	601	599	575	453	297	2 785	—	—
1902	592	569	785	916	654	611	662	691	832	781	665	397	8 155	—	—
1903	665	655	678	816	708	777	754	826	815	920	685	480	8 779	—	—
1904	694	758	816	931	815	784	739	931	946	799	802	643	9 658	11 441	148,6
1905	789	623	828	774	993	746	684	927	849	774	794	465	9 246	11 086	70,0
1906	1284	1180	1653	1726	1663	1870	1526	1570	1697	1579	1331	1052	18 131	19 559	119,0
1907	1433	1278	1737	1637	1536	1294	1340	1322	1351	1494	1391	1028	16 841	18 152	109,3
1908	1343	1327	1476	1652	1407	1322	1374	1294	1367	1445	1274	863	16 144	17 415	105,8
1909	1117	1026	1459	1472	1273	1445	1289	1341	1360	1343	1297	902	15 414	16 803	115,8
1910	1169	1065	1538	1675	1444	1360	1377	1512	1145	1441	1350	1115	16 491	17 366	71,2
1911	1475	1227	1692	1700	1755	1409	1445	1787	1653	1604	1491	1196	18 434	19 268	69,5
Monatsdurchschnitt von 1902 bis 1911	1056,1	970,8	1266,2	1329,9	1224,8	1161,8	1119,0	1220,1	1231,5	1218,0	1108,0	823,1	1144,1		

Weibliche Abteilung: Besetzte Stellen.

Jahr	Jan.	Febr.	März	April	Mai	Juni	Juli	Aug.	Sept.	Okt.	Nov.	Dez.	Jahressumme
1901	—	—	—	—	—	—	34	267	387	410	339	296	1 733
1902	437	446	619	648	513	533	520	533	754	710	606	519	6 838
1903	819	785	1038	1035	1027	973	1010	1122	1257	1201	947	908	12 122
1904	1109	1120	1523	1307	1286	1089	1196	1220	1297	1121	1056	979	14 300
1905	1011	1017	1457	1479	1542	1265	1188	1337	1458	1331	1331	1039	15 455
1906	1154	1206	1691	1520	1561	1289	1436	1427	1588	1443	1145	969	16 429
1907	1267	1156	1674	1506	1413	1087	1098	1154	1243	1349	1131	837	14 965
1908	1100	1202	1328	1402	1101	1145	973	910	1194	1168	880	770	13 173
1909	902	862	1334	1298	1184	1139	1102	1046	1164	1215	969	980	13 145
1910	915	1002	1480	1577	1270	1098	1041	1285	1341	1380	1126	1106	14 621
1911	1122	1174	1738	1656	1702	1310	1318	1543	1485	1368	1207	1134	16 757
Monatsdurchschnitt von 1902 bis 1911	983,6	997,0	1388,2	1312,8	1259,9	1092,8	1083,2	1158,6	1273,1	1228,6	1039,8	929,1	1149,1

Eine graphische Darstellung verdeutlicht die Übersicht. Unverkennbare Höhepunkte bei der Vermittlungstätigkeit liegen bei beiden Abteilungen im März und im September. Hier haben wir es neben den allgemeinen Erscheinungen: Quartalwechsel, der beim Umzugsgeschäft männliche und weibliche Arbeitskräfte in großer Zahl benötigt, mit speziell Leipziger Verhältnissen zu tun: Die

Darstellung der Vermittelungstätigkeit im Monatsdurchschnitt.

Die wagerechten Striche deuten den Durchschnitt für 11 bezw. 10 Jahre an.

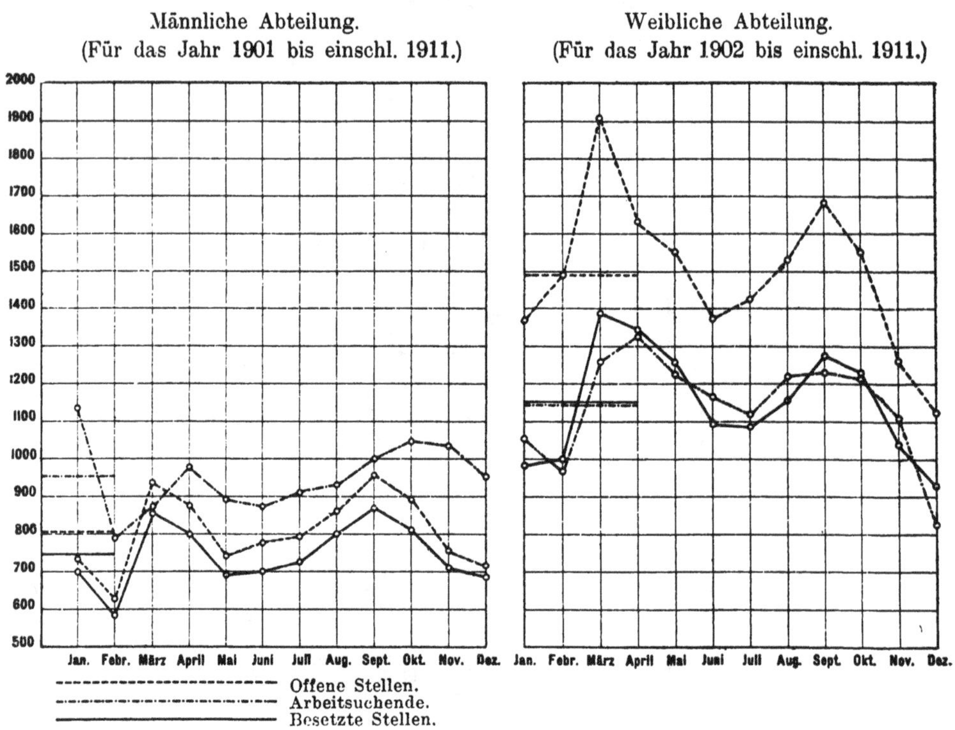

beiden Engrosmessen im Frühjahr und Herbst beanspruchen viele Arbeitskräfte. Das Wellental im Februar erklärt sich aus der Kürze des Monats. Der Tiefstand im Mai bei der männlichen, im Juni, Juli bei der weiblichen Abteilung hängt wohl damit zusammen, daß in der Zeit für geplante Arbeiten genügend Arbeitskräfte vorher beschafft sind. Bis zum September zeigt sich ein allmähliches Ansteigen, das gegen die Wintermonate hin wieder fällt. Man sollte annehmen, daß das Weihnachtsgeschäft im Dezember besondere Anforderungen stellt. Es scheint sich aber ohne Zutun des Arbeitsnachweises zu erledigen. Der größte Andrang Arbeitsuchender zeigt sich in beiden Abteilungen im Januar, im Dezember ist er besonders in der weiblichen Abteilung geringer. Das Weihnachtsfest fesselt sicher die Frauen an eigene häusliche Arbeiten. Die Höhepunkte der Arbeitsuchendenkurve im April und Oktober (bei den Frauen im September) hängt wieder mit dem Quartalwechsel zusammen. Die Arbeit war kurzfristig. Die Arbeitsuchenden werden wieder gezählt. Dazu kommen Hunderte von Schulentlassenen, die — eine bedauernswerte Tatsache —, um sofort zu verdienen, ungelernte Arbeit suchen. Eine Lehrstellenvermittlung, die der Verein einmal eingerichtet hat, ging wegen Mangel an Beteiligung wieder ein.

Noch krasser als in der ersten allgemeinen Jahresübersicht tritt in dieser Darstellung der monatlichen Tätigkeit das Mißverhältnis zwischen offenen Stellen und Bewerberinnen bei der weiblichen Abteilung hervor. Im März und September wird das meiste Personal für häusliche Dienste verlangt. Auf ihr Konto und auf das der Aufwartungen, die auch nur schwer zu beschaffen sind, entfallen die großen Unterschiede. Restlos alle Bestellungen zu erfüllen, wird nie einem Arbeitsnachweis gelingen. Selbst wenn Arbeitsuchende bereit sind, wenig verlockenden Angeboten Folge zu leisten, scheitert das Zustandekommen des Arbeitsvertrages doch noch sehr oft an den besonderen Bedingungen.

Auf die Frage der Vermittlung nach Berufsarten im Rahmen der heutigen Satzung bei beiden Abteilungen gibt die folgende Tabelle (S. 108) Auskunft.

Hierzu sei bemerkt, daß gelernte Arbeiter, abgesehen von Maschinisten und Brauern, nur dann eingeschrieben werden, wenn offene Stellen gemeldet sind.

Von ganz besonderem Interesse ist eine Übersicht der Vermittlung von Fabrik- und gewerblichen Arbeiterinnen, deren Aufstellung nach den Jahresberichten von 1903 ab möglich ist. Vorher hat sie sowieso keine bedeutende Rolle gespielt (s. S. 109). Bekanntlich will die Industrie von paritätischen Arbeitsnachweisen nichts wissen. Sie hat ihre eigenen Arbeitsnachweise errichtet, die Kessler in der oben genannten Untersuchung kritisch beleuchtet hat. Die Mehrzahl der Arbeitgebernachweise vermittelt überhaupt nicht Arbeit, sondern beschränkt sich darauf, die Einstellungen zu kon-

Vermittlung nach Berufsarten: Männliche Abteilung.

Berufsgruppe	1900	1901	1902	1903	1904	1905	1906	1907	1908	1909	1910	1911
1. Fabrik- und Handarbeiter	1076	2148	2475	4275	5019	5782	6133	6650	5277	6939	6758 [1])	8785 [1])
2. Kontor-, Lauf- und Arbeitsburschen	310	1140	1509	2206	2506	2190	2177	1979	1610	2020	2295	1806
3. Markthelfer	184	281	366	670	782	910	819	769	701	877	895	1032
4. Diener und Hausburschen	129	274	178	254	272	200	252	251	182	156	177	183
5. Kutscher und Geschirrführer . . .	—	—	223	238	222	205	177	155	124	101	106	91
6. Schreiber	84	77	70	78	63	55	58	63	36	38	27	20
7. Landwirtschaftliche Arbeiter . . .	—	97	72	66	73	105	64	74	121	77	62	31
8. Gelernte Arbeiter	61	104	316	435	340	298	254	260	193	241	317 [2])	302 [2])
9. Heizer und Maschinisten [3])	—	—	—	—	3	32	13	13	3	10	17	7
Zusammen	1814	4121	5209	8222	9280	9777	9947	10 201	8247	10 509	10 654	12 262

Weibliche Abteilung.

Berufsgruppe	1901	1902	1903	1904	1905	1906	1907	1908	1909	1910	1911
1. Haus- und Küchenpersonal . . .	898	2184	1 871	1 379	1 115	813	483	388	323	569	1 144
2. Scheuerfrauen } Hilfspersonal im Haushalt	416	2471	3 417	3 848	4 500	5 759	5 619	4 855	5 117	6 027	6 983
3. Waschfrauen } Hilfspersonal im Haushalt			1 918	3 461	3 832	3 983	4 021	3 435	3 309	3 579	4 317
4. Aufwartungen	204	471	1 370	1 143	1 343	1 500	1 070	1 269	1 173	1 103	957
5. Näherinnen und Plätterinnen . .				322	321	243	84	128	99	126	108
6. Stützen und Kinderfräulein . . .	—	—	110	129	78	110	47	35	18	13	35
7. Hotel- und Gastwirtschaftspersonal	—	545	711	1 011	1 314	1 099	1 324	932	913	979	1 051
8. Verkäuferinnen und Kontoristinnen	5	82	47	31	31	26	15	7	14	3	2
9. Fabrik- u. gewerbliche Arbeiterinnen	210	1076	2 574	2 912	2 785	2 829	2 230	2 054	2 071	2 108	2 121
10. Landwirtschaftliche Arbeiterinnen .	—	59	104	73	136	71	72	70	108	114	39
Zusammen	1733	6338	12 122	14 309	15 455	16 429	14 965	13 173	13 145	14 621	16 757

[1]) Darunter 1910 1132 Bau- und Erdarbeiter, 429 Fabrikarbeiter, 5197 Handarbeiter; 1911 1310 Bau- und Erdarbeiter, 485 Fabrikarbeiter, 6990 Handarbeiter.

[2]) Darunter 1910 29 Brauer, 1911 88 Brauer.

[3]) Ab 1. 10. 1904.

Vermittlung von Fabrik- und gewerblichen Arbeiterinnen.

Geordnet nach Industrien.

Art der Industrie	1903			1904			1905			1906			1907		
	Es wurden verlangt a	eingeschrieben b	vermittelt c	a	b	c	a	b	c	a	b	c	a	b	c
1. Metallindustrie	—	—	325	—	—	505	398	465	351	552	243	344	297	223	237
2. Chemische Industrie	—	—	112	—	—	279	306	189	234	492	218	305	327	238	255
3. Textilindustrie	—	—	31	—	—	65	122	183	93	133	128	90	53	121	42
4. Papierindustrie	—	—	403	—	—	493	681	387	477	753	450	454	524	592	397
5. Holzindustrie	—	—	33	—	—	90	103	82	59	180	132	104	111	78	70
6. Industrie der Nahrungs- u. Genußmittel	—	—	222	—	—	348	370	261	299	425	429	244	366	243	305
7. Bekleidungs- und Reinigungsindustrie	—	—	326	—	—	357	469	292	359	575	378	339	376	385	286
8. Polygraphische Gewerbe	—	—	469	—	—	639	945	856	776	1320	865	706	783	748	549
9. Verschiedene Industrien	—	—	53	—	—	137	215	—	137	329	29	243	103	—	89
Zusammen	—	—	1974	—	—	2913	3609	2715	2785	4759	2872	2829	2940	2628	2230

Art der Industrie	1908			1909			1910			1911		
	a	b	c	a	b	c	a	b	c	a	b	c
1. Metallindustrie	154	210	130	174	115	124	303	177	236	222	156	168
2. Chemische Industrie	249	238	217	235	158	180	235	190	165	275	186	211
3. Textilindustrie	85	163	78	40	114	33	44	97	39	54	88	47
4. Papierindustrie	469	631	372	612	650	480	608	586	479	498	579	422
5. Holzindustrie	55	72	47	56	59	41	69	56	49	79	79	65
6. Industrie der Nahrungs- u. Genußmittel	344	247	321	357	180	334	285	200	251	457	201	407
7. Bekleidungs- und Reinigungsindustrie	346	344	233	366	298	286	275	244	224	193	240	155
8. Polygraphische Gewerbe	687	765	507	675	720	494	741	610	543	627	635	449
9. Verschiedene Industrien	117	—	99	121	—	99	159	—	122	235	—	197
Zusammen	2506	2670	2054	2636	2294	2071	2724	2160	2108	2640	2164	2121

a = verlangt, b = eingeschrieben, c = vermittelt.

Vermittlung nach auswärts.

Monat	1904				1905				1906				1907			
	Männliche Arbeitskräfte		Weibliche Arbeitskräfte		Männliche Arbeitskräfte		Weibliche Arbeitskräfte		Männliche Arbeitskräfte		Weibliche Arbeitskräfte		Männliche Arbeitskräfte		Weibliche Arbeitskräfte	
	verlangt	vermittelt	verlangt	vermittelt	verlangt	vermittelt	verlangt	vermittelt	verlangt	vermittelt	verlangt	vermittelt	verlangt	vermittelt	verlangt	vermittelt
Januar	27	18	27	1	16	10	22	1	20	17	36	2	27	23	27	1
Februar	42	27	35	1	27	18	24	1	30	21	48	—	59	54	14	1
März	32	26	48	1	37	37	46	2	43	23	56	1	41	31	19	3
April	44	40	25	6	33	30	43	—	27	27	36	2	27	21	19	—
Mai	65	58	39	9	81	80	40	2	72	66	42	1	57	45	20	1
Juni	37	35	44	9	51	47	25	4	56	42	39	7	43	35	11	—
Juli	56	45	40	12	46	37	32	5	78	50	49	3	52	51	16	—
August	37	33	50	3	67	66	43	—	42	50	34	1	48	47	21	2
September	72	67	48	1	59	48	45	—	43	41	36	—	54	51	15	1
Oktober	64	62	23	11	44	45	41	5	42	38	41	2	90	83	18	10
November	129	129	21	1	103	101	47	4	129	116	14	2	122	122	11	3
Dezember	75	76	11	1	37	35	8	3	123	130	10	—	31	28	2	—
Zusammen	680	621	411	56	601	554	416	27	705	606	441	21	651	591	193	22

Monat	1908				1909				1910				1911			
	Männliche Arbeitskräfte		Weibliche Arbeitskräfte		Männliche Arbeitskräfte		Weibliche Arbeitskräfte		Männliche Arbeitskräfte		Weibliche Arbeitskräfte		Männliche Arbeitskräfte		Weibliche Arbeitskräfte	
	verlangt	vermittelt	verlangt	vermittelt	verlangt	vermittelt	verlangt	vermittelt	verlangt	vermittelt	verlangt	vermittelt	verlangt	vermittelt	verlangt	vermittelt
Januar	14	10	18	5	15	13	6	1	12	11	5	—	7	5	—	—
Februar	41	38	18	2	17	17	8	2	17	17	6	1	13	7	—	—
März	26	21	15	2	10	8	6	2	23	20	4	—	28	22	—	—
April	38	38	13	3	39	34	9	1	21	21	8	1	11	6	—	—
Mai	17	14	9	4	21	24	6	—	21	17	6	—	26	24	—	—
Juni	23	20	11	1	32	25	18	2	38	36	16	2	33	21	4	4
Juli	51	53	23	6	22	17	12	1	34	28	1	—	38	19	2	1
August	68	68	11	5	69	64	5	—	56	44	1	1	31	26	—	—
September	39	33	13	2	28	25	7	1	32	26	21	15	25	30	2	3
Oktober	34	31	4	1	42	40	4	—	48	44	5	2	38	39	—	—
November	14	13	5	3	36	35	3	—	23	21	—	2	71	68	—	—
Dezember	5	4	6	—	44	43	45	32	47	44	—	—	16	15	9	7

trollieren (a. a. O. S. 132 ff.). Zur Vermittlung von Arbeiterinnen, bei denen eine gleich scharfe Kontrolle wohl nicht nötig ist, werden die öffentlichen Arbeitsnachweise gern benutzt. In jedem Jahre ist die Nachfrage nach Arbeiterinnen größer als das Angebot; besonders stark war sie bei der Hochkonjunktur des Jahres 1906. Ein im Jahre 1907 anderweitig errichteter paritätischer Arbeitsnachweis für das Hilfspersonal in der Buch- und Steindruckerei hat die Vermittlung nur wenig beeinflussen können.

Eine Übersicht der Vermittlungen nach auswärts vom Jahre 1904 ab zeigt (s. S. 110), daß dieser Zweig der Tätigkeit noch durchaus leistungsfähiger zu gestalten ist. Bei größeren Angeboten offener Stellen, z. B. in den Jahren 1905, 1906 und 1907, sind entsprechend viele Vermittlungen zustande gekommen. Die ledigen Arbeitslosen entschließen sich leicht, wenn sie die Unmöglichkeit einsehen, in der Großstadt Arbeit zu bekommen, nach auswärts zu gehen. Die Fahrpreisermäßigung, $1^1/_2$ statt 2 Pf. für den Kilometer bei Entfernungen über 25 km, die heute auf allen Staatsbahnen den durch öffentliche Arbeitsnachweise Vermittelten zusteht, erleichtert es, von dem Überangebot in den Großstädten dem flachen Land Arbeitskräfte zuzuführen. Landwirtschaftliche Arbeiter und Arbeiterinnen — 1910 wurden 40, 1909 78, 1908 129 vermittelt —, gelernte sowie Fabrik- und Handarbeiter werden in starkem Maße verlangt. Zu wünschen ist, daß in absehbarer Zeit in Sachsen eine planmäßige zwischenörtliche Vermittlung, die heute noch aus dem Tätigkeitsbereich des Landesverbandes der Arbeitsnachweise ausgeschlossen ist, eingeführt wird. Auch die Statistik aller vorhandenen Arbeitsnachweise muß an einer Zentralstelle zusammenlaufen, um den Arbeitsmarkt des Königsreichs einigermaßen überblicken zu können.

Eine Übersicht der Gesamttätigkeit des Leipziger Arbeitsnachweises nach anderen Gesichtspunkten ergibt folgendes Bild:

Jahr	Tabelle 1 Beschäftigung fanden von allen Arbeitsuchenden in %		Tabelle 2 Von allen offenen Stellen wurden besetzt in %		Tabelle 3 Auf 100 offene Stellen kamen Arbeitsuchende		Tabelle 4 Auf 100 Arbeitsuchende kamen besetzte Stellen	
	männl.	weibl.	männl.	weibl	männl.	weibl.	männl.	weibl.
1900	49	—	89	—	180	—	56,3	—
1901	79	62	94	64	118,9	102,1	80,6	62,5
1902	81	84	89	64	110,3	76,2	85,5	83,8
1903	92	138	89	74	97	54	91,9	138,1
1904	84	148	95	73	113	49	71,6	125,5
1905	103	167	94	73	91,2	43,4	89,8	139,5
1906	72	91	91	69	91,6	82,5	71,6	90,6
1907	73	97,5	92	80	126,5	90.4	79,7	89,4
1908	61	82	97	82	159,6	159,4	60,9	81,6
1909	68	81	95	86	137,6	103	69,1	85,3
1910	75	89	92	81	122.9	92.1	74,4	88,6
1911	89	91	91	82	102,5	90,2	82,2	90,9

In diesen Zahlen spiegelt sich auch durchaus der Einfluß des Anschreibeverfahrens. Die kurzfristige Arbeit der Wasch- und Scheuerfrauen bedingt, daß die einzelnen Arbeitsuchenden im Laufe der Zeit an verschiedenen Arbeitsstätten tätig sind. Solange monatliche Einschreibefrist galt — bis 1906 —, hält sich, zumal in der weiblichen Abteilung in Tabelle 1, der Prozentsatz der Beschäftigten stets über 100. Nach 1906, als die Arbeitsuchenden immer wieder neu gezählt wurden, ergibt sich ein richtigeres Bild. Der sich fast immer unter 80 bewegende Prozentsatz der männlichen Arbeitsuchenden, die ohne Beschäftigung bleiben, beweist, wie viele Arbeitsuchende in der Großstadt trotz der sich bietenden mannigfaltigen Aushilfsarbeiten keine Gelegenheit finden, ihre Kräfte nutzbringend zu verwerten. Tabelle 2 läßt den Zusammenhang zwischen Konjunktur und Arbeitsnachweistätigkeit wieder deutlich erkennen. Es wird nie einem Arbeitsnachweis gelingen, alle Wünsche der Arbeitgeber zu befriedigen, aber daß 1906 bei der wirtschaftlichen Blüte nur 91 % aller offenen Stellen, 1908 bei der flauen Geschäftslage dagegen 97 % besetzt wurden, zeigt, wie die Arbeiter bei Hochkonjunktur durchaus nicht geneigt sind, jede Arbeit anzunehmen. Es winkt ihnen genug Beschäftigung. In schlechten Zeiten hingegen sind sie weniger wählerisch, nur um ihr Brot zu verdienen. Der geringe Prozentsatz der besetzten Stellen in der weiblichen Abteilung 1906 erklärt sich aus der besonders starken Nachfrage nach Industriearbeiterinnen. Die Tabelle 3 beweist einerseits, wie auch schon aus den früheren Ergebnissen hervorgeht, daß in den männlichen Abteilungen stets mehr Arbeitsuchende als offene Stellen vorhanden sind, während in der weiblichen Abteilung die offenen Stellen bei weitem überwiegen, und andererseits, wie wenig bei Hochkonjunktur die Arbeitsuchenden den Arbeitsnachweis frequentieren. Sie finden, solange der Arbeitsnachweis noch nicht Allgemeingut ist, Beschäftigung auch ohne Vermittlung. 1906 kommen nur 91 Arbeitslose auf 100 offene Stellen, 1908 hingegen fast 160. Die weibliche Ziffer von 1908 zeigt, wie in schlechten Zeiten die Frauen auf Mitverdienst angewiesen sind. 1911 war die Nachfrage nach jugendlichen Arbeitern, Laufburschen usw. besonders groß. Die Tabelle 4 läßt schließlich erkennen, wie der Arbeitsnachweis sich zur Arbeiterbeschaffung immer mehr eingebürgert hat.

Stellen wir endlich noch einen Vergleich mit den anderen Arbeitsnachweisen Leipzigs an. Er läßt sich nach den im Reichsarbeitsblatt genannten Zahlen wie folgt durchführen (s. S. 114):

Diese nachstehende Übersicht zeigt, daß der Verein für Arbeitsnachweis in den betrachteten Jahren ziffernmäßig durchweg die meisten Vermittlungen zustande gebracht hat. Die in Spalte 2 genannten Einrichtungen umfassen in der Hauptsache den schon seit langer Zeit bestehenden Facharbeitsnachweis der Buchdrucker und den des Hilfspersonals des graphischen Gewerbes sowie kleinere gemeinsam verwaltete Vermittlungsstellen der Glaser und Dachdecker. Des näheren soll auf die Zahlen nicht eingegangen werden. Solange nicht bindende behördliche Vorschriften für die Arbeitsmarktstatistiken bestehen und solange die Tätigkeit der einseitigen Nachweise sich unter dem Ausschluß der Öffentlichkeit vollzieht, haben weitere Schlüsse sehr viel Fehlerhaftes, wie die gelegentlichen Vergleichsbetrachtungen schon zeigen konnten. Anzustreben ist eine Individualstatistik. Heute können die einzelnen Arbeitsuchenden an den verschiedensten Stellen gezählt werden. Besonders auffällig erscheint die hohe Zahl der Arbeitsuchenden bei den Arbeitnehmernachweisen. Selbst wenn man sich des Vorwurfs tendenziöser Zählung enthalten will, kann man sie nur verstehen, wenn man viele Doppelzählungen bei verschiedenen Gewerkschaften annimmt und einen Teil auf das Konto der sich verändern Wollenden schreibt. Die Vermittlungszahl der Arbeitgebernachweise, die, wie erwähnt, nur zum Teil direkte Arbeitervermittlung pflegen, ist besonders vor-

Die Tätigkeit des Vereins für Arbeitsnachweis im Vergleich zu den anderen Nachweisen Leipzigs in den Jahren 1908 bis 1911. (Nach dem Reichsarbeitsblatt.)

		1908					1909				
		Verein für A.-N. A.	Paritätische u. sonstige A.-N. B.	A.-N. der Arbeitgeber C.	A.-N. der Arbeitnehmer D.	Zusammen	Verein für A.-N. A.	Paritätische u. sonstige A.-N. B.	A.-N. der Arbeitgeber C.	A.-N. der Arbeitnehmer D.	Zusammen
Arbeitsuchende	männl.	13 527	6 658	20 790	34 057	75 032	15 202	8 190	17 524	32 005	72 921
	weibl.	16 144	1 179	—	946	18 269	15 414	1 292	—	512	17 218
Offene Stellen	männl.	8 475	2 727	15 026	7 569	33 797	11 034	3 458	9 585	8 954	33 031
	weibl.	15 573	1 159	—	644	17 376	15 253	1 557	—	453	17 263
Besetzte Stellen	männl.	8 247	2 444	14 767	6 571	32 029	10 509	3 096	9 381	7 661	30 647
	weibl.	13 173	594	—	400	14 167	13 145	632	—	309	14 086

		1910					1911				
		Verein für A.-N. A.	Paritätische u. sonstige A.-N. B.	A.-N. der Arbeitgeber C.	A.-N. der Arbeitnehmer D.	Zusammen	Verein für A.-N. A.	Paritätische u. sonstige A.-N. B.	A.-N. der Arbeitgeber C.	A.-N. der Arbeitnehmer D.	Zusammen
Arbeitsuchende	männl.	14 192	8 712	18 262	33 977	75 143	13 900	5 219	30 611	19 764	61 494
	weibl.	16 491	1 521	—	1 736	19 748	18 434	984	—	600	20 018
Offene Stellen	männl.	11 540	4 676	10 146	12 576	38 938	13 555	3 678	24 869	12 879	54 981
	weibl.	17 907	2 036	—	1 521	21 464	20 437	1 459	—	542	22 438
Besetzte Stellen	männl.	10 654	3 225	9 917	9 488	33 284	12 262	3 341	24 775	10 991	51 369
	weibl.	14 621	787	—	853	16 241	16 757	650	—	458	17 865

sichtig zu betrachten. Für den Arbeitsmarkt des weiblichen Geschlechtes spielen die Nachweise überhaupt keine Rolle. Neben den wirklich vermittelten sind die eingestellten Arbeiter, d. h. diejenigen, die selbst ihre Kräfte anboten, vor der Einstellung aber nach den Kontrollbestimmungen ihre Papiere auf dem Arbeitsnachweis vorzuzeigen hatten, zu unterscheiden. Wäre es möglich, ihre Zahl zu nennen, würde sich ergeben ein wie geringer Teil der Vermittlungen als durch Hilfe der A. H. abgeschlossenen Arbeitsverträge anzusehen ist. Vgl. Keßler a. a. O. S. 67 ff. u. 78. Die für 1911 besonders hohe Zahl hängt sicher mit dem Metallarbeiterstreik im Sommer 1910 zusammen.

Die vorstehende Untersuchung könnte ein noch viel besseres Aussehen haben, wenn der Leipziger paritätische Arbeitsnachweis ein allgemeiner wäre, d. h. wenn für alle Berufszweige vermittelt würde. Die heutigen Innungsnachweise könnten in Form von Facharbeitsnachweisen angegliedert werden, ähnlich dem geplanten gastwirtschaftlichen Nachweis. Die Vermittlung durch einen Fachmann, die so oft gewünscht wird, ließe sich durchführen, wenn die eigentliche Vermittlung auf wenige Tagesstunden beschränkt würde, während die Annahme offener Stellen und die Anmeldungen Arbeitsuchender unter Abgabe der Zeugnisse den ganzen Tag hindurch vor sich gehen könnten. Für die angesetzte Vermittlungszeit müßte der Sprechmeister der Innung oder ein anderer Vertrauensmann anwesend sein. Hoffentlich ist die Zeit nicht mehr fern, in der die Innungen einsehen, daß in einem großen zentralisierten paritätischen Arbeitsnachweis ihre Interessen ebensogut fachmännisch vertreten werden können, als in den vielen kleinen, unsrer Zeit zum Teil nicht mehr entsprechenden Einrichtungen, daß den eigenen und den Interessen der Gesamtheit mehr gedient ist, wenn an einer Stelle alle Angebote und Nachfragen zusammenlaufen. Schwieriger liegt die Frage des Aufgehens der Arbeitgeber- und Arbeitnehmernachweise in die öffentlichen Arbeitsnachweise. Hier glauben beide Parteien unter allen Umständen ihre eigenen Einrichtungen zur Vertretung und Durchführung ihrer Interessen aufrechterhalten zu müssen. Die Arbeiter, die mit ihren Nachweisen die Tariffrage verquicken — auch sie kann von öffentlichen Nachweisstellen berücksichtigt werden —, sind eher wie die Arbeitgeber, die behaupten, „Herr in ihrem Betriebe bleiben zu müssen", zum Aufgeben ihrer Einrichtung geneigt. Von der immer tieferen Durchdringung mit sozialem Geist und von der Gesetzgebung ist zu erhoffen, daß das Ziel der Vereinigung gelingen wird, oder daß zum mindesten staatliche Einrichtungen geschaffen werden — Landesarbeitsämter mit einem Reichsarbeitsamt an der Spitze (vgl. Nr. 2 15. Jahrg. „Der Arbeitsmarkt") —, die die Organisation des Arbeitsmarktes zu fördern, die genaue Durchführung einer einheitlichen Statistik und den Geschäftsbetrieb aller Arbeitsnachweise zu überwachen haben würden. Einen erfreulichen Fortschritt enthält das Reichsstellenvermittlergesetz v. 2. 6. 1910, indem es neben dem Ziel, die gewerbsmäßige Stellenvermittlung zu regeln, einmal den öffentlichen Arbeitsnachweisen eine öffentlich rechtliche Stellung einräumt, und von ihrem Bestehen in ausreichendem Umfang Neukonzessionierungen abhängig macht und zum anderen, indem es in § 15 den Landeszentralbehörden das Recht gibt, für nicht gewerbsmäßig betriebene Stellen oder Arbeitsnachweise Bestimmungen über den Umfang der Befugnisse und Verpflichtungen sowie den Betrieb dieser Nachweise zu erlassen. Bis heute haben Bayern und Baden davon Gebrauch gemacht.

Diese Untersuchung möge ihren Abschluß finden mit den Wünschen, die Stieda einst in einem Jahresbericht ausgesprochen hat: „Das Bestreben, die Arbeitsvermittlung aus einseitig gehandhabten oder von Unberufenen geführten Nachweisen in die reinere Sphäre der Unparteilichkeit, frei von allen Erwerbsinteressen oder sonstigen Rücksichten, gehoben zu sehen, ist von zu durchschlagender Gewalt, als daß es ergebnislos im Sande versickern könnte. Die Unentgeltlichkeit der Vermittlung, die Möglichkeit des Austausches von Arbeitskräften zwischen Stadt und Land, die prompte Unterbringung der zeitweilig arbeitslos Gewordenen, die Vermittlung ohne jeden Beigeschmack eines Berufs-, Standes- oder Erwerbsinteresses sind zu packende Errungenschaften, als daß sie nicht schließlich allen einleuchten möchten".

Der Abbé Galiani als Nationalökonom, Politiker und Philosoph nach seinem Briefwechsel.

Von **Wilh. Eduard Biermann.**

„Der Abbé Galiani trat ein und mit diesem herzigen Abbé die Fröhlichkeit, die Phantasie, der Geist, die Schalkheit, der Scherz, kurz alles, was uns die Mühseligkeiten des Lebens vergessen läßt." So sprach einst Diderot[1]) von dem kleinen neapolitanischen Abbé, der als Gesandtschaftssekretär in Paris in den Salons des ancien régime eine tonangebende Rolle gespielt hatte. Der Urenkel Schillers, der kürzlich eine hübsche Ausgabe ausgewählter Briefe und Dialoge Galianis veröffentlicht hat, Alexander von Gleichen-Rußwurm,[2]) nennt ihn den berühmtesten unter allen berühmten Plauderern des philosophischen Paris, nachdem sich Voltaire grollend und ängstlich in die Schweiz zurückgezogen habe. Und ein moderner Nationalökonom, Lujo Brentano,[3]) hat ihn als den glänzendsten unter allen Nationalökonomen gepriesen. Dieser kapriziöse, kleine Abbé, der mit lässiger Grazie und tändelndem Spott die schwierigsten Probleme zu lösen pflegte, ist in letzter Zeit auch einem größeren Publikum zugänglich gemacht worden. So hat der verdienstvolle Galiani-Forscher, der neapolitanische Archivar Fausto Nicolini, eine Anthologie aus gedruckten und ungedruckten Schriften Galianis veröffentlicht[4]), und ich erwähnte bereits die Ausgabe v. Gleichen-Rußwurms im „hortus deliciarum".

---

[1]) „L'abbé Galiani entra et avec le gentil abbé la gaieté, l'imagination, l'esprit, la folie, la plaisanterie, tout ce qui fait oublier les peines de la vie." Vgl. Diderot à Mademoiselle Volland. Edit. Assezat & Tourneux, t. XIX, p. 37; Deutsch nach v. Gleichen-Rußwurm, Die Briefe und die Dialoge des Abbé Galiani, 1907, p. 342.

[2]) Alex. v. Gleichen-Rußwurm, Die Briefe und die Dialoge des Abbé Galiani, Berlin 1907 („Hortus deliciarum"), p. 336.

[3]) Lujo Brentano, Die Entwicklung der Wertlehre, München 1908, p. 30/31.

[4]) Fausto Nicolini, Il Pensiero dell' Abbate Galiani, Antologia di tutti i suoi scritti, Bari 1909 („Biblioteca di Cultura moderna" Nr. 29). Vgl. dazu die Besprechung von K. Voßler, Deutsche Literaturzeitung. 1909, Nr. 13, Sp. 812/3.

Wenn ich im folgenden dem geistvollen Abbé eine Betrachtung widmen will, so kann es nicht meine Absicht sein, ihm seine Stellung in der Geschichte der Nationalökonomie erst einmal anweisen zu wollen. Sie steht längst fest bei aller Verschiedenheit des Urteils, und sie ist begründet worden durch seine zwei Hauptwerke: durch seine Jugendschrift über das Geld und durch seine berühmten Dialoge über den Getreidehandel. In dem ersteren Werke „Della moneta" hat Galiani im jugendlichen Alter von kaum 23 Jahren im Jahre 1751[1]) eine subjektive Wertlehre gegeben, die nach Brentanos Urteil[2]) nur wenig Verbesserungen nötig hat, um vortrefflich zu sein; eine Wertlehre, die durchaus psychologisch und modern ist,[3]) und man begreift es, daß man wiederholt an der Verfasserschaft Galianis — der klassischen Abhandlung gegenüber, die zuerst anonym erschien — gezweifelt hat, weil man sich nicht denken konnte, daß ein jugendlicher Anfänger eine so ausgezeichnete Arbeit zu veröffentlichen in der Lage sei. Die Frage der Verfasserschaft ist jetzt nach den Forschungen Nicolinis[4]) in den Galianischen Handschriften, die in der Bibliothek der neapolitanischen Gesellschaft für vaterländische Geschichte aufbewahrt werden, zugunsten Galianis entschieden. Namentlich geht sie aus einem wertvollen Bündel von eigenhändigen und nicht veröffentlichten Briefen des Nationalökonomen Intieri an unseren Ferdinando Galiani und seinen Onkel Celestino Galiani hervor.[5])

---

[1]) Das Titelblatt der ersten Ausgabe trägt allerdings das Datum 1750, jedoch ein Blick auf die Lizenzen für die Veröffentlichung genügt, um zur Überzeugung zu kommen, daß das Werk erst im September 1751 in den Handel gebracht werden konnte. Dieses wird auch durch Briefe bewiesen. Cf. Nicolini, Interno a Ferdinando Galiani, a proposito d'una publicazione recente, Giornale storico della Letteratura Italiana, Vol. LII, Torino 1908, p. 2 Note 1.

[2]) Brentano, l. c. p. 31; vgl. auch Kaulla, Die geschichtliche Entwicklung der modernen Werttheorien, Tübingen 1906, p. 114 ff. und Oncken, Geschichte der Nationalökonomie, Leipzig 1902, Bd. I, p. 238. Beide führen, wie die meisten Biographen, fälschlicherweise das Jahr 1750 als Erscheinungsjahr an.

[3]) Wilh. Weigand, Der Abbé Galiani p. LXXV, Einleitung zu „Die Briefe des Abbé Galiani, aus dem Französischen übertragen von Heinrich Conrad. Erster Band, München und Leipzig 1907.

[4]) F. Nicolini, I Manoscritti dell' Abbate Galiani, Archivio Storico per le Province Napoletane, Anno XXXIII, Fasc. I, Napoli 1908, p. 171 ff.; vgl. auch desselben Verfassers bereits erwähnte Arbeit in Giornale Storico l. c., p. 3 ff. und seinen auch bereits zitierten „Pensiero . . ." l. c., p. 407.

[5]) cf. Nicolini, Giornale l. c. p. 4.

Das zweite Hauptwerk, die Dialoge über den Getreidehandel, vom Jahre 1770 (manche glauben auch den Nachweis erbringen zu können, daß es vom Jahre 1769 stammt)[1]) ist mit Recht von einem der hervorragendsten Geschichtsschreiber der Getreidehandelspolitik früherer Zeiten, von Naudé, neben Roschers „Kornhandel und Teuerungspolitik" gestellt worden. Naudé meint[2]), in einer meisterhaften Dialogform, von den Schöngeistern des 18. Jahrhunderts überschwenglich bewundert, sei es ein sehr merkwürdiges Zeugnis dafür, wie sehr dieser Sohn des 18. Jahrhunderts seiner Zeit vorangeeilt sei; er sei, wie nur irgendein Jünger des 19. Jahrhunderts, ein historisch denkender Kopf, wenn er in geistvollen Betrachtungen die Getreidehandelspolitik der verschiedensten Völker bespreche, so kehre der eine Gedanke stets wieder, daß sich für den Getreidehandel und seine Einrichtungen kein Universalgesetz finden lasse, daß man a priori weder für Beschränkung noch für Freiheit des Getreidehandels schwärmen dürfe, und daß, was einer Zeit widersinnig erscheine, in einer früheren sehr weise und vernünftig habe sein können. Schon Voltaire schrieb über die Dialoge am 10. Januar 1770 an Diderot: „Es scheint mir, daß Plato und Molière sich vereinigt haben, um dieses Werk zu verfassen".[3])

Und selbst ein Gegner Galianis, der freilich auch von ihm hochgeschätzte Physiokrat Turgot, hat sich voll Begeisterung über die Dialoge geäußert, wenn er auch ihren Inhalt nicht billigen konnte. Er schrieb an den Abbé Morellet, der später eine Widerlegung der Dialoge versuchte: „On ne peut soutenir une bien mauvaise cause avec plus d'esprit, plus de grâce, plus d'adresse, de bonne

---

[1]) So datiert Afanassiev, Le Commerce des Céréales en France au dixhuitième siècle, Paris 1894, p. 237 note 1 die Dialoge von 1769, indem er sich darauf beruft, daß Turgot schon am 17. Januar 1770 an Morellet über das Buch geschrieben habe, und darum müsse es doch schon Ende 1769 erschienen sein.

[2]) W. Naudé, Deutsche städtische Getreidehandelspolitik vom 15, bis 17. Jahrhundert, Leipzig 1889 (Staats- und sozialwissenschaftliche Forschungen VIII, 5), p. 2ff.

[3]) Il me semble que Platon et Molière se soient réunis pour composer cet ouvrage. Je n'en ai encore lu que les deux tiers, j'attends le dénouement de la pièce avec une grande impatience. On n'a jamais raisonné ni mieux, ni plus plaisamment. Oh! le plaisant livre, le charmant livre que les „Dialogues". Diesen Brief erklärte F. Brunetière für apokryph. (l'abbé Galiani in Revue de deux mondes, 1881, p. 924ff.), für die Echtheit tritt energisch Nicolini ein, Giornale Storico l. c., p. 10.

plaisanterie, de finesse même et de discussion dans les détails. Un tel livre, écrit avec cette élégance, cette légéreté de ton, cette propriété et cette originalité d'expression, et par un étranger, et un phénomène peut-être unique".[1])

Neuere Autoren, die über Galiani im Zusammenhange mit der französischen Getreidehandelspolitik des ancien régime geschrieben haben, preisen ebenfalls seine Schriftstellereigenschaften; so spricht der Russe Afanassiev in seinem umfangreichen Werk über den Getreidehandel Frankreichs im 18. Jahrhundert von „d'une plume légère et brillante,"[2]) und Gaudemet meint in seiner Monographie über unseren Abbé,[3]) daß er „présenta légérement des idées sérieuses, et parce qu'il tint cette gageure, d'écrire, á propos du commerce des blés, un livre vif d'allures, franc de style, charmant de fantaisie et d'ironie fine comme un roman de Voltaire, il a porté devant la postérité la peine d'avoir eu trop d'esprit".

Über die Bedeutung dieser beiden Hauptwerke Galianis, die Abhandlung vom Gelde und die Dialoge über den Getreidehandel, läßt sich kaum etwas Neues sagen. Dagegen ist sein drittes Hauptwerk, wenn ich es so nennen darf, seine Korrespondenz noch zu wenig gewürdigt worden. Freilich haben sowohl deutsche als auch französische und italienische Autoren die ausgezeichnete letzte Ausgabe der französischen Briefe des Abbés von Perey und Maugras[4]) wiederholt herangezogen, wenn es galt, eine lebendige

---

[1]) Mémoires de Morellet t. I, p. 193; vgl. auch Afanassiev, l. c. p. 240/41; E. Fridrichowicz, Die Getreidehandelspolitik des Ancien Régime, Weimar 1897, p. 218; Franz Blei, Galianis Dialoge über den Getreidehandel, Bern 1895, p. 62; vgl. Araskhaniantz, Die französische Getreidehandelspolitik bis zum Jahre 1789, Leipzig 1882 (Staats- und sozialwissenschaftliche Forschungen IV, 3), p. 149.

[2]) l. c. p. 240.

[3]) Gaudemet, L'Abbé Galiani et La Question du Commerce des Blés à la fin du Régne de Louis XV. 1899, p. 1.

[4]) Wir besitzen von der französischen Korrespondenz Galianis vier Ausgaben, und zwar:

1. Correspondance inédite de l'abbé F. Galiani, conseiller du roi, pendant les années 1765 à 1783, avec Mme d'Épinay, le baron de Grimm, Diderot, et autres personnages célèbres de ce temps... par Antonio Serieys, Paris, J. B. Dentu, 1818.

2. Correspondance inédite de M. l'abbé F. Galiani, conseiller du roi de Naples, avec Mme d'Épinay, le baron de Holbach, le baron de Grimm, et autres

Charakteristik des espritvollen, neapolitanischen Nationalökonomen zu liefern. So wurde sie benutzt von Gaudemet, Blei, Sieges, Nicolini und anderen. Aber eine eingehende Würdigung der französischen Briefe fehlt noch, und eine Charakteristik des Abbé Galiani auf Grund seiner französischen Korrespondenz zu versuchen, bietet willkommene Gelegenheit eine erste deutsche Übersetzung der Ausgabe von Perey und Maugras aus der Feder von Heinrich Conrad.[1]) Dieser französische Briefwechsel umfaßt — abgesehen

---

personnages célèbres du XVIII. siècle... avec des notes par M. Salfi, Paris, Chez Treuttel et Würtz, 1818.

3. Lettres de l'abbé Galiani à Madame d'Épinay, Voltaire, Diderot, Grimm, le baron d'Holbach, Morellet, Suart, d'Alembert, Marmontel, la vicomtesse de Belsunce etc.... par Eugène Asse, Paris, Charpentier 1881—1882.

4. L'Abbé F. Galiani: Correspondance avec Madame d'Épinay, Madame Necker... etc., Diderot, Grimm, d'Alembert etc.... Avec une étude sur la vie et les œuvres de Galiani, par Lucien Perey et Gaston Maugras, Paris, C. Levy, 1881, troisième édition, 1890, 2 vols. (Nach dieser 3. Ausgabe wird künftig zitiert.) Die Ausgaben sub 1 und 2 sind schlecht (cf. Sainte-Beuve, Causeries du Lundi II, p. 440.) — Die Ausgabe sub 3 hat wertvolle Noten. Bei weitem die beste ist die auch von mir benutzte Edition von Perey und Maugras. Brunetière nennt in der Revue de deux Mondes, 45, 3, 1885, p. 926 diese Ausgabe „l'une des publications intéressantes qu'on nous eût données depuis longtemps, sur le XVIII. siècle".

[1]) Übertragungen der französischen Korrespondenz Galianis sind mir bekannt geworden:

a) F. Blei, Aus den Briefen des Abbé Galiani, in „Die Insel", herausgegeben von Bierbaum, Heymel und Schröder, I., 1899, p. 11ff. und 129ff.

b) v. Gleichen-Rußwurm, Die Briefe und Dialoge des Abbé Galiani, in Auswahl übersetzt und herausgegeben, Berlin 1907, p. 183ff.

c) Die erste deutsche Übertragung nach Perey und Maugras, die wir im Texte benutzen, stammt aus der Feder von Heinrich Conrad, a. a. O., 1907, 2 Bände. Kritische Bemerkungen zu dieser neuen Ausgabe bieten die Arbeiten von F. Nicolini in der Rassegna Bibliografica della Letteratura Italiana, XV, 11/12, 1907, p. 281ff. und im Giornale Storico della Letteratura Italiana, a. a. O. Nicolini lobt an der Conradschen Übertragung die „gewissenhafte Treue". Er tadelt die Ungenauigkeit in der Orthographie der italienischen Namen und Worte und hält die ganze Übersetzung für überflüssig, da doch jeder Gebildete soviel Französisch verstehen werde, um die Originalkorrespondenz lesen zu können (Rassegna l. c., p, 6/7). Dennoch, glaube ich, wird die deutsche Übertragung manchem willkommen sein. In seiner größeren Arbeit im Giornale Storico, l. c., p. 42ff., wirft Nicolini Weigand und Conrad vor, daß sie in ihre Ausgabe vier ganz apokryphe Briefe aufgenommen hätten, nämlich einen Brief an Caracciolo vom 15. Juli 1775, einen zweiten an d'Alembert vom 27. November 1777 und zwei Briefe an Madame du Boccage vom 20. Februar und 10. Juni 1783. Perey und Maugras von sechs Schreiben aus den Jahren 1760, 1765 und 1767 — die Korrespondenz Galianis mit seinen Pariser Freunden während der Jahre 1769—1787. Außer diesen berühmten französischen Briefen besitzen wir aber auch italienische Briefe unseres Abbés aus den Jahren 1759—1769, also aus der Zeit seiner Pariser Tätigkeit als Gesandtschaftssekretär. Sie sind im Jahre 1880 von Bazzoni[1]) — freilich sehr ungenügend — ediert worden, und auch diese Sammlung haben verschiedene Autoren, die früher über Galiani gehandelt haben, benutzt. Andere freilich, z. B. Sieges,[2]) haben sie unbeachtet gelassen. Nun hat aber vor wenigen Jahren

waren diesen Briefen gegenüber schon etwas skeptischer. Der Beweis der Unechtheit dieser Briefe, wie ihn Nicolini führt, ist hochinteressant und muß an der angegebenen Stelle selbst nachgelesen werden. Die Übersetzung Conrads, die den französischen Briefstellen im Text zugrunde liegt, bietet manchmal Ungenauigkeiten und leidet zudem an Druckfehlern. Sie hat den Vorzug des engen Anschlusses an das Original, während Blei freier, wohl auch künstlerischer in den wenigen Proben der „Insel" zu übersetzen scheint. v. Gleichen-Rußwurm dagegen übersetzt wieder mehr im engen Anschluß an das Original.

[1]) Augusto Bazzoni, Lettere di Ferdinando Galiani al Marchese Bernardo Tanucci, Firenze 1880. — Das Buch macht schon rein äußerlich keinen erhebenden Eindruck, so sind z. B. die ersten 40 Seiten gar nicht paginiert worden. Scharf hat F. Brunetière (Revue de deux Mondes, l. c., p. 925) die Ausgabe Bazzonis kritisiert. Er meint: „les noms propres français, et mêmes les étrangers, y sont estropiés avec une cruauté qui fait peine. On trouve peu de notes au bas des pages, trop peu de notes, mais des notes, par compensation, bien faites pour surprendre, comme celle où l'éditeur nous apprend qu'en 1760, l'archevêque de Paris s'appelait M. de Peréfixe, M. Bazzoni ne s'est trompé que d'un siècle tout juste. Au surplus, de tous les défauts de la publication de M. Bazzoni, le plus grave, c'est qu'elle est incomplète. Il a choisi les lettres qu'il a crues les plus propres, nous dit-il, à solliciter la curiosité du lecteur. Mais je ne connais que deux moyens de se servir d'une correspondance inédite. Ou bien vous en usez librement pour illustrer la bibliographie de personnage et vous n'en donnez que des extraits qui viennent à l'appui de la vérité du portrait que vous essayez d'en tracer, ct vous faites alors œuvre d'art; ou bien vous faites œuvre d'érudition pure, et, vous effaçant vous-même de la publication, vous donnez alors la correspondance tout entière. Or il suffit de jeter un coup d'œil sur la courte préface de M. Bazzoni pour soupçonner qu'en s'y prenant de sa manière, intermédiaire et arbitraire, il nous a privés de quelques-unes des lettres qui nous auraient le plus intéressés".

[2]) Wilh. Sieges, Der Abbé Galiani, ein Staatsmann und Volkswirt des XVIII. Jahrhunderts, Heidelb. Diss., 1905. Dieser erwähnt dafür im Anhang seiner Schrift, p. 93, eine deutsche Übertragung der Briefe Galianis aus der Feder von Rud. Alex. Schröder im Inselverlag, 1905, die nach Mitteilung des erwähnten Verlags niemals erschienen ist. Vgl. auch Nicolini, Il Pensiero, l. c., p. 414.

die Ausgabe Bazzonis eine wertvolle Ergänzung erhalten durch die Veröffentlichung der Briefe Tanuccis (des neapolitanischen Ministerpräsidenten und Chefs unseres Abbés) an Galiani, die Fausto Nicolini besorgt hat. Dieser Ausgabe sind in den Noten auch Briefstellen aus Galianis Feder beigefügt, die sich nur zum Teil mit den bereits von Bazzoni edierten Briefen decken, zum anderen Teil aber zum ersten Male gedruckt erscheinen.[1]) Soweit ich sehen kann, ist diese Veröffentlichung Nicolinis in der deutschen nationalökonomischen Literatur bislang noch nicht benutzt worden, ebensowenig wie seine sonstigen so wertvollen Arbeiten in italienischen Zeitschriften über unseren Denker. Wenn wir nun im folgenden die Anschauungen Galianis nach seinem Briefwechsel zu schildern versuchen, so geschieht es nicht nur auf Grund der französischen Korrespondenz, sondern auch mit Heranziehung der Publikationen Bazzonis und namentlich Nicolinis. Freilich bleiben die französischen Briefe unsere wichtigste Quelle.[2]) Und darum muß auf ihre Entstehungsgeschichte, die gleichbedeutend

[1]) Lettere inedite di Bernardo Tanucci a Ferdinando Galiani, con introduzione, note, e un copioso indice, a cura di F. Nicolini, Napoli 1909, 2 voll. Die Briefe erschienen zuerst im Archivio storico per le Province Napoletane, XXVIII—XXXIII, 1903—1908 (künftig zitiert als „A. St.").

[2]) Über der Wert den italienischen Briefe Galianis von 1759 bis 1769 kann man verschiedener Meinung sein. Ich habe sie alle durchgearbeitet und auch die Antworten Tanuccis gelesen, muß aber bekennen, daß ich Nicolinis Urteil (A. St., 1903, p. 575), der den italienischen Briefen einen größeren Wert beimißt als den französischen von 1769 bis 1787, nicht beipflichten kann. Für die hohe Politik und ihr Verständnis in einer bewegten Zeit (Ausgang des siebenjährigen Krieges, Teuerung von 1764, Pacte de famille, Erwerbung Corsicas durch die Franzosen, Vertreibung der Jesuiten, Tod der Pompadour und Aufstieg der Dubarry usw.) mögen die italienischen Briefe, denen wir im Texte später wenigstens in kurzen Auszügen begegnen werden, wertvoller sein, für unser Thema aber, für die Weltanschauung Galianis, sind die französischen zum mindesten gleichwertig. Es fehlt den letzteren die doch manchmal ermüdende Kleinlichkeit und Trivialität der Themen, die Ministerpräsidenten und Gesandtschaftssekretär in den italienischen Briefen oft ernstlich beschäftigen. Sie erklärt sich freilich aus dem, auch von Nicolini hervorgehobenen Umstande (l. c., p. 575), daß Galiani verpflichtet war, seinen Chef in Neapel von der kleinsten Sache zu unterrichten, die in Frankreich passierte, schrieb er doch Woche für Woche ohne Wissen seines Vorgesetzten, des Gesandten Grafen von Cantillana (den Nicolini l. c., p. 574 „per quanto ricco di titoli, altrettanto s'era mostrato privo d'intelligenza" nennt) 10 Jahre lang Briefe an Tanucci, die, an Zahl über 400, zu Neapel im Staatsarchiv aufbewahrt werden. Über

ist mit der Frage der Laufbahn und Abberufung Galianis aus Paris, näher eingegangen werden. Aber auch auf sie fällt durch die

---

Zweck und Art seiner neuen Publikation gibt Nicolini im Vorwort der ersten Serie (A. St., 1903, p. 576ff) ausführlichen Aufschluß. Leider sind die Briefe Tanuccis an Galiani von Mai 1759 bis Dezember 1762 verloren gegangen. Mitgeteilt hat Nicolini die Briefe Tanuccis vom Januar 1763 bis April 1765 — dann kommt ein sechsmonatlicher Urlaub und ein einjähriger Aufenthalt Galianis in Neapel — und vom Dezember 1766 bis Mai 1769, d. h. bis zu seiner Abberufung von Paris. Nicolini, in dessen Familie seit mehr als 100 Jahren sich das „Galianische Archiv" befindet (vgl. Note 2 im A. St., 1903, p. 576), hat ein genaues Verzeichnis des ganzen Galianischen Archivs in der Zeitschrift von B. Croce „La Critica" (I, fasc. V, p. 393ff.) publiziert und in derselben Zeitschrift (voll. I und II) auch als Proben einige Briefe französischer und anderer Korrespondenten an unseren Abbé folgen lassen. Besonders wichtig ist alsdann Nicolinis bereits öfter zitierter Pensiero ..., in seinem 2. Teil, der die Korrespondenz und verwandte Quellen zur Aufhellung der Hauptgedanken Galianis systematisch verwertet. Der „Pensiero" bietet endlich auch eine sorgfältige Bibliographie am Schlusse des Bandes. Vgl. auch Nicolini, Note 1 zu p. 55, Giornale Storico, l. c. — Nicolini plant, wie er an der soeben erwähnten Stelle mitteilt, eine große Ausgabe des Briefwechsels Galianis, in der neue historische und literarische Urkunden vorgelegt werden sollen. Nach einem freundlichen Schreiben an mich vom 21. September 1910 denkt sich Nicolini diese umfassende Publikation folgendermaßen. Er schreibt mir (deutsche Übersetzung): „Ich habe vor, den ganzen Briefwechsel Galianis zu veröffentlichen in der Sammlung der Scrittori d'Italia. Der Briefwechsel wird in drei Teile eingeteilt werden: a) Jugend-Korrespondenz (1 Band), d. h. Briefe von und an Galiani von 1748 bis April 1769, ausgenommen den diplomatischen Briefwechsel mit Tanucci. b) Diplomatischer Briefwechsel mit Tanucci (2 Bände). c) Korrespondenz von April 1769 bis Oktober 1787 (3 Bände). Dieser letzte Teil wird zum erstenmal veröffentlicht werden und wird all die Briefe der 2. Ausgabe Perey-Maugras' enthalten, außerdem die unveröffentlichten Antworten darauf. Darunter werden ungefähr 400 Briefe der Frau von Épinay sein, von Diderot, Grimm, Holbach, d'Alembert usw., welche, ich wiederhole es noch einmal, alle unveröffentlicht sind. Daraus können Sie gut das Interesse der Publikation ersehen. Was die diplomatische Korrespondenz mit Tanucci betrifft, so beabsichtige ich nicht, die davon im Archivio storico Napolitano gegebene Ausgabe zu reproduzieren". Sobald das neue Werk Nicolinis erschienen ist, werde ich darauf zurückkommen. Ich behalte mir vor, die vorliegende Abhandlung alsdann zu ergänzen. Die im Texte verwandte deutsche Übertragung der italienischen Briefe Galianis an Tanucci (nach den Publikationen Bazzonis und Nicolinis) ist auf meine Anregung und in meinem Auftrage von Herrn Dr. Schöffler in Leipzig hergestellt worden, der sich mit großer Liebe in seine Aufgabe vertieft hat. — Etwaige Sperrungen in den im Text angeführten französischen und italienischen Briefstellen stammen von mir.

weiter zurückreichende italienische Korrespondenz mit Tanucci manchmal neues Licht.

Ich deute zunächst die Entstehungsgeschichte der französischen Korrespondenz an. Seitdem Nicolini auf Grund von 23 dicken Bänden von Manuskripten, die sich in Verwahrung des Staatsarchivs von Neapel befinden, den Nachweis geführt hat,[1]) mit welchem Fleiß Galiani als neapolitanischer Gesandtschaftssekretär in Paris gewirkt hat — man vergleiche dazu die früher zitierten langen Berichte, die er wöchentlich an seinen Chef, den Minister Tanucci, zu senden pflegte —, seitdem sind wir über die politische Tätigkeit des Abbés näher unterrichtet.

Galiani, der als zunächst unbesoldeter Gesandtschaftssekretär an der Neapolitanischen Gesandtschaft zu Paris unter Cantillana tätig war, hat dort eine weit über seinen an sich bescheidenen Posten hinausgehende politische Wirksamkeit entfaltet, zumal sein Pariser Chef, wie schon erwähnt, recht unbedeutend war. Cantillana, der eigentliche Titulargesandte, begnügte sich damit, wie es Nicolini ausdrückt, unter die offiziellen, von Galiani verfertigten Schriftstücke „eine magere und eckige Unterschrift zu setzen".[2]) So ist es nicht unrichtig, wenn in diesem Sinne Brunetière von unserem kleinen Abbé sagt:

„Il était bien le secrétaire de l'ambassade de Naples, mais il était surtout la gazette officieuse de Tanucci. Ce dut être plus d'une fois, j'imagine, de quoi gêner son ambassadeur, ainsi placé sous l'œil malin d'un subalterne, mais peut-être n'est-ce pas de quoi prendre rang dans la grande histoire".[3])

Und in der Tat hat Galiani einen „entnervenden Kampf gegen den dumpfen Obstruktionismus Cantillanas führen müssen", der

---

[1]) Giornale Storico, l. c., p. 25f. Nicolini rühmt (p. 26) Galianis sehr hohe Auffassung von seinen Amtspflichten und seine peinliche Rechtschaffenheit. Und vor allem geht aus dem auch von uns herangezogenen Briefwechsel mit Tanucci (vgl. die früher erwähnten Publikationen Bazzonis und Nicolinis) seine kolossale Vielseitigkeit hervor, muß er doch über die verschiedensten Dinge Gutachten erstatten usw.

[2]) Giornale Storico, l. c. p. 25 ... „si limitava ad apporoi una firma stecchita e angolosa, come il suo carattere morale".

[3]) Revue de deux mondes, 1881, l. c. p. 929. — Und Perey und Maugras („Dernières Années de Madame d'Épinay, Son Salon et Ses Amis", [8], p. 173) drücken das Verhältnis Galianis zu Cantillana so aus: „le prétendu sécretaire d'ambassade était le véritable ambassadeur".

„inetto a far lui tante belle cose, non amava che le facessaro gli altri".[1]) Trotz seiner ausgesprochenen Vertrauensstellung bei Tanucci litt Galiani unter dem Widerspruch zwischen den ihm gestellten oft recht bedeutsamen Aufgaben und seinem subalternen Sekretärposten. Das geht deutlich aus seinem italienischen Briefwechsel mit Tanucci hervor. So klagt er in einem Briefe vom 15. September 1760, daß er die „Ursache seiner Hypochondrie, seiner Klagen uud seiner Bitten, zurückkehren zu dürfen", in dem „Unansehnlichen des Amtes (l'ignobilitá dell' impiego)" erblicke, zu dem man ihn verdammt habe. Und er fügt hinzu: „die Sekretäre haben hier keine Achtung, und die, die hier sind, haben keine andere Carriére vor sich, als Sekretariatsbeamte an ihren Höfen zu werden".[2]) Und wenige Wochen später (am 6. Oktober 1760) nennt er sich selbst einen „politisch verstorbenen Körper", der erst durch Tanucci „wieder zu den traurigen Ämtern des Lebens zurückgerufen werde".[3]) Deutlich geht die Obscurität seiner Stellung — wenigstens nach seiner Auffassung — aus einem späteren Brief vom 21. Februar 1763 hervor, in dem er an Tanucci schreibt[4]):

„Aber ich bitte Ew. E., daran zu denken, daß ich in dieser Welt nichts bedeute; ich erfreue mich daher nur des einzigen Privilegs, welches das Nichts hat, non entis nullae sunt proprietates. Was ich sage, mache, schreibe, wird immer Nichts sein müssen und ohne Bedeutung. Cantillana ist etwas. Deshalb würde das, was er sagte oder machte, etwas sein, und dies, glaube ich, macht ihn ebenso sehr zurückhaltend, wie ich im Gegenteil verwegen und mutig bin".

Auch von ängstlichem Bestreben, sich seine Karriere zu sichern und nicht gewöhnlichem politischen Ehrgeiz wissen die italienischen Briefe Galianis zu erzählen. Er möchte sich versichert halten, seinem König das ganze Leben dienen zu können (8. August 1763)[5]); den Ministern der Regentschaft zu Neapel, die ihm nicht so wohl zu wollen scheinen, wie Tanucci, verargt er es, daß man ihn für

---

[1]) vgl. Nicolini, Giornale..., l. c. p. 26.

[2]) Bazzoni, a. a. O., p. 27 der unpaginierten Seiten.

[3]) Bazzoni, a. a. O., p. 29 der unpaginierten Seiten: „Io cadavere estinto alla politica son richiamento ai tristi offizi di vita dall' antorevole voce della sua confidenziale dei 13, ed obligato a purgarmi d'una riconvenzione".

[4]) Bazzoni, l. c. p. 73.

[5]) Bazzoni, l. c. p. 91.

ungeeignet zu einem Staatsamt hält, weil er ein Geistlicher sei: „Ich kann nicht ertragen,“ so ruft er aus,[1]) „daß man einem Untertan des Königs sagt, daß er nicht dazu gemacht ist, ihm zu dienen; wer dies sagt, dem rufe ich zu: Anathema!“ Immer wieder mahnt er Tanucci an seine Versprechungen und beruft sich darauf, daß er die außerordentlichen Ausgaben seiner Mission stets aus eigener Tasche bestritten habe. So schreibt er am 23. Januar 1764[2]): „Ich habe immer gehofft, aber jetzt ist das Geld zu Ende, und die Hoffnungen sind noch nicht erfüllt. Tatsächlich weiß ich nicht, wie ich es machen soll. Ein schlechtes Jahr nimmt mir den größeren Teil der Einkünfte meiner Abteien. Wenn Sie mir nicht helfen, ich habe keine Verwandten noch Freunde, an die ich mich wenden könnte“.

Die Furcht blind zu werden kommt hinzu, und darum läßt er nicht ab, seinen Gönner um Sicherstellung seiner Zukunft zu bitten. Charakteristisch dafür ist die folgende Briefstelle vom 16. April 1764[3]): „So große Anstrengungen ich mache, um mich zu überzeugen, daß Ew. E. nicht kann, wird immer ein Dämon mir ins Ohr sagen, daß Sie nicht gewollt haben. Quod absit. Ich kann mich nicht überzeugen, daß der Katholische König,[4]) der alle Momente seiner Regierung nach den Wohltaten und Gunstbezeugungen zählt, die er jederzeit gemacht hat, gewollt hätte, daß die Untertanen des Königs seines Sohnes ohne Hoffnung blieben, belohnt zu werden, wenn sie gut dienten. Sicherlich ist die Regentschaft keine nichtwohltätige Gottheit, die nur Böses tun kann und der man opfern muß, ne noceat. Gutes und Böses hat Ew. E. tun können und kann es noch. Und wird immer mehr Gutes als Böses tun. Wenn der Katholische König das, was das Wesen der Königlichen Autorität ausmacht, das Wohltun, eingedämmt hat, so hat er weise eine Gelegenheit zum Mißbrauch, zum Zwiste weggenommen, aber die Möglichkeit, ihn um die Einhauchung des Tätigkeitsgeistes zu bitten, bleibt immer. Diese wirkungsvolle Gunst des Katholischen Königs, der dat velle et perficere, möge Ew. E. zu meinen Gunsten anflehen,

---

[1]) ibidem p. 92.

[2]) Bazzoni, l. c. p. 104.

[3]) ibidem p. 115; vgl. auch Äußerungen auf p. 121, 122, 125, 128, 188.

[4]) Gemeint ist der König Karl III. von Spanien, der für seinen Sohn, den unmündigen Ferdinand IV. von Neapel, eine Regentschaft eingesetzt hatte, deren treibende Kraft Tanucci war.

und dann werden Sie alles haben, was der strengste Jansenist erfordert, um Gutes zu tun. Wenn Sie es nicht tun, so werde ich sehr bitterer Molinist. Aber entfernen wir diese schwarzen Gedanken von der Seele. Vielleicht hat Ew. E. in dem Augenblick, wo ich schreibe, das schon gemacht, was die Freundschaft, die väterliche Liebe und ich sage auch die Pflicht zu einer Gegenseitigkeit in der Liebe zu meinen Gunsten erfordern. Vielleicht erwarten Sie nur die Antwort des Katholischen Königs, um mich zu trösten".

Endlich geht aus einem von Nicolini[1]) abgedruckten Briefe hervor, daß unser Abbé direkt danach strebte, Titulargesandter in Paris zu werden.

Jedenfalls sind seine Klagen über den Pariser Posten nie ganz verstummt in dem Dezennium von 1759—1769, das wir zu beobachten imstande sind. Den Sekretärposten empfand er stets als seiner unwürdig, auch nachdem ihm durch Tanuccis Vermittlung ein Extrahonorar bewilligt worden war. Ganz anders lautet sein Urteil über Paris, das sich von Nörgelei und beständiger Empfindlichkeit bezüglich Lage und Witterung bis zur aufrichtigen Begeisterung entwickelt hat. Seine Korrespondenz mit Tanucci, etwa von 1759—1767, läßt diese Steigerung deutlich erkennen. So schreibt er im ersten Jahre seines Aufenthaltes (25. Juni 1759)[2]):

„Meine Gesundheit hier überwindet die Nachteile der Lage nicht mit so viel Kraft, wie ich möchte. Wirklich, der Eindruck ist hart. Sehr schlechte und drückende Luft, giftiges Wasser, unglaubliche Merkwürdigkeit des Klimas, kein Schnee, keine Früchte, kein Käse, keine Seeschönheiten, das sind alles harte Schläge für eine neapolitanische Maschine".

Und am 30. Juli 1759[3]): „Ich bin schon von der Illusion befreit, und ich weiß, daß ich für Paris nicht geschaffen bin. Die Lebensweise, die Anstrengungen, der Charakter, die Art zu denken und alle meine anderen natürlichen Fehler werden mich hier immer den Franzosen unerträglich machen und mich mir selbst".

Namentlich im Sommer ist unserem Abbé das Pariser Klima zuwider, im Winter fühlt er sich wohler. Er schreibt an Tanucci

---

[1]) Nicolini, A. St. 1905, p. 228 Note 2.

[2]) Bazzoni, l. c. p. 8 der unpag. Seiten.

[3]) ibidem p. 10 der unpag. Seiten.

im Jahre 1761[1]): „Daraus entsteht das Phänomen, daß ich im Sommer ehrgeiziger als im Winter bin; der Ehrgeiz ist eine Krankheit des Geistes, die immer von der körperlichen Krankheit herkommt. Ew. E. betrachten ihn also wie einen Rheumatismus, wenn ich je in diesem Monat zuviel gehabt hätte".

In den späteren Jahren seines Pariser Aufenthaltes tritt die Freude über die Tätigkeit in einem Kulturzentrum stärker hervor als die grämliche Klage über das ungünstige Klima. So schreibt er 1762[2]): „Ich bin jetzt überzeugt, daß der Aufenthalt in Paris eine beständige Überlegenheit über die gibt, die anderswo sind: Sei es nun, daß man an der Quelle der Sache steht, sei es, weil dies das Land ist, wo die Geheimnisse am leichtesten zu durchdringen sind. Das Schwierige ist hier nicht, sie zu wissen, sondern sie aus sovielem, was man sagt, herauszusuchen. Die, welche in England, in Holland, in Turin usw. wütend sind, nichts zu wissen, und trotzdem bei Ew. E. zur Geltung kommen wollen, schreiben und schreiben Fehler. Gott weiß, wie vieles andere über die Kongresse sagen, die hier angefangen haben. Ich hoffe, ihnen zwar nicht viel, aber wenigstens das Wahre zu sagen, was ich weiß".

Wenn auch noch manchmal die Klagen wiederkehren,[3]) es überwiegt jetzt doch die Freude an der schönen, interessanten Stadt und die Dankbarkeit für seine Pariser Freunde. Man lese die folgende Briefstelle vom 5. Dezember 1767[4]): „Ew. E. verlangt von mir Erklärung für meine Liebe zu Paris und hört nicht auf, sich über meine Hinneigung zu Paris zu wundern. Ich erkläre mich. Ich habe in Neapel keine andere sichere Liebe, ich kann nicht bestimmt sagen, daß mich jemand anders liebt, außer Ew. E. Ihre Liebe zu mir ist ganz mein Verdienst. Aber die anderen, die mich lieben und sagten, mich zu lieben, liebten sie Galiani, oder liebten sie den Freund Tanuccis? War es ein Strahl oder nur ein Wiederschein? Liebten diese Verwandten, Freunde, Vertrauten usw. mich oder den Handelsrat und ihr zukünftiges

---

[1]) Bazzoni, l. c. p. 18: „l'ambizione è una malattia dello spirito, che proviene sempre da quella del corpo".

[2]) Bazzoni, l. c. p. 47: . . . „Sono ora persuaso, che lo stare in Parigi dà una costante superiorità su quei che sono altrove".

[3]) z. B. Bazzoni, l. c. p. 138.

[4]) Bazzoni, l. c. p. 142.

Geld? Liebten diese netten Leute mich oder den Neffen jenes Monsignor Galiani, der den einen zum Bischof, den anderen zum Professor und den Dritten zu ich weiß nicht was machte. War es Dankbarkeit oder Neigung? Die Lösung dieses Problems ist für mich und meine eifersüchtige Eigenliebe, die jeden Widerschein haßt, so zart, daß ich in Neapel außer mit dem Hause Tanucci, das eine sichere und klare Liebe zu mir hegt, mich nur in Freundschaft mit Milady, mit den Kaunitz, mit den Hamilton abgegeben habe, Leute, die von mir nichts zu fürchten und nichts zu hoffen haben, daß ich mich aber mit meinen Landsleuten nicht weiter befreundet habe. In Paris bin ich ganz ich.[1]) Dieses Ich ist gleich Null. Also wenn man mich liebt, und mich lieben viele, so muß ich hier dieses Problem für gelöst angeben, vor dessen Lösung ich in Neapel Furcht hatte".

Und am 23. Februar 1767 meint er[2]): „Vielleicht bin ich, weil jeder Körper nach seinem Orte strebt, nach Paris gefallen, wo ich wahrscheinlich ewig bleiben werde. Die Gefahr zu drehen hört schnell auf, wenn man vom Faden abgeschnitten ist, weil der Stoß von hinten fehlt, der die große Kraft alles dessen ist, was man Glück nennt. Wenige werden gezogen, die meisten werden geschoben".

Im Mai 1769 wird Galiani plötzlich aus Paris abberufen. Diese Abberufung — ich komme gleich darauf zurück — geschieht, soweit man heute sehen kann, ohne Zweifel auf Veranlassung des französischen Ministers des Äußeren, des Herzogs von Choiseul, der als Günstling der Marquise von Pompadour von 1758 bis 1770, in den letzten Jahren fast allmächtig, die äußeren Geschicke Frankreichs lenkt und dessen Name in dieser Periode vor allem mit dem Bourbonischen Familienpakt, der Vertreibung der Jesuiten und der Erwerbung Corsicas verknüpft bleibt.[3]) Galianis Verhältnis zu dem mächtigen Staatsmann scheint zuerst, wie aus seinen Briefen an Tanucci hervorgeht, ein durchaus gutes gewesen zu sein. Choiseul hat sich in der so diplomatisch verwickelten Zeit des

---

[1]) ibidem: „In Parigi io sono tutto io".

[2]) ibidem p. 149.

[3]) vgl. über Choiseul Lavisse-Rambaud, Histoire Générale du IV. Siècle A Nos Jours, Tome VII, 1896, p. 344ff.; Soulange-Bodin, La Diplomatie de Louis XV. et le Pacte de famille, 1894, p. 105ff. (Dazu F. Salomon, Deutsche Literaturztg., 1894, Nr. 21.) Vgl. auch Gaudemet, l. c. p. 42ff.

Siebenjährigen Krieges gern mit dem geistsprühenden und scharfsinnigen Italiener unterhalten. Und Galiani ist des Lobes voll über den Herzog und rühmt immer wieder die Auszeichnung, mit der er von dem mächtigen Minister behandelt werde. Davon legen zahlreiche Briefstellen Zeugnis ab.[1])

Es steht nun fest, daß Galiani die Politik seines Ministers Tanucci vertrat, und das ist zweifellos eine dem „Pacte de famille" feindlich gesinnte antifranzösische Politik gewesen.[2])

Wir wissen jetzt namentlich auf Grund der Nachforschungen von Ferraioli und Perey-Maugras,[3]) daß Galianis Abberufung in der Stellung Tanuccis' zum Pacte de famille ihre Ursache hat, der 1761 beide Linien der Bourbons (Frankreich-Spanien) vereinigte.[4]) Tanucci war im Interesse der Selbständigkeit des Königreiches Neapel ein Gegner des Familienpaktes. Als England mit Rußland eine Koalition schließt und Dänemark zum Beitritt auffordert, erhebt Choiseul Einspruch, zunächst ohne Erfolg. In dieses Stadium fällt die Abberufung unseres Abbés aus Paris, dessen Stellung zum Familienpakt zunächst nach den Briefen zu untersuchen ist.

Prüft man die Briefe Galianis an Tanucci in bezug auf Äußerungen über den Pacte de famille, so scheint es mir allerdings wahrscheinlich zu sein, daß Tanucci und Galiani ein fein gesponnenes Ränkespiel gegen Choiseul eingeleitet haben. Galiani hatte — soweit ich sehe — gleichsam den Auftrag von seinem Herrn und Meister in politicis erhalten, Choiseul bezüglich des Beitritts des Königreiches beider Sizilien zum Pacte de famille zu beruhigen bezw. ihn hinzuhalten. Und wie er dieser heiklen Aufgabe gerecht zu werden suchte, zeigt ein Schreiben unseres Abbés vom 15. August 1763, in dem eine Unterredung mit Choiseul erzählt wird,

---

[1]) vgl. vor allem Bazzoni, l. c. p. 20, 139, 145.

[2]) vgl. auch Nicolini, Giornale l. c. p. 26.

[3]) Ferraioli, Un fallo diplomatico dell' abb. Galiani in Archivio Storico Napol.... l. c. 1880, V, p. 690 ff. und Perey-Maugras, l'Abbé F. Galiani Correspondance l. c. I. p. XLII ff. Die Depeschen des Herzogs von Choiseul und des französischen Gesandten zu Neapel hat man wiedergefunden. Vgl. auch Blei, Galianis Dialoge über den Getreidehandel a. a. O. p. 31 ff. und Weigand-Conrad, Die Briefe des Abbé Galiani a. a. O. p. VI ff.

[4]) vgl. auch zum folgenden Perey-Maugras, Correspondance I p. XLIII; Weigand, l. c. p. XII p.; Gaudemet, l. c. p. 42 ff. und Blei, Galianis Dialoge p. 31 ff.

der sich über die Gleichgültigkeit Tanuccis dem Pakt gegenüber beschwert hat. Darauf hat Galiani seinem Briefe gemäß[1]) geantwortet: „Daß es für mich feststände, daß Ew. E. mehr als jeder andere zum Familienpakte beigetragen hätte, indem Sie dieses Band empfahlen und es dem sehr weisen katholischen Könige immer einschärften; daß dies die alte mir gegebene Instruktion wäre, als ich hierher kam, die Trinität zu predigen (ich glaube, daß Ew. E. sich entsinnen werden, daß Sie eines Nachmittags in Caserta mir jene lange Rede über das Dreifältig und doch Eins hielten, die, wie Sie mir sagten, auf jeden Fall befolgt werden müßte). Kurz, daß ich tausend Dokumente an der Hand hätte, die ich dem Herzog vorlegen könnte, um zu beweisen, was ich sagte".

In den übrigen Briefen tritt die Abhängigkeit Neapels von Spanien stark hervor. Und geschmeidig schreibt Galiani an seinen Minister.[2]): „Mit den katholischen König gibt es keinen Pakt, keine Hoffnung, kein Versprechen, außer der Ehre und dem Vergnügen, ihm zu dienen."

Im April 1764 hatte Galiani einen 6 monatigen Urlaub angetreten, blieb dann aber noch ein Jahr in Neapel, um Tanucci bei der Entwirrung diplomatischer Schwierigkeiten behilflich zu sein. Die im Besitz Nicolinis[3]) befindlichen Manuskripte Galianis vermögen diese lange Abwesenheit von Paris zu erklären. Und danach scheint Tanucci Choiseul gegenüber auch nach dem Friedensschlusse von 1763 „den Zerstreuten zu spielen".[4]) Die Beziehungen zwischen Neapel und Frankreich verschlechterten sich. Erst 1765 erhielt Tanucci den offiziellen Dispens von Karl III. von Spanien, nicht beitreten zu brauchen.[5]) Nach Paris zurückgekehrt, gelingt es Galiani nicht, das alte Vertrauensverhältnis zu Choiseul wiederherzustellen. Aus dem Briefwechsel zwischen Galiani und Tanucci geht hervor — und das bestätigt Nicolini[6]) —, daß die

[1]) Bazzoni, l. c. p. 95.

[2]) Bazzoni, l. c. p. 192.

[3]) Note zu A. St. 1905, p. 213.

[4]) ibidem p. 214: „Il Tanucci fece il distratto".

[5]) Als Ersatz wurde Frankreich ein Handelsvertrag angeboten, und in die vorbereitende Kommission ist auch Galiani berufen worden. Vgl. Nicolini a. a. O. p. 214/15. Die Kommission tritt aber nie zusammen, und Galiani kehrt Oktober 1767 nach Paris zurück.

[6]) ibidem p. 215 Note.

Ungnade des Herzogs in erster Linie durch Redereien von Durfort und Dumas bewirkt worden ist. Um was es sich hierbei handelt, geht leider nicht deutlich aus der italienischen Korrespondenz hervor. Nur so viel scheint klar zu sein, daß man Galiani und seinen Chef politischer Quertreibereien bezichtigte. So schildert Galiani drastisch das Mißtrauen Choiseuls ihm gegenüber in verschiedenen Schreiben an Tanucci, freilich immer noch von der Hoffnung erfüllt, durch sein geschicktes Auftreten den Herzog zu versöhnen und die Verleumdung der Dumas und Durfort zurückzuweisen.[1]) Und auch Tanucci stellt in seinen Briefen beide Männer als die eigentlichen Brunnenvergifter in Sachen Frankreich-Neapel hin.[2]) Aber das Schicksal Galianis war besiegelt. Choiseul erfuhr von einer Unterredung Galianis mit dem dänischen Gesandten in Paris, dem Baron v. Gleichen. Eine Abschrift der Depesche, die den Inhalt der Unterredung wiedergab, gelangte in Choiseuls Hände, und aus ihr ging hervor, daß der neapolitanische Hof dem bourbonischen Familienvertrag nicht beigetreten sei und seine Unabhängigkeit den Höfen von Madrid und Frankreich gegenüber zu wahren gedenke.[3]) Choiseul verlangte die Abberufung Galianis, die am 6. Mai 1769 durch eine Depesche Tanuccis an Galiani in der Tat erfolgte. Sie traf unseren Abbé wie ein schwerer Schicksalsschlag.

Bewegt schreibt er am 29. Mai 1769 an Tanucci[4]):

„Eine sehr zornige Rede gegen mich, die vor ungefähr zwei Monaten der Herzog von Choiseul Castromonte gegenüber in ganz allgemeinen Ausdrücken hielt, ließ meinen Botschafter und mich, als wir die Zeiten des Briefwechsels verglichen, für die Woche schon eine Neuigkeit erwarten. Jedoch weder er noch ich erwarteten die, die gekommen ist. Es schien mir, daß ich, da ich hier zwei Gesandte habe, Personen, die erhaben sind über jeden Tadel, die über meine Führung wachen, die darüber Zeugnis ab-

---

[1]) vgl. A. St. 1905, p. 237/38 Note 1, 427 Note 1, 456 Note 2; A. St. 1906, p. 204 Note 1.

[2]) vgl. A. St. 1903, p. 738 u. 710 sowie A. St. 1905, p. 225.

[3]) Abgedr. ist diese Depesche bei Perey-Maugras, l. c. p. XLIII ff.; vgl. auch zum folgenden Ferraioli, a. a. O. Einzelheiten finden sich auch bei Blei, Weigand u. a. Darum wird die Frage der Abberufung im Texte nur so weit behandelt, als es für das Verständnis des folgenden notwendig erscheint.

[4]) Bazzoni, l. c. p. 224/25; vgl. auch Weigand, a. a. O., p. XIII und Sieges, a. a. O. p. 27.

legen können, die, da sie an Ort und Stelle sind, sozusagen meine natürlichen Richter sind, die mich sehr lieben und völlig in jeder Richtung mit mir zufrieden sind, sicher sein könnte, daß mir nichts Übles zustoßen könnte. Es ist nicht so gekommen, und mir ist das passiert, was ich nach dem Tode als das größte Übel, was mir passieren könnte, empfinde. Wenn ich's verdient habe, so will ich still sein, wenn ich's nicht verdient habe, so verzeihe Gott die Ungerechtigkeit dem, der sie mir angetan hat.[1]) Ew. E. ist es sicher nicht gewesen. Obgleich ich keine Briefe mehr von Ihnen bekomme, so kann ich doch nie glauben, Ihre Gunst und Liebe verloren zu haben. Die verliert kein Unschuldiger. Die verliert auch kein Angeklagter, wenn er nicht völlig überführt und ein Beweis für seine Schuld vorhanden ist. Ich werde jedoch dem Befehle des Königs blind gehorchen; dies ist mein Wille".

Dabei spielt Choiseul die Rolle des durch die Abberufung Überraschten und erweist dem Scheidenden allerlei Freundlichkeiten.[2]) Und welche Achtung und Liebe bringen Galiani erst seine Freunde entgegen, als er sich verabschiedet. Stolz schreibt er, er sei geliebt worden, und er fügt hinzu: „Im ganzen muß ich mich des Benehmens aller gegen mich rühmen, und ich habe Gelegenheit gehabt, die Liebe kennen zu lernen, die man gegen mich hat: Soviel Auszeichnungen, soviel Liebkosungen sind eine bessere Medizin für meine Gesundheit gewesen als alle anderen, die ich genommen habe; aber der Geist ist noch niedergeschlagen und der Körper ist noch nicht ganz gesund. Vielleicht ist meine Geschichte beendet. Gott sei Dank endigt sie ohne Schande und ohne Erröten".[3])

Das ist der letzte von Paris aus geschriebene Brief! Aber auch noch aus der französischen Korrespondenz ertönen die Klagen.

So schrieb der Abbé am 3. Februar 1770 an Frau von Épinay: „On m'a arraché de Paris et on m'a arraché le cœur".[4]) Überaus bitter

---

[1]) „Se l' ho meritato, mi uniformo; se non l' ho meritato, Dio perdoni l' ingiustizia a chi me l' ha fatta."

[2]) Bazzoni, p. 225.

[3]) Bazzoni, l. c. p. 226: „tante distinzioni, tante carezze sono state miglior medicina alla mia salute, che ogni altra presa; ma l' animo è abbattuto ancora, ed il corpo non è sano in tutto. Forse la favola mia è finita. Grazie a Dio finisce senza vergogna e senza rossore".

[4]) Perey et Maugras, l'Abbé F. Galiani, Correspondance a. a. O. I, p. 68.

mußte der gewandte Causseur, der eine solch dominierende Rolle in den Pariser Salons gespielt hatte, diese Verbannung empfinden, die ihm aus der Weltstadt in sein kleines Königreich verschlug. Beweglichen Aufschluß über seinen Kummer, seine weitere politische Tätigkeit, seine ökonomischen und philosophischen Anschauungen gibt nun die umfangreiche französische Korrespondenz,[1]) die uns in erster Linie dazu dienen soll, im folgenden eine Charakteristik des eigenartigen Mannes zu versuchen. Die Adressaten der französischen Briefe von 1769 bis 1785 sind in erster Linie seine Pariser Freunde, darunter vor allen Dingen die Frau von Épinay, die Freundin Grimms und Rousseaus, ferner Madame Necker, Mad. Geoffrin, Diderot, Grimm, d'Alembert, Holbach und andere. Man sieht, die Adressaten sind, von wenigen Ausnahmen abgesehen, allgemein bekannte und prominente Persönlichkeiten, in deren Pariser Salons sich Galiani wohl und heimisch gefühlt hatte, dank seiner Anpassungsfähigheit an den damals beliebten „esprit classique", wie ihn Taine genannt hat.[2]) Über den Verkehr in den Pariser Salons während des Ancien Régime am Vorabend der französischen Revolution sind wir ja mannigfach unterrichtet, so daß wir uns ein genaues Bild davon machen können. Auch wird in einigen Quellen der Name Galiani des öfteren genannt.[3])

[1]) Über sie sagt Brunetière a. a. O., p 940: „Il essaye pour tromper ses regrets, d'entretenir une vaste correspondance avec ses amis de Paris".

[2]) Auf die Auffassung Taines kommen wir am Schlusse der Abhandlung zurück.

[3]) Wer näheren Aufschluß über die verschiedenen Adressaten und die Pariser Salons wünscht, in denen Galiani verkehrte und die Gäste durch sein geistvolles Geplauder entzückte, findet ihn in folgender Literatur: Marmontel, Leben, Schicksale und Selbstgeständnisse (1805) II, u. 2. Aufl. IV; Sainte-Beuve, Causeries du Lundi 3. Aufl. Bd. 2 (namentlich über den Salon der Madame Geoffrin: „le salon le plus complet, le mieux administré de son temps" p. 309); Brunetière, Revue de deux mondes (1881), p. 933 ff. Am lebendigsten schildern uns das Gesellschaftsleben der damaligen Zeit die Memoiren der Madame d'Épinay (vgl. auch Causeries du Lundi 3. Aufl. II p. 187 ff). Auch das Buch von Perey et Maugras, Dernières Années de Mme. d'Épinay (a. a. O. p. 159, 30 ff. u. 386 ff.) ist heranzuziehen. Auch Weigand (a. a. O. p. XLIII ff.) führt gut in das Milieu ein. Viel Material, auch speziell über Galiani, bietet die „Correspondance littéraire" von Grimm, Diderot usw., ed. Maurice Tourneux, 16 vols., namentlich XI, 28 ff., VIII. 339 ff., 150 ff., 328, VI, 35, 151 ff., X, 107 f., IX, 19, 231. Endlich geben auch die Briefe Galianis an Tanucci ab und zu Aufschluß über seine Pariser Freunde. Vgl. z. B. Bazzoni a. a. O. p. 215/16 und namentlich 131 ff. (über die Enzyklopädie).

Ich nannte früher die Korrespondenz Galianis sein drittes Hauptwerk, indem ich dabei von seinen dichterischen und philologischen Versuchen, auf die vor allem jetzt wieder Nicolini aufmerksam macht,[1]) absah. Als Gesamtwerk ist die Korrespondenz jedenfalls eine wahre Fundgrube für die sozialen und politischen Anschauungen und für das Weltbild unseres Denkers.

Vermittels seiner Briefe an die Pariser Freunde wollte Galiani nach seiner Abberufung aus Paris der Langeweile, der Schwerfälligkeit und der Traurigkeit entgehen. Das sind die drei Mächte, die ihm zufolge in Neapel herrschen. Die Briefe selbst sind als Ganzes genommen unvergleichlich. Hofmiller meint, ihre gelegentliche leise Traurigkeit unterbreche wie ein kurzes, dunkles Adagio ihre geistreiche Heiterkeit, die ihr eigentliches Element sei.[2]) Und auch Nicolini ist der Überzeugung; er meint, daß der französische Briefwechsel unseres Abbés ihn als Menschen und Schriftsteller uns am besten sehen läßt.[3]) Die Korrespondenz besteht aus autobiographischen Betrachtungen, aus philosophischen Spekulationen, ökonomischen und politischen Diskussionen, historischen und literarischen Urteilen, und alles „in prickelnder, maßvoller, sich einprägender Form, voller Lebhaftigkeit und Natürlichkeit".[4])

Galiani ist kein Systematiker gewesen; auch er gehört zu den großen Fragmentisten des 18. Jahrhunderts. Aber — darin hat sein Landsmann Nicolini recht[5]) — in der Kunst, die vier Seiten eines Briefbogens zu füllen und darin den Inhalt einer Abhandlung, ja selbst eines Buches zu verdichten, können wenige, auch die größten Schriftsteller, kaum mit ihm wetteifern.[6])

---

[1]) vgl. Nicolini, Il Pensiero ... 1909.

[2]) Der Abbé Galiani, Süddtsch. Monatshefte, August 1907, p. 182 (jetzt auch in seinem Buche „Versuche"). Vgl. auch das Urteil Franz Bleis, Prinz Hypolit und andere Essays, 1908, p. 81.

[3]) Giornale a. a O. p. 33.

[4]) ibidem p. 33: „e tutto, anche i lughi commi, inevitabili nelle corrispondenze, detto con forma scoppiettente, sobria, incisiva, piena di naturalezza e di brio".

[5]) ibidem p. 33: e„ ben si può dire che, nell' arte di riempire le quattro facciate d' un foglietto, condensando in esse il contenuto d' una dissertazione e, magari, d' un libro, pochi serittori, anche grandissimi, possano gareggiare con lui".

[6]) F. Blei (Die galante Zeit und ihr Ende, p. 16) nennt die Briefe jener Zeit „fixierte Toilettenkunststücke des Geistes".

Wir sind uns wohl bewußt, wie schwierig es ist, ein solch farbensprühendes Kaleidoskop, wie es die französische Korrespondenz Galianis darstellt, neu zu konstruieren, aber indem wir uns unserem früheren Vorsatz gemäß zugleich an die italienische Korrespondenz halten, wagen wir den Versuch und wollen uns namentlich in dreifacher Richtung über unseren Denker belehren lassen. Die Briefe sollen uns zunächst die Entstehungsgeschichte seines glänzendsten Werkes, der Dialoge über den Getreidehandel, erzählen, uns über seine Motive aufklären und die in den Dialogen niedergelegten handelspolitischen Ansichten nach mancherlei Richtungen hin ergänzen. Sie sollen ferner den Gegensatz Galianis zu den damaligen Dogmatikern des Freihandels, zu den Physiokraten, seinen intimsten Gegnern, verdeutlichen. In erster Linie also ist es der Nationalökonom, speziell der Getreidehandelspolitiker Galiani, den uns die Briefe zeichnen. In zweiter Linie interessiert uns der Politiker, über den uns ebenfalls die Briefe, und zwar sowohl die italienischen als wie auch die französischen, mancherlei Aufschluß erteilen, und endlich drittens und letztens sollen sie uns helfen, den Philosophen, den weltweisen „Salonabbé" verstehen zu lernen.[1])

Fragen wir zunächst, inwiefern ergänzen Galianis Briefe seine Dialoge über den Getreidehandel?

Ich darf, bevor ich auf die Briefe eingehe, ein Wort vorausschicken und an die Vorgeschichte der Dialoge und damit an die bewegte Zeit der stets schwankenden französischen Getreidehandelspolitik seit dem Jahre 1750 erinnern. Die Getreidehandelspolitik der französischen Regierung von 1753 bis 1789 wird durch „ein stetes Auf und Nieder von Freiheit und Hemmung" charakterisiert.[2]) Gegen 1750 gewann die Bewegung zugunsten

---

[1]) vgl. Hofmiller, l. c. p. 184, der mit Recht auf die Schilderung Taines verweist. Vgl. seine „Entstehung des modernen Frankreichs", deu. von L. Katscher, Bd. I [3], p. 335, wo er von den „Salon-Abbés" als den „ständigen Haushöflingen, Neuigkeitskrämern, Boudoirschmarotzern, als dem Echo von Gesellschaft zu Gesellschaft, von Salon zu Salon" spricht. Und Hofmiller, l. c. nennt den Abbé des 18. Jahrhunderts „den feinsten Domestik des Salons, sein unentbehrlichstes Möbel ... Er lebt im Salon, er lebt vom Salon, er stirbt mit dem Salon". Grimm schreibt am 28. Februar 1775 an Galiani: „Mon cher prototype de tous les charmants abbés, passés, présents et à venir". Perey et Maugras, Dernières Années de Madame d'Épinay, [8]. Paris, C. Levy, p. 489.

[2]) F. Wolters, Studien über Agrarzustände und Agrarprobleme in Frankreich von 1700 bis 1790, Leipzig 1905, p. 276. Vgl. außerdem zur französischen

größerer Handelsfreiheit stärkere Kraft, nachdem schon früher den Hemmungen der Handelsfreiheit wiederholt die Schuld am Niedergange der französischen Landwirtschaft beigemessen worden war.[1] Namentlich waren es die Physiokraten, welche die Forderung nach Beseitigung aller die freie Produktion und den freien Handel störenden Schranken erhoben und mancherlei Anhänger gewannen. 1754 setzte man bei Ludwig XV. die Freiheit des Getreidehandels innerhalb der einzelnen Provinzen des Reiches durch. Es folgten günstige Erntejahre, so daß die Freihandelsschule auf dem von ihr betretenen Wege fortschritt und erreichte, daß die an der Ausfuhr interessierten Provinzen sich ihren Forderungen anschlossen. Die Regierung folgte langsam. 1763 wurde dem Parlament ein Entwurf zur Befestigung der Inlandshandelsfreiheit vorgelegt, der am 2. Dezember bestätigt wurde. Im Juli 1764 erging das Edikt über die Ausfuhr- und Einfuhrfreiheit. Es stellt[2] im Artikel 3 das Prinzip der freien Ausfuhr auf, jedoch soll die Ausfuhr über See nur aus bestimmten angeführten Häfen erfolgen. Ferner wurde bestimmt, daß die Ausfuhrtransporte nur auf französischen Schiffen mit überwiegend französischer Besatzung vor sich gehen dürften. An Orten, an denen auf drei einander folgenden Märkten das Korn den Preis von 30 livres per septier erreichte, soll die Ausfuhrfreiheit aufgehoben sein, wie Artikel 6 besagt. Endlich soll ein $^1/_2$ prozentiger Wertzoll bei der Ausfuhr und bei der gleichfalls freigegebenen Einfuhr auf Brotkorn ein 1prozentiger, sonst ein 3prozentiger Wertzoll erhoben werden. Dieses Edikt bedeutet scheinbar einen Sieg der Freihandelsdoktrin, der Physiokratie, in Wirklichkeit aber nur, wie Sieges mit Recht hervorhebt,[3] einen Sieg des Prinzips der Ausfuhrfreiheit; denn zugunsten des Pariser

---

Getreidehandelspolitik folgende für die Darstellung des Textes herangezogenen Werke; Sieges, a. a. O. p. 32f.; Araskhaniantz, a. a. O. p. 144ff.; Afanassiev, a. a. O. p. 205ff.; Fridrichowicz, a. a. O. p. 210ff.; Gaudemet, a. a. O. p. 103ff.; Thiele, François Quesnay und die Agrarkrisis im Ancien Régime, in Vierteljahrsschrift für Sozial- und Wirtschaftsgeschichte IV, p. 553ff.; Adalbert Wahl, Vorgeschichte der französischen Revolution 1905 Bd. I, p. 165ff.; Blei, Galianis Dialoge über den Getreidehandel (1895), p. 69ff.; Weigand, Einleitung zu seiner Ausgabe der Briefe Galianis (1907) I, p. LXIII ff.

[1]) vgl. Sieges, pp. 32ff., auch zum folgenden.

[2]) vgl. Gaudemet, a. a. O. p. 117f. und Sieges i. c. p. 34ff. für das Folgende.

[3]) ibidem p. 35.

Marktes blieben mancherlei ältere Bestimmungen bestehen, und die Abschaffung der den Binnenhandel belastenden Abgaben stand einstweilen nur auf dem Papier, so daß der Export ein Übergewicht über den Binnenhandel erhielt.[1]) Allerlei Mißernten haben die Begeisterung für das neue System der Getreidehandelspolitik bald herabgemindert. Wie uns Gaudemet, Afanassiev und zuletzt Wolters geschildert haben, ergaben die Ernten der Jahre 1766/1768 einen starken Mißwachs. Infolge der hohen Preise entstand allgemeine Unruhe, und ein großer Teil der Empörung richtete sich gegen die neue Schule der Ökonomisten, gegen die Physiokraten, gegen Quesnay und seine Anhänger. Eine gewaltige Broschürenliteratur entstand und erörterte eifrig das Für und Wider der freien Getreideausfuhr. Sie schloß sich an die frühere Literatur der Jahre 1750 und folgende an, von der Voltaire[2]) spöttisch gesagt hatte: „Gegen 1750 machte die Nation, übersättigt mit Versen, Tragödien, Komödien, Opern, Romanen und noch romantischeren Reflexionen über die Moral und die theologischen Streitereien, über die Gnade und die Verzückungen, machte die Nation' sich endlich daran, über das Getreide nachzudenken. Man vergaß selbst die Weinberge, um nur von Weizen und Roggen zu sprechen. Man schrieb nützliche Dinge über die Landwirtschaft; alle Welt las sie, mit Ausnahme der Bauern. Man stellte fest, wenn man aus der Opéra Comique kam, daß Frankreich Getreide in Hülle und Fülle zu verkaufen hätte".

Weit über die Modeliteratur hinaus erhoben sich drei Schriften über die Frage des Getreidehandels: Galianis Dialoge, erschienen 1770 oder nach Afanassiev Ende 1769, Turgots Briefe über die Freiheit des Getreidehandels vom gleichen Jahre, endlich Neckers Werk über die Getreidegesetzgebung und den Getreidehandel vom Jahre 1775. Man hat mit Recht die Hauptgesichtspunkte dieser Werke dahin charakterisiert,[3]) daß Galiani die Getreidepolitik den Forderungen der industriellen Entwicklung des Landes unterordnen wollte, Necker denen der Sozialpolitik, Turgot denen des Ackerbaues. Und die Getreidegesetzgebung von 1770 bis zum Ausbruch der großen französischen Revolution beruht hauptsächlich auf dieser Kontroverse. Uns interessiert hier nur Galiani. Und da ist hervor-

---

[1]) Gaudemet, p. 119 und Sieges p. 35.

[2]) Voltaire, Dictionnaire philosophique IV, p. 21; vgl. auch Wolters, a. a. O. p. 147.

[3]) Araskhaniantz, a. a. O. p. 149.

zuheben, daß er sich schon in seinen italienischen Briefen an Tanucci des öfteren über die Getreidehandels- und Teuerungspolitik Frankreichs ausspricht und aus ihr Lehren für die entsprechende Politik seines eigenen Vaterlandes zu ziehen sucht.

Coletta schildert uns in seiner „Geschichte des Königreichs Neapel“,[1]) wie im Anfange des Jahres 1764 in Neapel eine allgemeine Teuerung entstand und wie die Regentschaft ihrer Herr zu werden suchte. Sie setzte in jeder Stadt einen niedrigen Preis des Getreides fest, wodurch jedoch die Märkte verlassen blieben. Sie schob die Schuld auf die „Wucherer“ und suchte sie zu bestrafen. Die Hungersnot erreichte erst ihr Ende, als aus dem Auslande Getreideschiffe ankamen. Am 19. März 1764 schreibt Galiani an Tanucci[2]): „Die Nachrichten von der Teuerung in Neapel betrüben mich unendlich. Sehr viele schöne Dinge habe ich in unzähligen Autoren über die Administration des Getreides gelesen, ebensoviele habe ich von Leuten von Einsicht sagen hören, und fast ebensoviele habe ich manchmal selbst phantasiert. Ew. E. wird gerade wie ich unendlich viel gelesen und nachgedacht haben. Aber alles sind schöne Dinge, die von Kunstfertigkeit abhängen, einer teuern und menschlichen Sache, die trügerisch ist und dem unterworfen, daß sie jede gute Einrichtung verderben kann. Das Richtige ist, die Natur der Natur entgegenzusetzen. Die Natur ist wahr, einfach und groß in den Übeln wie in den Hilfsmitteln.[3]) Den Pocken muß man die Impfung entgegensetzen, und alle die Sorgen für den Schutz vor der Ansteckung, die der Mensch hat und die wirkungslos bleiben, sein lassen. Der Getreideteuerung muß man eine Kultur einer Pflanze entgegensetzen, die wenigstens taliter qualiter die Getreideschwankungen aushalten läßt, wenn das Getreide fehlt. Das türkische Korn ist eine. Tatsächlich gibt es, seitdem Mais in Europa ist, weniger Teuerungen. Aber dies allein genügt nicht. Ich sehe die Hälfte der Welt, nämlich die ganze neue, sich als Brot einer Wurzel bedienen, die tausend verschiedene Namen in Amerika hat. Man nennt sie Manioco usw.; in der Hauptsache kommt sie den Kar-

[1]) Aus dem Italienischen von Leber. Mit Vorwort von F. Chr. Schlosser, Grimma 1848, Bd. I, p. 221 ff.

[2]) Bazzoni, l. c. p. 112/13.

[3]) „Il vero è opporre la natura alla natura. La natura è vera, simplice et grande e ne' mali, e ne' rimedi.“

toffeln von Spanien und von Irland gleich. Diese Insel lebt davon, und wo sie erst verlassen war aus Mangel an Korn, ist sie heute sehr bevölkert. Ich sehe hier das ganze Volk im Winter von diesen Kartoffeln leben, die verschiedene Namen haben. Man nennt sie pommes de terre, topinambours usw. Mit ihnen ist die französische Armee in einem Teil Deutschlands, in Hessen, das wenig Korn hervorbringt, unterhalten worden. Wenn also unsere Abbruzzen, die Basilicata, Calabrien citra usw., gebirgische und zum Teile kalte Gegenden, diese Planze hätten, wie viel weniger Korn würde man brauchen! Diese Pflanze wächst ohne Kultur und in dem undankbarsten Boden und hat den Vorteil, daß sie im Winter kommt, und man hat Zeit, sie zu säen, wenn man den Ausgang der Getreideernte gesehen hat. Bitte verachten Sie nicht das, was ich sage; wer weiß, ob nicht die Vorsehung mich ganz unbedeutendes Wesen dazu bestimmt hat, Ew. E. eine Idee einzuflößen, durch die Sie mehr als durch alles andere sich um das Menschengeschlecht verdient machen werden. Die größten Wohltäter des Menschengeschlechtes sind Bacchus, Ceres, Lukullus und wer immer uns mit einem natürlichen Reichtum beschenkt hat. Ich könnte für 20 Lire Ew. E. so viel Kartoffelsamen schicken, das Reich von Neapel zu bereichern, aber ich weiß, daß Toskana und Mugello davon voll sind (durch die Bemühungen des guten Cocchi), so daß der Transport von dort kürzer sein wird".

Man sieht, Galiani legt auf den Anbau von Kartoffeln den größten Wert, und er freut sich in einem Briefe vom 30. April 1764 über die sympathische Aufnahme, die seine Vorschläge bei Tanucci gefunden haben.[1]) Weiter gehen die Pläne eines sehr ausführlichen Briefes vom 7. Mai 1764, der (in Anlehnung an „della moneta") eine Art Quantitätstheorie über das Verhältnis von Metallmenge und Preisen entwickelt. Ich teile ihn in extenso mit, weil er wertvoll ist für die damalige Auffassung unseres Abbés von den Aufgaben einer Teuerungspolitik. Er schreibt[2]):

„Ich verstehe nicht, warum es gegen den sehr hohen Preis der Lebensmittel kein Mittel geben soll. Rom rührt sein Sacrarium und sein Sixtinisches Palladium an. Warum sollten wir nicht das Silber der Kirchen (die durch ihr Wesen verpflichtet

---

[1]) Bazzoni, l. c. p. 118.

[2]) ibidem p. 119/20.

sind, Mütter und Ammen der Armen zu sein) auf die Münze tragen lassen? Ich beabsichtige nicht etwa, das Silber ganz zu nehmen, weil dies eine verhaßte Sache sein würde, die man überhaupt nicht zu versuchen brauchte, aber die Münze müßte einen Erklärungsschein an jede Kirche oder jedes Kloster, das Silberwerk gebracht hätte, geben über den Betrag des Silberwerks, und man müßte den Kirchen 4 % Zinsen dafür geben, bis das Kapital zurückgestellt wird. Im ganzen braucht es nur eine Anleihe zu sein, die mit der Schaffung eines Zolles zu besseren Zeiten wieder ins Gleichgewicht gebracht werden wird; so hat man hier vor 4 Jahren getan und die Geistlichen (die hier schreien und kreischen können, gerade wie in jedem anderen Lande) schrien nicht nur nicht, sondern lobten vielmehr den Himmel, einen Weg gefunden zu haben, ein unfruchtbares Geld gewinnreich zu machen. Diese sehr geeignete Gelegenheit aber würde dazu dienen, ungeheure Metallmengen, die träge daliegen und eines unserer großen Übel sind, in Umlauf und Handel zu bringen. An die Banken darf man nicht rühren; aber bei den Kirchen eine Schuld aufnehmen, die soviel Metall träge daliegen haben, ihnen die Zinsen bezahlen und ihnen auch das Kapital wiedergeben, was ist da für ein Übel dabei? Wer kann schreien? Man müßte ihnen die heiligsten Gefäße und die Reliquienschreine lassen; aber Leuchter, überflüssige Verzierungen, Bischofsmäntel, Statuen würden umgeprägt werden, und die Mönche würden sich um eine beträchtliche jährliche Einnahme reicher finden. Es würde vielleicht jemand schreien, nicht etwa weil er die Nützlichkeit nicht einsieht, sondern nur in der Vorahnung der Untreue und schlechten Bezahlung von seiten des königlichen Schatzes. Aber es ist vor allem notwendig, in Neapel den Kredit zum königlichen Schatze und das gegenseitige Vertrauen zwischen ihm und dem Volke einzuführen, damit das Volk gern sein Geld zum König bringt, und der König immer das, was er sucht, in den Taschen seiner Untertanen findet. Nun kann man aber nach meiner Meinung nichts besseres tun, als experimentum in anima vili zu beginnen. Man beginne mit den Mönchen und nicht mit den Banken. Denn wenn man den Mönchen die Treue nicht hält, ist dies ein geringeres Übel, wenn man sie aber den Banken nicht hält, ist es ein sehr viel schlimmeres Übel und das größte, was unsern vollständigen Ruin bedeuten würde.

Glaube Ew. E., daß es nicht mehr notwendig sei, sich wegen

der Teuerung zu beunruhigen, da wir so weit sind. Der Mangel an Getreide wird sicher mit der neuen Ernte aufhören, wenn sie reichlich ausfällt; aber die sehr hohen Preise der Dinge werden wahrscheinlich bleiben, wenigstens bis man den Ausgang der Ölernte gesehen haben wird, oder vielleicht noch länger. Denken Sie an die große Summe Geld, die fortgegangen ist, oder die das Reich für so viele auswärtige Getreidekäufe schuldig bleibt. Und Sie werden mit Ihrem weisen Verstande sehen, daß die Verminderung der Metallmenge, die unter uns kursierte, notwendigerweise sehr hohe Preise für alle Arten von Sachen und vor allem niedere Preise für unsere eigenen Waren, nämlich Öl, Seide, Weine usw., hervorbringen wird. Alles dies sind Wirkungen der Menge des Metalls, die vermindert wird und in der Hand von wenigen Kaufleuten bleibt, die aus dem öffentlichen Unglück großen Nutzen geschlagen haben. Also wenn nicht neues Metall in die Masse des wenigen geschmolzen wird, was jetzt zirkuliert, so wird die Genesung unseres Reiches lange dauern. Es wird ohne Kraft, ohne Handel und immer in Schwäche bleiben. Es ist also notwendig, Geld zu schlagen und zu münzen".

Die Äußerungen, die sich in den italienischen Briefen finden, zeigen eine der damaligen Getreidehandelspolitik Frankreichs freundliche Auffassung. So schreibt Galiani am 25. Juli 1769[1]):

„Der freie Export des Getreides aus Frankreich wird ein großer Schade für unseren Handel sein, wenn wir uns nicht anstrengen, ihn nachzuahmen; hier hat man diese große Wahrheit eingesehen, daß der einzige Schutz vor Teuerungen Freihandel und Ausfuhr ist, weil dies den Anbau vermehrt, und wenn man viel Getreide sät, so erntet man immer viel oder wenig, aber wer gleich wenig sät, erntet manchmal nichts".[2])

Endlich interessiert ein Brief Galianis vom 2. November 1767 (Nicolini hat ihn zum ersten Male mitgeteilt), in dem er über die

---

[1]) Bazzoni, l. c. p. 124.

[2]) „La libera esportazione de' grani di Francia sarà un damno grande del nostro commercio ... l'unico preservativo delle carestie è libero commercio ed estrazione." Vgl. auch den Brief Galianis vom 21. September 1767 im A. St. 1906, p. 214/15 Note 1 über Neapel: „I prezzi cari sono l'effetto della massa di denaro cresciuta nel Regno, dell' opulenza degli agriocoltori, del lecco dei guadagni fatti negli anni passati".

Teuerung in Frankreich vom Jahre 1767 an Tanucci berichtet. Ich lasse auch ihn in deutscher Übersetzung folgen[1]):

„Über Getreide habe ich mit vielen hiesigeu Beamten in den letzten Tagen gesprochen und hauptsächlich mit de Sartine, Lieutenant de Police, einem bedeutenden Menschen von höchstem Verdienste; ich habe dies getan angesichts der Getreideverteuerung, die hier eingetreten ist. Würden Sie glauben, daß ich sehr große Mühe gehabt habe, ihm begreiflich zu machen, was unsere Spekulanten sind, unser Monopol, die Grausamkeit, die die wenigen und vereinigten Kaufleute dem Volke gegenüber ausüben? Hier fehlt ganz der Gegenstand selbst, der Name und die Vorstellung. Das Wort incettatore (etwa Spekulant) kann man in das Französische nicht übersetzen. Schnell und leicht werden Sie die Unmöglichkeit des Monopols hier einsehen. In Paris gibt es 700 oder 800 Bäcker, die Brot auf eigene Rechnung machen, wie die Schuhmacher die Schuhe machen; diese Bäcker haben keine Verpflichtung, das Getreide von irgend jemand zu kaufen, nicht von ihrer Stadtbehörde, von einer Junta de abastos, nicht von solchen Kaufleuten, nicht vom König, von gar niemandem; sie kaufen, machen ihr Brot, wo, wann und wie es ihnen paßt. Es fehlt hier also jene Mittelsperson, die es bei uns gibt in der Gestalt des Kaufmanns, der Stadt oder des Spekulanten, der von den Bauern kauft und den Bäckern verkauft und den enormen und ungerechten Gewinn einsteckt. Hier schreibt der Bäcker direkt z. B. nach der Picardie und kauft von zwei oder drei großen, mit ihm in Verbindung stehenden Ökonomen das Getreide, läßt es nach Paris kommen und verarbeitet es zu Brot. Jeder der Ökonomen der Provinzen hat befreundete Bäcker in Paris, und so wird die Stadt versorgt. Der Hauptsache nach gibt es keine Getreidegroßhändler hier; denn der Kaufmann, der sich damit beschäftigte, indem er den Bauern Geld vorstreckt, hier und da 30 000 oder 40 000 Tomoli Getreide zu kaufen, kann dann im Großen an die Stadt oder an andere das Getreide nicht wieder verkaufen. Er müßte auch im Kleinen und mit Mühe wieder verkaufen, indem er die Bäcker nacheinander bitten müßte, ihm abzukaufen; diese aber, die ihre festen Geschäftsfreunde haben, würden sie nicht im Stiche lassen, wenn man ihnen keinen geringeren Preis anböte, so daß der Getreide-

[1]) A. St. 1906, p. 228/29 Note 1.

händler niedriger verkaufen müßte als die Ökonomen, d. h. unter dem Kaufpreis, und Bankerott machen würde. Die 800 Bäcker können sich nicht verbinden und verweigern, Getreide zu kaufen, weil sie den Laden würden schließen müssen und den Bankerott erklären. Aber auch die Ökonomen können sich nicht verbinden, da es eine Menge Leute aus vier oder fünf verschiedenen Provinzen sind. Kurz, hier gibt es keinen Getreidehändler. Die Bäcker selbst sind die ersten Käufer. Also das ganze Übel ist die Behörde der Nahrungsmittelversorgung, die weiter nichts wie ein monopolistischer Kaufmann ist, der den Auftrag zwei oder drei Großkaufleuten gibt und diese wieder anderen, woraus sich jene Pyramide von dritten und müßigen Händen bildet, die stehlen.[1]) Wenn Sie die Nahrungsmittelversorgung aufheben können, indem Sie die Pille versüßen und sagen, daß es nur für ein Jahr ist, wenn Sie einen Steuererlaß auf das ganze Getreide oder Mehl legen, das jeder Bäcker oder Private frei nach Neapel kommen läßt, und dabei immer versprechen, den früheren Zustand wiederherzustellen, sobald die Teuerung vorüber sei, so machen Sie es nur und Sie werden das Reich retten. Wenn Sie nicht können, weinen Sie wie Jeremias und verlassen Sie eine Stadt, die von Gott verlassen ist".

Und endlich ein Brief von 1768 (das auch ein Notjahr für Frankreich war),[2]) zeigt den Abbé noch einmal als Anhänger der französischen Politik, deren freihändlerische Grundsätze er lobt. Er schreibt dort[3]): „Eine gute Regierung muß gleichen Schritt halten mit der Aufklärung und Instruktion des Volkes, sonst würde sie zu tadeln sein. Hier hat man die Wirkung gesehen, daß die Preise, als man bei dem Grundsatz des Freihandels geblieben ist, heruntergegangen sind, und man befürchtet in diesem Jahre schon keine Teuerung mehr".[4])

Erscheint uns Galiani in seinen Briefen an Tanucci im wesentlichen als Anhänger der Handelsfreiheit, so ist seine Stellungnahme in den berühmten „Dialogen" eine bedächtigere und vorsichtigere

---

[1]) A. St. 1906, p. 229: „. . . Dunque, tutto il male è l' annona, che è un mercante monopolista, che dà l' incarico a due o tre mercanti grossi, e questi ad altri, onde si forma quella piramide di terze mani oziose, rapaci".

[2]) F. Wolters, a. a. O. p. 224.

[3]) A. St. 1906, p. 545.

[4]) „Qui si è veduto l'effeto che, persistiti nelle massime di libertà, i prezzi de'grani sono andati as bassare, e già non si time più penuria in quest' anno".

geworden. Er vertritt bekanntlich in ihnen die Auffassung, daß weder ein absolutes Ausfuhrverbot noch absolute Ausfuhrfreiheit im Interesse der französischen Wirtschaftspolitik liege. Man müsse vielmehr alle Umstände berücksichtigen; dahin geht seine Meinung, jeden Radikalismus zu vermeiden und langsam und vorsichtig vorzugehen.[1]) Alle Entscheidungen seien nur von relativem Wert je nach Zeit, politischen und wirtschaftlichen Umständen eines Landes. Mit einem Wort: Ein „Absolutismus der Lösungen" wirtschaftlicher Probleme ist nach Galiani vom Übel.[2])

Absichtlich hat er, wie er in einem Briefe selbst zugibt, die Dialogform für sein Buch gewählt, weil er meint, das Französische sei die Sprache einer Nation, die mehr spreche als sie denke, die sprechen müsse, um zu denken, und die nur denke, um zu sprechen, und alles das gebe die Form des Dialogs am besten wieder.[3]) Und die Dialoge sollten in der Tat auch wirken, als ob sie im Salon gesprochen würden. „Il fallait rendre accessible et agréable, pour les gens d'esprit qui fréquentaient les salons et qui voulaient tout connaître sans longue étude, l'exposé des théories les plus compliqués et les plus abstractes", sagt Gaudemet treffend.[4])

Die drei sich unterhaltenden Personen der Dialoge, der italienische Chevalier Zanobi und die beiden französischen Herren, der Marquis von Roquemare und der Präsident, sind keine Fiktionen,

---

[1]) vgl. Blei, Galianis Dialoge, a. a. O., p. 95, Note. Galiani sagt in seinen „Dialogues" (Nouv. Édit. 1795, p. 34): „Imitons le grand Colbert et ne le suivous pas. Imiter et suivre sont des choses très différentes, quoique bien des gens s'y méprennent. Faisons ce qu'une bonne tête comme celle du grand Colbert auraît fait aujourd'hui".

[2]) Von den „Dialogues sur le commerce des bleds" sind folgende deutsche Übersetzungen erschienen (cf. auch Nicolini, Pensiero . . . l. c. p. 408): a) Auszüge des 5. und 8. Dialogs von Joh. Georg Hamann, in seinen Schriften ed. Friedr. Roth, IV, 1823, p. 391 ff. b) Dialoge über die Regierungskunst, vornehmlich in Rücksicht auf den Getreidehandel, von H. L. W. Barkhausen, 1777. c) Handlungsdialoge, a. d. Franz. von H. W. Berisch, 1778. d) Des Abbé Galiani Gespräche über den Kornhandel, a. d. franz. Mit Anmerkgn. von D. C. W. Biecht, 1802. e) Galianis Dialoge über den Getreidehandel, hrsg. von F. Blei, 1895. f) Die Briefe und Dialoge des Abbé Galiani. In Auswahl übersetzt und hrsg. von A. v. Gleichen-Rußwurm, Berlin 1907.

[3]) Brief an Mme. d'Épinay, 12. Mai 1770 (Perey u. Maugras, Correspondance I, p. 142): „Le langage d'une nation qui a besoin de parler pour penser, et qui ne pense que pour parler, doit être le langage le plus dialoguant".

[4]) Gaudemet, a. a. O. p. 141.

sondern nach dem Leben gezeichnete Porträts. Zanobi ist Galiani selbst, der Marquis ist der Marquis Croismare, eine bekannte Pariser Persönlichkeit, und der Präsident endlich ist ein junger strebsamer Beamter Baudouin.[1])

Die Bedeutung der Dialoge für die Geschichte der Nationalökonomie und besonders für die der Handelspolitik ist oben schon angedeutet worden. Wir sehen: Als Ganzes „ragen sie weit über die Mehrzahl der vorhergehenden und nachfolgenden Schriften über die Getreidehandelspolitik hinaus".[2]) Und dies Urteil bleibt zu Recht bestehen, wenn man auch zugeben muß, daß die Schrift „mit französischem Esprit, aber auch mit französischer Légérité geschrieben ist" und einer einheitlichen, systematischen Disposition ermangelt.[3])

Nicolini hat in einer seiner neueren Arbeiten über Galiani darauf aufmerksam gemacht,[4]) daß die Dialoge allein nicht ausreichen, um uns die charakteristischen Züge zu zeigen, welche die Physiognomie Galianis als Nationalökonomen aufweist. Und mit Recht haben schon vor Nicolini auch verschiedene deutsche Autoren, die über unseren Abbé gehandelt haben, die französische Korrespondenz — wenn auch nicht hinreichend — herangezogen. Wir wollen uns im Folgenden sowohl dieser als auch der 10 Jahre weiter zurückreichenden italienischen Korrespondenz Galianis bedienen und treten in ihre Erörterung ein, soweit sie die Dialoge, ihre Geschichte und ihre Bedeutung betrifft, nachdem wir bereits früher die handelspolitischen Anschauungen des Abbé während der Jahre 1759 bis 1769 kennen gelernt haben.

Willkommenen Aufschluß gibt uns da ebenfalls der französische Briefwechsel hinsichtlich der äußeren Entstehungsgeschichte der Dialoge[5]):

---

[1]) vgl. F. Blei, Galianis Dialoge, a. a. O. p. 64, und Gaudemet, l. c. p. 143 ff. Den Marquis de Croismare hatte Galiani im Salon der Mme. d'Épinay kennen gelernt. Er nennt ihn immer in seiner Korrespondenz „le charmant, le délicieux, l'incomparable marquis". (Gaudemet p. 145, Note 2.) Von Baudouin sagt der Marquis im 5. Dialoge: „il aime à s'instruire, il parle peu; mais il sait, écuter". (Dialogues sur le Commerce des Bles, par l'Abbé Galiani, Nouvelle Édition 1795, p. 170.)

[2]) Sieges, a. a. O. p. 70.

[3]) Fridrichowicz, a. a. O. p. 219. Das Gespräch (Weigand, Einleitung a. a. O. p. LXXV) erschwert obendrein ihr Verständnis.

[4]) Giornale . . . a. a. O. p. 34.

[5]) Zum folgenden vgl. Sieges, a. a. O. p. 37/38.

Galiani hat, dem Drängen seiner Freunde nachgebend, das Manuskript der Dialoge verfaßt, in der Feilung des französischen Stils von Diderot unterstützt. Infolge seiner unsicheren Stellung in Paris mußte mit Hochdruck gearbeitet werden, und so zeigen die letzten Dialoge eine flüchtigere Form als die ersten. Als dann die Abberufung erfolgt, läßt Galiani das ihm teure Manuskript in den Händen der Frau von Épinay und seiner Freunde Diderot und Grimm zurück und beauftragt sie mit der Korrektur und Drucklegung. Diderot gelingt es, den Verleger Merlin zu vermitteln, der 100 Louisdors für das Manuskript bietet, so daß am Ende des Jahres 1769 der Druck beginnen kann. In welcher Gemütsverfassung und von welch mannigfachen Kümmernissen bedrückt Galiani sein Meisterwerk verfaßt hat, geht deutlich aus den Briefen hervor. So spricht er in einem Briefe vom 14. August 1769 [1]) an Frau von Épinay von einem schrecklichen Zustand des Kummers und der Bedrückung des Geistes, in dem sein „unglückseliges Werk entworfen, geschrieben und vollendet sei". Er nennt es direkt „recht eigentlich eine Frühgeburt" und meint an anderer Stelle,[2]) unter traurigen Umständen sei das unglückliche Kind (nämlich die Dialoge) empfangen worden und vorzeitig zur Welt gekommen. „Ich weiß selbst nicht, was es ist; aber ich konnte es (das Buch) nicht ein einziges Mal kalten Blutes lesen. Ich hatte das Originalmanuskript in Ihren Händen gelassen, und so weiß ich nichts mehr davon." Und darum fordert er seine Freunde auf, sein Buch mit mehr Duldsamkeit zu lesen.[3]) Mit größter Spannung harrt er täglich der Nachrichten seiner Pariser Freunde über die Korrektur und Drucklegung der Dialoge. Bereits am 17. Juli 1769 schreibt er an Madame d'Épinay, daß er ungeduldig auf die Nachricht warte, „daß endlich die Ladung das Kap umsegelt und den schrecklichen Engpaß der Revision (er meint die Korrektur Diderots) passiert habe".[4]) Noch mehr interessiert ihn der Abschluß des Vertrages mit dem Verleger, und so fordert er

[1]) Weigand-Conrad, a. a. O. I, p. 12. Die Conradsche Übersetzung liegt den Zitaten im Text zugrunde. Cf. auch Perey-Maugras, Correspondance, I, p. 18.

[2]) Conrad, l. c. I, p. 38; Perey-Maugras, l. c. I, p. 58/59. Der eine Satz ist bei Conrad verdruckt.

[3]) ibidem.

[4]) Conrad, l. c. I, p. 10 übersetzt „passé" schlecht mit „überschreiten". Perey-Maugras, I, p. 16.

am 28. August desselben Jahres seine Freunde auf, auf alle Fälle drucken zu lassen, auch wenn sich kein Drucker finde, der mutig genug sei, 100 Louis daran zu wenden. Er fügt hinzu[1]): „Die Sache, die mir in Paris vollständig gleichgültig war, liegt mir jetzt ungeheuer am Herzen. Übrigens, bitte, benachrichtigen Sie Diderot, daß er nicht den Terenzschen Vers: Ne quid nimis auf das Titelblatt setzen soll, der ist schon in einer anderen Getreidebroschüre gebraucht worden; wir müssen den Horazschen Vers verwenden: In vitium ducit culpae fuga, si caret arte“.

Mit welchem Jubel endlich die Nachricht der Drucklegung begrüßt wird, geht aus einem späteren Schreiben vom 18. September 1769 hervor, in dem Galiani begeistert ausruft[2]): „Endlich, Madame, werde ich gedruckt. Hurra! Sie, die Sie Mutter sind, können sich gewiß ein Vaterherz vorstellen“. Dringend bittet er darum, ihm die bereits gesetzten Bogen zu senden. Daß sein Buch Eindruck machen, ja Sensation erregen würde, davon ist unser Abbé fest überzeugt. Er meint in einem Brief vom 18. November 1769,[3]) seine „Bombe“ müsse doch Lärm gemacht haben, als sie in Paris geplatzt sei; und am 11. Februar 1770 schreibt er an seine Freundin kaltblütig,[4]) daß Lärm und Zwiespalt der Chevalier Zanobi vorausgesehen habe. Umso größer ist der Ärger Galianis, als er vernimmt, daß sein Gegner, der Herzog von Choiseul, an eine Unterdrückung der Dialoge vermittelst der Zensur denke.

Mit beweglichen Worten klagt er am 18. Dezember 1769 seiner Freundin[5]): „Hätten Sie das geglaubt, Madame? Hätte man glauben sollen, daß das einzige Buch in respektvollem Ton, das bis jetzt über das Gebiet der Verwaltung geschrieben worden ist, auf soviel Schwierigkeiten stoßen würde, während man doch das Erscheinen der blutigsten (und zugleich langweiligsten) Satiren erlaubt?“

An den Kritiken ist ihm nichts gelegen. Ihn interessiert nur der Absatz und die Zahlungsfähigkeit des Druckers. In einem Briefe vom 24. Februar 1770 meint er[6]): „Sie halten mich für einen

---

[1]) Perey-Maugras, l. c. I, p. 26; Conrad, l. c. I, p. 17.
[2]) Perey-Maugras, l. c. I, p. 28; Conrad, l. c. I, p. 18.
[3]) Perey-Maugras, ibidem p. 36; Conrad, ibidem p. 23.
[4]) Perey-Maugras, ibid. p. 70; Conrad, ibid. p. 45.
[5]) Perey-Maugras, ibid. p. 48, 49; Conrad, ibid. p. 31.
[6]) Perey-Maugras, l. c. I, p. 72; Conrad, l. c. I, p. 46.

so kleinen Philosophen, daß Sie mir die Antworten, die Erwiderungen, die Beleidigungen, die man gegen den unglücklichen Chevalier Zanobi speit, nicht senden wollen? Sie hätten mir das größte Vergnügen gemacht, sie mir durch die Post zuzusenden. Ich bin auf alles vorbereitet. Die Fron der Weisen ist, den Menschen Gutes zu tun".

Trotz den erschwerenden Umständen, unter denen sein Buch entstanden ist, und welche die Form und den Inhalt jedenfalls der letzten Dialoge kaum günstig beeinflußt haben, ist Galiani von der Vortrefflichkeit des Buches durchdrungen. Mit etwas naivem Selbstlob freut er sich der Witze, die in seinem Werk enthalten, und beruft sich seiner Freundin gegenüber[1]) dafür, daß manche Witze schlecht seien, auf Voltaire, der auch schlechte Witze habe drucken lassen; es sei ja richtig, ein solches Buch müsse auch schlechte Witze bringen, damit es allen Leuten gefallen könne. Jedenfalls aber, meint er, seien die Dialoge ein gutes Buch,[2]) und er habe es mit großer Begierde gelesen, weil er sich fast gar nicht mehr dessen entsinne, was es enthielte.

Sein Zweck, in erster Linie seine Freunde zu unterhalten und ihnen Vergnügen zu machen, sei ihm durchaus gelungen[3]): „Das große Publikum wird wohl erst im kommenden Jahrhundert überzeugt werden. Ganz gewiß werde ich niemandem etwas entgegnen; ich habe mein Werk nicht aus dummer Lust am Disputieren geschaffen. Ich habe geglaubt, ein nützliches Buch zu schreiben und mich meiner Schuld gegen eine Nation zu entledigen, die mich sehr lieb gehabt hat, die ich sehr liebe und die ich eines Tages wiederzusehen hoffe".

Er ist davon überzeugt,[4]) daß die Schriften der Physiokraten, namentlich die eines Dupont und eines Mercier, von der Bildfläche verschwinden, seine Gespräche dagegen bleiben würden.

Die Motive, von denen er sich bei der Abfassung der Dialoge leiten ließ, sind zweifellos die besten gewesen. So schreibt er am 27. April des Jahres 1770[5]): „Ich habe Frankreich etwas Gutes zu tun geglaubt und wollte besonders einmal wichtige Geschäfte,

---

[1]) Perey-Maugras, l. c. I, p. 17; Conrad, l. c. I, p. 11.
[2]) Perey-Maugras, ibid. p. 64; Conrad, ibid. p. 42.
[3]) Perey-Maugras, ibid. p. 85, 86; Conrad, ibid. p. 55.
[4]) Perey-Maugras, l. c. I, p. 133; Conrad, l. c. I, p. 85.
[5]) Perey-Maugras, ibid. p. 113 u. 114; Conrad, ibid. I, p. 72.

die nichts mit Metaphysik und nichts mit Theologie zu tun haben, ohne jeden Enthusiasmus und jene Systematisierungswut behandeln, die alles verderben".

Diese Bemerkungen werden in amüsanter Weise durch ein Briefchen an den Grafen Schomburg vom 19. Mai desselben Jahres ergänzt, das im knappsten Stile die Absichten Galianis bei der Verfassung der Dialoge enthält[1]): „Ich habe keine Geheimnisse vor Ihrem Herzen, wie ich nichts Erhabenes für Ihren Geist habe; ich werde Ihnen alles enthüllen, was ich gern wollte, als ich diese ‚Gespräche' schrieb.

1. Vor allem: mich unterhalten. Bewilligt.
2. Dann 100 Louis verdienen. Verweigert.
3. Meinen Freunden ein Andenken an unsere „Dialoge" hinterlassen. Bewilligt.
4. Frankreich Gutes tun. Verweigert." —

Soviel über die Dialoge selbst und über ihre Geschichte und Absichten. Wir suchen nun eine zweite Frage zu beantworten: In welcher Weise tragen die französischen Briefe zur Aufhellung der Ansichten Galianis über die Getreidehandelspolitik bei, inwiefern sind sie also geeignet, die Dialoge und seine in den älteren italienischen Briefen niedergelegten und schon früher von uns erörterten Anschauungen zu ergänzen?

Es ist nicht ganz leicht, die Auffassung des Abbés in dieser Frage klar zu präzisieren. Dazu geht er zu wenig systematisch vor und bevorzugt zu sehr die reinen Zweckmäßigkeitsgründe. Beim ersten Durchlesen der betreffenden Briefe über die Getreidehandelspolitik ist man daher leicht geneigt, ein ähnliches Urteil über sie zu fällen, wie Voltaire über die Dialoge in dem schon erwähnten Artikel: Getreide des philosophischen Dictionnaires.[2]) Voltaire meint: „Der Abbé Galiani verstand es, in der Frage der Getreideausfuhr die Nation mit Dialogen zu erfreuen, die so amüsant waren wie unsere besten Romane, und so lehrreich wie die ernstesten Bücher. Wenn das Buch die Brotpreise nicht zum Sinken brachte, so machte es doch der Nation viel Spaß, und das ist viel mehr wert für sie".

---

[1]) Perey-Maugras, l. c. I, p. 146/47; Conrad, l. c. I, p. 93; v. Gleichen-Rußwurm, l. c. p. 189.

[2]) vgl. Sakmann, Nationalökonomisches bei Voltaire, Jahrb. f. Nationalökonomie u. Statistik, III. F. XXXIV, 1907, p. 518.

Sieht man genauer zu, so ergibt sich folgendes Bild: Erschien uns Galiani in den italienischen Briefen im wesentlichen als ein Freund und Anhänger der freien Getreideausfuhr, so machen wir bei der Lektüre der französischen Briefe die Wahrnehmung, daß er sich auch jetzt noch entschieden dagegen wehrt, schlechtweg als ein Feind der Getreideausfuhr angesehen zu werden. Ich nenne namentlich ein Schreiben an seinen Gegner, den Abbé Morellet, vom 26. Mai 1770, in dem er meint,[1]) daß die Freiheit und die Ausfuhr bis zu dieser Stunde keinen wahreren Freund gehabt hätten als ihn. Das Publikum sei durch ein illusorisches Edikt (er meint das von 1764) hintergangen worden[2]): „Man tat so, als ob man den freien innern Umlauf erlaubte, aber man ließ alle Steuern, alle Wegegelder, die Hindernisse, die ihn hemmten, fortbestehen: man versprach sie zu beseitigen, aber man setzte keine Gelder als Ersatz dafür aus, man dachte nicht einmal darüber nach, durch welches Mittel dies Gute bewirkt werden könnte. Zu gleicher Zeit gab man sich den Anschein, eine unbeschränkte Ausfuhr zu bewilligen; aber man legte eine Gebühr von 12 Livres 10 Sous auf den Zentner, und diese kleine Beschränkung hat genügt, um für drei Jahre den Handel von Nantes und die ganze Loireschiffahrt zu sperren. Sie hat genügt, um die ganze Willkürherrschaft wieder einzuführen: besondere Erlaubnisse, Begünstigung der Getreidespekulanten, Behinderung der ehrlichen Kaufleute usw. Ich, ja ich allein habe zuerst laut Einspruch getan gegen diesen Überfall auf den guten Glauben des Volkes. Ich habe eine Fälschung des Ediktes aufgedeckt und gepredigt: Sichert den Innenhandel; fangt damit an! Denn, wenn man noch der Ausfuhr bedürfen sollte, um Frankreichs ganze Produktion zu verwerten (was ich nicht weiß und was sich nicht voraussehen läßt, weil Bevölkerung und Verbrauch aus verschiedenen Ursachen sich vermehren und vermindern können), dann keine beschränkte Taxe mehr, sondern volle Freiheit, volle Ausfuhrerlaubnis. Aber ein Vorteil soll das Kind des Hauses vor den Hunden draußen auszeichnen; denn non est bonum sumere panem filiorum, et mittere canibus, wie mit Sankt Matthäus der Sekretär des Feuîlle sehr treffend sagte, als der Vorschlag gemacht wurde, Pfründen an Literaten zu vergeben".

[1]) Perey-Maugras, l. c. I, p. 155ff.; Conrad, l. c. I, p. 99.

[2]) Perey-Maugras, l. c. I, p. 156ff.; Conrad, l. c. I, p. 99ff.

Und weiter unten[1]: „Ich bin für und nicht gegen die Freiheit, wie der Chevalier Zanobi. Ja, ich bin für, und mein ganzes Buch zielt auf dieses für hin. Aber ich bin es ohne Fanatismus, weil nach meiner Meinung aus Fanatismus oder Enthusiasmus niemals etwas anderes entstehen kann als Empörung und Aufruhr. Das ist der einzige Unterschied zwischen den Ökonomisten[2]) und mir, zwischen ihren und meinen Prinzipien".

In späteren Briefen wiederholt er die Behauptung, daß er kein Feind der freien Ausfuhr an sich sei. Er leugnet, daß er vorgeschlagen habe, die Ausfuhr abzuschaffen[3]: „Nein, wahrhaftig nicht. Ich habe mich in aller Form dafür erklärt und ganz leichte Veränderungen vorgeschlagen, die nur dazu dienen sollen, die Ausfuhr dem Binnenhandel unterzuordnen. Denn zunächst wollen wir uns doch darüber einig werden, daß die Ausfuhr einer gewissen Beschränkung unterworfen sein muß. Selbst das Edikt von 1764 hatte eine solche Beschränkung vorgesehen, die sich freilich als wertlos erwies". Und weiter unten meint er[4]: „Hätte man im Jahre 1764 mein System angenommen, so wäre vielleicht nicht ein einziger Sack Korn über die Grenze gegangen, der innere Umlauf aber wäre auf die vollkommenste Weise geregelt worden, und Frankreich würde nicht aus seinem Mark und Blut Geldsummen von erschreckender Höhe aufbringen müssen, wodurch es noch auf eine lange Reihe von Jahren völlig erschöpft sein wird. Das ist ein ungesunder Reichtum, der aus dem Verkauf von Lebensmitteln an das Ausland herrührt! Seine Waren muß man verkaufen und sich von seinem Brot gut nähren".

Ganz klar geht die wissenschaftliche Eigenart unseres Denkers aus den vielen Briefen hervor, in denen er seine Maximen der Getreidehandelspolitik verteidigt. Er ist jedem Dogmatismus bei den Lösungen sozialer und wirtschaftlicher Probleme abgeneigt. Ein echt historischer Kopf, vertritt er den Standpunkt des Relativismus. Je nach Zeit, Ort und Umständen sollen Zweckmäßigkeitserwägungen über die Regelung des Getreidehandels entscheiden. So meint er in einem Briefe an Suard vom

[1]) ibidem.

[2]) Damit meint er immer die Physiokraten und ihre Anhänger.

[3]) Perey-Maugras. l. c. I, p. 320, 321; Conrad, l. c. I, p. 204.

[4]) Perey-Maugras, l. c. I, p. 323; Conrad, l. c. p. 206.

8. September 1770[1]): „Unter jeder Regierung richtet sich die Getreidegesetzgebung nach dem Wesen der Regierung. Unter einem Despoten ist freie Ausfuhr unmöglich, der Tyrann hat zu viel Furcht vor dem Geschrei seiner hungrigen Sklaven. In der Demokratie ist die Ausfuhrfreiheit natürlich und unvermeidlich. Da Regierende und Regierte dieselben Personen sind, so ist das Vertrauen unbegrenzt. In einer gemischten und gemäßigten Regierung kann auch die Freiheit nur modifiziert und gemäßigt sein.

Wenn Sie zu stark an der französischen Getreideverwaltung rütteln, so werden Sie, falls es Ihnen gelingt, die Form und Zusammensetzung der Regierung verändern, einerlei ob diese Veränderung die Ursache oder ob sie die Wirkung der unbeschränkten Ausfuhrfreiheit ist. Nun ist die Veränderung einer Verfassung eine sehr schöne Sache, wenn sie gemacht ist, aber eine sehr häßliche, wenn sie erst noch gemacht werden soll. Sie macht zwei oder drei[2]) Generationen ganz gewaltigen Verdruß und verschafft nur der Nachwelt Annehmlichkeit. Unsere Nachkommen aber sind nur mögliche Wesen, und wir sind wirkliche. Sollen die wirklichen sich wegen dieser anderen Zwang auflegen, sich sogar unglücklich machen? Nein! Behalten Sie also Ihre Regierung und Ihre Getreide".

Für das Beste an seinen Gesprächen hält Galiani das Motto: „in vitium ducit culpae fuga, si caret arte". Der erste Fehler seiner Gegner sei, sich für das eine oder das andere Extrem zu entscheiden und zu verlangen, daß der Getreidehandel entweder gänzlich frei oder gänzlich verboten sein solle. Diese Lösung ist ihm zu doktrinär. Er will nur für ein bestimmtes Volk zu einer bestimmten Zeit Ratschläge erteilen. So schreibt er an seine Freundin am 6. November 1773[3]): „Sie fragen, ob es gut sei, der Getreideausfuhr volle Freiheit zu bewilligen. Dieses allgemeine Problem ist nur durch eine unbestimmte Gleichung zu lösen. Sie fragen sodann, ob in Frankreich im Jahre 1773 freie Ausfuhr gestattet werden müsse. Jetzt ist

---

[1]) Perey-Maugras, l. c. I, p. 245/46; Conrad, l. c. I, p. 154/55.

[2]) Conrad übersetzt hier I, p. 155: ... „sie macht zwei ganze Generationen ..." Es muß heißen: zwei oder drei Generationen. Vgl. Perey-Maugras I, p. 245: ... „deux ou trois générations ..."

[3]) Perey-Maugras, l. c. II, p. 276; Conrad, l. c. II, p. 496.

das Problem festgelegt, denn Sie bestimmen Land und Zeit; und dieselbe Gleichung, auf den bestimmten Fall angewandt, wird Ihnen bald ein bejahendes (positives), bald ein verneinendes Resultat geben können".

Wieder andere Briefe zeigen, wie fest Galiani auf einen durchschlagenden praktischen Erfolg seiner Dialoge und ihrer Beweisführung baut. Er ist davon überzeugt,[1]) daß seine Dialoge zur Widerrufung des Ediktes von 1764 führen müssen, habe er doch die Teuerung in Frankreich vorausgesehen und vorausgesagt, und die Vermutung, daß das Edikt von 1764 widerrufen sein würde, ehe das Jahr 1770 vergangen sein würde, ist ja in der Tat in Erfüllung gegangen. Der Abbé Terray hob noch im Jahre 1770 das Edikt von 1764 auf, indem er am 14. Juli die Getreideausfuhr verbot und am 23. Dezember die Bestimmung der Deklaration von 1763 über die Freiheit des inneren Getreidehandels zurücknahm. Auf den Binnenkornhandel wurden wieder die vor 1763 gültigen Vorschriften angewandt, nur der Handel von Provinz zu Provinz blieb frei.[2]) Also hatten zunächst die Gegner der Physiokratie gesiegt.

In der Aufhebung des 64er Edikts sieht Galiani den ersten Schritt zur Annahme des ganzen Systems seiner Dialoge und schreibt am 11. August 1770[3]): „Sprechen Sie mir nichts mehr von französischen Getreiden. Ich weiß unglücklicherweise nur zu sehr, daß ich meinen Prozeß gewonnen habe, und daß ganze Provinzen Frankreichs ihn nebst Kosten verloren haben".

Trotz seiner Freude über diesen Erfolg bedauert unser Abbé, daß er nicht mehr Zeit auf das Niederschreiben und die Ausfeilung seiner Dialoge hat verwenden können, und, verspricht sich von einer zweiten und verbesserten Auflage einen noch größeren Erfolg.[4])

Einer zweiten Ausgabe beabsichtigt er noch einen Dialog hinzuzufügen, indem er das System der Lagermagazine (angeregt

---

[1]) Perey-Maugras, l. c. I, p. 172; ibidem p. 180; Conrad, l. c. I, p. 109ff.; ibidem p. 114ff.

[2]) vgl. die früher zitierte Literatur, namentlich Araskhaniantz, a. a. O. p. 155f.; Sieges, a. a. O. p. 83 und Afanassiev, a. a. O. p. 254ff.

[3]) Perey-Maugras, l. c. I, p. 242; Conrad, l. c. I, p. 153.

[4]) Perey-Maugras, l. c. I, p. 65ff.; Conrad, l. c. I, p. 42ff.

durch das Beispiel der sizilianischen „caricatori") auseinanderzusetzen gedenkt.

An die Stelle der Spielpartie sollte das Diner treten. Sollte es ihm an Zeit für die Niederschrift des neuen Gespräches fehlen, so ist er entschlossen (wie uns ein Brief vom 19. November 1774 berichtet),[1]) den alten Dialogen alle die betreffenden Briefstellen, die zu ihrer Ergänzung bestimmt waren, hinzuzufügen.

Neben den Briefen über den Getreidehandel ist für den Nationalökonomen am lehrreichsten der Teil der französischen Korrespondenz Galianis, der sich mit seinen Gegnern, vornehmlich mit dem Abbé Morellet und der Physiokratie beschäftigt. Die bedeutendste „Widerlegung" der Dialoge hat der Abbé Morellet in seiner réfutation de l'ouvrage, qui a pour titre „D. s. l. c. d. bl." . . . geliefert, die 1770 geschrieben und gedruckt, aber erst 1774 erschienen ist. Sie wurde auf Aufforderung Choiseuls unmittelbar nach Erscheinen der Dialoge geschrieben, aber von dem Generalkontrolleur Terray unterdrückt und erst unter dem Ministerium Turgot 1774 freigegeben. Das Buch Morellets ist jedenfalls bedeutender als die Schriften eines Mirabeau, Baudeau und Mercier gegen Galiani. Im übrigen wird es von den Autoren, die ihm eine kritische Analyse gewidmet haben, recht verschieden eingeschätzt.[2])

Wenn auch Galiani sich seinem Gegner weit überlegen dünkt, so bringt er doch Morellet aufrichtige Hochschätzung entgegen, war dieser doch seine erste Bekanntschaft in Paris gewesen, der er viel zu verdanken hatte.[3]) Er nennt ihn in den Briefen

---

[1]) Perey-Maugras, l. c. II, p. 367; Conrad, l. c. II, p. 550.

[2]) vgl. Blei, Galianis Dialoge l. c. p. 94, Note 2, in der die verschiedenen Schriften gegen Galianis Dialoge zusammengestellt sind. Fridrichowicz, l. c. p. 249 ff. meint, Morellet sei seinem großen Gegner „in keiner Weise gewachsen" gewesen, namentlich habe er seinem historisch, geographisch relativistischen Standpunkte auch nicht das geringste Verständnis entgegengebracht. Und Gaudemet (l. c p. 1) schreibt kurz und bündig von Morellet: „ qui le réfuta consciencieusement sans le comprendre". Nur Afanassiev (l. c. p. 214) rühmt Morellet „la logique rigoureuse de l'argumentation" nach. Übrigens war Morellet, wie er selbst später in seinen Memoiren erzählt, mit seinem Buche gar nicht zufrieden. Vgl. auch Oncken, Geschichte der Nationalökonomie, 1902, Bd. 1, S. 428.

[3]) In einem Briefe vom 26. Mai 1770 (Perey-Maugras l. c. I, p. 159) schreibt er: „Songez, que vous êtes ma première connaissance de Paris; vous êtes pour

stets „Panurge" und schätzt ihn folgendermaßen ein (27. Januar 1770)[1]: „Das ist ein Mann, der das Herz im Kopfe und den Kopf im Herzen hat. Seine Vernunftschlüsse sind von Leidenschaft diktiert, seine Handlungen von Prinzipien. Darum liebe ich ihn von ganzem Herzen, obgleich ich meine Vernunftschlüsse anders ziehe; und er liebt mich ebenfalls über alle Maßen, weil er mich für einen kleinen Macchiavell hält... Er wird bei der zweiten oder dritten Lektüre des Werkes bemerken, daß der Chevalier Zanobi (der Galiani in den Dialogen vertritt) nicht ein Wort von all dem, was er sagt, glaubt oder denkt, daß er der größte Skeptiker und der größte Akademiker der Welt ist. Daß er an nichts glaubt, an nichts, nichts, nichts".

Galiani versteht nicht,[2]) warum Morellet ihn zu widerlegen versucht, wo er noch nicht einmal alles gesagt habe. Der letzte Dialog sei doch „unter Schluchzen" geschrieben und unfertig. Besonders empört ihn, daß sein Gegner von der Regierung Befehle erhalten hat, auf die Dialoge zu antworten[3]): „Er ist also öffentlich als Wache und Polizei der Ökonomisten erklärt und hat Befehl, uns unglückliche Wildlinge der Philosophie rurale abzufangen".

Doch die Gegenschrift selbst fürchtet er nicht. Er meint vielmehr spöttisch in einem Schreiben an seine Freundin vom 3. Juni 1775[4]): „Ich habe das Werk Morellets angeblättert, ich habe sofort gegähnt, und das Buch ist meinen Händen entfallen. Wie gern ich es auch lesen möchte, so fühle ich doch, daß dies meine Kräfte übersteigt. Ich habe ferner das Gefühl, daß es mir unmöglich wäre, es zu widerlegen. Es ist so dick! Und es scheint mir ein fabelhaftes Werk zu sein, weil jedes Stück, jede Zeile, jede Schlußfolgerung gut geschrieben, klar und richtig ist, während das Ganze dennoch flach, dunkel und falsch ist".

Schärfer sind die Waffen, mit denen Galiani seine intimsten Gegner, die Physiokraten, bekämpft, denen er einen beschränkten

---

moi (je ne saurais me le rappeler sans verser des larmes) primogenitus mortuorum, l'aîné de ceux que j'ai perdus. C'est à vous que je dois la connaissance de Mme Geoffrin, de d'Alembert et de tant d'autres".

[1]) Perey-Maugras, l. c. I, p. 57; Conrad, l. c. p. 37.

[2]) Perey-Maugras, l. c. I, p. 66; Conrad, l. c. p. 43.

[3]) Perey-Maugras, ibidem I, p. 90, 91; Conrad, ibidem p. 58, 59.

[4]) Perey-Maugras, l. c. II, p. 408ff.; Conrad, l. c. II, p. 576.

Doktrinarismus, ja Fanatismus vorwirft.[1]) Unendlich ist sein Spott über diese Schule, dem er an zahllosen Stellen seiner Korrespondenz Ausdruck gibt.[2]) Vor allen Dingen wendet er sich gegen ihre allgemeinen Theorien. Er meint am 6. November 1773 [3]): „Die unsrige muß davon sehr verschieden sein. Abgesehen von einigen allgemeinen Theorien, die dieselben geblieben sind, hat sich alles geändert, die Einzelheiten sind ganz verschieden. Nun aber sind „Allgemeine Theorien“ und „Nichts“ ungefähr dasselbe. Die Ökonomisten glaubten, mit vier unbestimmten großen Redensarten und einem Dutzend allgemeiner Schlußfolgerungen wisse man alles, und ich habe ihnen bewiesen, daß sie nichts wußten“.

Und an anderer Stelle in einem Brief an Herrn v. Sartine vom 27. April 1770 führt er aus[4]): „Ich werde keine Veränderung in der Behandlung des Getreidewesens bewirken, aber wenigstens ist es mir gelungen, zu entdecken, daß Leute, die ich wegen der Reinheit ihrer ökonomischen Absichten schätzte und die mir Philosophen schienen, in Wirklichkeit doch nur eine recht kleine Geheimsekte sind, und daß ihnen alle Fehler der Sekten anhaften: kauderwelsche Sprache, System, Geschmack an Verfolgungen, Haß gegen die Außenstehenden, Gekläff, Bösartigkeit und Kleinlichkeit des Geistes. Sie sind auf politischem Gebiet genau dasselbe, was auf religiösem die Jansenisten auf dem Kirchhof von St. Medardus waren. Sie wären zu fürchten, hätten sie nicht beschlossen, nur in langweiligem Stil zu schreiben“.[5])

Die „Ökonomisten“, wie Galiani seine Gegner stets nennt, sind für ihn nur eine Sekte von „Illuminierten“. So schreibt er am 28. April an Frau v. Épinay[6]): „Sie haben Prophezeiungen, Legenden, Visionen und vor allem eine betäubende Langeweile.

---

[1]) Perey-Maugras, l. c. I, p. 158ff.; Conrad, l. c. I, p. 100ff.

[2]) Cf. auch Blei, Galianis Dialoge l. c. p. 93.

[3]) Perey-Maugras, l. c. II, p. 274/75; Conrad, l. c. II, p. 494/95.

[4]) Perey-Maugras, l. c. I, p. 114; Conrad, l. c. I, p. 72/73.

[5]) Galiani scheint hier den Haß der maßgebenden Gesellschaft im Ancien Régime gegen alle trockene Gelehrsamkeit zu teilen, von der uns Taine (a. a. O. I, p. 252) berichtet hat. Den Physiokraten, die Taine übrigens vernachlässigt (cf. Glagau, Reformversuche und Sturz des Absolutismus in Frankreich, 1908 p. 10) fehlte der „schöne Stil“, des „esprit classique“. Auch die Wissenschaft sollte damals (man denke an Montesquieus „esprit des lois“) „epigrammatisch oder rhetorisch sein“.

[6]) Perey-Maugras, l. c. I, p. 128/29; Conrad, l. c. I, p. 82/83.

Soll ich aufrichtig sein? Ich glaube, Quesnay ist der Antichrist und seine physionomie rurale ist die Apokalypse. Das ist ernster gemeint, als Sie denken. Eines Tages werde ich mir den Spaß machen, den Vergleich zwischen Voltaire und Quesnay zu ziehen, und ich gedenke Ihnen zu beweisen, daß dieser Arzt was ganz anderes ist. Er ist etwas Übernatürliches. Er ist traurig und abgeschmackt und weist keinen Dummkopf als Schüler zurück, wenn er nur Enthusiast ist".

Mit boshaftem Spott malt er sich in einem amüsanten Brief an seine Freundin vom 5. Mai 1770 aus,[1]) wie später einmal an seinem Denkmal auch die Physiokraten in einem Medaillon in höchst beschämender Stellung angebracht werden würden. Ich kann auf die einzelnen Briefstellen, die von den Physiokraten handeln, hier nicht weiter eingehen, zumal sie zum Teil persönliche Schärfe zeigen. Wirft G.[2]) seinen Gegnern doch vor, — Mirabeau, Baudeau und Mercier hatten Gegenschriften gegen die Dialoge verfaßt —, daß sie Bosheiten und Albernheiten, „die unanständigsten und gröbsten Anzüglichkeiten" gegen ihn geschleudert hätten. Er meint, sie zeterten, tobten und bellten gegen ihn und das alles nur, weil er gewagt habe, ihnen „die Maske abzureißen und sie als das zu zeigen, was sie seien, d. h. als fanatisches Pack, das auf Empörung und Aufruhr hinarbeite". Der Abbé hält nun einmal die „Ökonomisten" für die Urheber des ganzen Wirrwarrs[3]) und meint, ihre natürliche Ordnung der Freiheit wirke destruktiv. Sie sind ihm „arme, fanatische Dummköpfe", und er dünkt sich, namentlich im Verein mit Necker, ihnen weit überlegen. Darum freut er sich in Briefen aus dem Jahre 1775,[4]) wie die Kaiserin Katharina II. von Rußland sich über die Physiokraten lustig gemacht hat und wie nach seiner Ansicht alle von der Begeisterung für die „Ökonomisten" zurückgekommen sind.

Ganz anders lautet sein Urteil über den Minister der Physiokratie, über Turgot,[5]) dessen Charakterbild ja auch heute noch bei aller Anerkennung seines lauteren Strebens in der

---

[1]) Perey-Maugras, l. c. I, p. 136ff.; Conrad, l. c. I, p. 87.

[2]) Perey-Maugras, ibidem p. 158ff, 196ff.; Conrad, ibidem p. 101ff., 124ff.

[3]) Perey-Maugras, ibidem p. 232ff.; Conrad, ibidem p. 147.

[4]) Perey-Maugras, l. c. II, p. 396; Conrad, l. c. II, p. 565ff.

[5]) Perey-Maugras, l. c. II, p. 360ff.; Conrad, l. c. II, p. 546.

Geschichte schwankt.[1]) Galiani bedauert, daß der charaktervolle Mann, dem er aufrichtige Hochschätzung und Verehrung entgegenbringt, der von ihm so verachteten Sekte der Physiokratie angehört, ist sich aber wohl bewußt, daß der Minister bedeutend vorsichtiger und gemäßigter zu Werke geht als die doktrinären Meister der physiokratischen Theorie.[2]) Das zeigt ja in der Tat das Edikt von 1774, das die Freiheit des Getreidehandels im Innern des Königreiches verkündet, den Import von ausländischem Getreide begünstigt, dagegen den Export nicht freigibt.[3])

Andererseits aber muß sich der vielgewandte, historisch denkende Galiani an dem wenig biegsamen und manchmal fanatischen Temperament des Reformministers stoßen. Sein Urteil deckt sich in dieser Beziehung interessanterweise mit dem neuerer und neuester Autoren, die über die Vorgeschichte der französischen Revolution geschrieben haben. Ich erinnere nur an Wahl und Glagau.[4])

Mit den 6 Edikten Turgots vom Jahre 1776, von denen namentlich zwei bedeutsam waren: die Umwandlung der Wegfronden in eine Geldleistung und die Aufhebung der Pariser Zünfte, vermag sich Galiani nur zum Teil einverstanden zu erklären. Vor allen Dingen polemisiert er gegen die Aufhebung der Zünfte,[5]) deren Folgen er sich „schrecklich und unheilvoll" vorstellt, während er der Aufhebung der Frondienste und der dafür eingeführten Steuer im allgemeinen Beifall zollt. Zur Aufhebung der Zünfte schreibt er in einem Briefe an Frau v. Épinay vom 13. April 1776[6]): „Was die Aufhebung des Zunfteides

[1]) vgl. jetzt besonders Ad. Wahl, a. a. O. Bd. I, p. 232ff. und Glagau, a. a. O. p. 60ff., 72ff.

[2]) Auch Glagau, l. c. p. 60 meint, „in seiner einfachen, ja man möchte sagen beinahe nüchternen Art erinnert Turgots Programm in nichts an die hochfliegenden Reformpläne der Physiokraten". Cf. auch Wahl, l. c. I, p. 235.

[3]) vgl. Wahl, l. c. I, p. 239.

[4]) Nach Wahl, l. c. p. 232 war Turgot „nicht frei von Fanatismus, einem Fanatismus freilich für Tugend, Menschenliebe, religiöse Toleranz". Und Glagau, a. a. O. p. 72 vermißt bei ihm die wahrhaft staatsmännische Ader. „Seinem wenig biegsamen Charakter war es nicht leicht möglich, sich den im politischen Leben rasch wechselnden Lagen anzupassen". Sowohl Glagau l. c. als auch Wahl (Die französische Revolution und das 19. Jahrhundert, Zeitschrift für Politik, 1908, I, p. 185ff.) haben in dieser Beziehung Turgot mit dem Freiherrn v. Stein verglichen.

[5]) Perey-Maugras l. c. II, p. 437ff.; Conrad l. c. II, p. 594ff.

[6]) ibidem.

anbelangt, so sage ich's allen Modeschwätzern und Ökonomisten ins Gesicht, daß sie eine Dummheit, ein Fehler, ein Blödsinn ist. Man kennt die Menschen nicht: Conamur in vetitum. Je schwieriger, mühseliger, teurer eine Sache ist, desto mehr Liebe, Anhänglichkeit, Begeisterung bringen ihr die Menschen entgegen. Die strengsten religiösen Orden haben die meisten großen Männer hervorgebracht. Wenn Sie die Ordensregeln der Väter von Saint-Maur oder der Jesuiten leicht und bequem machen, so ist es um den Orden geschehen; daher bin ich überzeugt, daß Herr Turgot den französischen Gewerben den Todesstreich versetzt hat. Die geschickten Künstler werden zum Teil auswandern, andere werden nachlässig werden, und anstatt den Wetteifer zu fördern, wird er alle wirklichen Triebfedern des menschlichen Herzens gebrochen haben. Das ist meine Meinung".

Dieses geringschätzige Urteil über den Reformversuch Turgots hindert Galiani im übrigen nicht, aufrichtige Wertschätzung dem Minister entgegenzubringen. Er meint am 29. Oktober 1774 in einem Briefe an Herrn v. Bombelles[1]: „Ich habe stets die höchste Achtung für Turgot gehegt; wenn er im Amte bleibt, wird er das, was bis heute problematisch war, als wahr erweisen; nämlich daß ein vollendeter Ehrenmann, der ganz Wahrheit, ganz Vernunft, ganz Weisheit ist, Generalkontrolleur sein kann".

Soviel über die französischen Briefe, die sich mit Galianis Dialogen und seiner Stellungnahme zur Physiocratie beschäftigen. Ich deute im folgenden noch in aller Kürze an, wie der Nationalökonom (abgesehen von der schon früher besprochenen Getreidepolitik) sich in den italienischen Briefen an Tanucci betätigt. Voll Unwillen und Haß ist er gegen die Spekulanten, gegen die Großkaufleute, die er für die Lebensmittelversorgung seines Heimatlandes verantwortlich macht. Wir kennen diesen Haß ja schon aus den früher mitgeteilten Briefen über die Teuerung. G. ist mit seinem Chef der Meinung, daß jeder Kaufmann ein Strauchdieb ist.[2]) Sodann gilt sein Unwille der Kürze der Pachten im Königreich Neapel. Darüber schreibt er[3]): „Dies ist vielleicht die ganze Ur-

[1]) Perey-Maugras, l. c. II, p. 360; Conrad, l. c. II, p. 546.
[2]) A. St. 1905, p. 452, Note 1: „Tutto mercante malandino".
[3]) A. St. 1906, p. 516. Note 1. (28. Dezember 1767.)

sache des Unglücks des Ackerbaues. In Frankreich sind die Pachten lang, wenigstens 9 oder 10 Jahre. Bei den Klerikern noch viel länger; und die Benefiziaten — die der reichste Teil sind — pflegen sie lebenslänglich zu machen. Steuerbarkeit ist auch mit der Domäne leicht. Viel länger sind die Pachten in England; sie haben wenigstens 21 Jahre zu sein. Daher der Wohlstand, der Reichtum der Meier oder besser Pächter und Kolonen, daher alles andere. In Neapel sind nicht nur die Pachten sehr kurz, sondern die Kleriker haben auch noch die Nettigkeit gehabt, sich von Rom, und zwar mit Strafen, verbieten zu lassen, sie lang zu machen oder Einschätzungen ohne apostolische Zustimmung zu machen".

Und zur Abhilfe schlägt er Tanucci einen Staatsbrief mit entschiedenen Gegenmaßregeln vor. Er nimmt überhaupt auch von Paris aus den regsten Anteil an dem Wohlergehen seiner schönen Heimat. So tritt er energisch für öffentliche Arbeiten (Wegebauten, Errichtung öffentlicher Anstalten usw.) in Neapel auf.[1]) Am interessantesten ist jedoch das Projekt einer Art neapolitanischen Navigationsakte, die den Neapolitanern das ausschließliche Recht des Transportes irgendeiner vom ihren Waren geben sollte.[2]) Ein an dem französischen Edikt von 1764 orientierter Vorschlag! Und auch für die Kulturpolitik läßt sich manches aus Galianis Briefen entnehmen,[3]) doch betrachten wir lieber genauer den Politiker überhaupt.

In klaren Konturen läßt sich der Politiker Galiani nach dem italienischen und französischen Briefwechsel zeichnen. Er bekennt sich in Übereinstimmung mit seinem Chef Tanucci, der mancherlei verwandte Züge aufweist,[4]) offen zu seinem großen

---

[1]) Bazzoni, l. c. p. 193.

[2]) Bazzoni, l. c. p. 198/99 (7. November 1768); vgl. auch A. St. 1904, p. 680, Note.

[3]) vgl. z. B. A. St. 1905, p. 62, Note 1 und A. St. 1904, p. 671 Note 3.

[4]) Es wäre eine lohnende Aufgabe, einmal über Tanucci eine selbständige Studie auf Grund seines Briefwechsels mit Galiani zu veröffentlichen. Ich verweise für eine Charakteristik dieses Staatsmannes besonders auf A. St. 1903, p. 717, 692 ff., 700, 752, 756, 741, 761; A. St. 1906, p. 515, 550, 544; A. St. 1907, p. 196, 286, 747; A. St. 1904, p. 36, 660 ff., 692 ff., 25 ff., 702; A. St. 1905, p. 47, 52, 64. Manche Parallele zu Galiani würde sich ergeben, so der gemeinsame Haß gegen Rom, gegen die Jesuiten und die Kaufleute. Über letztere vgl. A. St. 1904, p. 21; 1905, p. 437 und 1906, p. 212. Über die Jesuiten: A. St. 1903, p. 759 ff.; 1905, p. 56, 446, 460, 195.

Lehrmeister und Landsmann Machiavelli, und ich glaube, man tut Unrecht, wenn man wie Gaudemet diesem Bekenntnis keine durchschlagende Bedeutung beimißt.[1]) In einem Briefe vom 5. September 1772 sagt Galiani ausdrücklich[2]): „In politischen Dingen erkenne ich nur den reinen, unverfälschten, rohen, grünen Machiavellismus an".

Alle abstrakten politischen oder Staatstheorien sind unserem Abbé bei seiner historischen Veranlagung und seiner relativistischen Auffassung in der Seele verhaßt; wie er in diesem Sinne urteilt, wie er als Realpolitiker keine absoluten Werte in der Politik kennt,[3]) zeigt deutlich ein aufschlußreicher Brief an seine Freundin vom 6. November 1773, in dem er meint, daß die Politik der Alten für uns gar nichts mehr bedeuten könne. Er schreibt dort[4]): „Die unsrige muß davon sehr verschieden sein. Abgesehen von einigen allgemeinen Theorien, die dieselben geblieben sind, hat sich alles geändert; die Einzelheiten sind ganz verschieden". In einem Schreiben an Tanucci vom 22. Mai 1767 meint er[5]): „Die Politik hat den dummen Fehler, daß man sie teilweise aus sicheren und festen Daten und teilweise aus bloßen, unvorherzusehenden Zufälligkeiten zusammensetzen muß". Und 1769 preist er als große Wahrheit, daß die Politik „kein philosophischer Geist ist, sondern die Kenntnis der Schwierigkeiten des menschlichen Lebens".[6])

Und weiter unten[7]): „Sie haben nicht recht, wenn Sie sagen, die ganze Theorie der Politik laufe darauf hinaus, daß man richtig

---

[1]) vgl. auch Gaudemet, a. a. O. p. 52 ff. Richtig dagegen F. Blei, Galianis Dialoge l. c. p. 93 und Nicolini, Giornale . . . l. c. p. 32, der auf eine Stelle in Grimms Correspondance littéraire (VI, 102 ff.) aufmerksam macht. Galiani hat in seinen politischen Anschauungen dieselbe „entsetzliche Gelassenheit" wie Machiavelli. Vgl. R. Fester, N. Machiavelli, 1900 p. 60 und Alfred Schmidt, Niccolo Machiavelli und die Allgemeine Staatslehre der Gegenwart, 1907 p. 105.

[2]) Perey-Maugras, l. c. II, p. 114: „en politique je m'admets que le machiavelisme pur, sans mélange, cru, vert, dans toute sa force, dans toute son âpreté". Conrad, l. c. II, p. 391; v. Gleichen-Rußwurm, l. c. p. 28.

[3]) vgl. Weigand, a. a. O. p. LXX.

[4]) Perey-Maugras, l. c. II, p. 275 ff.; Conrad, l. c. II, p. 494 ff.

[5]) Bazzoni, l. c. p. 224: „La politica ha questo brutto di fetto che bisogna comporla parte di dati certi e sicuri, e parte di casualità mere e impreved ibili".

[6]) Bazzoni, l. c. p. 212.

[7]) Perey-Maugras, l. c. II, p. 275 ff.; Conrad, l. c. II, p. 495 ff.; v. Gleichen-Rußwurm, l. c. p. 135.

sehe; denn Wahrheiten dieser Art (man nennt sie in Spanien die Sentenzen des Pedro Grullo) sind zu allgemein, zu gewöhnlich, zu flach, um im Ernst ausgesprochen werden zu können. Ein Mensch, der mir sagen würde, weiß sei nicht schwarz, würde mir niemals das Malen lehren; und wer mir sagt, das Ganze ist größer als ein Teil, gibt nur einen sehr unzulänglichen Unterricht in der Geometrie. Gehen wir also etwas weiter und sagen wir: Politik ist die Wissenschaft, den Menschen mit der verhältnismäßig geringsten Mühe möglichst viel Gutes zu erweisen. Es harrt also ein Problem de maximis et minimis der Lösung. Die Politik ist eine zu konstruierende Kurve. Die Abszissen werden die Güter, die Ordinaten werden die Übel sein. Man wird den Punkt finden, wo das möglichst geringe Übel sich mit dem möglichst großen Gut trifft.

Die Politik ist also die Geometrie der Kurven, die hohe Geometrie der Regierungen, wie die Polizei deren ebene, einfache Geometrie ist: die ersten sechs Bücher des Euklid. Natürlich muß ein Geometer richtig sehen können; das ist eben selbstverständlich. Die Politik ist also nicht nur eine Wissenschaft der Erziehung, sondern ganz im allgemeinen eine Wissenschaft, die überhaupt auf Verbesserung abzielt. . . . Weisen Sie weit von sich und von der Politik die sinnlosen großen Worte von der Kraft der Reiche, von ihrem Sturz, ihrer Erhebung usw. Lieben Sie nicht die Ungeheuer der Einbildungskraft und Wesen, die nicht körperlich vorhanden sind! Es darf nur das Glück wirklicher Wesen, vorhandener oder der kommenden Individuen in Betracht kommen. Wir und unsere Kinder — das ist alles. Das übrige ist Träumerei".

Eine große Ähnlichkeit verrät diese Stellungnahme mit Voltaire, der als Politiker ebenfalls ein „resignierter Relativist" ist und „allen allgemeinen Regeln mißtraut".[1])

Galiani — auch das zeigen die Briefe — ist aufs innigste mit dem aristokratischen Wesen der altfranzösischen Kultur[2]) verwachsen. Er gehört zu den geistreichen Spöttern, zu den „entchristlichten Geistlichen", von denen Taine in seiner Geschichte des ancien régime spricht[3].) Unser Abbé schwärmt für das ancien régime,

[1]) Sakmann, Voltaire als Politiker, Tübinger Zeitschr., LXI, 1905 S. 52.
[2]) Weigand, l. c. p. XXVII.
[3]) vgl. Hofmiller, a. a. O. p. 184.

speziell eines Louis XV., ebenso wie Voltaire den Staat eines Louis XIV. bewundert hat als „ein modernes rationales Gebilde, als politisches Kunstwerk, als tout régalier, in dem alle Linien von außen in einen Mittelpunkt zu gesammelter Wirkung zusammenlaufen".[1])

Galiani meint,[2]) die Regierung Ludwigs XV. werde als die denkwürdigste auf die Nachwelt kommen, die das Jahrhundert Ludwigs XIV. nur erwähnen werde, um zu bemerken, daß unter Ludwig XV. Voltaire davon sprach. Er begreift nicht die blinde Begeisterung der Franzosen beim Regierungsantritt Ludwigs XVI. und meint, daß es ungemein schwierig sei, Frankreich, in dem Zustande, in dem es sich gegenwärtig befinde, gut zu regieren. Er schreibt am 4. Juni 1774 [3]): „Ihr seid genau in dem Zustand, in welchem Titus Livius die Römer schildert, die weder ihre Übel noch deren Heilmittel mehr ertragen konnten. Die Laster haben Wurzel gefaßt und sind mit den Sitten zusammengewachsen. Schafft ihr die Mädchen ab, dann wird der Luxus schwinden und mit ihm die Luxuskünste, und der Vorrang Frankreichs auf diesem Gebiet, das die Grundlage seines Handels, seines Reichtums, ja selbst seines Ansehens bildet, ist dahin. Es ist wahr, eure Laster sind ungeheuer; aber sie sind derart, daß ganz Europa sie haben und den Unterricht darin seinen Lehrmeistern teuer bezahlen möchte. Sind die Dämchen weg, dann geht es gegen die Philosophen. Sie gehören zusammen; sie sind ein anderer Luxus; aber sie verleihen eurer Nation den gegenwärtigen Glanz. Ihr werdet nichts mehr sein, wenn ihr nicht mehr die Lehrmeister der Laster seid".

Das klingt allerdings wie eine Fanfare der Revolution und zeigt einen ähnlichen Freimut, wie er in Beaumarchais „Hochzeit des Figaro" zum Ausdruck kommt.[4])

Überhaupt kennt sich der Abbé in den nationalen Tugenden und Untugenden der Franzosen gut aus. Schon 1761 nach kurzer Tätig-

[1]) cf. Sakmann, Jahrb. f. Nationalökonomie u. Statistik a. a. O. p. 495 und sein Buch über Voltaires Geistesart und Gedankenwelt, 1910 p. 326, dem das im Text stehende Zitat entnommen ist.

[2]) Perey-Maugras, l. c. II, p. 316; Conrad, l. c. p. 520.

[3]) Perey-Maugras, l. c. p. 317/18; Conrad, l. c. II, p. 521.

[4]) vgl. Taine, l. c. I, p. 318.

keit in Paris schreibt er an Tanucci[1]): „Auf den Wogen pflügt und im Sande sät, wer seine Hoffnungen auf Frauenherzen gründet. Diese Franzosen sind noch weniger als Frauen, weswegen der Satz auf sie gut paßt".

Er hält sie auch für schlechte Kolonialpolitiker, weil sie „zu ungeduldig seien, wenn sie ihr Glück machen wollten". „Er will schnell steinreich werden und das Erworbene in Frankreich verzehren." [2]) An der Heilung ihrer Finanzen endlich zweifelt Galiani durchaus,[3]) und er beurteilt die Möglichkeit einer Änderung der politischen und sozialen Lage Frankreichs überlegen skeptisch. Er zweifelt ernstlich daran, daß die Franzosen einen wahrhaft großen Mann [zur Leitung ihrer Regierung finden würden. Sehr zurückhaltend steht er der Preßfreiheit gegenüber, ja er meint sogar in einem Briefe an Frau v. Épinay vom 24. September 1774 [4]): „Der Zwang der Schicklichkeit und die Einschnürung der Presse sind die Ursachen der Vollkommenheit des Geistes, des Geschmacks und der Formen bei den Franzosen geworden. Bewahrt alle beide, oder ihr seid verloren".

Neckers Entlassung, mit dem er sich innerlich verwandt fühlt,[5]) bereitet ihm aufrichtigen Schmerz. So ruft er aus[6]): „Ist

---

[1]) Bazzoni, l. c. p. 22: „Nell' onde solca, e sull' arena semina, chi sue speranze fonda in cuor di femina. Questi Francesci sono men che femina onde la sentenza s' ad atta loro benissimo".

[2]) Bazzoni, l. c. p. 85.

[3]) Bazzoni, l. c. p. 194. Noch ungünstiger (1764!) erscheint freilich Galiani die Lage Englands. Bazzoni, l. c. p. 130, 169.

[4]) Perey-Maugras, l. c. p. 348; Conrad, l. c. II, p. 540.

[5]) Glagau, a. a. O p. 136 sagt von Necker: „Er war daher weit entfernt davon, die Daseinsberechtigung der Korporationen in Frage zu stellen und ihre Privilegien zu bekämpfen, wie er auch nicht an den Grundlagen der hergebrachten Steuerverfassung zu rühren wagte. Und während die Ökonomisten in der mangelnden Einheitlichkeit das Hauptübel des alten Staatswesens erblickten, erklärte Necker es für eitel Torheit, wenn man ein so verwickeltes Gebilde wie die französische Reichsverfassung nach einförmigen, allgemeinen Grundsätzen zurechtschneiden wollte. Statt wie die Jünger Quesnays ein System und abstrakte Prinzipien aufzustellen und im luftigen Reiche der Phantasie eine Neuschöpfung zu planen, sei es Aufgabe eines besonnenen Staatsmannes, sich den gegebenen Verhältnissen anzupassen und nur erreichbare Ziele zu verfolgen. Mit vielem Glück polemisierte er gegen die Übertreibungen der physiokratischen Schule wie gegen den impôt unique und die Absicht, den schrankenlosen Freihandel einzurichten".

[6]) Perey-Maugras, l. c. II p. 618; Conrad, l. c. II p. 706/07.

es unmöglich, weder ein aufgeklärtes Jahrhundert, noch eine fügsame Nation, noch einen mutigen Fürsten, noch Zeit und Augenblick zu finden, da ein großer Mann seine Stellung bewahren kann? Was soll denn das heißen? Muß es denn ein ewiges Gesetz geben, das seit dem Apfel unseres teuern Urvaters Adam die Menschen in die Hände der Bösewichter und Dummköpfe gibt und den Helden für immer ausstößt?"

Und auch zu Voltaires Anschauungen bieten die französischen Briefe unseres Abbés interessante Parallelen. Auch Voltaires mehr ästhetischem Temperament „ist alles Gewaltsame, Maßlose, Anarchische zuwider". Auch er ist ganz „ancien régime", aber — „ancien régime in dem Entwicklungsstadium, da es sich aus sich selbst heraus freiwillig und ohne Gewaltsamkeit zum modernen Staat umwandeln will".[1])

Dieser ästhetisierenden Neigung Voltaires verwandt ist der Brief Galianis vom 1. Januar 1774 an Mme d'Épinay, in dem er eine dem Machtgedanken der Nationen indifferent gegenüberstehende Anschauung vom Steigen und Fallen der Reiche offenbart. Er meint[2]): „Die Reiche sind weder oben noch unten und fallen nicht. Sie wechseln ihr Aussehen, aber man spricht von Sturz und Ruinen, und in diesen Worten liegt das ganze Spiel der Täuschung und der Irrtümer. Richtiger wäre es, von den Phasen der Reiche zu sprechen. Das Menschengeschlecht ist beständig wie der Mond; aber dieser wendet uns bald diese, bald jene Seite zu, weil wir nicht immer in der richtigen Lage sind, ihn in seiner Völle zu sehen. Es gibt Reiche, die nur im Verfall schön sind, wie Frankreich. Es gibt andere, die nur in ihrer Fäulnis etwas taugen, wie die Türkei; wieder andere glänzen nur in ihrem ersten Viertel, wie die Herrschaft der Jesuiten; das einzige, das in seiner Völle schön gewesen, ist der Kirchenstaat".

Voll Temperament und überaus witzig und boshaft bekämpft endlich Galiani die Jesuiten[3]) und den Kirchenstaat.

Über die ersteren schreibt er (3. Juni 1775)[4]): „Jeder einzelne

[1]) Sakmann, Tübinger Zeitschr. l. c. p. 55.

[2]) Perey-Maugras, l. c. II, p. 286/87; Conrad, l. c. II, p. 502/03; v. Gleichen-Rußwurm, l. c. p. 136.

[3]) Die Jesuiten sind damals aus Portugal, Frankreich, Spanien und Neapel vertrieben worden, cf. Coletta, l. c. p. 225 ff.

[4]) Perey et Maugras, l. c. II, p. 408/09; Conrad, l. c. p. 576.

Jesuit war liebenswürdig, gut erzogen, nützlich; und die ganze Gesellschaft, die sich doch nur aus der Menge der einzelnen Individuen zusammensetzte, war hassenswert, sittlich verdorben, schädlich. Mögen andere diese sonderbare Erscheinung erklären; ich bringe es nicht fertig".

Er staunt über die Kaltblütigkeit, mit der Frankreich 1764 bei der Vertreibung der Jesuiten vorgeht, und spricht sich folgendermaßen Tanucci gegenüber aus[1]): „Die totale Ausstoßung der Jesuiten aus dem Reiche ist mir etwas hart vorgekommen, aber merkwürdiger und härter noch ist es mir vorgekommen, zu sehen, daß ein sanftes Volk keine Gefühle des Mitleids hat. Die von ihnen ins Werk gesetzte Verfolgung gegen die Jansenisten hat diese Wirkung hervorgebracht. Sie haben die Geister an die Grausamkeit gewöhnt und haben schließlich selbst davon den Nachteil gehabt".

Nach Galiani haben die Jesuiten weder Gewissen noch Moral, aber „sie haben Ehre, weil dies Eigenliebe und selbst den Tieren gemein ist".[2]) Sie sind „Leute, die man nicht für tot halten darf, wenn man sie nicht begraben sieht und ein neues Gebäude über ihrem Grabe errichtet hat".[3]) Jesuiten und Kaufleute sind gleich verächtlich. „Die Moral der Jesuiten ist nicht anders als die niedergeschriebene Kaufmannsmoral".[4])

Und nicht liebevoller lautet Galianis Urteil über Rom und den Kirchenstaat. Die wahren Waffen gegen Rom und die Elemente der Theologie sind ihm „wenig Vernunft, viele Beispiele, sehr großes Alter".[5]) Rom ist ihm ein „alter Hof und ein Reich aus Pappe („imperio di cartone"); seit drei Jahrhunderten regnet es darauf und noch hält es aus".[6]) —

Den Nationalökonomen und den Politiker Galiani haben wir aus den Briefen kennen gelernt. Es erübrigt noch ein Wort über den Philosophen, den Weltweisen, zu sagen.[7]) In zwangloser Reihen-

[1]) Bazzoni, l. c. p. 111.

[2]) Bazzoni, l. c. p. 166.

[3]) ibidem p. 197; vgl. auch A. St. 1906, p. 208 Note 1, p. 216 Note 1 und p. 209 Note.

[4]) A. St. 1906, p. 219 Note 3.

[5]) ibidem p. 194, vgl. auch p. 673.

[6]) Bazzoni, l. c. p. 143.

[7]) Ich verzichte darauf, die Würfelgeschichte hier noch einmal zu erzählen, die sich bekanntlich in Morellets Mémoiren (Collection des Mémoires

folge stelle ich nur ein paar Briefstellen zusammen. An erster Stelle nenne ich den öfters zitierten Brief an Frau von Épinay vom 23. November 1771. Er handelt über die Freiheit des Menschen und bietet eine Lösung, die an moderne Anschauungen, zumal an den Pragmatismus, erinnert. Galiani sagt[1]): „Auf der Überzeugung, daß es eine Freiheit gibt, beruht das Wesen des Menschen. Man könnte sogar den Menschen definieren als ‚ein Geschöpf, das sich für frei hält‘ — und das wäre eine vollständige Feststellung des Begriffs. ... Es ist dem Menschen durchaus unmöglich, auch nur einen Augenblick seine Überzeugung, daß er frei ist, zu vergessen und aufzuheben. Dies ist ein Grund. Zweitens: wenn man von seiner Freiheit überzeugt ist, ist das dasselbe, wie wenn man wirklich frei ist? Ich antworte: es ist nicht dasselbe, aber es hat dieselben moralischen Wirkungen. Der Mensch ist also frei, weil er innerlich überzeugt ist, frei zu sein, und weil das ebensoviel wert ist wie die Freiheit selbst. Damit ist also der Mechanismus des Weltalls so klar gemacht wie Quellwasser. Wenn auf der Welt ein einziges freies Wesen wäre, gäbe es keinen Gott mehr, gäbe es keine Verbindungen mehr zwischen den Einzelheiten. Die Welt würde aus den Fugen gehen; und wenn der Mensch nicht stets in seinem innersten Wesen überzeugt wäre, daß er frei ist, wäre es mit der menschlichen Moral anders bestellt. Die Überzeugung, daß wir frei sind, genügt, um ein Gewissen, Reue, Rechtspflege, Belohnungen und Strafen zu schaffen. Sie genügt zu allem. Und damit ist in zwei Worten die ganze Welt erklärt. ... Es ist uns unmöglich, uns eine Vorstellung vom Unendlichen zu machen; wir werden also eine Beweisführung, die uns sagt, daß eine unendliche Größe doppelt so groß ist wie eine andere, glauben, aber werden vom Gegenteil überzeugt sein, und wir werden gemäß unserer Überzeugung handeln und nicht gemäß der Beweisführung, die unserer Vorstellung entgegengesetzt ist. Es

---

relatifs à la Révolution française, 1825 I, p. 135) findet und dann von Du Bois-Reymond („Darvin versus Galiani“ in Reden, 1. Folge. 1886, p. 212ff.) frei benutzt worden ist. Vgl. auch Brunetière l. c. p. 932f. und Weigand a. a. O. p. LVIff. Über Galiani als Philosophen vgl. auch Correspondance littéraire etc. VIII p. 184f.

[1]) Perey-Maugras, l. c. I, p. 483/84. p. 483: „... On pourrait même définir l'homme, un animal qui se croit libre, et ce serait une définition complète...“ — Conrad, l. c. I, p. 311ff.; v. Gleichen-Rußwurm, l. c. p. 27.

ist uns unmöglich, uns vorzustellen, daß wir nicht frei seien. Wir werden also beweisen, daß wir es nicht sind; aber wir werden stets so handeln, wie wenn wir es wären".

Man wird diese Auffassung am besten verstehen, wenn man sich vergegenwärtigt, daß Galiani nur einen relativen Wahrheitsbegriff kennt. Mit Recht meint Sainte-Beuve[1]): „Galiani ne croit donc pas à la vérité absolue pour l'homme, à la vérité digne de ce nom; la vérité absolue pour l'homme, à la vérité digne de ce nom: la vérité rélative, qui n'est qu'une illusion d'optique, est la seule, selon lui, que l'homme doive chercher. Selon lui encore, il en est de l'illusion au moral comme au physique: elle engendre des résultats qui peuvent être beaux et bons, rélativement à la société et à l'homme. C'est parce que notre œil est configuré de manière à voir le ciel rond et voûté, que l'homme a ensuite inventé la coupole, le dôme du temple, soutenu de colonnes, qui est une chose belle à voir. Ainsi, au moral, nos illustres intérieures sur la liberté, sur la cause première, ont engendré la réligion, la morale, le droit, toutes choses utiles, naturelles à l'homme, et même vraies si l'on veut, mais d'une vérité purement rélative et toute subordonnée à la configuration, à l'illusion première".

Beachtenswert ist die Auffassung des kleinen Abbés von den Religionen. Sie zeigt, daß er als kühler Skeptiker gegen jede überspannte Metaphysik, gegen jedes Grübeln ist. Er rät davon ab, „zu lange auf diesen Materien herumzurutschen", weil man sonst ausgleite. Nach Galiani gibt es zwei Arten von Religionen[2]): „Die der Völker der Neuzeit sind heiter: Ackerbau, Medizin, Ringkunst und Bevölkerungslehre; die der alten Völker sind traurig: Metaphysik, Rhetorik, Beschaulichkeit, Seelengröße. Sie führen notwendigerweise zur Vernachlässigung des Landbaues, der Volksvermehrung, der Gesundheit und des Vergnügens. Wir sind alt".

Als man ihm erzählt, Mme. Geoffrin sei in ihren letzten Lebensjahren fromm geworden, erklärt er diese Erscheinung als etwas ganz Natürliches und meint in einem Briefe an Frau von Épinay vom 21. September 1776[3]): „Durch die Ungläubigkeit tut der mensch-

---

[1]) Causeries du Lundi a. a. O. p. 428. Und F. Blei („Insel" l. c. p. 15) meint, Galiani sei „als außerordentlicher Psychologe mißtrauisch gegen die absoluten Wahrheiten geworden".

[2]) Perey-Maugras, l. c. I, p. 53, 54; Conrad, l. c. I, p. 35.

[3]) Perey-Maugras, l. c. II, p. 469; Conrad, l. c. II, p. 612; vgl. auch Blei in der „Insel" I, p. 143.

liche Geist seinen eigenen Instinkten und seinem Geschmack die größte Gewalt an. Es handelt sich darum, sich für immer aller Freuden der Phantasie und des Geschmackes am Wunderbaren zu berauben; es handelt sich um die ganze Entleerung des Schulsacks; und der Mensch möchte Erkenntnis; immer und alles zu leugnen oder anzuzweifeln, in der Verarmung an allen Ideen, Kenntnissen und erhabenen Wissenschaften usw. stecken zu bleiben, welche entsetzliche Leere, welch ein Nichts! Welche Mühe! Es ist also erwiesen, daß die Mehrzahl der Menschen ... nicht ungläubig sein kann, und daß die anderen, die es können, die geistige Anstrengung nicht auszuhalten vermögen, ohne die Kraft und Jugend der Seele. Wenn die Seele altert, taucht irgendein Glaube wieder auf".

Interessant sind auch die Anschauungen unseres Abbés über die Erziehung. Ihre Fragen streift er häufig in seinen Briefen, und er tritt der optimistischen Auffassung der Pariser Philosophen von der Verbesserungsfähigkeit des Menschen entgegen. Auch gilt seine Antipathie der Rousseauschen Erziehungslehre, wie dieser sie in seinem bekannten Roman „Émile" entwickelt hat, der ja vor allen Dingen die Natur als den liebevollsten und sorgfältigsten, menschlichen Erzieher auffaßt und seinem Zögling die volle Frische und Ursprünglichkeit des Naturmenschen wahren möchte.[1]) Hören wir Galianis Lehren! Er schreibt am 4. August 1770 an Frau v. Épinay[2]): „Mein Traktat über Erziehung ist fertig. Ich beweise darin, daß die Erziehung für den Menschen wie für die Tiere dieselbe ist. Sie läuft auf zweierlei hinaus, nicht mehr: Ungerechtigkeiten zu ertragen lernen, Langweile zu ertragen lernen. Was läßt man in der Reitschule ein Pferd tun? Es geht von Natur in Paß, Trab, Galopp, Schritt. Aber das Pferd wählt die Gangart, wie es ihm gut dünkt und wie es Lust hat. Man lehrt es diese Gangarten gegen seinen Willen

[1]) vgl. P. Hensel, Rousseau, 1907, p. 63ff. und Vorlaender, Geschichte der Philosophie, 1903 II, p. 147. — Die Beurteilung der Galianischen Pädagogik im Text folgt gütigen Mitteilungen des Herrn Dr. Johs. Prüfer zu Leipzig.

[2]) Perey-Maugras, l. c. I, p. 216/17. — p. 216: „... apprendre à supporter l'injustice; apprendre à souffrir l'ennui". — p. 217: „... l'éducation n'est que l'élaguement des talents naturels, pour donner place aux devoirs sociaux. — Conrad, l. c. I, p. 137/38; v. Gleichen-Rußwurm, l. c. p. 26. — Vgl. dazu die Auffassung Galianis in seinem „dialogue sur les femmes", der sich in Nicolinis „Pensiero" l. c. p. 258ff. wieder abgedruckt findet, namentlich ebendort, p. 264, wo von der Erziehung als Instinkt die Rede ist.

anzunehmen, gegen seine Vernunft (da liegt die Ungerechtigkeit), und sie zwei Stunden lang fortzusetzen[1]) (da liegt die Langeweile). Wenn man daher ein Kind Lateinisch, Griechisch oder Französisch lernen läßt, so interessiert nicht das Nützliche der Sache, sondern es muß sich eben daran gewöhnen, den Willen anderer zu tun (und sich zu langweilen) und durch ein Wesen seinesgleichen gestraft zu werden (und zu leiden). Wenn es hieran gewöhnt ist, so ist es dressiert, für die Gesellschaft hergerichtet, geht in die Welt, achtet Beamte, Minister, Könige (und beklagt sich nicht über sie). Der Mensch übt seine Amtsverrichtungen aus, er geht in sein Bureau oder zur Audienz, oder auf den Wachtposten oder ins œil-de-bœuf und gähnt und bleibt dort und verdient sich sein Brot. Tut er das nicht, so taugt er nichts in der gesellschaftlichen Ordnung. Also die Erziehung ist nur die Beschneidung der natürlichen Talente, um an ihre Stelle die sozialen Pflichten zu setzen. Die Erziehung soll Talente verstümmeln und beschneiden. Wenn sie das nicht tut, so haben Sie — den Dichter, den Improvisator, den Haudegen, den Maler, den Spaßmacher, das Original, die Vergnügen schaffen und vor Hunger sterben, weil sie sich in keine von den Nischen der sozialen Rangordnuug mehr einstellen können".

In einem anderen Briefe an seine Freundin wendet sich Galiani gegen die Auffassung, daß die Kinder fast gar nichts wüßten, bevor sie zu sprechen begännen. Er meint dagegen am 3. April 1773[2]): „Das Kind hat das wichtigste seiner Erziehung schon empfangen, bevor es zwei Jahre alt wird; aber da wir nicht erkennen können, was ein anderes Wesen mit menschlichem Antlitz weiß, wenn es nicht durch Worte oder Zeichen zu uns spricht, so glauben wir, die Kinder wissen nichts. Das ist ein großer Irrtum. Jemand, der ein Jahr in London sich aufgehalten hätte, ohne ein Wort Englisch zu lernen, würde trotzdem unendlich vieles von dem Lande kennen: Straßen, Häuser, Bräuche, Ge-

---

[1]) Ein auffälliger Anklang an Rousseaus „Émile"! Gleich am Eingang seines Erziehungsromans geißelt Rousseau die Sucht des Menschen, die Natur nach seinem Willen umzugestalten, und in diesem Zusammenhang findet sich der Satz, daß der Mensch nichts will, „wie es die Natur gemacht hat, nicht einmal den Menschen; man muß ihn für ihn wie ein schulgerechtes Roß abrichten". („Allgemeine Revision des gesamten Schul- und Erziehungswesens", 1789, XII, S. 31.)

[2]) Perey-Maugras, l. c. II, p. 191/92; Conrad, l. c. II, p. 442.

setze, Menschen, Ämter, politische Verfassung usw. Meine Bemerkung zerstört, das sehe ich wohl, das ganze System Émiles und der anderen Pädagogen. Aber ich ziehe aus ihr den Schluß, daß es in zwei Jahren entschieden ist: die Ansätze zu Tugenden oder Lastern sind bereits vorhanden".

Endlich kommt Galiani in einem Briefe vom 18. März 1775 noch einmal ausführlicher auf die Erziehung zu sprechen; ein Brief, der in eigenartiger Weise — wie man mit Recht behauptet hat[1] —, in bezug auf das, was er über Individuum und Milieu äußert, wie eine „spielende Vorwegnahme Taines" wirkt. Galiani schreibt[2]: „Es gibt einen bestimmten Einfluß auf uns, der die Wirkung der Erziehung ist. Dies ist wahr. Aber wissen Sie, wer der Lehrer ist, der uns erzieht? Das Jahrhundert und das Volk, in deren Schoß wir zur Welt kommen. So wird ein Mensch, der in Konstantinopel auf die Welt kommt, als Türke erzogen; in Rom als römisch-katholischer Christ; in Paris als Schöngeist, als ökonomistisch-anglomaner Krautjunker; in London als Goddam-Kolonist usw. Alles was uns umgibt, wirkt erzieherisch auf uns ein, und der Erzieher ist etwas unendlich Kleines, das die guten Rechner außer acht lassen".

Auf Grund dieser drei Stellen dürfte Galianis pädagogische Meinung, wenn ich recht sehe, die sein[3]: Eine erzieherische Beeinflussung des Menschen findet nur statt durch sein Jahrhundert und durch sein Volk, und den wichtigsten Teil dieser Erziehung empfängt er bereits in den ersten zwei Jahren seines Lebens. Was man sonst Erziehung nennt, ist nichts anderes als Dressur, und diese ist von der Dressur des Tieres nicht verschieden. Sie ist notwendig, damit der Mensch seinen Platz in der Gesellschaft ausfüllt. Durch diese Dressur sollen die natürlichen Talente beschnitten und durch soziale Pflichten ersetzt werden. — Damit tritt er freilich in scharfen Gegensatz zu Rousseau, der nichts anderes will als durch die Erziehung die Natur des Menschen entfalten. „Ehe die Eltern ihn zu etwas rufen, ruft ihn die Natur zum Menschseyn. Zu leben ist die Kunst, die ich ihn lehren will. Wenn er aus meinen Händen kömmt,

[1]) Hofmiller, a. a. O. p. 187.

[2]) Perey-Maugras, l. c. II, p. 388; Conrad, l. c. II, p. 562/63.

[3]) vgl. auch Weigand, a. a. O. p. LXXXI; Hofmiller, a. a. O. p. 188 ff.

wird er, das gestehe ich, weder Rechtsgelehrter, noch Soldat, noch Prediger seyn: sondern nur erst Mensch“ (a. a. O. p. 72). Die eigentliche Lehrmeisterin der Kinder ist daher die Natur selbst. Der Erzieher „tut weiter nichts, als daß er unter dieser ersten Lehrmeisterin studiert, und verhindert, daß ihrer Sorgfalt nicht zuwider gehandelt werde“ (a. a. O. p. 203).

In den übrigen Briefen philosophischen Inhalts tritt uns der Genußmensch, der den Wert des Lebens nur an der Freude, die es gewährt, mißt, und der jedem Sentiment, jedem Altruismus abholde Egoist entgegen. Von welcher Kälte des Raisonnements, von welchem Mangel an „Affektivität“ — um das von Nicolini verwandte Wort zu gebrauchen[1]) — zeugt jener Brief an seine Freundin vom 19. Oktober 1776, in dem er eine Todesnachricht quittiert. In diesem Brief gibt Galiani die Theorie wieder, die er sich für solche Fälle gebildet hat. Sie lautet[2]): „. . . seit ich erfahren habe, daß nach der Berechnung drei vom Hundert der Lebenden sterben, scheint es mir, daß jeder Sterbende, der für seinen Teil diese fatale dreiprozentige Schuld abträgt, die Lebenden entlastet, und daß infolgedessen jeder Tod einen Grad der Lebenswahrscheinlichkeit mehr für die Überlebenden bedeutet“.

Galiani ist reiner Individualist und ohne jedes soziale Gefühl.[3]) Jede pathetische Geste ist ihm zuwider. Für ihn gibt es gar keinen Nächsten. Es sei Geschwätz, wenn ein jeder für die Angelegenheiten anderer plaidiere und nie für die eigenen. Ein jeder solle tun und sprechen nach seinen Interessen. Und an anderer Stelle meint er[4]): „Ich finde, die Achtung des Nächsten ist ein Gefühl, das uns von Natur widersteht — wie das Ipecacuanha; wir schlucken es gewaltsam hinunter, und unser Magen möchte es sobald wie möglich wieder von sich geben“.

Nach diesen letzten Kostproben wird man Franz Blei recht geben müssen, wenn er meint,[5]) daß in Galiani mit einer feinen, reichen Seele ein brutaler Verstand sich gepaart habe, der frech von den Lastern und zynisch von den Tugenden der eigenen Seele

[1]) Giornale . . . l. c. p. 21 ff.
[2]) Perey-Maugras, l. c. II, p. 476; Conrad, l. c. II, p. 617.
[3]) Perey-Maugras, l. c. II, p. 277; Conrad, l. c. II, p. 496 ff.
[4]) Perey-Maugras, l. c. II, p. 74; Conrad, l. c. II, p. 366.
[5]) Galianis Dialoge, l. c. p. 101.

spreche, und man versteht wenigstens, wie Nietzsche zu seinem Urteil hat kommen können, daß Galiani „der tiefste, scharfsichtigste und vielleicht auch schmutzigste Mensch seines Jahrhunderts“ gewesen sei.[1])

Die übrigen Briefe bieten nur hin und wieder eine kecke, philosophische Spekulation oder ein paradoxes Urteil. So schreibt Galiani in einem Brief über Voltaires Betrachtungen über die Neugierde[2]) (er nennt sie eine Leidenschaft, die in uns nur erregt werde, wenn wir uns sicher vor jedem Risiko fühlten; denn die geringste Gefahr benähme uns alle Neugierde) und über andere Voltairesche Aufsätze, aus denen er den Schluß zieht, daß ihr Verfasser Deïst aus politischen Rücksichten sei. Ferner finden sich in den Briefen interessante Urteile über den Fatalismus und über die Einsamkeit der Philosophen, von denen Galiani meint[3]): „Die Philosophen sind nicht dazu da, einander zu lieben. Die Adler fliegen nicht in Gesellschaft; das tun die Rebhühner, die Stare. Voltaire hat keinen Menschen geliebt und wird von keinem Menschen geliebt. Er wird gefürchtet, hat seine Krallen, und das ist genug. Hoch oben schweben und Krallen haben, das ist das Los der großen Genies“.

Endlich erwähne ich noch seine Äußerungen über die Frauen. So schreibt er am 2. Februar 1771 an Frau von Épinay[4]): „Sie wollen von mir wissen, was eine Frau studieren soll? Ihre Sprache, damit sie Verse korrekt sprechen und schreiben kann, wenn sie Neigung dafür hat. Alles in allem genommen, muß sie stets ihre Phantasie pflegen; denn das wahre Verdienst der Frauen und ihrer Gesellschaft besteht darin, daß sie immer ursprünglicher sind als die Männer; sie sind weniger verkünstelt, weniger verdorben, weniger von der Natur entfernt, und darum liebenswürdiger“.

Es bleibt aber nicht bei solchem wohlwollenden Urteil. Galiani spricht vielmehr an anderer Stelle recht scharf und spöttisch vom schwächeren Geschlecht. Ja er nennt die Frauen einmal „ein Gemisch von Nerven, Uterus, Einbildungskraft und launenhafter

---

[1]) Jenseits von Gut und Böse, Aphorismus 26.

[2]) Perey-Maugras, l. c. I, p. 434; Conrad, l. c. I, p. 280.

[3]) Perey-Maugras, l. c. I, p. 309; Conrad, l. c. I, p. 197.

[4]) Perey-Maugras, l. c. I, p. 352/53; Conrad, l. c. I, p. 225; von Gleichen-Rußwurm, l. c. p. 221/22; Blei, Insel, I, p. 129.

Willkür".[1]) Man denke auch an den Vergleich mit den Franzosen. Wer im übrigen sich in Galianis Anschauungen über die Frauen vertiefen will, mag den Miniaturdialog „Sur les femmes" lesen.[2]) —

Doch ich muß hier abbrechen. Suchen wir mit wenigen Worten die geistige Eigenart des Denkers, der uns in dieser Abhandlung beschäftigt hat, noch einmal zu erfassen.

Galiani zeigt sich uns im Gegensatz zu seinen Gegnern, den Physiokraten, als ein jedem Absolutismus der Lösungen abgeneigter, relativistisch denkender, historischer Kopf, der je nach Zeit, Ort und Umständen sich wandelnde, politische und wirtschaftliche Maßnahmen empfiehlt. Er zeigt sich ferner — und das ist seine schriftstellerische Eigenart, abgesehen von der tiefgründigen Abhandlung „della moneta" — als Gegner aller Systematik, als Meister der kühnen Improvisation, als Virtuose der impressionistischen These. Seine Hauptwaffe ist die Satire, und es fällt wahrlich manchmal schwer, Ernst und Satire bei ihm zu scheiden. Marmontel hat ihn in seinen Memoiren als den hübschesten, kleinen Harlekin beschrieben, den Italien hervorgebracht habe, auf dessen Schultern jedoch der Kopf Macchiavellis saß; und, gewohnt alles von der lächerlichen Seite zu betrachten, habe es für ihn nichts gegeben, das er nicht zu einem guten Geschichtchen hätte benutzen können.[3]) Und Sainte-Beuve schreibt über ihn: „chez lui, un raisonnement sérieux et profond se bourse tout à coup au calembour".[4]) Auch spätere Autoren haben ähnlich über ihn geurteilt, indem sie je nachdem mehr den Harlekin- oder den Macchiavelli-Kopf hervorhoben.[5]) Man tut aber unserem Abbé un-

---

[1]) Bazzoni, l. c. p. 141.

[2]) Abgedruckt in der Correspondance littéraire, IX, p. 497 ff., jetzt auch bei Nicolini, Il Pensiero ... l. c. p. 258 ff. und deutsch bei Conrad, l. c. II, p. 350 ff. Dieser Dialog ist auch wichtig für Galianis Erziehungslehre, wie schon erwähnt.

[3]) Marmontel, Mémoires II, p. 122: „L'abbé Gal. étoit de sa personnne le plus joli petit arlequin qu'eût produit l'Italie; mais sur les épaules de cet arlequin était la tête de Machiavel. Epicurien dans sa philosophie, et avec une âme mélancolique, ayant tout vu du côté riducule, il n'y avait rien ni en politique, ni en morale à propos de quoi il n'eût quelque bon conte á faire, et ces contes avaient toujours la justesse de l'à propos et le sel d'une allusion imprévue et ingénieuse". Vgl. auch Taine a. a. O. I, p. 326.

[4]) Causeries du Lundi ... a. a. O. II, p. 431.

[5]) vgl. Barthold, Die geschichtlichen Persönlichkeiten in Jakob Casanovas

recht, wenn man über seine Neigung zum Spott und zur Satire die ernsten, die gediegenen, die bedeutenden Qualitäten seiner Schriftstellerpersönlichkeit vergißt. Es ist ihm eben vielfach so gegangen — wie Gaudemet in seiner Monographie über Galiani schreibt[1] —: „Parce qu' il présenta légèrement des idées sérieuses, et parce qu'il tint cette gageure, d'ecrire à propros du commerce des blés un livre vif d'allures, franc de style, charmant de fantaisie et d'ironie fine comme un roman de Voltaire, il a porté devant la postérité la peine d'avoir eu trop d'esprit". Ich glaube, man wird der schriftstellerischen Eigenart und speziell dem Stil unseres Abbés am besten gerecht, wenn man Taines These vom „esprit classique" auf ihn anwendet. Er hat über die ernstesten Dinge in jenem „oratorischen" Stil geschrieben, daß jede Salondame ihn verstehen konnte.[2]

Seine Kraft ruht in der historischen Weltanschauung, aber in ihrer Überspannung zugleich seine Schwäche; denn der Gefahr des Historismus, „der modernsten, verbreitetsten und gefährlichsten Form des Relativismus, der Nivellierung aller Werte", wie ihn ein moderner Rechtsphilosoph[3] formuliert hat, ist auch er erlegen. Indem er die naturrechtlichen Spekulationen der Physiokratie bekämpfte, verfiel er des öfteren in das entgegengesetzte Extrem, in den Historismus, der „alle Philosophie und Weltanschauung zerstört".[4]

Memoiren, 1846, Bd. I, p. 263 und 74. Dazu das Urteil von Casanova selbst bei Weigand, l. c. p. XVII Note 2. Ferner zu vergleichen v. Gleichen-Rußwurm, l. c. p. 328 („Hanswurst und tiefernster Staatsmann"); Hofmiller, l. c. p. 189 und Blei, Galianis Dialoge . . . l. c. p. 18 (ca Sainte-Beuve und Brunetière) und p. 45 Note 1 (Duvals Äußerung über Galiani).

[1]) a. a. O. p. 1. Dazu aber Afanassiev, l. c. p. 249.

[2]) vgl. das ganze dritte Buch „Der Geist und die Doktrin" in Taines Geschichte des Ancien Régime (a. a. O. I, p. 208 ff.) und zur Kritik Wahl a. a. O. I, p. 357 ff.; vgl. auch Bleis (Insel, Bd. 1, p. 17). Bemerkungen über den Salonton des Ancien Régime, durch den „der letzte Blutstropfen zu einem bon mot kondensiert wurde" und vor allem das lehrreiche Buch von Perey und Maugras, Dernières Années de Madame d'Épinay [8], p. 392 ff., wo sich eine lebendige Schilderung der damaligen Salonunterhaltungen findet.

[3]) Emil Lask, Rechtsphilosophie, in „Die Philosophie bei Beginn des 20. Jahrhunderts", Festschrift für Kuno Fischer Bd. II, 1905 p. 13.

[4]) Lask, ibidem p. 13: „Naturrecht und Historismus sind die beiden Klippen, vor denen die Rechtsphilosophie sich hüten muß". Vor dem Historismus warnt auch Marianne Weber, Ehefrau und Mutter in der Rechtsentwicklung 1907. Dazu Paulsen, Preuß. Jahrbücher Bd. 132, 1908, p. 412/13;

Ob dabei der Neapolitaner Galiani als ein französischer Denker aufzufassen ist, den er selbst in einem Briefe[1]) seinem Wesen nach als Plauderer, Klugsprecher und Spaßmacher bezeichnet, oder ob ihn seine Landsleute — an erster Stelle wieder Nicolini[2]) — für Italien in Anspruch nehmen dürfen, mag dahingestellt bleiben. Denn auch Nicolini gibt zu, daß ohne eine Kenntnis der philosophischen, politischen und ökonomischen Fragen des ancien régime unser Abbé nicht zu verstehen ist. Zu einem Teile seines Wesens ist er nun einmal der unübertreffliche Geschichtenerzähler, der echt französische Causeur, der homme d'esprit par excellence,[3]) „einer der echtesten Repräsentanten der Aufklärungszeit".[4]) Alles in allem ein Denker, der eine bedeutsame Stellung in der Geschichte der Nationalökonomie beanspruchen darf, und der bei aller historischer Weltansicht, mit der er seiner Zeit vorauseilt, doch als ein echtes Kind des ancien régime zu betrachten ist und alle ihre markantesten Eigenschaften gleichsam in Reinkultur repräsentiert: die Frivolität und den Zynismus, aber auch den Esprit und die verfeinerte Lebenskunst.[5])

---

s. auch Meinecke, Weltbürgertum und Nationalstaat, p. 249 und Karl Wieland, Die historische und die kritische Methode in der Rechtswissenschaft, 1910. Er nennt den Historismus „den entarteten Sprößling wahrer geschichtlicher Denkart" (p. 5).

[1]) Conrad, l. c. I, p. 306; Perey u. Maugras, l. c. I, p. 476.

[2]) Giornale ... a. a. O. p. 28ff.; vgl. auch Gaudemet a. a. O. p. 41, der sich die Vielseitigkeit der Begabung Galianis nur bei einem Italiener erklären kann. „Dans cette race de virtuoses, l'imagination et les facultés artistiques se superposent naturellement aux facultés purement rationelles" und Brunetière, a. a. O. p. 944/45 sowie Sainte-Beuve, a. a. O.³ II, p. 423; s. auch Kassner, Motive, Essays p. 106.

[3]) Taine, l. c I, p. 162 schreibt: „Plaudern heißt andere amüsieren, indem man sich selbst amüsiert, und ein größeres Vergnügen kennt der Franzose nicht; für ihn ist die bewegliche, sich schlängelnde Konversation, was der Flug für den Vogel ist". Vgl. auch ibidem p. 302 über den Scherz.

[4]) v. Gleichen-Rußwurm, l. c. p. 340,

[5]) vgl. auch Weigand, a. a. O. p. XC.

Ludwig Börne als Student der Kameralwissenschaften.

Von **Leon Zeitlin.**

Über den Literaturhistoriker, der als Ergebnis langer und anstrengender Studien Goethesche Wäschezettel mit einem umfänglichen kritischen Apparat herausgibt, macht man sich häufig und nicht mit Unrecht ein wenig lustig, denn die Flagge deckt nicht immer die Ware und Alltäglichkeiten bekommen keineswegs deshalb allein Seltenheitswert, weil sie sich im Schatten des Genies zugetragen haben. Ebenso aber gibt es auch Ketzer, denen an der Art und Weise, wie Wirtschaftsgeschichte wissenschaftlich betrieben wird, manches nicht recht zusagt und die beispielsweise meinen, nicht jeder Zettel, der unsere Kenntnis über die Fleisch- oder Getreidepreise vergangener Jahrhunderte mehrt, sei an sich schon so bedeutungsvoll, daß er verdient, den Wesenskern einer Abhandlung zu bilden. Wenn ich daher, der ich mir erlaube, aus respektvoller Entfernung und ganz bescheiden diesen Ketzern zuweilen beifällig zuzustimmen, hier einen Beitrag zu dem Kapitel wirtschaftshistorischer Ausgrabungen liefere, so muß ich doch wohl zuvor ein paar Worte darüber sagen, weshalb ich mit einer bisher allerdings noch völlig unbekannten Seminararbeit Ludwig Börnes aus den Tagen seines kameralistischen Studiums erscheine und ihr einen kurzen Kommentar mitgebe. Denn ein Ludwig Börne ist ja kein Goethe, und wenn — um gleich von der Person auf die Sache zu kommen — demgegenüber auch betont werden kann, daß selbst eine durchaus anonyme Seminararbeit über ein Problem, das in der Wissenschaft zur Debatte steht, auf jeden Fall interessanter sein dürfte als ein Goethescher Wäschezettel, so muß ich doch denen, die möglicherweise in einer Arbeit des jungen Börne, wenn schon nicht wissenschaftlich oder kulturhistorisch, so doch zum mindesten literarisch auf die Rechnung zu kommen hoffen, von vornherein eine Enttäuschung bereiten. Das Thema seiner Abhandlung lautet nämlich: „Kann Viehzucht (in einem älteren, unvollständig erhaltenen Konzept: ‚Hornviehzucht‘) ohne Ackerbau getrieben werden?“ Literarische Feinschmäcker sind also gewarnt.

Trotzdem glaube ich, daß meine Mitteilungen nicht unwillkommen sein werden, da allerlei zusammentrifft, um Interesse für das Börnesche Manuskript zu erwecken: Die Persönlichkeit des Verfassers und die seines Lehrers, der die Arbeit korrigiert und mit zahlreichen Anmerkungen versehen hat. War doch Börnes Lehrer niemand anders als August Friedrich Wilhelm Crome, den man zuweilen — freilich mit mehr Wohlwollen als Berechtigung — den größten Statistiker seiner Zeit genannt hat; dann aber namentlich die Tatsache, daß wir darüber, wie man sich zu Beginn des 19. Jahrhunderts an Deutschlands hohen Schulen für das Doktorexamen in den Kameralwissenschaften vorbereitete, eigentlich nur sehr ungenau unterrichtet sind. Und da der Mann, dem die in diesem Bande vereinten Beiträge von Schülern als Zeichen dankbarer Gesinnung für den verehrten Lehrer dargebracht werden, uns mit seinem Werke über die Nationalökonomie als Universitätswissenschaft die wertvollsten Aufschlüsse über Lehrer und Lehre gegeben hat, so ist es vielleicht auch aus diesem Grunde nicht unangebracht, von einem Jünger unserer Wissenschaft und dem zu sprechen, was er als Student gearbeitet hat.

* * *

Am 10. Mai 1808 hatte sich „Louis Baruch, Sohn des Handelsmannes Jakob Baruch aus Frankfurt a. M.“, nachdem er sehr gegen seinen Willen auf väterliches Geheiß und unter dem Zwang der Verhältnisse einige Semester Medizin in Halle und Heidelberg studiert hatte, als Studierender der Rechte in die Matrikel der Karl-Ludwigs-Universität in Gießen eingetragen, und bereits nach einem Vierteljahre am (8. August 1808) wurde er unter dem Rektorate des Geheimen Rates Dr. Karl Wilhelm Christian Müller und dem Dekanate des Professors Dr. August Friedrich Wilhelm Crome, seines Lehrers, zum Doktor der Philosophie promoviert.

Daß in so kurzer Zeit keine umfängliche, auf eingehendes Fachstudium sich gründende Doktorarbeit zustande kommen konnte, leuchtet ohne weiteres ein. Und so lagen denn bei der Promotion auch nur einige kürzere, essayartige Abhandlungen vor. Und zwar sind dies die aus den bisherigen Ausgaben bekannten Aufsätze: „Über die geometrische Gestalt des Staatsgebietets", „Von dem Gelde" und „Das Leben und die Wissenschaft". Außerdem aber fand sich unter den bisher noch unveröffentlichten Manuskripten des Börne-Archivs zu Frankfurt a. M. auch eine Anzahl staatswissenschaftlicher und volkswirtschaftlicher Fragmente. Ich glaubte davon absehen zu dürfen, in der jetzt neu erscheinenden kritischen Gesamtausgabe von Börnes Werken, für die mir die Bearbeitung seiner Schriften staatswissenschaftlichen Inhalts übertragen worden ist, diese Fragmente mit aufzunehmen. Allein die Freunde der Geschichte und Literatur der Staatswissenschaften möchte ich doch auf diesen ersten kameralistischen Versuch Börnes aufmerksam machen, den er als junger „stud. jur. et cam." seinem Lehrer Crome zur Begutachtung vorlegte. Das Thema lautet, wie schon erwähnt: „Kann die Viehzucht ohne Ackerbau getrieben werden?" Börne verneint die darin gestellte Frage unbedingt, und aus den Randbemerkungen Cromes geht hervor, daß er nach Form und Inhalt zwar mancherlei an der Arbeit auszusetzen hatte, daß aber die Anschauungen des Schülers doch im großen und ganzen die Billigung des Lehrers fanden.

Mehr über diesen an sich gewiß nicht uninteressanten „Beitrag zur Geschichte des gelehrten Unterrichts an Deutschlands hohen Schulen" zu sagen erübrigt sich eigentlich, denn ein zwingender Anlaß, über die wissenschaftliche Bedeutung von Börnes volkswirtschaftlichen Arbeiten zu sprechen, liegt wahrhaftig nicht vor. Bleibt nur die Frage offen, ob es nicht angebracht wäre — nachdem sich bei bestem Willen eine Spur von wissenschaftlicher Bedeutung in diesem wissenschaftlichen Versuch eines doch zweifellos bedeutenden Mannes nicht hat entdecken lassen — danach zu forschen, worauf denn dieser bedauerliche Mangel eigentlich zurückgeführt werden könnte. Und unter den Freunden einer historisch-kritischen Betrachtungsweise aller Zusammenhänge des Geschehens in Wissenschaft und Leben wird vielleicht manch einer in der gründlichen Erörterung dieser Frage die einzig mögliche Rechtfertigung der Veröffentlichung dieser naiven Erörterungen erblicken, in denen Börne als krasser Fuchs, ohne etwas von der Sache zu verstehen, zu einem immerhin schwierigen Problem der Landwirtschaft Stellung nimmt. Wie schon angedeutet, bin ich anderer Meinung; das kleine Manuskript mit seinen Korrekturen, die mehr an einen Schulmeister als an einen Gelehrten erinnern, gibt — so wie es ist — dem, der in, zwischen, über und unter den Zeilen zu lesen versteht, nicht nur allerlei ganz interessante, sondern auch die zum Verständnis ausreichenden Aufschlüsse. Allein als gewissenhafter Sachwalter des mir anvertrauten Teils des Börneschen Nachlasses will ich auch dem Wunsche der ganz Gründlichen Rechnung tragen und versuchen, wenigstens mit ein paar Worten für jene Frage eine Erklärung zu geben.

Zunächst leuchtet ohne weiteres ein, daß sich bei der Kürze der Zeit für ein wirklich ernsthaftes Studium der junge Doktorand in der Fachliteratur nicht recht hat umsehen können, was er auch freimütig zugibt. Was Wunder, daß Börne ein gelehriger Schüler seines Professors Crome wurde, und daß sein wissenschaftliches Rüstzeug Geist von Cromes Geist ist, besonders da Börne wohl auch in sehr nahem persönlichen Verkehr zu Crome gestanden haben wird, in dessen Haus er als Jüngling zwei Jahre (vom Winter 1800 bis zum November 1802) verlebt hat. Trotzdem darf man aber nicht etwa glauben, daß Börne als Schüler auf Crome geschworen hätte oder gar ein begeisterter Verehrer seines Lehrers war. Dazu war die Persönlichkeit Cromes durchaus nicht geeignet, wenn er auch nur in wenigem dem Bilde gleicht, das wir uns von einem deutschen Universitätsprofessor aus jenen Tagen zu machen pflegen. Crome hat sein Leben keineswegs in der Enge der Studierstube zugebracht. Er hat mit hohen Herren und siegreichen Generalen zu tun gehabt, und er hat als Diplomat in geheimen und offiziellen Missionen Verwendung gefunden. Indes ein Mann wie Crome, der nach seinen eigenen Worten immer nur für Reform gewesen ist, „welche — durch Weisheit und Tätigkeit der rechtmäßigen Obrigkeit bewirkt — das Staatswohl fördern, ohne jemandes rechtmäßiges Eigentum dabei zu kränken oder die Ruhe und Sicherheit des Staates zu erschüttern“, und für den diese rechtmäßige Obrigkeit alle Zeit der Fürst — spätere Großherzog von Hessen-Darmstadt — war, und ein Stürmer und Dränger wie der junge Börne haben eben nicht viel Gemeinsames. In einigen der Form nach zwar recht mangelhaften, dem Inhalte nach jedoch ziemlich bissigen Epigrammen hat dann auch der Student mit dem Professor abgerechnet und dem Unmut der Enttäuschung Luft gemacht. Eines von diesen Verschen lautet:

„Reime sinnend auf Crome wacht' ich Nächte hindurch,
Doch ungereimtes zu reimen habe ich fruchtlos gestrebt“.

Mit anderen Worten, Börne wird herzlich froh gewesen sein, das Studium der Kameralwissenschaften, die sich ihm in Wirklichkeit wesentlich anders darstellten, als er sie sich jedenfalls vorgestellt hatte, in kurzer Zeit zum Abschluß bringen zu können. Möglicherweise hat unsere Wissenschaft dadurch einen schweren Verlust erlitten. Immerhin hat aber Börne als ein im Geiste Starker den Weg ins Freie gefunden, und wir haben keinen Anlaß, uns des früheren Stud. cam. zu schämen.

* * *

Kann Viehzucht ohne Ackerbau getrieben werden?[1])

Die Landwirthschaft lehret die Grundsätze, welche man [1] in jeder Lage
anwenden muß, um die Natur zur Hervorbringung der[1] möglichst [1] nützlichsten und
vollkommensten Produkte[1] zu bestimmen. Da es nun das Geschäft [1] mit dem möglichst geringsten Aufwand
des Landwirthes ist, diese Grundsätze in Ausübung zu bringen, so muß er sich in den Besitz aller der Mittel zu setzen versuchen, deren er zu seinem Zweck bedarf. Damit er aber nie in die Gefahr komme, solcher Mittel beraubt zu seyn, soll er dahin streben, die Erlangung derselben, so viel als möglich, von äußeren zufälligen Einflüssen unabhängig zu machen. Dieses erreicht er dadurch, indem er die Mittel zum Zwecke selbst zu Zwecken erhebt,
und so innerhalb seines eigenen Gebietes sich eine Quelle bereitet,[1] [1] eröffnet
aus der alle die Bedingungen herfließen, welche die Kultur des
Landes[1] erfordert. Hieraus folgt, daß unter allen Mitteln, die man [1] Bodens
zur Behandlung des Bodens[1] anwenden kann, diejenigen die besten [1] ...(unleserlich)
seyn müssen, welche der Boden selbst darreicht.[1] Man muß so [1] bietet
viel als möglich die Landesprodukte[1] selber[2] dazu gebrauchen, [1] Produkte des Bodens
um die Produktivität[1] der Erde, die ihnen das Daseyn gab, zu [2] selbst [1] Fruchtbarkeit
unterhalten und zu verstärken.

Betrachtet man ferner das Geschäft des Landwirthes in Bezug[1] [1] in Beziehung
auf jenen Endzweck, worin die verschiedenen Arten der Tätigkeit aller Menschen zusammentreffen: nemlich als ein Mittel, seine und seiner Familie Existenz zu erhalten und sich zu bereichern, so
werden an den Landbauer[1] als solchen noch ganz besondere [1] Landmann
Forderungen gemacht. Er muß nemlich mehr als alle Andern[1] [1] Menschen

---

[1]) Anm. des Herausgebers: Die mit eckigen Klammern versehenen Bemerkungen rühren wie die nicht eingeklammerten von Cromes Hand her, die mit runden Klammern versehenen vom Herausgeber.

[1] -stand, -halt [1] [erwerbenden Menschen im Staat] sich bemühen, seinen Hausstaat[1] selbständig und geschlossen zu
erhalten. Die ganze Reihe der Erwerbtreibeuden[1] wird von zwey
[1] Produzenten u. Consumenten Endpunkten begrenzt: vom Landbauer[1] und von genießenden
Menschen. Daher das Leben jedes Erdproduktes, indem es diese
Linie durchläuft, im Ackerbau den Moment seiner Geburt und im
[1] in der Verzehrung Genuß[1] den seines Todes findet. Den Menschen aber, die sich mit
[1] ...(unleserlich) Handwerker, Fabrikant, Kaufmann einem Gewerbe befassen, das zwischen jenen Endpunkten in der
Mitte liegt,[1] ist eine ganz andere Norm für ihre Erwerbtätigkeit[2]
[2] Erwerbung vorgeschrieben als denen, die in einem der genannten Pole sich
[1] Jene befinden. Erstere[1] nemlich haben nicht so sehr die Abhängigkeit
von andern zu scheuen, worin sie in Betracht ihrer Bedürfnisse
gerathen könnten. Denn in demselben Grade, als sie an Andere
gebunden sind, werden jene wieder von ihnen selbst abhängig seyn.
Da sie in der Mitte stehen, und also im Falle des Gedrängtwerdens
[1] oder der andern Raum haben, nach einer[1] Seite auszuweichen, so sind sie nicht in
der Nothwendigkeit ihre Existenz zu fixieren, und ihr Gebieth
gleichsam zu umzäumen. Ganz anders ist es aber beim Land-
[1] verhält es sich aber mit dem Landmann bauer.[1] Da er an der Grenze steht, wo aller Erwerb beginnt, und
dieser von den ewigen Gesetzen der Natur abhängt, von Gesetzen,
die wohl geleitet, aber nie verändert werden können; da er auf
[1] ? der einen Seite ganz von der Nothwendigkeit[1] beherrscht wird:
[1] übrigen so muß er suchen, auf der Seite, wo er mit den[1] gewerbtreibenden
[1] im Staat Klassen[1] zusammenhängt, sich die höchstmöglichste Freiheit zu
[1] an dem ... (unleserlich) erhalten. Weil er dort[1] eine undurchdringliche Schranke findet,
[1] seiten seiner (unleserlich) [2] anders so muß er jeden Druck von hier[1] entfernt halten, wenn[2] er mit
Vortheil bestehen will. Er soll auf die übrigen Gewerbklassen
die höchstmöglichste Thätigkeit ausüben, sich ihrer Rückwirkung
aber, so viel er kann, entziehen. Darum muß er es so einzurichten
suchen, daß ihm die Mittel zum Behuf seines Zweckes und alle
Bedürfnisse, die er für seinen Haushalt braucht, nie ausgehen
können.

Wendet man nun diese allgemeinen Grundsätze auf den be-
welcher sonderen Fall an, der[1] Gegenstand dieser Abhandlung seyn soll:
so kann das Resultat der Untersuchung nicht einen Augenblick
schwankend seyn. Sobald nämlich erwiesen seyn wird, daß Acker-
bau und Viehzucht ohne wechselseitige Hülfsleistungen durchaus
nicht bestehen können, dann wird zugleich hervorgehen, daß auch
der Landwirth stäts beide miteinander vereinigen müsse; wenn
Haupt auch immerhin nur eines davon sein [1]Zweck ist. Denn es ist ihm

aus[1] angegebenen Gründen nicht verstattet, die Instrumente zu seinem Gewerbe von andern bereiten zu lassen.[1] Er muß vielmehr sie sich selbst schenken[1] und mit gleichem Ernste behandeln als die Hauptsache, worauf er sie anwenden will.

[1] den — [1] oder die Hülfsmittel dazu anderswo aufzusuchen — [1] (im Text schlecht leserlich)

Zur Beantwortung der aufgestellten Frage nun ist es[1] eins und[1] dasselbe, ob man annimmt, daß der Ackerbau oder die Viehzucht der Hauptzweck des Landwirthes sey;[1] so, daß sich wechselseitig eins zum andern als Mittel[1] verhielte, [2]doch mit einem Unterschiede.[1] Da nemlich der Umfang der Viehzucht mit dem Ackerbau stets in einem gewissen Verhältnis stehen muß, so wird im Falle, daß der Ackerbau Hauptzweck ist, die Zahl des Viehes nach der Größe der Ländereyen eingerichtet werden müssen, im entgegengesetzten Falle aber umgekehrt.

[1] (unleserlich) — [1] eben — [1] (unverständl.) — [1] zum Zweck [2] wiewohl — [1] „Denn der Ackerbau bedarf der Viehzucht mehr, als Hülfsmittel, als umgekehrt die Viehzucht des Ackerbaus bedarf.

Wir wollen nun das erstere annehmen, und es wird gefragt: kann der Ackerbau ohne Viehzucht bestehen? Keineswegs. Erstens[1] versteht es sich[2] von selbst, daß man zum Pflügen das Vieh gar nicht entbehren kann. Hier wird das Hornvieh den Pferden weit vorzuziehen sein. Denn[1] letztere, wegen ihrer[2] größeren Anstrengung,[1] haben nicht so viel Ausdauer als [2]Ochsen;[3] wegen ihres ungleichmäßigen Gangs hat man die Lenkung des Pfluges nicht so[1] in seiner Gewalt,[2] wodurch denn die Furchen unregelmäßig gezogen werden. Man kann ferner wegen des unsicheren Schritts die Pferde da nicht[1] gebrauchen, wo der Boden abhängig ist. Doch können beim Ackerbau die Pferde nicht ganz entbehrt werden, weil man sie[1] zur Einbringung der Aerndte, zur Führung des Mistes[1] und zu andern Verrichtungen[2] viel besser als Ochsen gebrauchen kann.

[1] Denn es [2] zuforderst — [1] Die [2] haben — [1] Raschheit [2] die [3] und — [1] gut [2] als wenn man mit Ochsen pflüget — [1] diese nicht da — [1] zum Eggen — [1] Dunges [2] ländlichen Arbeiten

Zweitens muß der Landwirth Vieh haben, um sich für seine Felder den nöthigen Dünger zu verschaffen. Auch zu diesem Behuf ist das Rindvieh den Pferden[1] vorzuziehen, indem ihr Mist viel[2] wirksamer ist. Ferner wird zur Bestellung des Ackers eine bedeutende Zahl von Menschen erfordert, die der Landwirth alle ernähren muß. Er muß sich daher Schlachtvieh halten, um für seine Haushaltung das nöthige Fleisch zu bekommen, damit er nicht nöthige hat,[1] es außerwärts zu kaufen. Auch in dieser Rücksicht sieht man, wie sehr zum Pflügen die Ochsen den Pferden vorzuziehen sind. Denn erstere kann man mästen und schlachten, wenn sie zur Arbeit untauglich geworden sind; die Pferde aber können in diesem Falle gar nicht mehr benutzt und müssen daher[1]

[1] weit [2] fetter und — [1] (ha)be — [1] [oft]

mit Schaden veräußert werden. Der handelnde[1] Landwirth endlich, der seinen Überfluß weggibt, wird von manchem Ertrage seiner Felder verhältnismäßig mehr Nutzen ziehen, wenn er Gelegenheit hat, ihn in seiner eigenen Wirthschaft zu consumieren, als wenn er ihn veräußert. Hält er z. B. Vieh und kann das Stroh zum Behuf des Düngers anwenden, so hat er mehr Vortheil davon, als wenn er das Stroh verkauft.[1]

[1] (vom C in Klammer gesetzt)

[1] Dieses ist so, wie es da steht, unrichtig ausgedrückt. Alles was der Landmann verkauft, bringt ihm mehr ein, als das was er consumiert. Allein das Stroh, welches ihm zum Viehfutter dient und welches seinen Dünger vermehrt, ist ihm freilich nützlicher, als wenn er es verkaufen müßte.

Was nun das Verhältnis des Viehs zum Ackerbau betrifft, so müssen hier verschiedene Dinge berücksichtigt werden. Im allgemeinen muß sich die Zahl des Viehs nach der Größe des Landes richten; je mehr Acker je mehr Vieh und umgekehrt. Man muß ferner auf die Beschaffenheit des Climas sehen. In einem warmen Lande, wo die Natur dem Menschen wenig zu thun mehr übrig läßt, braucht der Boden nicht so viel bearbeitet[1] zu werden als in einem kälteren, daher man hier mehr Vieh bedarf als dort. Man muß auch die Güte des Bodens in Anschlag bringen. Ein schlechter Boden wird mehr Dünger als ein guter erfordern. Daher muß wegen des Mistes die Zahl des Viehs hiernach eingerichtet werden. Der Landwirth darf auch nie mehr Vieh halten, als ihm seine Felder Futter liefern. Thut er dies, so wird es entweder schlecht genährt werden, oder er wird von andern Futter kaufen müssen, und in beyden Fällen verstößt er gegen die ersten Grundsätze der Landwirthschaft. Insofern nun auch das Vieh einen Theil der Lebensmittel liefert, für die Dienstleute[1] in der Wirtschaft, so wird zur Bestimmung seiner Zahl die Größe jener Bedürfnisse berücksichtigt werden müssen. Endlich hängt es von der Natur der Produkte ab, die gezogen werden sollen, ob es z. B. Consumtibilien oder Handelskräuter sind, wie groß oder klein der Viehstand sein muß.

[1] und gedüngt

[1] bothen

[1] Vorzüglich hängt es auch davon ab, ob der Landmann sein von dem Vieh zu ziehendes Produkt, als Milch, Butter, Käse u.s.w. gut los werden kann. So kann und muß der Landmann bei einer nahen großen Stadt mehr Vieh halten als tiefer im Lande herein.

Die zweite Frage heißt: Kann Viehzucht ohne Ackerbau getrieben werden? Auch dieses wird verneinend beantwortet werden: Theils aus den schon angeführten Gründen, theils aus besonderen,[1] die hier noch hinzukommen. Die Viehzucht wird zu verschiedenen Zwecken getrieben. Man erzieht das Vieh entweder, um es lebendig zu verkaufen oder um seine einzelnen Bestandtheile theils zu verhandeln, theils selbst zu gebrauchen. Man benutzt die Milch, das Fleisch, die Wolle, Häute usw. Man gebraucht zur Viehzucht wieder eine große Menge von Dienstleuten[1]: zur Huth des Viehs auf den Weiden, zur Stallfütterung,

[1] Ursachen

bothen

zum Melken der Kühe, zur Behandlung der Milch, zur Schaafschur, zur Transportirung der Naturalien in die Stadt, wenn sie verkauft werden sollen. Um[1] alle diese Leute zu ernähren, bedarf der[1] Landwirth vieler Lebensmittel, die er vorteilhaft selbst ziehen kann. Der Getreidebau wird dadurch unentbehrlich gemacht, sowohl[1] zum Brod als auch Gerste zum Bierbrauen und Branntweinbrennen. Nun[1] braucht das Vieh aber auch Nahrung. Es[2] müssen daher Futterkräuter gezogen werden, es müssen Weiden da seyn zum Grasen und Wiesen zur Stallfütterung, sowohl natürliche als künstliche[1] und dergl. m. Zu diesen positiven Vortheilen nun, die der Viehzuchttreibende davon zieht, wenn er zugleich Ackerbau hat, kommt noch der negative Schaden hinzu, der ihm daraus entsteht,[1] wenn er sich nicht damit befaßt. Denn er wird dadurch manches Produkt, das die Viehzucht liefert, entweder gar nicht oder doch nicht in dem Grade benutzen können, als er es würde,[1] wenn er Ländereyen[2] hätte. Da er z. B. Stroh braucht zur Lagerstätte[1] für das Vieh so wird er ohne Acker[2] doch den Mist nicht[1] benutzen können.[2] Er wird ihn[3] also verkaufen müssen. Tut er das, so kann er mit Nutzen wieder kein Federvieh halten.[1] So greift eins in das andere, und es ist klar, daß Viehzucht ohne Ackerbau nicht gut bestehen kann.

Was nun das Verhältnis des Landes[1] zum Viehe betrifft, so ist die Progression ganz[1] wie die oben angegebene. Es muß so viel Ackerbau getrieben werden, als man [1]Futter für das Vieh und Nahrung[2] für Menschen gebraucht. Der Landwirth muß aber darauf sehen, daß er nicht bloß auf jedes Jahr hinlänglich Futter und Getreide, sondern auch einen Vorrath für längere Zeit hat, denn im Fall des[1] Mißwachses mußte er entweder sein Vieh vermindern, oder es schlecht nähren, oder[1] Futter von andern kaufen. Dieses alles ist[1] aus den angegebenen Gründen der[2] Wirthschaft schädlich.[1]

[1] aber
[1] um Korn zu gewinnen
[1] ... (unleserlich) [2] , es
[1] vor allen Dingen Stroh zur Streu und Winterfutter
[1] erwächst
[1] v. Cr. durchstrichen d. H. [2] Ackerbau
[1] Streu [2] Sroh kaufen müssen und
[1] hinlänglich [2] weil er alsdann nur kärglich Stroh haben würde. [3] den Dung
[1] Lebt denn das Federvieh vom Dunge? Wenn es gleichwohl etwas Nahrung damit findet, so kommt dies meist von den Getreidekörnern her, die sich in dem Dunge finden. Ohne Getreidebau kann man mit Vortheil kein Federvieh halten.
[1] Ackers [1] so
[1] Stroh-
[1] Getreide
[1] eines
[1] aber
[1] indeß [2] ... (unleserlich)
[1] nicht vortheilhaft

Kritische Studien zur Literatur und Quellenkunde der Wirtschaftsgeschichte.

Von **Karl Bräuer.**

Über die Stellung der Wirtschaftsgeschichte im System der Wissenschaften herrscht noch heute keine Klarheit, auch der Bereich ihrer Aufgaben ist noch nicht in genügender Weise umgrenzt worden. Die meisten Historiker sehen in ihr lediglich einen Bestandteil der Geschichtswissenschaft, während sie die Nationalökonomen in gleicher Weise als einen Teil der Wirtschaftslehre in Anspruch nehmen. Diese Tatsache bringt es mit sich, daß die Wirtschaftsgeschichte noch bis zur Stunde um die Anerkennung ihrer selbständigen wissenschaftlichen Bedeutung kämpfen muß.

Die Selbständigkeit der Wirtschaftsgeschichte ist jedoch nicht aufzufassen als Unabhängigkeit von ihren Nachbarwissenschaften, im Gegenteil, sie ist von Geschichte, Nationalökonomie und Rechtswissenschaft abhängiger als jede andere Disziplin. Sie steht zur Nationalökonomie in gleichem Verhältnis wie die Rechtsgeschichte zur Rechtswissenschaft, und ihre Beziehungen zur allgemeinen Historie sind nicht weniger innige als diejenigen der Kulturgeschichte i. e. S., der Kirchengeschichte usw. Ihre Selbständigkeit äußert sich jedoch darin, daß sie die Ergebnisse und Methoden der Nachbarwissenschaften für ihre eigenen Zwecke weiterbildet. Erst durch die Verbindung historischer und wirtschaftswissenschaftlicher Forschung kommen ihre Ergebnisse zustande und können daher auch selbständige Bedeutung beanspruchen.

Die Wirtschaftsgeschichte bewegt sich also auf einem Grenzgebiet verschiedener Nachbarwissenschaften, vor allem der Geschichte, Nationalökonomie und Rechtswissenschaft. Daher genießt sie den Vorteil, daß ihr von anderen Zweigen der Wissenschaft wertvolle und unentbehrliche Vorarbeiten geleistet werden, allerdings ist damit auch der Nachteil verbunden, daß ihre Literatur großenteils in den Werken und Zeitschriften anderer Gebiete zerstreut und daher äußerst schwer zu übersehen ist. Wenngleich fast alle nationalökonomischen und historischen Zeitschriften ihre Spalten der Wirtschaftsgeschichte öffnen und eine Zeitschrift sich ihr vollständig widmet, besitzen wir nirgends eine Sammelstelle, welche auch nur einigermaßen einen Überblick über die literarischen Erzeugnisse dieses Gebietes gibt. Die mühevollen kritischen Zusammenstellungen, welche Lamprecht und Hoeniger für die Jahre 1882, 1884 und 1885 geliefert haben,[1]) sind leider nicht mehr fortgeführt worden, insbesondere besitzen wir kein Mittel, um die umfangreiche wirtschaftsgeschichtliche Literatur der Zeitschriften historischer Vereine bequem und einigermaßen vollständig zu übersehen. Es liegt in der Natur der Sache, daß auch die vortreffliche Quellenkunde von Dahlmann-Waitz (7. Aufl. von Brandenburg) für wirtschaftsgeschichtliche Spezialstudien wegen der großen Lücken und insbesondere wegen der Eingliederung der hierher gehörigen Literatur in das System der politischen Geschichte vielfach versagt.

Neuerdings macht Sommerlad den kaum ernst zu nehmenden Versuch, die Wirtschaftsgeschichte für den Historiker zu retten und den von der Nationalökonomie kommenden Mitarbeitern auf diesem Gebiet den Rang streitig zu machen.[2]) Nach seiner Meinung ist die Wirtschaftsgeschichte einzig und allein dem Arbeitgebiet des Historikers, nicht dem des Nationalökonomen zuzuweisen, und er tritt mit aller Entschiedenheit dafür ein, daß der Historiker „Herr im Hause sei, das er aufgebaut“; er soll „mit dem Rüstzeug seines Faches und seiner Methode auf diesem seinem eigentümlichen Neuland schalten und walten“. Wenn Sommerlad auch im Verlauf seiner Darstellung mit Lamprecht scharf ins Gericht geht, so schreibt er ihm doch das große Verdienst zu, die Wirtschaftsgeschichte endgültig für den Historiker zurückerobert zu haben.

Diese Ausführungen wirken doppelt befremdend, wenn man bedenkt, daß gerade die historische Schule der Nationalökonomie den mächtigsten Anstoß zur Begründung der Wirtschaftsgeschichte gab, und daß gerade ein Nationalökonom und Meister der statistischen Technik (Inama-Sternegg) zum ersten Male den Versuch zu einer deutschen Wirtschaftsgeschichte des Mittelalters gewagt hat. Aus den angeführten Worten Sommerlads spricht also eine Un-

[1]) K. Lamprecht und R. Hoeniger, Die wirtschaftsgeschichtlichen Studien in Deutschland, Jahrb. f. Nat. u. Stat. N. F. Bd. 6, 8, 9, 11.

[2]) Theo Sommerlad, Wirtschaftsgeschichte und Gegenwart, Leipzig 1911.

kenntnis der elementarsten Vorgänge auf diesem Gebiet, und er steht auch mit der sonderbaren Auffassung, daß nur der Historiker zu wirtschaftsgeschichtlichen Forschungen berufen sei, soviel ich sehe, ganz vereinzelt da. Die Verdienste der Historiker sowohl als auch der Nationalökonomen um diesen Zweig der Wissenschaft sind beiderseits freudig anerkannt worden und liegen auch für jeden Kundigen offen zutage. Es wäre geradezu unverständlich und undankbar, wenn die Nationalökonomen die hervorragenden Leistungen von Lamprecht, Dietrich Schäfer, G. v. Below, Gothein, Aloys Schulte u. a. auf diesem Gebiete nicht anerkennen wollten, und ebenso ungerecht wäre es von den Historikern, die bahnbrechenden wirtschaftsgeschichtlichen Arbeiten von Roscher, Schmoller, Schönberg, Stieda, Bücher u. a. nicht als solche gelten zu lassen. Gegenüber den überhebenden Worten Sommerlads geben doch die von umfassender Sach- und Literaturkenntnis getragenen Ausführungen Gotheins über den Zustand der wirtschaftsgeschichtlichen Forschung ein ganz anderes Bild. Er beklagt die Vernachlässigung wirtschaftlicher Vorgänge in der politischen Geschichtschreibung und bekennt, daß die Emanzipation der Wirtschaftsgeschichte ja eben gerade nicht von den Historikern, sondern von den Nationalökonomen historischer Richtung ausgegangen sei.[1])

Für den Wirtschaftshistoriker ist das Rüstzeug des Nationalökonomen wie des Historikers gleich unentbehrlich. Will er das Werden und Vergehen wirtschaftlicher Einrichtungen in weiter zurückliegende Zeiten verfolgen, so muß er sich ebenso mit den allgemeinen Grundsätzen historischer Quellenforschung, Diplomatik und Urkundenlehre, wie auch mit den nationalökonomischen Begriffen und statistischen Methoden vertraut machen. Wer z. B. eine Geschichte des Geld- und Münzwesens schreibt, muß sich doch zuvor die Begriffe Währung, Schlagschatz, Scheidemünze u. dgl. zu eigen machen, ehe er die Zustände der Vergangenheit verstehen kann. Ebenso wird jeder, der sich mit der Geschichte des Steuerwesens beschäftigt, sich zuvor klar werden müssen über die steuerlichen Grundbegriffe (Subjekt- und Objektsteuern, direkte und indirekte Steuern, Steuerüberwälzung, Höherbelastung fundierter Bezüge, Schonung des Existenzminimums u. dgl.).

---

[1]) vgl. E. Gothein, Abschnitt „Wirtschaftsgeschichte“, in Die deutschen Universitäten, herausgegeben von W. Lexis, 1893 Bd. 1 S. 583ff.

Bei vorurteilsfreier Prüfung zeigt sich allerdings, daß die Vertreter der Geschichte wie der Nationalökonomie hinsichtlich der Verwertung ihrer gegenseitigen Forschungsergebnisse für die Wirtschaftsgeschichte noch immer nicht in wünschenswerter Weise Hand in Hand gehen. Vielfach ist bei den Historikern ein Mangel hinsichtlich der Verwendung nationalökonomischer Begriffe und statistischer Methoden unverkennbar. So z. B. findet man selbst in sonst vortrefflichen historischen Arbeiten nicht selten dilettantische Umrechnungen älterer Geldausdrücke in Reichsmark, die entweder die veränderte Kaufkraft des Geldes außer acht lassen oder zum mindesten nicht berücksichtigen, daß es für diese Veränderung keinen allgemeinen zahlenmäßigen Ausdruck geben kann. Schließlich wird gewöhnlich von den Historikern — allerdings nicht selten auch von den Nationalökonomen — die Eigenart der wirtschaftlichen Entwicklung übersehen und der Darstellung die bei der politischen Geschichte übliche Periodisierung zugrunde gelegt, ein Fehler, auf den noch zurückzukommen ist.

Andererseits herrscht bei den Nationalökonomen noch vielfach die Neigung, wirtschaftliche Erscheinungen der Vergangenheit zu isoliert, nicht genügend im Zusammenhang mit dem allgemeinen Verlauf der geschichtlichen Entwicklung zu betrachten. Es ist nicht zu bestreiten, daß die großen politischen Ereignisse der Weltgeschichte immer den Hintergrund abgeben müssen für die Schilderung der gesamten wirtschaftlichen Entwicklung; sie bilden in letzter Linie den Rahmen, in welchen die Wirtschaftsgeschichte das Bild einzeichnen muß. Kein Einsichtiger wird sich der Tatsache verschließen, daß z. B. die Kreuzzüge auf die Ausdehnung und Richtung des Handelsverkehrs einen hervorragenden Einfluß ausübten, und daß die lokale Entwicklung des deutschen Münz- und Geldwesens aufs innigste zusammenhängt mit der territorialen Zerplitterung des alten deutschen Reiches.

Vielfach ist auch bei den von Nationalökonomen besorgten wirtschaftsgeschichtlichen Arbeiten ein Mangel an historischer Schulung auffallend; insbesondere zeigt sich bei der Herausgabe wirtschaftsgeschichtlicher Quellenwerke, daß sie oft die Methoden historischer Forschung nicht in einwandfreier Weise beherrschen. So begegnet man nur zu häufig in sonst wertvollen Arbeiten dem buchstabengetreuen Abdruck von Quellen des 16. und 17. Jahrhunderts mit der ganz willkürlichen Verwendung großer und kleiner Anfangsbuchstaben und der sinnlosen Häufung von Konsonanten. Es wäre sehr wünschenswert, daß sich die Bearbeiter viel mehr als dies bisher geschah, mit den üblichen Editionsregeln, insbesondere den Waitzsäckerschen Grundsätzen und den Vorschlägen zur ihrer Verbesserung vertraut machten. Aus alledem ergibt sich, daß jeder wirkliche Fortschritt in der Erforschung der Wirtschaftsgeschichte von einem ersprießlichen Zusammenarbeiten von Historikern und Nationalökonomen abhängt.

Es ist bezeichnend für den Mangel an einer sicheren Grundlage der Wirtschaftsgeschichte, daß man, wie schon angedeutet, von einer selbständigen und dem geschichtlichen Verlauf entsprechenden Periodisierung noch weit entfernt ist. Gewöhnlich knüpft man an die für die allgemeine weltgeschichtliche Entwicklung üblichen Begriffe: Altertum, Mittelalter und Neuzeit an, und nur wenige Schriftsteller machen hiervon eine Ausnahme.

Faßt man dagegen in richtiger Weise die wirtschaftliche Entwicklung als eine Einheit auf, dann kommt man, falls größere Zeiträume übersehen werden sollen, von selbst auf die Notwendigkeit der Bildung selbständiger Perioden für die Wirtschaftsgeschichte. Wer z. B. eine Geschichte des deutschen Münz- und Geldwesens im Mittelalter mit dem Jahr 1500 abschließt, begeht einen großen Fehler, denn hier bildet auf alle Fälle erst die zweite Hälfte des 16. Jahrhunderts (Reichsmünzordnung von 1559) den Anfang einer neuen Zeit. Noch viel weniger bedeutet das Jahr 1500 für die Verfassung des Handels eine Epoche,[1]) denn hier treten uns noch Jahrhunderte später im großen und ganzen dieselben Formen gegenüber. Bezüglich des Gewerbewesens hat gelegentlich v. Below treffend bemerkt, daß dieser Zeitpunkt einen weniger bedeutenden Einschnitt darstellt, als etwa das Jahr 1800 bezw. 1810[2]) und in anderem Zusammenhang erwähnt er, daß die Wirtschaftsgeschichte des 16. Jahrhunderts in mancher Beziehung noch dem Mittelalter angehört.[3]) Hinsichtlich der Entwicklung des Städtewesens macht Koehne mit Recht geltend, daß für diejenigen Städte, welche ihre Unabhängigkeit bis zum Untergang des alten deutschen Reiches er-

[1]) vgl. die Ausführungen bei Keutgen, Der Großhandel im Mittelalter, Hansische Geschichtsblätter Jahrg. 1901 S. 69 N. 5.

[2]) G. v. Below, Der Untergang der mittelalterlichen Stadtwirtschaft, Jahrb. f. Nat. u. Stat. 3. Folge Bd. 17 (1901) S. 629 N. 1.

[3]) G. v. Below, Zeitschr. f. deutsches Altertum Bd. 47 (1904) S. 273.

halten konnten, das Mittelalter eigentlich bis zum Ende des 18. Jahrhunderts gedauert habe.[1])

Diese Beispiele dürften genügen, um zu zeigen, daß man bei der Behandlung von Einzelfragen gegen die übliche Einteilung große Bedenken geltend gemacht hat. Es kann auch gar kein Zweifel bestehen, daß die übliche Periodisierung: Altertum, Mittelalter, Neuzeit bei der Anwendung auf wirtschaftsgeschichtliche Untersuchungen in vielen Fällen den Tatsachen Gewalt antut. Die praktische Folge dieser unrichtigen Einteilung ist, daß sowohl bei der Veröffentlichung von Quellen wie bei Darstellungen oft in ganz willkürlicher Weise mit dem Jahr 1500 ein Einschnitt gemacht wird. Man unterbricht also unnötig den geschichtlichen Zusammenhang und den Fluß der Entwicklung gerade bei einem Zeitpunkt, seit welchem die Quellen besonders reichlich fließen. Es wäre daher sehr zu wünschen, daß man künftig bei der Herausgabe von Quellen wie bei Darstellungen (z. B. des Gewerbewesens, der Lebensmittelversorgung, der Verwaltung und Verfassung der Städte usw.) nur dort einen zeitlichen Einschnitt macht, wo in der Entwicklung der behandelten Einrichtungen auch wirklich eine grundlegende Änderung zutage tritt.

Was nun die wirtschaftsgeschichtlichen Quellen betrifft, so hat bereits Inama-Sternegg in seinen bekannten quellenkritischen Untersuchungen [2]) darauf hingewiesen, daß die Wirtschaftsgeschichte nicht über einen geschlossenen Kreis von Quellen verfügt, wie z. B. die Rechtsgeschichte. Um so dringender glaubte er daher die Forderung erheben zu müssen, an Stelle der mehr zufälligen historischen Entdeckungen eine systematische Quellenforschung treten zu lassen. Die von Inama-Sternegg vor nunmehr 35 Jahren festgestellte Tatsache, daß der Wirtschaftsgeschichte ein Überblick über die ihr zu Gebote stehenden Quellen und eine Kenntnis ihrer Eigenart fehlt, trifft in gewisser Weise noch heute zu, wenngleich die wirtschaftsgeschichtliche Forschung inzwischen einen ungeahnten Aufschwung erlebt hat.

Im folgenden ist nun der Versuch gemacht, für eine Anzahl

---

[1]) Koehne, Korrespondenzblatt des Gesamtvereins der deutschen Geschichts- und Altertumsvereine Jahrg. 1905 Sp. 272.

[2]) K. Th. v. Inama-Sternegg, Über die Quellen der deutschen Wirtschaftsgeschichte, Sitz.-Ber. der phil.-histor. Klasse der Wiener Akademie Bd. 84. (1877.) S. 141.

von Quellen bezw. Quellengruppen eine zusammenfassende Übersicht zu geben, die jedoch in keiner Weise den Anspruch erhebt, etwas Vollständiges zu bieten. Das ist weder angestrebt hinsichtlich der erwähnten Literatur als noch viel weniger für die in Betracht kommenden Quellen; im Gegenteil, große Quellengruppen sind überhaupt ausgeschieden, um den Umfang nicht noch mehr anschwellen zu lassen. Was hier geboten wird, soll nur einen bescheidenen Beitrag liefern zu der noch so wenig ausgebauten Quellenkunde der Wirtschaftsgeschichte.

A. Allgemeine Quellen.

1. Bodenfunde.

Die Wirtschaftsgeschichte hat die Aufgabe, das private und öffentliche Wirtschaftsleben der Vergangenheit wieder zu beleben. Sie darf sich daher weder an eine zeitliche noch an eine räumliche Grenze binden, soweit die Möglichkeit besteht, schriftliche Quellen zu ermitteln oder andere geschichtliche Zeugnisse aufzufinden, die über wirtschaftliche Verhältnisse Aufschluß geben. Für die ältesten Zeiten, in denen schriftliche Aufzeichungen fehlen, besitzen wir in den Schätzen, welche die Bodenforschung so reichlich zutage fördert. ein weit ausgedehntes Quellenmaterial, das uns besonders über die Form der Besiedelung, sowie über die Züge und Richtung des Handelsverkehrs Aufschluß geben kann.

Allerdings ist die Erschließung gerade dieses Materials für die Wirtschaftsgeschichte besonders schwierig, da für den Bearbeiter archäologische Schulung und Kenntnis der älteren Wirtschaftsverfassung notwendig ist, wenn er die Einzelheiten in den für die Siedelungsgeschichte wichtigen Zusammhang rücken will. Die für die Wirtschaftsgeschichte der Praehistorie in Betracht kommenden Ergebnisse der Bodenforschung sind in den Zeitschriften der lokalen Geschichtsvereine und der praehistorischen Literatur weit zerstreut. Wohl die beste zusammenfassende Darstellung für den Wirtschaftshistoriker bietet das groß angelegte Werk von Hoernes,[1] der in eigenartiger Weise eine Verbindung des vorgeschichtlichen Stoffes mit ethnographischen Forschungen anstrebt. Seine im Jahre 1892 zuerst erschienene „Urgeschichte der Menschen nach dem heutigen Stand der Wissenschaft“ ist vollständig umgearbeitet und

[1]) Moritz Hoernes, Natur und Urgeschichte des Menschen. 2 Bde 1909.

nach Anlage und Inhalt so verändert, daß sein jetzt „Natur und Urgeschichte des Menschen" betiteltes Werk keine Neuauflage, sondern eine vollständige Neubearbeitung darstellt.[1])

Die praehistorische Forschung hat gerade in jüngster Zeit für die älteste Siedelungsgeschichte eine Fülle von Zeugnissen zutage gefördert, die für die Wirtschaftsgeschichte der Urzeit noch nicht die gebührende Würdigung gefunden haben. Insbesondere die Pfahlbauforschung kann bedeutende Erfolge aufweisen. Wir kennen jetzt über 300 Pfahldörfer aus der Schweiz, Frankreich, Italien, Österreich und Deutschland, welche den Zeitraum von 4000 bis 750 v. Chr., also die Stein-, Kupfer- und Bronzezeit umfassen.[2]) Umfangreiche dörfliche Niederlassungen aus neolithischer Zeit, bestehend aus einer großen Zahl dicht bei einander liegenden Wohngruben, sind — insbesondere im Gebiet des Frankfurter Osthafens — aufgedeckt worden. Weitere Zeugnisse vorgeschichtlicher Besiedelung des Bodens sind die in den letzten Jahrzehnten häufig nachgewiesenen Ringwälle, von welchen die größeren Anlagen als Umgrenzung von Wohnplätzen, die kleineren als Fliehburgen für vorübergehenden Aufenthalt festgestellt werden konnten. Zahlreiche Funde von Steinwerkzeug, Muscheln und keramischen Erzeugnissen im mittleren Rheingebiet weisen auf Handelsbeziehungen mit Frankreich, Norddeutschland, dem Mittelmeer usw. hin.[3])

Nicht minder bedeutsam ist die Bodenforschung für die römisch-germanische Periode in Deutschland. Vielfach haben die Boden-

---

[1]) Für die Wirtschaftsgeschichte sind von besonderem Interesse die Ausführungen über Pfahlbauforschung (Bd. 2 S. 98ff.), über Verkehr und Handel (Bd. 2 S. 466ff.).

[2]) Eine Aufzählung der bis jetzt gefundenen Niederlassungen gibt Hoernes a. a. O. Bd. 2 S. 98ff.

[3]) vgl. Schumacher, Kultur und Handelsbeziehungen des Mittelrheingebietes und insbesondere Hessens während der Bronzezeit. Westdeutsche Zeitschr. Bd. 20 (1901) S. 192ff., sowie dessen Ausführungen über die handelsgeschichtlichen Beziehungen der Oberrheinebene der Bronzezeit in Neue Heidelberger Jahrb. Bd. 9 (1900) S. 256ff. Über die Geschichte des Verkehrs zwischen Italien und dem Norden für die römische und vorrömische Zeit vgl. die vortreffliche Arbeit von F. Duhn, Die Benützung der Alpenpässe im Altertum, Neue Heidelberger Jahrb. Bd. 2 (1892) S. 55ff., und eine neuere Arbeit von F. Sauer in Petermanns geographischen Mitteilungen (1906) S. 46ff. unterrichtet über die Geschichte der alten Handelsstraßen in Deutschland. Vgl. auch O. Montelius, Der Handel in der Vorzeit, Praehistorische Zeitschr. Bd. 2 (1910) S. 249ff.

funde hier wirtschaftliche Einrichtungen nachgewiesen, deren Vorhandensein uns zwar aus römischen Schriftstellern für andere Gebiete des Römerreichs teilweise bekannt ist, für deren Bestehen in unserer Gegend aber weitere Anhaltpunkte fehlten. Die mit großem Erfolg betriebene Limesforschung verbreitet auch in dieser Beziehung viel Licht, und besonders die lokalen Geschichts- und Altertumsvereine entfalten eine rührige Tätigkeit, um die Siedelungsverhältnisse in den römisch-germanischen Grenzgebieten aufzuklären. So hat z. B. der Frankfurter Geschichts- und Altertumsverein unter Leitung von Wolff durch systematische Forschungen die Siedelungsverhältnisse im römischen Nidda in geradezu vorbildlicher Weise klargelegt, obgleich von der sehr bedeutenden Römerstadt kein Stein mehr auf dem anderen geblieben war, und eine Kulturschicht von mehreren Metern die Reste der ehemaligen Stadt bedeckte.[1])

2. Ägyptische Papyri, Inschriften.

Die Wirtschaftsgeschichte des Altertums ist durch das Zusammenwirken von politischer Geschichte, Sprachforschung und Rechtsgeschichte sehr gefördert worden. Infolge der trefflichen Arbeiten von Mommsen, Böckh, Hultsch, Eduard Meyer u. a. sind wir über diese Periode in vieler Beziehung besser unterrichtet als über die Wirtschaftsgeschichte des frühen Mittelalters. Auch in allgemeinen Geschichtswerken wird auf wirtschaftliche Fragen jener Zeit viel mehr Rücksicht genommen, als das bei mittelalterlichen und neuzeitlichen Darstellungen gewöhnlich der Fall ist.

Allerdings werden viele Fragen der Wirtschaftsgeschichte des Altertums aus Mangel an Quellen für alle Zeiten ungelöst bleiben, doch ist für die ägyptische Wirtschaftsgeschichte Material ans Licht gebracht worden, welches den allerreichsten Ertrag verspricht. Anfangs durch Zufallsfunde, seit den 70er Jahren des 19. Jahrhunderts durch systematische Grabungen, sind in den Papyrusurkunden, welche von der Zeit Alexanders des Großen etwa 1000 Jahre vorwärts reichen, ungeahnte Schätze erschlossen worden. Auch die schriftlichen Aufzeichnungen auf Kalksteinsplitter, Holz, Pergamente, Papier, Wachstafeln, Topfscherben (Ostraka) sind jetzt

[1]) vgl. Georg Wolff, Die Römerstadt Nidda bei Heddernheim und ihre Vorgeschichte, Frankfurt a. M. 1908 und besonders die „Mitteilungen über römische Funde in Heddernheim“, 5 Bde., Frankfurt a. M. 1894—1911.

zum Teil der Forschung zugänglich gemacht worden und haben für die Wirtschaftsgeschichte überraschende Ergebnisse geliefert.[1]) Zahlreiche Fachgelehrte sind schon jahrzehntelang mit der Sichtung und Herausgabe des Stoffes beschäftigt, und schon jetzt besitzen wir zusammenfassende Darstellungen einzelner Zweige der Wirtschaftsgeschichte, die ganz neues Licht auf das wirtschaftliche Leben im alten Ägypten werfen. Mit Recht behauptet ein hervorragender Kenner, es sei „durch die Papyri ein Material erschlossen worden, wie es bisher nur der mittelalterliche und neuere Historiker besaß“.[2])

Den besten Überblick über den gegenwärtigen Stand der Forschung bietet das soeben erschienene Werk über Papyruskunde, dessen historischer Teil von Wilcken bearbeitet ist, während der juristische von Mitteis stammt.[3]) Jeder Band enthält eine übersichtliche Sammlung der wichtigsten Urkunden und einen darstellenden Teil, welcher unter Angabe der wichtigsten Literatur das bisher Geleistete kurz zusammenfaßt. Von dem historischen Teil gehören hierher insbesondere die Abschnitte Bevölkerung und Bevölkerungspolitik, Steuerwesen, Industrie und Handel, Post- und Transportwesen. Auch das „Archiv für Papyrusforschung“ enthält mehrere hierher gehörige Arbeiten, z. B. den Aufsatz von Mommsen, „Zum ägyptischen Münzwesen“,[4]) von Rostowzew über Kornerhebungen und Korntransport.[5]) Insbesondere der von Wachsmuth veröffentlichte wertvolle, leider unvollendete Aufsatz über wirtschaftliche Zustände im alten Ägypten während der griechisch-römischen Periode[6]) zeigt, daß man an die weitere Förderung und Verarbeitung dieses Materials für die Wirtschaftsgeschichte des alten Ägyptens die größten Hoffnungen knüpfen darf.

---

[1]) vgl. Ulrich Wilcken, Griechische Ostraka aus Ägypten und Nubien. 1899. Die Topfscherbeninschriften bilden eine Fundgrube für wirtschaftsgeschichtliche Einzelheiten.

[2]) U. Wilcken in dem gleich zu erwähnenden Werk 1. Bd., 1. Hälfte S. XV.

[3]) L. Mitteis und U. Wilcken, Grundzüge und Chrestomathie der Papyrusurkunde. Bd. 1: Historischer Teil, Bd. 2: Juristischer Teil, Leipzig und Berlin 1912.

[4]) Bd. 1 (1901) S. 273 ff.

[5]) Bd. 3 (1906) S. 201 ff.

[6]) Jahrb. f. Nat. u. Stat. 3. Folge Bd. 19 (1900) S. 771 ff.

3. Urkundenbücher.

Es ist bekannt, in welchem Umfang die landschaftlichen bezw. reichsstädtischen Urkundenbücher dazu beigetragen haben, die Lokalgeschichte auf eine sichere Grundlage zu stellen. Welch eine Fülle von wirtschaftsgeschichtlichem Stoff in diesen Quellen steckt, hat vor allem Inama-Sternegg in seiner deutschen Wirtschaftsgeschichte zeigen können; insbesondere für die Geschichte der Grundbesitzverhältnisse, der Gülten und Renten, der Geschichte des Münz- und Geldwesens, der Entstehung des Zunftwesens usw. geben sie reiche Aufschlüsse. Allein von der bisherigen wirtschaftsgeschichtlichen Forschung sind diese Quellen nur zum geringsten Teile erschlossen worden, und ihre Verarbeitung hat mit der sehr lebhaften Quellenveröffentlichung auch nicht im entferntesten Schritt gehalten.

Das liegt m. E. großenteils daran, daß man bei der Herausgabe von Urkundenbüchern nicht genügend auf das Interesse der Wirtschaftsgeschichte Rücksicht nimmt. Vor allem kommt das zum Ausdruck in dem Mangel eines Sachregisters, auf welchen schon Eulenburg[1]) für die Veröffentlichung handelsgeschichtlicher Quellen hingewiesen hat. Ein aufs genaueste ausgearbeitetes Personen- und Ortsregister mit Berücksichtigung sämtlicher Varianten in der Schreibweise eines Ortsnamens oder einer topographischen Bezeichnung gilt bei einem Urkundenbuch als selbstverständlich, allein das mindestens ebenso wichtige Sachregister wird gewöhnlich als überflüssig angesehen und fehlt in den meisten Fällen. Wie äußerst mühevoll es dem Wirtschaftshistoriker dadurch gemacht ist, das für ihn Wesentliche herauszufinden, wird jeder Kundige bestätigen; stets muß er, um einer Einzelfrage nachzugehen, das ganze Urkundenbuch durcharbeiten. Wie anders wäre das, wenn durch ein ausführliches Sachregister die weit zerstreuten Einzelnachweise über das Vorkommen von Münzsorten, Massen, Preisangaben, Taxen, Handelswaren u. dgl. übersichtlich zusammengestellt würden.

Von der herrschenden Regel, einem Urkundenbuch kein Sachregister beizufügen, gibt es allerdings vereinzelte Ausnahmen, aber sie sind leider nur zu selten. So z. B. ist der große Reichtum

[1]) Eulenburg, Ideen und Probleme in der deutschen Handelsgeschichte, Schmoller-Festgabe Bd. 2 Nr. 26.

des im liv-, est- und kurländischen Urkundenbuch enthaltenen Materials zur Geschichte der Hanse, des Handels, der Masse und Gewichte usw. durch ein vorzügliches Register erschlossen, dagegen ist z. B. das dem Straßburger Urkundenbuch beigegebene Sachregister wenig tiefgehend.

Ein vortreffliches Beispiel, wie durch ein mit Verständnis angelegtes Sachregister die Schätze der Urkundenbücher für die wirtschaftsgeschichtliche Forschung bequem zugänglich gemacht werden können, bietet das meklenburgische Urkundenbuch, dessen Bd. 23 (1396—1399) kürzlich erschienen ist. Was hier in dieser Beziehung geleistet wird, ist geradezu vorbildlich, und das umfangreiche Sachregister ist mit einer solch peinlichen Sorgfalt und einem so liebevollen Eingehen auf Details angelegt, daß man die Herstellung des Registers als wissenschaftliche Leistung durchaus der Herausgabe des Urkundenschatzes gleichstellen darf. Das hier gewählte Verfahren kann nicht dringend genug zur Nachahmung empfohlen werden, denn es würde sicherlich um die Erforschung der älteren deutschen Wirtschaftsgeschichte weit besser bestellt sein, wenn bei anderen Urkundenbüchern ähnliches durchgeführt wäre.

Allerdings werden durch solche peinlich genauen Registerarbeiten die ohnedies so langsam fortschreitenden Veröffentlichungen mancher landschaftlichen Urkundenbücher noch mehr verzögert.[1]) Jedenfalls ist es aber für den Fortschritt der Wissenschaft besser, ein weniger umfangreiches Urkundenmaterial direkt zu erschließen, als ein weit umfassenderes, aber desto ungefügeres Rohmaterial zu fördern. Die Herausgeber von Urkundenbüchern müssen sich daher bewußt werden, daß sie durch Vernachlässigung oder Weglassung des Sachregisters einen schweren Fehler begehen, der in den meisten Fällen nicht wieder gutzumachen ist.

Was den Inhalt der Urkundenbücher betrifft, so scheint hinsichtlich des Begriffs der Urkunde, also dessen, was man zur Aufnahme als geeignet ansieht, keine einheitliche Auffassung zu herrschen. Im allgemeinen wird man als Urkunden wohl hauptsächlich die unter Beobachtung bestimmter Formen aufgezeichneten Erklärungen recht-

[1]) Das mecklenburgische U. B. wurde 1863 begonnen und liegt jetzt bis zum Jahre 1399 vor. Das wirtembergische U. B. ist seit 1849 in Bearbeitung und jetzt nach 60 Jahren erst bis zu Bd. 9 (1099—1273) vorgeschritten. Letzterer enthält zwar ein Personen- und Ortsregister von nahezu 200 Spalten großen Formats, aber bezeichnenderweise kein Sachregister.

licher Art verstehen,[1]) und tatsächlich machen auch Beurkundungen von Rechtsgeschäften (Verträge, Pfandurkunden, Privilegien u. dgl.) herkömmlicherweise den Bestand der Urkundenbücher aus. Einzelne von ihnen gehen allerdings viel weiter, so z. B. nimmt das wirtembergische U. B. auch die Traditions- und Schenkungsbücher von Stiftern und Klöstern auf, andere, wie das Straßburger oder das kürzlich erschienene U. B. der Reichsstadt Pfeddersheim enthalten auch stadtrechtliche Aufzeichungen oder Ratsvorschriften,[2]) andere bringen Auszüge aus Rechenbüchern, Steuerbüchern, Währschaftsbüchern u. dgl. oder, wie das mecklenburgische u. a. auch Ratsverordnungen gegen den Kleiderluxus, Hochzeitordnungen u. dgl.

Alle diese über den Begriff der Urkunde im engeren Sinn hinausgehenden Aufzeichnungen sind jedoch in der Regel von der Aufnahme ins Urkundenbuch ausgeschlossen. Da eine Unterbringung wirtschaftsgeschichtlich wertvoller Stücke unter gewöhnlichen Umständen nicht möglich ist, wäre es empfehlenswert, eigene Urkundenbücher für Wirtschaftsgeschichte ins Leben zu rufen. Sie sollten alle diejenigen Aufzeichnungen ältesten Ursprungs sammeln, welche hinsichtlich ihres Charakters oder ihres Umfanges von der Aufnahme in das Urkundenbuch im heutigen Sinne ausgeschlossen sind, aber wirtschaftsgeschichtliches Interesse bieten. Vor allem ist hier zu denken an die ältesten Zolltarife, Auszüge aus den Gerichtsbüchern über Handelsprozesse, einzelne Vermögensinventare, Verzeichnisse geraubter, verpfändeter oder beschlagnahmter Waren, Angabe von Löhnen und Preisen u. dgl. Wenn für den betreffenden Ort eine Herausgabe von Ratsordnungen, Handwerkerakten, Stadtrechnungen u. dgl. nicht geplant ist, dann würde es sich auch empfehlen, in diese Urkundenbücher für Wirtschaftsgeschichte die Bruchstücke der ältesten Rechnungsbücher, Steuerlisten, Zunftartikel usw. aufzunehmen, soweit sie sich ihrem Umfange nach dazu eignen.

Diesen Forderungen kommen einigermaßen die von der „Gesellschaft für Rheinische Geschichtskunde“ zur Veröffentlichung vorbereiteten „Quellen zur Rechts- und Wirtschaftsgeschichte der rheinischen Städte“ nahe. Der bis jetzt vorliegende 1. Band (Sieg-

---

[1]) vgl. H. Breßlau, Handbuch der Urkundenlehre für Deutschland und und Italien, 2. Aufl. 1912 Bd. 1 S. 1.

[2]) Urkundenbuch der früheren freien Reichsstadt Pfeddersheim, herausgegeben von Daniel Bonin, Frankfurt a. M. 1911 (S. 161—190: Stadtbuch vom Jahr 1600).

burg, bearbeitet von Fr. Lau) läßt den Plan und die Einrichtung dieses hoffnungsvollen Unternehmens deutlich erkennen.[1]) Darnach ist eine nach Territorien geordnete Veröffentlichung für sämtliche rheinische Städte geplant, mit Ausnahme von Aachen und Köln, für welche Städte der Reichtum des überlieferten Materials eine gesonderte Behandlung erfordert. Allerdings ist dabei auch zu berücksichtigten, daß umfangreiche hierhergehörige Quellen für Köln [2]) und auch für Koblenz [3]) bereits früher gedruckt worden sind.

Nach dem Vorwort des bereits vorliegenden Bandes sollen außer den eigentlichen Stadtrechten und Urkunden zur Rechts- und Verfassungsgeschichte [4]) auch besonders Materialien zur Geschichte des städtischen Besitz- und Vermögensstandes, statistische Tabellen u. a. m. veröffentlicht werden. So hat z. B. Fr. Lau außer zahlreichen Handwerkerordnungen, Steuervorschriften u. dgl. auch eine Stadtrechnung aus dem Rechnungsjahr 1429/30 abgedruckt und den Rechnungsergebnissen von 1578/79 und 1695/96 in einer Tabelle gegenübergestellt.

Außer den gedruckt vorliegenden Quellen für Siegburg ist Material für zahlreiche andere Städte vorbereitet und seine Veröffentlichung ist in nächster Zeit für Neuß, Blankenberg a. Sieg, Deutz, Wesel, Trier, Boppard und Oberwesel zu erwarten.[5])

Es wäre sehr wünschenswert, daß diesen bevorstehenden Ausgaben neben dem Personen- und Ortsregister auch ein Sachregister und eine Inhaltübersicht der abgedruckten Urkunden und Akten beigefügt wird, was beides in der Ausgabe von Lau fehlt. Eine

---

[1]) Quellen zur Rechts- und Wirtschaftsgeschichte der rheinischen Städte. Bergische Städte, Bd. 1: Siegburg, bearb. von Fr. Lau (= Publ. der Ges. f. Rhein. Geschichtskunde Bd. 29) 1907.

[2]) Vor allem ist hier zu erinnern an die Schreinskarten und Schreinsbücher, die Urkunden zur Verfassung und Verwaltung der Stadt im 14. und 15. Jahrhundert, die Stadt-Rechnungen und Zunfturkunden. (= Publ. der Ges. f. Rhein. Gesch. Bd. 2, 10, 15, 22).

[3]) Namentlich die Rechnungen über den Koblenzer Mauerbau im 13. Jahrh. und die Akten zur Geschichte der Verfassung und Verwaltung bis 1500 (= Publ. Bd. 5, 17).

[4]) Auf den Inhalt dieser Veröffentlichungen von Stadtrechtsquellen ist weiter unten (S. 213) noch zurückzukommen.

[5]) Während der Drucklegung stellt sich heraus, daß inzwischen noch die Quellen von Blankenberg (bearb. von Kaeber), von Deutz (Hirschfeld) und Neuß Lau) erschienen sind.

Einleitung, wie sie Lau bezüglich der Verfassungs- und Verwaltungsgeschichte vorangestellt hat, wird für jeden Wirtschaftshistoriker ein brauchbarer Wegweiser sein.

4. Stadtpläne, topographische Bezeichnungen, Flurnamen.

Es ist ein erfreuliches Zeichen für das tiefere Eindringen der ortsgeschichtlichen Forschung in die Eigenart ihrer Quellen, daß sie sich in letzter Zeit einer Gruppe zuwendet, die man in ihrem Wert für die wirtschafts- und kulturgeschichtliche Forschung lange Zeit nicht erkannt hat. Das gilt zwar weniger für die Flurnamen, denen schon Grimm, Arnold und besonders Meitzen ihr Interesse widmeten, als besonders für die Stadtpläne, sowie die Namen der Häuser, Gassen und Plätze, denen sich erst seit wenigen Jahren die gebührende Aufmerksamkeit zugewendet hat.

In Erkenntnis der Wichtigkeit topographischer Unterlagen für die Ortsgeschichte hat man in Österreich ein groß angelegtes topographisches Werk vorbereitet, welches die gesamten Städte von Niederösterreich berücksichtigt und u. a. auch über die Umrisse der Ortsgeschichte (Verleihung des Stadtrechts, des Marktes, der Münze usw.) knappe, übersichtliche Angaben macht. Das Werk ist jetzt bis zum 7. Bande (1910) gediehen und umfaßt neben einem allgemeinen Teil die Städte von A bis N, wird also voraussichtlich bald abgeschlossen sein.[1]) Durch Zusammenarbeit der landesgeschichtlichen Publikationsinstitute wäre ein ähnliches Werk für die deutschen Städte verhältnismäßig leicht herzustellen.

Das Verdienst, als erster auf die große Wichtigkeit des Stadtplanes als Geschichtsquelle hingewiesen zu haben, gebührt Johann Fritz, der in seinen Arbeiten über deutsche Stadtanlagen nachzuweisen versuchte, daß aus dem Grundriß der Stadt Schlüsse zu ziehen sind auf die Zeit und Art ihrer Entstehung.[2]) Nach ihm hat sich insbesondere P. J. Meier der weiteren Erforschung dieser Fragen gewidmet und die Denkmalpflegetage, den Gesamtverein deutscher Geschichts- und Altertumsvereine sowie die Konferenz der landesgeschichtlichen Publikationsinstitute für eine planmäßige

---

[1]) Topographie von Niederösterreich, redigiert von Max Vancsa, 7 Bde.

[2]) Johann Fritz, Deutsche Stadtanlagen. Straßburger Gymnasialprogramm 1894.

Sammlung und Veröffentlichung älterer Grundrisse zu interessieren gewußt.[1]) Außerdem machte sich besonders Warschauer durch Untersuchung der osteuropäischen Kolonialstädte um die Stadtplanforschung verdient,[2]) und seit 1909 besteht eine vom Gesamtverein eingesetzte Kommission, welche mit der weiteren Ausarbeitung sowie der Feststellung des gesamten Materials von Stadtplänen beschäftigt ist.

Das wichtigste Ergebnis dieser vergleichenden Grundrißforschung ist, daß sich bei Heranziehung eines ausgedehnten Quellenmaterials für die einzelnen Städte gleichartige Züge nachweisen lassen, die auf eine gemeinsame Entstehungsursache hindeuten. Schon Fritz hatte darauf hingewiesen, daß diejenigen Städte, deren Grundriß erkennbare geometrische Regelmäßigkeit (gerade Linien, rechte Winkel usw.) zeigt, nicht aus sich selbst herausgewachsen, sondern vom Grundherrn angelegt sind. Im beginnenden 12. Jahrhundert waren nach den Forschungen von Rietschel eigentliche Städte nur in den Rhein- und Donaugegenden vorhanden, also dort, wo die Römer bereits solche angelegt hatten. In den übrigen Gegenden befanden sich nur Dörfer und Marktsiedelungen, die an den Haupthandelswegen lagen und deren Bevölkerung aus Handel- und Gewerbetreibenden bestand. Diese Orte besaßen ihren eigenen Markt, ihre Marktkirche und eine herrschaftliche Münzstätte.[3]) Erst um die Mitte des 13. Jahrhunderts beginnt eine lebhafte planmäßig betriebene Städtegründung, die besonders in Thüringen, Hessen und Niedersachsen einsetzte, und unter Heinrich dem Löwen kann man bereits von einer bewußten Städtegründungspolitik sprechen.[4])

Nicht nur östlich von Elbe und Saale, sondern auch im Westen und Südwesten entstand im Laufe des 13. Jahrhunderts eine sehr bedeutende Menge kleiner und mittlerer Städte. In zahlreichen

---

[1]) P. J. Meier, Der Grundriß der deutschen Stadt des Mittelalters in seiner Bedeutung als geschichtliche Quelle, Korr.-Bl. 1909 Sp. 105 ff.; vgl. auch Joh. Kretzschmar, Der Stadtplan als Geschichtsquelle. Deutsche Gesch.-Bl. Bd. 9 (1908) S. 133 ff.

[2]) Warschauer, Lageplan der osteuropäischen Kolonialstädte, Korr.-Bl. 1909 Sp. 121.

[3]) S. Rietschel, Markt und Stadt in ihrem rechtlichen Verhältnis, Leipzig 1897; derselbe, Das Burggrafenamt und die hohe Gerichtsbarkeit in den deutschen Bischofstädten während des frühen Mittelalters, 1905.

[4]) S. Rietschel, Die Städtepolitik Heinrichs des Löwen, Histor. Zeitschr. 3. Folge Bd. 6 S. 237 ff.

Fällen sind nun urkundliche Zeugnisse über die Gründung nicht vorhanden. In allen Fällen, in denen ein urkundlicher Nachweis über die Gründung einer Stadt nicht zu führen ist, kommt der Stadtplan als Geschichtsquelle voll und ganz zur Geltung, denn der Grundriß gibt einen Anhaltpunkt über die Zeit ihrer Entstehung.[1]) Die östlich von Saale und Elbe im 13. Jahrhundert gegründeten Städte zeigen fast sämtlich die gleiche Anlage: In der Mitte eines Kreises oder eines Ovals besteht ein Platz, von dessen Seiten oder Ecken aus Straßen nach der Peripherie ziehen, die von anderen Straßen rechtwinklig geschnitten werden.[2]) Die weiter nach Osten gelegenen Städte weisen in ihren Grundrissen eine ähnliche Struktur auf, die Warschauer als das osteuropäische Kolonialschema bezeichnet. In der Mitte der Stadt befindet sich ein viereckiger Marktplatz, von dem aus die Straßen in regelmäßiger Verteilung über die ganze Stadt laufen. Daneben entwickelt sich schon im 13. Jahrhundert ein zweites Schema, das einen langgestreckten Markt zeigt, in dessen Schmalseiten je eine Straße einmündet und deren Längsseiten durch eine Straße geschnitten wird.[3])

Nach alledem ist zu erwarten, daß der Stadtplan in der künftigen Erforschung der Stadtgeschichte eine erhebliche Rolle spielen wird; erfreuliche Ansätze in dieser Richtung sind schon vorhanden. So hat Rietschel sowohl in seinen bereits erwähnten Arbeiten als auch in seiner mit Mummenhoff geführten Polemik über die älteste Ummauerung Nürnbergs[4]) die topographischen Verhältnisse ausführlich in Betracht gezogen. Keussen hat für seine Studien zur Geschichte der Kölner Stadtverfassung mit großem Erfolg den Stadtplan verwertet, wobei er die Entwicklung der Verfassung im engsten Anschluß an die verschiedenen Stadterweiterungen und die topographische Untersuchung der einzelnen Stadtteile verfolgt.[5]) Insbesondere hat auch Püschel[6]) den Stadt-

[1]) vgl. Kretzschmar a. a. O. Sp. 140.

[2]) Einen vortrefflichen Überblick über alle diese Fragen bietet die lehrreiche Abhandlung von Neumann, Der Stadtplan als geschichtliche Urkunde. Mitt. aus der livländischen Geschichte (Riga 1911) Bd. 11 S. 87 ff.

[3]) Warschauer a. a. O. Sp. 122 ff. Weitere Einzelheiten über Grundrißtypen bei Neumann a. a. O. S. 88 ff.

[4]) Deutsche Gesch.-Bl. Bd. 12 (1911) S. 201 ff., Bd. 13 (1912) S. 25 ff., 45 ff.

[5]) Herm. Keussen, Die Entwicklung der älteren Kölner Verfassung und ihre topographische Grundlage, Westdeutsche Zeitschr. Bd. 28 (1909) S. 465—520. Vgl. auch den beigegebenen Stadtplan des mittelalterlichen Köln.

[6]) Alfred Püschel, Das Anwachsen der deutschen Städte in der Zeit

plan zu seinen Forschungen herangezogen, um den Umfang der deutschen Städte im 12. und 13. Jahrhundert festzustellen. Es wäre durchaus wünschenswert, daß allen Untersuchungen über die Frühgeschichte einer Stadt, die ja ohne Berücksichtigung der topographischen Einzelheiten kaum denkbar ist, ein Stadtplan beigegeben würde.

Einen großen Fortschritt in der Richtung der vergleichenden Grundrißforschung bedeutet der von der niedersächsischen historischen Kommission beschlossene Plan der Herausgabe eines Städteatlasses für Niedersachsen, welcher auf die Anregung von P. J. Meier zurückgeht. Nach den Grundsätzen, welche Meier auf der X. Konferenz der landesgeschichtlichen Publikationsinstitute (1911) erläuterte,[1]) besteht die Absicht, eine Sammlung der Grundrisse sämtlicher (92) Städte des ganzen Gebietes vorzunehmen. Die Pläne sollen im Maßstab 1 : 4000 mit Einzeichnung der Straßen und Höhenkurven und einem erläuternden Text veröffentlicht werden. Man kann diesem vortrefflichen Unternehmen nur gute Fortschritte und eifrige Nachfolge seitens der übrigen landesgeschichtlichen Publikationsinstitute wünschen.

Neben dem Stadtplan als Hilfsmittel für die Grundrißforschung bilden auch die topographischen Einzelheiten schätzbare Quellen für die Wirtschaftsgeschichte, insbesondere die Namen der Straßen und Plätze sind lebendige Zeugnisse der wirtschaftlichen Verfassung einer mittelalterlichen Stadt. Man braucht in dieser Beziehung nur an die Handwerkergassen zu erinnern und auf die Namen der Marktplätze (Holz-, Vieh-, Korn-, Brot-, Fischmarkt usw.) hinzuweisen, welche deutlich den Marktplatzzwang (die Vereinigung aller Händler mit ein und derselben Ware an einem Platz zwecks besserer Übersicht für den Käufer) erkennen lassen. In dieser Hinsicht sind unter anderem die Veröffentlichung der älteren Lübecker Straßennamen in den Hansischen Geschichtsblättern[2]) und die von Meier bearbeiteten Straßennamen von Braunschweig[3]) lehrreich. Von Bedeutung ist auch die Feststellung der gewerb-

---

der mittelalterlichen Kolonialbewegungen. (= Abhandl. zur Verkehrs- und Seegeschichte Bd. 4) 1910. Als Anlagen sind einige Stadtpläne beigegeben.

[1]) Deutsche Gesch.-Bl. Bd. 12 (1911) S. 255.

[2]) z. B. Jahrg. 1880/81 S. XXff.

[3]) Meier, Die Straßennamen der Stadt Braunschweig (= Quellen und Forschungen zur Braunschweiger Geschichte Bd. 1) 1904.

lichen Betriebe (der Mühlen, Backhäuser, Brauhäuser, Gerbereien usw.), der Fleisch- und Brotbänke, der Fruchtspeicher, Kaufhäuser u. dgl.

Schon verhältnismäßig frühzeitig regte sich in einzelnen Städten das Interesse für die Erforschung ihrer gesamten topographischen Verhältnisse, wobei allerdings weniger an die wirtschaftsgeschichtliche Verwertung dieses Stoffes als an die Zwecke der lokalgeschichtlichen Forschung überhaupt gedacht war. Unter Benutzung eines reichen urkundlichen Materials hat Battonn schon im Anfang des 19. Jahrhunderts seine topographischen Studien über das mittelalterliche Frankfurt verfaßt, die allerdings erst lange nach seinem Tode, mit Ergänzungen von Fichard auf Grund der Rechnungsbücher, Bedebücher, Gerichtsbücher u. dgl. versehen, gedruckt worden sind.[1])

Für Köln hat Fuchs schon in der Mitte des 19. Jahrhunderts umfassende topographische Untersuchungen vorgenommen, die zwar nicht durch den Druck veröffentlicht wurden, aber der Lokalforschung unentbehrliche Dienste geleistet haben.[2]) Die Hauptquellen für die mittelalterliche Topographie von Köln, die weiter unten ausführlicher behandelten Schreinsbücher, waren damals, als Fuchs arbeitete, noch unbekannt und sind erst 1877 ins Stadtarchiv überführt worden.

Hauptsächlich auf Grund dieser Quellen, aber auch des reichen übrigen Materials, das zum Teil gedruckt vorliegt (z. B. Loeschs Zunfturkunden, Steins Akten zur Geschichte der Verfassung und Verwaltung) hat jetzt Keussen nach jahrzehntelangen Vorstudien ein umfangreiches und für alle derartige Untersuchungen vorbildliches Werk veröffentlicht, das von der Mevissenstiftung preisgekrönt worden ist.[3]) Diese vortrefflichen topographischen Studien, von denen einzelne Teile bereits vorher in der Westdeutschen Zeitschrift[4]) abgedruckt waren, liefern den deutlichen Beweis, daß die Wirtschaftsgeschichte einer mittelalterlichen Stadt nur durch

---

[1]) Joh. Gg. Battonn, Örtliche Beschreibung der Stadt Frankfurt a. M. Aus dem Nachlasse herausgegeben von L. H. Euler, Frankfurt 1861/1875.

[2]) Fuchs, Topographie der Stadt Köln, 4 Bde. Manuskript im Kölner Stadtarchiv.

[3]) Herm. Keussen, Topographie der Stadt Köln im Mittelalter, 2 Bde. (Preisschriften der Mevissen-Stiftung. hrsg. von der Ges. f. Rhein. Geschichtskunde) 1910.

[4]) Bd. 20 (1901), Bd. 22 (1903), Bd. 25 (1906) und Bd. 28 (1909).

ausreichende topographische Vorarbeiten auf eine sichere Grundlage gestellt werden kann.

Von anderen bedeutsamen topographischen Untersuchungen ist besonders zu nennen „die geschichtliche Ortsbeschreibung der Stadt Freiburg i. B.“, deren 2. Band den Häuserbestand von 1400 bis 1806 wiedergibt,[1] und das noch nicht abgeschlossene Konstanzer Häuserbuch, das ebenfalls eine geschichtliche Ortsbeschreibung enthält und nach seiner Fertigstellung der Forschung wertvolles topographisches Material erschließen wird.[2] Für Straßburg liegt eine Untersuchung über die Topographie von Adolf Seyboth[3] vor.

Von nicht geringer Bedeutung für die wirtschaftsgeschichtliche Forschung sind die Ortsnamen und Flurnamen. Die Namen der Gebirge, Wasserläufe, Ortschaften stehen im engen Zusammenhang mit der Besiedelung des Bodens und können unter Zuhilfenahme der sprachgeschichtlichen Forschung zur Aufhellung der Bevölkerungs- und Stammesverhältnisse frühgeschichtlicher Zeiten wertvolle Dienste leisten.[4] Allerdings hat die Forschung auf diesem Gebiet trotz der verdienstvollen Untersuchungen von Arnold[5] und Meitzen[6] noch keinen festen Boden unter den Füßen; sie wird erst dann zu gesicherten Ergebnissen gelangen können, wenn sich die Sprachgeschichte mit diesen Gegenständen viel eingehender beschäftigt, als dies bisher geschah.

Was speziell die Flurnamen betrifft, so versteht man darunter nach dem herkömmlichen Sprachgebrauch nicht nur die Namen der Wald-, Feld- und Wiesenfluren, sondern „alle nicht menschliche Wohnstätten bezeichnende Namen, die an einzelnen Stellen des

---

[1]) Geschichtl. Ortsbeschreibung der Stadt Freiburg i. B. Bd. 1, bearb. von A. Poinsignon, Bd. 2 (Häuserbestand 1400 – 1806), bearb. von Herm. Flamm 1903.

[2]) Konstanzer Häuserbuch II: Geschichtliche Ortsbeschreibung, 1. Hälfte, von K. Beyerle und A. Maurer, Heidelberg 1906, 1908.

[3]) Ad. Seyboth, Das alte Straßburg vom 13. Jahrhundert bis zum Jahre 1870. Geschichtl. Topographie nach Urkunden und Chroniken. Straßburg 1890.

[4]) vgl. R. Kötzschke, Flußnamenforschung und Siedelungsgeschichte, Deutsche Gesch.-Bl. Bd. 8 (1907) S. 233 ff. sowie Hans Witte, Ortsnamenforschung und Wirtschaftsgeschichte, Deutsche Gesch.-Bl. Bd. 3 (1902) S. 153 ff., 209 ff.

[5]) W. Arnold, Ansiedelungen und Wanderungen deutscher Stämme, 2. Aufl. 1881 (vgl. besonders Einleitungskapitel: Die Ortsnamen als Geschichtsquelle).

[6]) Meitzen, Siedelung und Agrarwesen der Westgermanen und Ostgermanen, 3 Bde., 1895.

Erdbodens haften", gleichgültig ob sie sich auf Felder, Wiesen, Sümpfe oder Berge, Täler, Wege, Gräben, Wälle u. dgl. beziehen.[1])

In diesen Flurnamen, deren Entstehung in ferne Zeiten zurückreicht, leben die längst untergegangenen Formen der Besiedelung zum Teil noch fort. Die Stellen ausgetrockneter Sümpfe und Seen, gerodeter Wälder, früherer Weinberge, verschwundener menschlicher Wohnstätten, die Zugehörigkeit von Gelände zu alten Markgenossenschaften, der Lauf alter Straßen und Handelswege und vieles andere läßt sich an der Hand der Flurnamen deutlich nachweisen. Ihre Sammlung ist mit Recht als eine der dringlichsten Aufgaben lokaler Geschichtsvereine bezeichnet worden, denn überall dort, wo im Lauf des 19. Jahrhunderts die Zusammenlegung von Grundstücken erfolgte, ist ihr Bestand gefährdet, wenn sie auch in der Erinnerung der Bewohner noch eine Zeitlang fortleben.

Nachdem schon Grimm auf die Bedeutung der Flurnamen als Geschichtsquelle hingewiesen hatte, und in den 60er und 70er Jahren bereits Sammlungen und Bearbeitungen dieser Quellen erfolgten,[2]) errichtete der Gesamtverein deutscher Geschichts- und Altertumsvereine seit 1900 eine Sammelstelle für die deutsche Flur- und Ortsnamenforschung, und von Zeit zu Zeit werden im „Korrespondenzblatt" Übersichten über die Arbeiten auf diesem Gebiet veröffentlicht.[3]) Besondere Aufmerksamkeit widmet man in jüngster Zeit auch den sogen. Wüstungen, d. h. den Stellen, an welchen sich früher menschliche Wohnstätten mit oder ohne zugehörigen Grund und Boden befunden haben.

Welche Schätze hier noch gehoben werden können und wie reich die hier besprochenen Quellen fließen, zeigt namentlich das Arbeitprogramm der Kgl. Sächs. Kommission für Geschichte, das in einer den Teilnehmern am 10. Historikertag (Dresden 1907) überreichten Denkschrift niedergelegt ist.[4])

---

[1]) vgl. H. Beschorner, Denkschrift über die Herstellung eines historischen Ortsverzeichnisses für das Königreich Sachsen, Dresden 1903 S. 4.

[2]) Näheres bei Beschorner, Das Sammeln von Flurnamen, Korr.-Bl. 1903.

[3]) vgl. Korr.-Bl. 1904 Sp. 11ff., 1906 Sp. 281ff., 1907 Sp. 188ff. sowie die ausführlichen Literaturangaben bei H. Beschorner, Über das Veröffentlichen großer Flurnamensammlungen, Deutsche Gesch.-Bl. Bd. 12 (1911) S. 215ff.

[4]) Die historisch-geographischen Arbeiten im Königreich Sachsen. Im Auftrag der Kgl. Sächs. Historischen Kommission zusammengestellt von R. Kötzschke, H. Beschorner, A. Meiche, R. Becker. 1907.

5. Stadtbücher.

Man bezeichnet als Stadtbücher herkömmlich alle Quellen, welche der gesetzgebenden Funktion der städtischen Obrigkeit oder der Verwaltungstätigkeit städtischer Behörden entstammen und in Buchform aufgezeichnet sind. Konrad Beyerle, welcher dem Gegenstand eine vortreffliche, insbesondere literargeschichtlich höchst wertvolle Studie gewidmet hat, versteht darunter „in Buchform geordnete schriftliche Aufzeichnungen seit dem Mittelalter".[1]) Steinacker bezeichnet als Stadtbücher „überhaupt jede Art von Codices, deren Inhalt sich auf die Stadt bezieht",[2]) und Redlich führt aus, daß man darunter alle aus dem städtischen Verfassungs-, Verwaltungs- und Rechtsleben hervorgegangenen Bücher versteht.[3])

Von verschiedenen Seiten sind schon Versuche unternommen worden, die als Stadtbücher bezeichneten Quellen in ein System zu bringen. Homeyer unterscheidet in seiner grundlegenden Arbeit über die Stadtbuchforschung[4])

1. Statutenbücher,
2. Stadtbücher zu Aufzeichnungen mannigfaltiger Art,
3. Stadtbücher im Dienste der freiwilligen Gerichtsbarkeit.

Die erste Gruppe wird also gebildet von Rechtsquellen, die zweite enthält alle in der ersten und dritten Gruppe nicht unterzubringenden Bücher der städtischen Verwaltung und Rechtspflege, und die dritte umfaßt alle öffentlichen Bücher der Stadt, welche zum Eintragen von privaten Rechtsgeschäften der Bürger dienten. Hauptsächlich der dritten Gruppe hat Homeyer sein weiteres Interesse zugewendet. Eine eingehende Gliederung der zweiten Gruppe der Homeyerschen Einteilung versuchte dann Karl Kopp-

---

[1]) K. Beyerle, Die deutschen Stadtbücher, Deutsche Gesch.-Bl. Bd. 11 (1910) S. 146. Von einer systematischen Verzeichnung aller in Archiven erhaltenen deutschen Stadtbücher, welche Beyerle plant, würde sowohl die rechtsgeschichtliche wie die wirtschaftsgeschichtliche Forschung erheblichen Nutzen ziehen. Vorläufig ist es schwer, sich eine richtige Vorstellung von dem Umfang und Charakter dieser Quellengruppe zu machen.

[2]) Steinacker, Die Lehre von den nichtköniglichen (Privat-)Urkunden des deutschen Mittelalters (= Grundriß der Geschichtswissenschaft, herausgegeben von A. Meister, Bd. 1, 1. Halbbd.) 1906 S. 265.

[3]) O. Redlich, Urkundenlehre (= Handb. der mittelalterlichen und neueren Geschichte IV) 1911 S. 189.

[4]) G. Homeyer, Die Stadtbücher des Mittelalters, insbesondere das Stadtbuch von Quedlinburg, Berlin 1861.

mann bei einem Nachweis der für das Hansegebiet in Betracht kommenden Quellen.[1])

Neben Frensdorff[2]) hat es neuerdings auch Kleeberg unternommen, ein entsprechendes Schema aufzustellen,[3]) das folgende Gliederung aufweist:

1. Ratsbücher,
2. Bücher der Finanzverwaltung,
3. Stadtbücher im engeren Sinne.

Innerhalb der ersten Gruppe nennt er Stadtrechte, Statuten und Ordnungen, Polizeibücher, Ratsprotokolle, Ratsbücher im engeren Sinne, Namenlisten und Briefbücher; die zweite Gruppe wird gebildet von Kämmereirechnungen, Aufnahmebüchern über steuerbaren Besitz, Zinsbüchern und Rentenbüchern, und die dritte umfaßt die Bücher über Akte der freiwilligen Gerichtsbarkeit. Diese Gliederung ist jedoch unlogisch und unzweckmäßig, durch sie wird offenbar Zusammengehöriges auseinandergerissen und innerlich Verschiedenes in einer Gruppe vereinigt. Die als Ratsbücher bezeichnete Gruppe enthält neben städtischen Rechtsquellen eine Reihe von Geschäftsbüchern der städtischen Verwaltung, andererseits ist nicht einzusehen, warum Bürgerlisten und Geschoßregister innerlich so verschieden sein sollten, daß sie zwei verschiedenen Gruppen angehören müssen.

Der neueste Vorschlag, das Material der Stadtbücher zu gliedern, stammt von K. Beyerle, der in seiner erwähnten Arbeit (S. 192 ff.) für die Einteilung folgende Gesichtspunkte aufstellt:

1. die Verfassung der Stadt und ihr Recht, Ämterwesen und Bürgergemeinde;
2. die Verwaltung der Stadt;
3. Rechtsprechung von Gericht (Schöffen) und Rat in Zivil- und Strafsachen;
4. freiwillige Gerichtsbarkeit, insbesondere auf dem Gebiet des Liegenschaftsrechts;
5. städtisches Finanzwesen.

---

[1]) Hansische Gesch.-Bl. 1873 S. 155 ff.; vgl. Beyerle a. a. O. S. 155.

[2]) In Krauts Grundriß zu Vorlesungen des deutschen Privatrechts 6. Aufl. 1886 § 12 S. 58 ff.; vgl. Beyerle a. a. O. S. 156.

[3]) Erich Kleeberg, Stadtschreiber und Stadtbücher in Mühlhausen i. Th. vom 14. bis 16. Jahrh. nebst einer Übersicht über die Editionen mittelalterlicher Stadtbücher, Archiv für Urkundenforschung Bd. 2 (1909) S. 407 ff.

Von allen bis jetzt gemachten Vorschlägen scheinen mir die von Beyerle hier angeführten am besten dem Wesen der Sache zu entsprechen. Allein ich kann einige Bedenken nicht unterdrücken, nämlich daß auch hier die eigentlichen Rechtsquellen nicht genügend von den Quellen der Verwaltung geschieden sind, was unter anderem daraus hervorgeht, daß sich die Gesetzbücher in derselben Gruppe befinden wie die Bürgerlisten. Auch die Trennung der Bücher der Verwaltung in zwei Gruppen (3 und 5) sollte vermieden werden, denn das Finanzwesen ist doch gewiß auch nur als Teil der städtischen Verwaltung zu betrachten. Deshalb wäre vielleicht folgende Einteilung zweckmäßig:

I. Rechtsquellen,
II. Bücher der Rechtsprechung,
III. Bücher der Verwaltung.

Die erste Gruppe enthält sämtliche Bücher, deren Inhalt aus Rechtsätzen besteht, gleichgültig ob es sich um öffentliche Angelegenheiten (Münz-, Markt-, Gewerbe-, Zollwesen) oder um Bestimmungen privatrechtlicher Natur handelt. Um diese Rechtssätze enthaltenden Bücher von anderen städtischen Rechtsquellen der Form nach zu unterscheiden, mögen sie hier als Stadtrechtsbücher bezeichnet werden.

Die zweite Gruppe umfaßt die bei Durchführung öffentlichrechtlicher oder privatrechtlicher Bestimmungen entstandenen Bücher, insbesondere die Gerichtsbücher, Urgichtbücher, Gewaltbücher, Register über Polizeistrafen, Sendamtsprotokolle u. dgl. In der dritten Gruppe endlich sind sämtliche Quellen vereinigt, die sich mit der Durchführung von Verwaltungsaufgaben beschäftigen.

Bei einer weiteren Gliederung innerhalb der Gruppe III würde man zu unterscheiden haben zwischen den Büchern

a) der allgemeinen Verwaltung (Bürgermeisterbücher, Sitzungsprotokolle der einzelnen Ämter, Briefbücher usw.),
b) der Rechtsverwaltung (Bürgerbücher, Bücher über Akte der freiwilligen Gerichtsbarkeit, z. B. Grundbücher, Schreinsbücher, Bannrollen) und
c) der Finanzverwaltung (Baumeisterbücher, Stadtrechnungen, Münzrechenbücher, Zolleinnahmebücher, Gültregister, Steuerbücher usw.).

Unter diesem dreiteiligen verhältnismäßig einfachen Schema ist, wie ich glaube, alles unterzubringen, was sich an Aufzeichnungen der städtischen Obrigkeit und ihrer Behörden in Buchform nachweisen läßt. Natürlich ist hier das Wesentliche nur angedeutet, auf eine feinere Gliederung, die sich ja tunlichst an die treffliche Systematik Beyerles anschließen kann, muß hier aus Gründen des Raummangels verzichtet werden.

Wie man sieht, macht also bei der Bezeichnung Stadtbücher der wissenschaftliche Sprachgebrauch keinen Unterschied, ob es sich um Gesetzsammlungen, Ratsprotokolle oder Stadtrechnungen usw. handelt. Das einzige Gemeinsame, was diesen Quellen zukommt, ist die äußere Form, die Aufzeichnung in Büchern, und es werden hier Dinge der allerverschiedensten Art unter einem Begriff zusammengefaßt, die innerlich nichts mit einander gemein haben. Allerdings ist der wissenschaftliche Sprachgebrauch zum Teil historisch begründet, das hindert aber nicht, daß wir uns aus Gründen der Systematik und der Klarheit des wissenschaftlichen Ausdrucks von ihm freimachen können. Schon jetzt ist die Verwirrung, welche durch diesen alles umfassenden Begriff angerichtet wurde, eine sehr unheilvolle, und wenn in der Literatur von Stadtbüchern die Rede ist, kann man ohne tieferes Eindringen niemals entscheiden, ob es sich um Rechtsquellen oder um Bücher der städtischen Verwaltung handelt.

Für eine Quellenkunde der Wirtschaftsgeschichte ist es daher von besonderer Wichtigkeit, eine reinliche Scheidung vorzunehmen und im Sprachgebrauch den verschiedenartigen Charakter der einzelnen Quellengruppen klar und unzweideutig zum Ausdruck zu bringen.

Nun ist es ja bekannt, daß die als „Stadtbücher“ bezeichneten Quellen im ersten Zustand ihrer Entwicklung dem Eintrag der verschiedenartigsten Vorgänge dienten. Es wurden sowohl Bestimmungen rechtlicher Natur als auch Akte der Verwaltung, Beurkundungen von Besitzwechsel u. dgl. aufgenommen, weshalb man diese Quellen vielleicht als gemischte Stadtbücher bezeichnen kann. Im übrigen wäre es empfehlenswert, den bisherigen Sprachgebrauch aufzugeben und die Bezeichnung Stadtbücher nur für die Quellengruppe anzuwenden, welche die Bücher der freiwilligen Gerichtsbarkeit umfaßt. In der rechtsgeschichtlichen und diplomatischen Literatur hat sich für sie auch seit längerer Zeit dieser Ausdruck befestigt, und Kleeberg empfiehlt für sie die Bezeichnung „Stadtbücher im engeren Sinn", während Redlich vorschlägt, sie „privatrechtliche Stadtbücher" zu nennen. Diese Quellen werden im Abschnitt „Agrargeschichte und Grundbesitzverhältnisse" noch ausführlicher behandelt werden;[1] hier genügt vielleicht, soviel zu bemerken, daß sie bestimmt waren, die Eigentumsübertragung hauptsächlich von Liegenschaften rechtlich festzulegen und die Ausfertigung einer Urkunde zu ersetzen.

Ihrem innersten Charakter nach ganz verschieden hiervon ist die andere in der rechtsgeschichtlichen Literatur ebenfalls als „Stadtbücher" bezeichnete Quellengruppe, die aus Aufzeichnungen von Rechtssätzen besteht und oben als Gruppe I bezeichnet worden ist. Zwar hat sich auch für sie zum Teil der Ausdruck Stadtbücher befestigt, besonders da sich mehrere von ihnen selbst so nennen, allein im Interesse der rechtsgeschichtlichen wie der wirtschaftsgeschichtlichen Forschung dürfte es liegen, ihren Charakter auch im Sprachgebrauch zum Ausdruck zu bringen und sie als Stadtrechtsbücher zu bezeichnen. Damit ist ihrem Charakter als buchmäßige Aufzeichnung wie als Rechtsquelle genügend Rechnung getragen, und die Wissenschaft kann aus einer Klärung der Begriffe nur Nutzen ziehen. Bezeichnet man nun die Bücher der Rechtspflege als Gerichtsbücher im weiteren Sinne und nennt man die übrigen auf die Verwaltungstätigkeit der Stadt bezüglichen Quellen (Gruppe III) einfach Stadtverwaltungsbücher, so hat man in den Bezeichnungen Stadtbücher, Stadtrechtsbücher, Gerichtsbücher und Stadtverwaltungsbücher die unterscheidenden Merkmale sinnfällig zum Ausdruck gebracht.

6. Stadtrechtsquellen.

Wenn auch der Quellenstoff der mittelalterlichen und frühneuzeitlichen Stadtrechte in erster Linie der Rechtsgeschichte zugute kommt, so hat doch die Wirtschaftsgeschichte ein nicht minder großes Interesse an der Herausgabe und Verwertung dieser Quellen. Auf diesem Gebiet zeigen sich überhaupt die innigsten Berührungspunkte der beiden Nachbarwissenschaften, denn die Rechtsgeschichte wird überall dort zugleich zur Wirtschaftsgeschichte, wo sich die Gesetzgebung mit wirtschaftlichen Fragen beschäftigt. Das ist in

[1]) vgl. weiter unten S. 235.

hohem Maße bei den Stadtrechten der Fall, und wie keine andere Quelle in solcher Vielgestaltigkeit spiegeln sie die verschiedensten Formen des wirtschaftlichen Lebens wieder. Daher bilden sie auch geradezu eine Fundgrube für die Verfassungsgeschichte, die Geschichte des Handwerks, des Zollwesens, des Marktverkehrs, des Münz- und Geldwesens, der Preis- und Lohntaxen usw.

Die früheste Aufzeichnung städtischer Rechtsquellen finden wir in den oben erwähnten Stadtrechtsbüchern, die allerdings vielfach nicht reine Rechtsquellen darstellen, sondern, wie bereits erwähnt, oft Niederschriften von allen möglichen Verwaltungsvorgängen enthalten. Der Inhalt dieser Bücher wurde etwa seit der Mitte des 13. Jahrhunderts neben dem in Übung befindlichen Gewohnheitsrecht zu ausführlichen Stadtrechten verarbeitet.[1])

Einen mächtigen Anstoß zur vermehrten Kodifikation der Stadtrechte gab das Eindringen der fremden Rechte,[2]) und die hierdurch verursachte zunehmende Rechtsunsicherheit war die Ursache zur Aufzeichnung jener umfassenden, als "Reformationen" bezeichneten Gesetzbücher (z. B. Nürnberg 1478, Worms 1499, Frankfurt a. M. 1509), welche durch den Druck weiteste Verbreitung fanden.[3]) Zu umfangreichen Sammlungen von Stadtrechten ist es erst im 18. Jahrhundert gekommen, insbesondere nachdem das Reichskammergericht im Jahre 1755 von den bei ihm zugelassenen Advokaten und Prokuratoren die Einlieferung aller Rechtsquellen der von ihnen vertretenen Reichsstände forderte.[4]) Auch im 19. Jahrhundert wurde anfangs die Herausgabe von Stadtrechtsquellen wenig gefördert, das Interesse der Rechtshistoriker blieb mehr der Veröffentlichung der Volksrechte, Kapitularien u. dgl. zugewendet. Erst die in den letzten Jahrzehnten des 19. Jahrhunderts mächtig aufblühenden wirtschaftsgeschichtlichen Studien haben das allgemeine Interesse auf diese Quellen gelenkt.

---

[1]) Über die Entwicklung der Stadtrechte, Stadtrechtsfamilien u. dgl. vgl. Schröder, Deutsche Rechtsgeschichte (5. Aufl.) S. 696, wo auch alle wichtige Literatur angegeben ist.

[2]) Über die Rezeption der fremden Rechte vgl. Schröder S. 805 und die dortigen Literaturangaben.

[3]) vgl. zum folgenden Karl Koehne, Die modernen Stadtrechtseditionen. Wesen, Zweck und Mittel, Korr.-Bl. 1905 Sp. 251—278.

[4]) Über wichtige Stadtrechtseditionen im 17. und 18. Jahrhundert vgl. Beyerle, Deutsche Gesch.-Bl. Bd. 11 (1910) S. 148.

Unter den zahlreichen Veröffentlichungen von Stadtrechtsbüchern und anderen städtischen Rechtsquellen, um welche sich auch die lokalgeschichtliche Forschung sehr verdient gemacht hat, ragen besonders die Publikationen der badischen historischen Kommission, der westfälischen historischen Kommission und des Schweizer Juristenvereins hervor.

Unter dem Titel „Oberrheinische Stadtrechte" gibt die badische historische Kommission in Verbindung mit der Kommission zur Herausgabe elsässischer Geschichtsquellen unter Leitung von Richard Schröder, Karl Koehne und neuerdings auch G. v. Below drei Abteilungen solcher Quellen heraus, nämlich fränkische, schwäbische und elsässische Stadtrechte.

Als Zeitgrenze hat Schröder, der ursprüngliche alleinige Herausgeber, etwa die Mitte des 16. Jahrhunderts bestimmt,[1]) und diese Einschränkung ist auch wohl durch die seit dieser Zeit stark anschwellenden Stoffmassen im allgemeinen geboten. Allerdings sollten dort, wo sich älteres Material nicht mehr erhalten hat, zuweilen auch jüngere Quellen herangezogen werden. Koehne berücksichtigt indessen gelegentlich auch besonders lehrreiche Stadtrechtsquellen aus dem 17. und 18. Jahrhundert, und zwar selbst dann, wenn für denselben Ort älteres Material in genügender Menge vorlag.

Der Umfang des für zahlreiche Orte vorhandenen Materials ist außerordentlich verschieden. Während sich von Schlettstadt die Quellen für etwa sieben Jahrhunderte vollständig erhalten haben und auch für Überlingen reiches Material festgestellt werden konnte, sind sie z. B. für Heidelberg und andere Städte großenteils zerstört. Gerade die Schlettstadter Quellen, von Joseph Gény bearbeitet, sind daher auch in einem Umfang abgedruckt worden, welcher über das übliche Maß weit hinausgeht. Außer den königlichen und kaiserlichen Privilegien über Verfassung und Verwaltung sind die Satzungen und Ordnungen der autonomen Reichsstadt und auch die Quellen des Beamtenrechts sowie Bürger-, Handwerker- und Zunftordnungen aufgenommen. Im Interesse der wirtschaftsgeschichtlichen Forschung kann man es nur begrüßen, daß in den Veröffentlichungen der Oberrheinischen Stadtrechte (insbesondere den Bänden Überlingen und Schlettstadt) auch die städtischen Ratsverordnungen

---

[1]) Zeitschrift der Savigny-Stiftung für Rechtsgeschichte Bd. 19 (1898) S. 202.

ausgiebig verwertet wurden. Daß jedoch in einer Veröffentlichung von Stadtrechtsquellen auch Bürger- und Ratslisten, Verzeichnisse über städtische Schulden und Forderungen, Bußregister u. dgl. abgedruckt werden, wie das für Schlettstadt geschah, ist m. E. nicht zu billigen.[1])

Die von der Historischen Kommission für Westfalen in Angriff genommene umfassende Bearbeitung von Stadtrechtsquellen rechtfertigt sich durch die große Bedeutung der westfälischen Städte für die Entwicklung des Städtewesens im Norden und Osten.[2]) Allerdings sind gerade diejenigen Orte, welche für die Erkenntnis der ältesten städtischen Einrichtungen in Betracht kommen, die Bischofs- und Stiftsstädte nicht mit einbezogen, da ihre Verfassungszustände (besonders die von Soest) schon am meisten bekannt sind. Man hat daher mit den von der Forschung bisher weniger beachteten märkischen Städten begonnen, und das Stadtrecht von Lippstadt, einer Tochterstadt von Soest, und Hamm, der Tochterstadt von Lippstadt und Mutterstadt aller übrigen Städte der Grafschaft Mark, an erster Stelle berücksichtigt.[3])

Nachdem sich die rechtsgeschichtliche Forschung schon sehr eingehend mit den schweizerischen Stadtrechten beschäftigt hatte,

---

[1]) Ein Überblick über die bis jetzt vorliegenden Ausgaben dürfte nicht unwillkommen sein. Unter dem Titel: Oberrheinische Stadtrechte, herausgegeben von der Badischen Historischen Kommission, erschienen:

I. Abt.: Fränkische Rechte. 1. Heft: Wertheim, Freudenberg und Neubrunn (1895); 2. Heft: Der Oberhof Wimpfen mit seinen Tochterrechten Eberbach, Waibstadt, Oberschefflenz, Bönnigheim und Mergentheim (1895); 3. Heft: Lauda, Ballenberg und Krautheim, Amorbach, Walldürn, Buchen, Külsheim und Tauberbischofsheim (1897); 4. Heft: Miltenberg, Obernburg, Hirschhorn, Neckarsteinach, Weinheim, Sinsheim, und Hilsbach (1898); 5. Heft: Heidelberg, Mosbach Neckargemünd, Adelsheim (1900); 6. Heft: Ladenburg, Wiesloch, Zuzenhausen, Bretten, Gochsheim, Heidelsheim, Zeutern, Boxberg, Eppingen (1902); 7. Heft: Bruchsal, Rothenberg, Philippsburg (Udenheim), Obergrombach und Steinbach (1906); 8. Heft: Grünsfeld, Neidenau. Osterburken.

II. Abt: Schwäbische Rechte. 1. Heft: Villingen (1905); 2. Heft: Überlingen (1908).

III. Abt.: Elsässische Rechte. 1. Heft: Schlettstadt (2 Bde.) 1902.

[2]) Beyerle, Neue Veröffentlichungen deutscher Stadtrechte, Deutsche Gesch.-Bl. Bd. 5 (1904) S. 13 ff.; Koehne a. a. O. Sp. 257.

[3]) Westfälische Stadtrechte. Abt. I: Die Stadtrechte der Grafschaft Mark (bearb. von A. Overmann). Heft 1: Lippstadt; Heft 2: Hamm (= Veröff. der Histor. Kommission für Westfalen III) 1901 ff.

beschloß im Jahre 1894 der Schweizer Juristenverein, eine nach Kantonen geordnete Sammlung der Stadt- und Landrechte, der Herrschafts- und Amtsrechte sowie der bäuerlichen und grundherrlichen Rechte (Weistümer) vorzunehmen. Begonnen wurde mit den von Walter Merz und Emil Welti bearbeiteten Quellen des Kantons Aargau, dessen Stadtrechte von Aarau, Baden und Brugg, Bremgarten und Lenzburg vorliegen, außerdem sind die Stadtrechte von Bern, von Kaiserstuhl und Klingnau inzwischen erschienen.[1]) Hinsichtlich der Einzelheiten dieser sowie der oberrheinischen und westfälischen Rechtsdenkmale sei hier auf die wiederholt erwähnte eingehende Darstellung von Beyerle hingewiesen.

In diesem Zusammenhang sind auch die Veröffentlichungen zu nennen, welche die „Gesellschaft für Rheinische Geschichtskunde“ vorbereitet und deren oben (S. 201) bereits ausführliche Erwähnung geschah. In den „Quellen zur Rechts- und Wirtschaftsgeschichte der rheinischen Städte“ sollen in erster Linie Stadtrechte, Gerichtsordnungen und Weistümer, Verordnungen zur Verfassung und Verwaltung Aufnahme finden. Außerdem ist auch der Abdruck von Einzelurkunden und Akten zur Rechts-, Verfassungs- und Verwaltungsgeschichte in Aussicht genommen. Wie dies beim 1. Band geschah, soll auch künftig dem Abdruck der Texte eine Einleitung vorangestellt werden, die alle wesentlichen Züge der Entwicklung des Verfassungs- und Verwaltungsrechtes zusammenfaßt. Da nach der Ankündigung sämtliche rheinischen Städte berücksichtigt werden sollen, und das Material für zahlreiche Städte schon für den Druck vorbereitet ist, darf die Wirtschaftsgeschichte von dieser groß angelegten Veröffentlichung erheblichen Nutzen erwarten.

Wegen ihres reichen wirtschaftsgeschichtlichen Gehalts verdienen auch die besonders im Gebiet der Hansestädte verbreiteten sogen. Bursprakеn (civiloquium, Bürgersprache) großes Interesse. Es waren dies Ratserlasse meist polizeilichen Inhalts, die in gewissen Zeit-

[1]) Bis jetzt liegen vor: Sammlung schweizerischer Rechtsquellen, herausgegeben auf Veranstaltung des Schweiz. Juristenvereins mit Unterstützung des Bundes und der Kantone. XVI. Abt.: Die Rechtsquellen des Kantons Aargau. 1. Teil: Stadtrechte. Bd. 1: Das Stadtrecht von Aarau (1898); Bd. 2: Die Stadtrechte von Baden und Brugg (1899); Bd. 4: Die Stadtrechte von Bremgarten und Lenzburg. II. Abt.: Kanton Bern. 1. Teil Bd. 1: Das Stadtrecht von Bern I (1218—1539) 1902. XVII. Abt. Bd. 3: Die Stadtrechte von Kaiserstuhl und Klingnau.

räumen regelmäßig der Bürgerschaft verkündigt wurden. Ihr Name rührt daher, daß sie ursprünglich in den Zusammenkünften der Bürger zur Beschlußfassung über gemeindliche Angelegenheiten (Burspraken) verlesen wurden. In Lübeck versammelte man jährlich viermal die Bürger auf dem Marktplatz, und der Bürgermeister verlas die Bursprake von der Laube des Rathauses. Diese Form der Veröffentlichung verblieb bis zur Reformation, während von da ab die Verordnungen von der Kanzel herab verkündigt wurden.[1] Die Bürgersprachen der Stadt Wismar, welche schon durch Burmeister im Jahre 1840 veröffentlicht wurden, hat jetzt Friedrich Techen[2]) in einer vortrefflichen Neuausgabe zugänglich gemacht, welche den neuesten Forderungen der Quellenveröffentlichung entspricht. Auf S. 24 ff. seiner Ausgabe macht Techen ausführliche Literaturangaben für die Burspraken aus anderen Städten des Hansagebietes.

Außer diesen besonders wichtigen Veröffentlichungen sind von neuen Stadtrechtspublikationen noch zu nennen die von Strenge und Devrient besorgte Herausgabe der Stadtrechte von Eisenach, Gotha und Waltershausen[3]) und das sogen. „Rote Buch“ der Stadt Rottweil, das zwischen 1498 und 1503 angelegt worden ist.[4]) Auch das vor kurzem erschienene Urkundenbuch der Reichsstadt Pfeddersheim enthält Aufzeichnungen des Stadtrechtes aus dem Jahre 1600.[5])

Eine wichtige Frage ist die, ob man sich bei der Veröffentlichung auf die Wiedergabe des urkundlichen Textes beschränken oder in einer Einleitung auch die Verfassungsgeschichte des behandelten Ortes darstellen, mit anderen Worten, den Gehalt der Quellen in der

---

[1]) vgl. Frensdorff, Das Lübeckische Recht nach seinen ältesten Formen S. 80 ff.; Wehrmann, Zeitschr. d. Ver. f. Lübeckische Gesch. u. Altert. Bd. 3 S. 400. Über den Charakter dieser Quellen im allgemeinen vgl. Koppmann, Hansische Gesch.-Bl. 1872 S. 186; H. Joachim, desgl. Bd. 23 (1906) S. 396 ff.

[2]) Friedrich Techen, Die Bürgersprachen der Stadt Wismar (= Hansische Geschichtsquellen N. F. Bd. 3), Leipzig 1906.

[3]) Die Stadtrechte von Eisenach, Gotha und Waltershausen, herausgegeben von Strenge und Devrient (= Thüringische Geschichtsquellen N. F. Bd. 6), Jena 1906.

[4]) Greiner, Das ältere Recht der Stadt Rottweil. Mit geschichtlicher und sprachlicher Einleitung, Stuttgart 1900. Genaueres über die Einrichtung dieser Ausgabe findet man bei Beyerle a. a. O. S. 15.

[5]) Urkundenbuch der früheren Reichsstadt Pfeddersheim, herausgegeben von Daniel Bonin, Frankfurt 1911, S. 161—190.

Darstellung verwerten soll. In der Literatur sind alle Schattierungen vertreten von dem nackten Abdruck der Quellen bis zur eingehendsten, die rechts- und wirtschaftsgeschichtlich wichtigen Tatsachen ausführlich behandelnden Darstellung, welche neben dem Text gegeben wird.

Bei der Herausgabe der oberrheinischen Stadtrechte hat man auf eine solche Einführung gänzlich verzichtet, während die Bearbeiter der westfälischen Quellen eine sehr ins einzelne gehende Entwicklungsgeschichte der Stadtverfassung und Stadtverwaltung voranschicken. Auch der Rottweiler Veröffentlichung ist eine sehr ausführliche verfassungsgeschichtliche Einleitung vorangestellt, die sich auch genauer mit der Entstehung der Stadt beschäftigt, und Techen hat die in den Burspraken vorliegenden Quellen in ausführlichster Weise in der Darstellung verwertet.

Demgegenüber hat Beyerle mit Recht die Forderung erhoben, sich bei Veröffentlichungen von Stadtrechtsquellen auf das wesentliche zu beschränken und aus der Verfassungsentwicklung des betreffenden Ortes nur das Wichtigste in kurzen Strichen zu geben, im übrigen aber auf eine ausführliche Darstellung, die ja doch nur subjektiver Natur sein könne, zu verzichten. Wenn eine Ausschöpfung des von den Quellen gebotenen Materials beabsichtigt ist, dann kann das besser getrennt von der Quellenveröffentlichung geschehen. Beyerle ist der Meinung, daß mindestens historische Daten bezüglich der Entstehung der Stadt, des Stadtherrn, Marktrechtes und Marktgerichtes, des Rates und der städtischen Ämter, des Stadtrechts und der Stadtrechtsfamilie gegeben werden sollen. Auch Rietschel[1]) hat sich für kurze Einleitungen ausgesprochen und glaubt, daß die oberrheinischen Stadtrechte gerade deshalb von der Forschung nicht in wünschenswerter Weise benutzt worden seien, weil sie ganz auf eine solche Einleitung verzichten.[2])

Wenn einmal die in Angriff genommenen großen Stadtrechtsveröffentlichungen abgeschlossen vorliegen, dann kann die Wirtschaftsgeschichte großen Nutzen von ihnen ziehen, denn es kann keinem Zweifel unterliegen, daß erst durch diese Quellen die Erkenntnis des städtischen Wirtschaftslebens im Mittelalter auf eine

---

[1]) Viertelj. f. Soz. u. Wirtsch.-Gesch. Bd. 8 S. 303.

[2]) Mit der hier aufgeworfenen Frage hat sich auch der Historikertag in Dresden (1907) sehr eingehend beschäftigt.

sichere Grundlage gestellt wird. Es wäre sehr zu wünschen, daß die landesgeschichtlichen Publikationsinstitute ihren Einfluß geltend machten, um die zerstreuten Veröffentlichungen umfangreicher Stadtrechtsquellen in lokalgeschichtlichen Zeitschriften zu verhindern. Das kann dadurch geschehen, daß die historischen Kommissionen Hand auf das Aktenmaterial legen und größere Sammlungen vorbereiten, die von sachkundiger Hand geleitet werden und das nach einheitlichen Grundsätzen bearbeitete Material der Forschung zugänglich machen. Auch für die wichtigsten ehemaligen Reichsstädte ist die Veröffentlichung des wesentlichen Quellenmaterials in zuverlässigen Ausgaben ein dringendes Bedürfnis. Einen großen Fortschritt in dieser Richtung und eine sichere Grundlage für eine großzügige Durchführung dieser Aufgaben wird die von Beyerle geplante Verzeichnung sämtlicher noch vorhandener Stadtbücher bilden, unter denen ja die Stadtrechtsbücher den bedeutendsten Rang einnehmen.

Wenn man sich bei dem Abdruck städtischer Rechtsquellen im allgemeinen auf die Zeit bis 1550 beschränkt hat, so geschah es deshalb, weil das spätere Material wegen der Überfülle des Stoffes nicht leicht zu bewältigen ist. Seit der zweiten Hälfte des 16. Jahrhunderts werden die von der Obrigkeit erlassenen Verwaltungsvorschriften immer zahlreicher[1]) und schwellen im 17. und 18. Jahrhundert zu einer fast unübersehbaren Masse an. Auch für die städtischen Verwaltungsbehörden war es immer schwieriger geworden, über die Geltung behördlicher Rechtsvorschriften einen Überblick zu gewinnen. Daher wurden im 18. Jahrhundert allenthalben Sammlungen dieser Verordnungen angelegt, die zunächst für den Gebrauch der städtischen Ämter bestimmt waren.

Eine deutliche Vorstellung von der Vielseitigkeit dieser Sammlungen gewährt das ausführliche Sachregister, welches für die Kölner Edikte vom Jahre 1493 bis 1819 hergestellt ist.[2]) Alle diese zahlreichen Vorschriften, welche sich mit den Fragen des Handwerks, des Handelsverkehrs, des Marktwesens, der Lebensmittelversorgung beschäftigen, finden sich auch in der großen Edikten-

[1]) Mit Recht sind zahlreiche dieser Ordnungen in den „Oberrheinischen Stadtrechten“ zum Abdruck gebracht worden (vgl. besonders die Bände Schlettstadt und Überlingen).

[2]) Mitteilungen aus dem Stadtarchiv Köln Heft 28, 29 (1889) S. 158ff.

sammlung des Frankfurter Stadtarchivs, die in vieler Beziehung der Kölner Sammlung gleicht wie ein Ei dem anderen.

In diesen sogen. Ediktensammlungen[1]) besitzen wir für die Zeit des 16.—18. Jahrhunderts, also die am meisten vernachlässigte Periode der deutschen Wirtschaftsgeschichte,[2]) ein geradezu unerschöpflich reichhaltiges Material, das von der Forschung bisher leider fast nicht berücksichtigt worden ist. Einzelne Stücke dieser Verordnungen sind zwar in den Zeitschriften historischer Vereine öfter abgedruckt und auch in Darstellungen hier und da verwertet worden, allein eine systematische Ausbeute dieses hervorragend wichtigen Materials ist nirgends erfolgt.[3]) Da man an diesen vortrefflichen, an der Oberfläche liegenden Quellen bisher ziemlich achtlos vorbeigegangen ist, darf es nicht Wunder nehmen, daß wir über die Wirtschafts- und Verwaltungsgeschichte der deutschen Städte im 17. und 18. Jahrhundert viel weniger unterrichtet sind als für die Zeit des späteren Mittelalters.

Indessen würde eine Verwertung dieses Quellenmaterials ohne das Studium der dazu gehörigen Akten in vielen Fällen ein falsches Bild liefern. Schon die häufige Wiederholung derselben Vorschriften in kurzen Zwischenräumen und auch der Inhalt dieser Verordnungen lassen deutlich erkennen, daß sie häufig umgangen wurden und in manchen Fällen nur auf dem Papier standen. Nur zu häufig begegnet man in der wirtschaftsgeschichtlichen Literatur Arbeiten, die sich mit den Verhältnissen des ausgehenden Mittelalters beschäftigen und sich nur auf die Rechtsvorschriften stützen, ohne an Hand der Ratsprotokolle, Handwerkerakten, Münzakten, Strafbücher u. dgl. nachzuweisen, inwieweit diese Bestimmungen auch durchgeführt worden sind. Ist also schon für die Zeit des aus-

---

[1]) Auch für die einzelnen Territorien machten sich solche Ediktensammlungen notwendig, für sie gilt natürlich ebenfalls das hier Gesagte. Vgl. Gustav Wolf, Einführung in das Studium der neueren Geschichte, 1910 S. 560–568.

[2]) Einen Anfang zur Erforschung dieser stark vernachlässigten Zeit hat v. Below unternommen in seinen Untersuchungen über den Untergang der mittelalterlichen Stadtwirtschaft, Jahrb. f. Nat. u. Stat. 3. Folge Bd. 17 (1901) S. 449ff., 593ff.

[3]) Dagegen sind derartige Quellen aus dem Mittelalter häufiger zugänglich gemacht, z. B. von Eheberg in seinen Quellen zur Verfassungs-, Verwaltungs- und Wirtschaftsgeschichte von Straßburg, von Baader in den Nürnberger und Bruckner in den Straßburger Polizeiordnungen.

gehenden Mittelalters große Vorsicht am Platze, so gilt das noch viel mehr für den Zeitraum vom 16. bis 18. Jahrhundert, wo nicht selten jahrzehntelang rechtliche Vorschriften unverändert wiederkehren, die in der offensichtlichsten Weise umgangen worden sind.

7. Rechnungsbücher.

Unter der Bezeichnung Rechnungsbücher im weiteren Sinne kann man alle in Buchform niedergelegten Aufzeichnungen über die Einnahmen eines Haushaltes und deren Verwendung zusammenfassen. Das Bestehen solcher Bücher für den öffentlichen Haushalt ist überall dort zu vermuten, wo eine zentralisierte obrigkeitliche Gewalt vorhanden ist, welche die ihr zufließenden Einnahmen zu öffentlichen Zwecken verwendet. Es ist dabei selbstverständlich kein Unterschied, ob die Einnahmen ganz oder zum Teil aus Naturalien bestehen oder ob es sich lediglich um Geldbeträge handelt.

Nach den Forschungen von Inama-Sternegg[1]) hat schon Karl der Große in seinen Kapitularien Anweisungen erlassen, welche die Beamten verpflichteten, jährlich Rechnung zu legen über die Verwendung der eingegangenen Naturalien und Geldbeträge, doch scheinen sich Aufzeichnungen dieser Art nicht erhalten zu haben. Die allmählich aufkommenden großen Grundherrschaften und Territorien besaßen in den Urbaren[2]) bereits Übersichten über die zu erwartenden Einkünfte aus Grundbesitz, aber damit noch keinen Nachweis der wirklichen Bezüge und ihrer Verwendung. Mit der immer komplizierter werdenden Finanzverwaltung stellte sich auch die Notwendigkeit der Führung von Rechnungsbüchern ein, die in regelmäßigen Zwischenräumen Aufschluß über die Finanzlage geben sollten.

Ebenso wie die Landesherrschaften haben auch die kirchlichen Behörden und die Korporationen kirchlichen Charakters in regelmäßigen Zwischenräumen ihre Einnahmen und deren Verwendung nachgewiesen. Ganz besonders wichtig sind die von den Städten geführten Register über die Einnahmen und Ausgaben, welche eine der wertvollsten Quellen zur Erkenntnis des Wirtschaftslebens in den Städten darstellen, und schließlich verdienen auch die Rechnungs-

---

[1]) Sitzungsberichte der k. Akademie der Wiss. (Wien) Bd. 84 (1877) S. 205.

[2]) Ausführliches über diese Gruppe von Quellen weiter unten S. 238.

bücher der Einzelhaushalte (Haushaltbücher), in diesem Zusammenhang erwähnt zu werden.[1])

Was zunächst die landesherrlichen Quellen dieser Art betrifft, so finden sich die ältesten Rechnungsbücher in Savoyen und Tirol, und es ist nicht unwahrscheinlich, daß hier der Einfluß des benachbarten hochentwickelten italienischen Verwaltungs- und Buchführungswesens gewirkt hat, wie Redlich vermutet.[2]) Schon im Jahre 1260 begannen die Grafen von Savoyen, sich von ihren Amtleuten Rechnungsbücher vorlegen zu lassen,[3]) und seit 1288 wurden landesfürstliche Rechnungsbücher für Kärnten-Tirol in fortlaufender Reihe geführt, die jetzt im Innsbrucker Statthalterei-Archiv und im Münchener Reichs-Archiv aufbewahrt werden. Ebenso haben sich Bruchstücke von Quellen dieser Art für Bayern und Österreich in jener Zeit nachweisen lassen, insbesondere ist hier zu nennen das wertvolle Rechnungsbuch des oberen Vicedomamtes Herzog Ludwigs des Strengen von 1291 bis 1294[4]) und das Rationarium der Herzöge von Österreich aus den Jahren 1326 bis 1338.[5]) Weitere derartige Quellen hat Inama-Sternegg auf S. 206 f. seiner erwähnten Arbeit angeführt.

Von hervorragender Bedeutung für die Geschichte des päpstlichen Finanzwesens und des wirtschaftlichen Lebens am päpstlichen Hofe sind die Rechnungsbücher der apostolischen Kammer (introitus et exitus camerae apostolicae), von denen jetzt diejenigen aus der Zeit Johanns XXII. durch die Görres-Gesellschaft an die Öffentlichkeit gebracht worden sind. Mit dieser Publikation hat sich die Görres-Gesellschaft, welche im Zusammenhang mit ihrem historischen Institut in Rom die Aufhellung der Papstfinanzen für die Zeit von

---

1) Von der quellenkritischen Betrachtung sind die privaten Haushaltbücher hier ausgeschieden, da über ihren Quellenwert und ihre Geschichte ausführlich berichtet wird in dem von mir unter Benutzung des Nachlasses von Schnapper-Arndt herausgegebenen und in Kürze erscheinenden Werke: Beiträge zur Geschichte der Lebenshaltung in Frankfurt a. M. während des 17. und 18. Jahrh. (Vorrede zu Bd. II).

2) vgl. zum folgenden Redlich a. a. O. S. 159 ff.

3) vgl. Archiv für Schweiz. Gesch. Bd. 14 S. 3 ff.; Redlich S. 159.

4) Herausgegeben von E. v. Oefele im Oberbayr. Archiv Bd. 26 S. 272—344.

5) vgl. Ehmel, Österreichische Geschichtsforscher Bd. 1 S. 28—49, Bd. 2 S. 203—259, 418 ff.

1316 bis 1378 betreibt, um die wirtschaftsgeschichtliche Forschung große Verdienste erworben.

Die kürzlich erschienenen groß angelegten Arbeiten bringen die Rechnungsbücher, nach Einnahmen und Ausgaben getrennt, vollständig zum Abdruck.[1] Der erste Band von Emil Göller behandelt die Einnahmen und gibt unter kritischer Verwertung der reichhaltigen Literatur eine umfangreiche Darstellung sämtlicher Einnahmequellen der päpstlichen Finanzverwaltung.[2] Die Ergebnisse seiner Darstellung sind nicht nur für die Kenntnis des kirchlichen Finanzwesens, sondern für die Finanzgeschichte überhaupt von großer Bedeutung. Sie zeigen eine Ausbildung von Formen der Verwaltung eines öffentlichen Haushaltes, wie man sie in den Städten und Territorien jener Zeit vergeblich suchen würde.

Noch weit ertragreicher für die Wirtschaftsgeschichte als die Einnahmen sind die Ausgaben der apostolischen Kammer, um deren Veröffentlichung und Bearbeitung sich K. H. Schäfer verdient gemacht hat. Die Methode, welche er zur Bewältigung des weitschichtigen Materials anwendet, ermöglicht es, die vielgestaltigen Ausgabegruppen in ein übersichtliches System zu bringen. Allerdings ist dies erleichtert worden durch die verwaltungstechnisch musterhafte Anlage der päpstlichen Rechnungsbücher. Die einzelnen Ämter, wie das Brotamt, das Weinamt, die Küche, der Marstall usw., führten regelmäßig besondere Handbücher, aus welchen man die Gesamtsummen dann in die Hauptrechnung übertrug, wo sie nach bestimmten Verwaltungszweigen zusammengestellt wurden. Daraus ergibt sich nun die Gruppierung des Stoffes in Aufwendungen für die Küche, das Brotamt, die Kellerei, den Marstall, für Kleidung und Gewebe, Kunstgegenstände und Schmucksachen, für Bauwerke, für das Siegelamt, zur Gehaltzahlung an die päpstlichen Beamten und für wohltätige Zwecke. Innerhalb dieser Gruppen hat der Bearbeiter das Material noch in Unterabteilungen gegliedert, sodaß ein Zurechtfinden so leicht als möglich gemacht wird.

---

[1]) Emil Göller, Die Einnahmen der apostolischen Kammer unter Johann XXII. 1. Teil: Darstellung, 2. Teil: Quellen; K. H. Schäfer, Die Ausgaben der apostolischen Kammer unter Johann XXII. nebst einer Jahresbilanz von 1316 bis 1375. (Vatikanische Quellen zur päpstl. Hof- und Finanzverwaltung 1316—1378, herausgegeben von der Görres-Gesellschaft, Bd. 1 u. 2, Paderborn 1910/11.

[2]) vgl. dazu Baumgarten, Histor. polit. Blätter für das kathol. Deutschland Bd. 145 (1910) S. 713 ff.

Der hier verfügbare Raum erlaubt es nicht, auch nur annähernd ein Bild von der geradezu großartigen Reichhaltigkeit dieses Quellenmaterials zu geben. Mit einem Schlag fällt Licht auf das gesamte wirtschaftliche Leben am päpstlichen Hofe. Wir werden — um nur das Wichtigste hervorzuheben — bis ins einzelne unterrichtet über die Versorgung mit Getreide und Brot, mit Käse, Salz, Tafelobst, über den Ankauf und die Behandlung des Weines, die Ausgaben und Bezugsquellen für Wachs, Kerzen und Fackeln, den Bezug von Leinwand aus Florenz, Burgund, Nordfrankreich, Flandern und vieles andere. Besonders ertragreich ist die Rubrik, in welcher Ausgaben verschiedener Art zusammengestellt sind (S. 381—544) und das überaus umfangreiche Kapitel der Aufwendungen für wohltätige Zwecke (S. 638 ff.), welches die gesamte Organisation der päpstlichen Armenpflege erkennen läßt.

Jeder der einzelnen Aufwandgruppen hat der Bearbeiter kurze erläuternde Bemerkungen vorangestellt und durch sehr eingehende geldgeschichtliche Untersuchungen eine sichere Grundlage für die weitere Erschließung dieses einzigartigen Materials geschaffen. Allerdings bleibt jetzt noch die Hauptarbeit, die wirtschaftsgeschichtliche Darstellung zu tun übrig, denn bei aller Anerkennung der achtungswerten Leistung, ein solches Material systematisch zu durchdringen, muß doch hervorgehoben werden, daß Schäfer nur wenige Ansätze unternommen hat, den wirtschaftsgeschichtlichen Ertrag zu sichern. Gute Vorarbeiten in dieser Richtung sind die von ihm gemachten Zusammenstellungen der Jahresbilanzen des päpstlichen Haushaltes für das Pontifikat Johanns XXII. und der Gesamtausgaben für mehrere Pontifikate; auch die Tabelle über den ziffernmäßigen Anteil der einzelnen Verwaltungszweige an den Gesamtausgaben (S. 36) ist äußerst lehrreich.[1]) Der Bearbeiter würde sich um die Wirtschaftsgeschichte ein großes Verdienst erwerben, wenn er sich entschließen könnte, seine genaue Kenntnis der Quellen zu einer eingehenden Darstellung zu verwerten. Eine preisgeschichtliche Untersuchung hat er ja bereits in Aussicht gestellt, und für diese Zwecke bieten die Quellen Material in Hülle und Fülle. Allein es unterliegt keinem Zweifel, daß ihre Ver-

[1]) Aus ihr geht u. a. hervor, daß von den Gesamtausgaben nahezu zwei Drittel (63,7 %) für Kriegszwecke, etwa ein Achtel (12,7 %) für Beamtengehälter, 7,16 % für Almosen, 3,35 % für Küche und 2,5 % für die Kellerei verwendet wurden.

wertung damit nicht annähernd erschöpft ist, denn mit ihrer Hilfe läßt sich ein vollständiges Bild des wirtschaftlichen Lebens am päpstlichen Hofe entwerfen.

Ein Quellenmaterial von größter Reichhaltigkeit ist uns in den Rechnungsbüchern von Stiften und Klöstern überliefert, von denen trotz zahlreicher Veröffentlichungen weitaus der größte Teil noch unerschlossen in den Archiven ruht. Neben den zahlreichen Zinsregistern, Kornrechnungen und Büchern aller Art, welche sich auf die Vermögensverwaltung beziehen, sind insbesondere von Interesse die reinen Ausgabebücher, welche für die Geschichte der Preise eine hervorragende Quelle bilden. Allerdings wird man bei der Verwertung für preisgeschichtliche Zwecke beachten müssen, daß man es hier mit Sonderhaushalten zu tun hat, welche in großen Mengen einkauften und deshalb auch nicht immer die im Verkehr üblichen Preise bezahlten. Immerhin können jedoch die Klosterrechnungen, falls andere Quellen für die Kontrolle nicht zur Verfügung stehen, als preisgeschichtliches Material ersten Ranges bezeichnet werden.

Besonders wichtiges Material liefern die Verwaltungsbücher von Stiftern und Klöstern für die Agrargeschichte, wie in einer Arbeit von Kurt Seidel[1]) mit Recht hervorgehoben wird. Mit ihrer Hilfe läßt sich besonders der Grundbesitz und das Verhältnis der angebauten Getreidesorten feststellen. Wirtschaftsgeschichtlich betrachtet, stellen diese Körperschaften agrarische Großbetriebe mit möglichst autonomer Wirtschaftsführung dar, d. h. alles, was sie selbst erzeugen konnten, wurde tunlichst auch in eigenen Betrieben hergestellt. Trotzdem waren sie auf den Bezug vieler Lebensmittel (Fische, Gewürze, Butter und Eier) angewiesen, und auch Tücher, Papier, Geräte u. dgl. wurden häufig von auswärts bezogen, sodaß diese Quellen auch für die Geschichte des Handelsverkehrs und des Transportwesens in Betracht kommen.[2])

Als Beispiel wertvoller Rechnungen dieser Art ist neben der von Inama-Sternegg erwähnten Literatur u. a. zu nennen die

---

[1]) Kurt Seidel, Klosterrechnungen als Geschichtsquelle in Deutsche Gesch.-Bl. Bd. 12 (1911) S. 294.

[2]) vgl. Seydel a. a. O. S. 296 sowie den allerdings wenig ertragreichen Aufsatz von A. Goette, Die Klöster des Mittelalters im wirtschaftlichen Verkehr, Archiv für Kulturgesch. Bd. 1 (1903) S. 195 ff.

Arbeit von S. Muller über den Haushalt des Utrechter Domkapitels,[1]) welche deshalb von besonderer Bedeutung ist, weil die verwerteten Aufzeichnungen bis ins Jahr 1200 zurückreichen. Sie geben einen deutlichen Einblick in die Wirtschaftsführung, und die Darstellung von Muller ermöglicht es, die Bedarfsdeckung genau zu verfolgen. Insbesondere ist ausführlich geschildert, wie der Propst des Utrechter Domes den Nahrungsbedarf seiner 40 Kanoniker befriedigte.

Unter ganz ähnlichen Gesichtspunkten sind die Rechnungsbücher der geistlichen Ritterorden zu betrachten, für welche in dem von Walter Ziesemer bearbeiteten Ausgabenbuch des Marienburger Hauskomturs ein treffliches Beispiel gegeben ist.[2]) Der Großkomtur des Deutschordens in Marienburg hatte die Oberaufsicht über den Schatz, die Getreidevorräte, das Schiffs- und Transportwesen, das Gesinde, die Handwerksleute u. dgl., wogegen dem Hauskomtur die Einzelverwaltung in den Haupthäusern zustand. Wenn auch der Hauskomtur die Kasse verwaltete und die Ordensbrüder, welche Ämter übernommen hatten, mit Geld versah, so flossen ihm doch keine selbständigen Einnahmen zu, er erhielt vielmehr die zur Verwaltung nötigen Gelder vom Tressler.[3]) Ihm gegenüber hatte er deshalb über die Verwendung der Beträge Rechenschaft zu geben, und zu diesem Zweck führte er ein genaues Ausgabenregister, das uns für die Jahre 1410 bis 1420 durch die Veröffentlichung von Ziesemer in genauem Abdruck zugänglich gemacht wird.

Dieses Ausgabenbuch bildet eine Fundgrube für die Geschichte der Preise und Löhne und gibt, ähnlich wie die Papstregister, einen Einblick in die gesamte Wirtschaftführung. Die Bearbeitung von Ziesemer, der ein vorzügliches Register beigefügt wurde, ist an sich sehr verdienstlich, allein es erscheint fraglich, ob das gewählte Verfahren auch für die Zukunft bei Herausgabe derartiger Quellen zu empfehlen ist. Ziesemer gibt einfach einen originalgetreuen

---

[1]) S. Muller, Der Haushalt des Utrechter Domkapitels um das Jahr 1200, Westd. Zeitschr. Bd. 22 (1903) S. 286ff.

[2]) Walter Ziesemer, Das Ausgabenbuch des Marienburger Hauskomturs für die Jahre 1410 bis 1420, Königsberg 1911.

[3]) Ein solches Tressler-Buch, welches die Einnahmen und Ausgaben des Marienburger Konvents von 1399 bis 1412 umfaßt, ist im Danziger Staatsarchiv erhalten. Vgl. Ziesemer, Einleitung S. VI Note 2.

Abdruck und eine kurze orientierende Einleitung, verzichtet aber leider auf eine den reichen Inhalt verwertende Darstellung. Zudem erschwert die von ihm angewendete Drucktechnik erheblich die Übersicht über den Stoff, und es würde sich in solchen Fällen — wie überhaupt bei Herausgabe von Rechnungsbüchern — empfehlen, jedem Posten eine selbständige Zeile einzuräumen und den Geldbetrag gesondert auszuwerfen. Ein erheblich größerer Raum wäre dabei nicht nötig, wenn man den Spaltendruck wählt, wie es z. B. von Harms in der unten erwähnten Arbeit geschehen ist.

Ja man kann in solchen Fällen, wo es sich um die chronologische Zerstreuung gleichartiger, häufig wiederkehrender Posten handelt, noch weiter gehen und die Rechnungsbücher in verarbeiteter Form abdrucken, wie es ja auch bei den Papstregistern geschehen ist. Wenn alle Angaben, die sich auf Ankäufe von Fischen, Fleisch, Eiern, Kohlen u. dgl. beziehen, jeweils zusammengestellt werden, so ist der historische Charakter der Quelle nicht im mindesten verändert, und sämtlichen Benutzern dieser Veröffentlichung ist eine Arbeit erspart worden, die jeder eigentlich noch einmal leisten muß, wenn er wichtige Schlußfolgerungen aus dem gebotenen Stoff ziehen will. Bei dem Ausgabenbuch des Marienburger Hauskomturs hätte sich diese Verarbeitung um so unbedenklicher durchführen lassen, als ja ein gewisses System durch die Anlage des Buches und die häufige Zusammenstellung gleichartiger Posten gegeben ist.[1])

Weitaus die bedeutsamsten Quellen in dieser Gruppe sind die städtischen Rechnungsbücher oder Stadtrechnungen. Die älteste Veröffentlichung solcher Quellen ist wohl die von Grünhagen besorgte Ausgabe des Breslauer sogen. „Henricus pauper“, eines Rechnungsbuches von 1299 bis 1358.[2]) Nachdem Hegel auf den Wert dieser Quellen aufmerksam gemacht hatte, und Koppmann (1869) mit der Veröffentlichung seines monumentalen Werkes über die

[1]) Eine große Anzahl von Rechnungen der Deutschordens-Ballei in Hessen besitzt das Marburger Staatsarchiv. Vgl. F. Schillmann, Eine Kellereirechnung des Deutschen Ordenshauses in Marburg aus dem 14. Jahrhundert. Archiv f. Kult.-Gesch. Bd. 8 (1910) S. 146ff.

[2]) Codex diplomaticus Silesiae Bd. 3 (1860). Vgl. Tille in dem gleich zu erwähnenden Aufsatz.

Hamburger Stadtrechnungen hervorgetreten war, hat die Forschung diesen Quellen gegenüber ein hervorragendes Interesse bekundet. Eine stattliche Anzahl deutscher, belgischer und niederländischer Veröffentlichungen liegt bis jetzt vor, und die Literatur auf diesem Gebiete ist so rasch gewachsen, daß sie schwer zu übersehen ist. Teils sind der Herausgabe solcher Quellen selbständige Veröffentlichungen gewidmet, teils bilden sie Abteilungen von Urkundenbüchern, häufig sind sie auch nur bruchstückweise in lokalgeschichtlichen Zeitschriften abgedruckt.

Aus der Fülle von Arbeiten dieser Art ragen die erwähnten von Koppmann bearbeiteten Hamburger Kämmereirechnungen und die mustergiltige von Knipping besorgte Ausgabe der Kölner Stadtrechnungen besonders hervor. Wenn auch eine große Anzahl von Quellenausgaben vorliegt und eine Reihe von Arbeiten sich der Verwertung solchen Quellenmaterials in Darstellungen gewidmet hat, so kann ich mich hier doch kurz fassen. Nachweise über die reichhaltige Literatur liegen in großer Anzahl vor, und über die Grundsätze bezüglich der Herausgabe dieser Quellen sowie die von ihnen erwartenden Ergebnisse herrscht seit der tief eindringenden Arbeit von Stieda ziemliche Klarheit. Es wird also hier der Hinweis genügen, daß in der Untersuchung von Stieda über städtische Finanzen im Mittelalter [1]) eine ziemlich vollständige Übersicht über die Erscheinungen der in- und ausländischen Literatur gegeben wird, ebenso ist der kritische Überblick über die Literatur von Tille [2]) sehr beachtenswert. Neuerdings findet man auch kritische Nachweise der Literatur bei Harms in seiner gleich zu erwähnenden Arbeit.

Von besonders wichtigen Neuerscheinungen seit den 1899 erschienenen Arbeiten von Stieda und Tille sind zu nennen die im Auftrag der Oberlausitzischen Gesellschaft der Wissenschaften herausgegebenen und von Richard Jecht bearbeiteten Görlitzer Stadtrechnungen. Hier wurden aus den Jahren 1337 bis 1369 nur Bruchstücke gegeben, dagegen die Quellen, welche für die Jahre 1376 bis 1476 fast lückenlos überliefert sind, vollständig zum Abdruck gebracht.[3]) A. v. Bulmerincq, der sich bereits mit den Rigaer

---

[1]) Wilh. Stieda, Städtische Finanzen im Mittelalter, Jahrb. f. Nat. u. Stat. 3. Folge Bd. 17 (1899) S. 1 ff.

[2]) Armin Tille, Stadtrechnungen, Deutsche Gesch.-Bl. Bd. 1 (1900) S. 65 ff.

[3]) Codex diplomaticus Lusatiae superioris Teil 3, Görlitz 1905—1910.

Kämmereirechnungen des 16. Jahrhunderts beschäftigt hatte,[1]) bearbeitete die von der Gesellschaft für Geschichte und Altertumskunde der Ostseeprovinzen Rußlands herausgegebenen Stadtrechnungen von Riga aus den Jahren 1348 bis 1361 und 1405 bis 1474.[2]) Allerdings werden nur die Ausgaben abgedruckt, denn die Einnahmen, welche in Riga wahrscheinlich in besonderen Büchern verzeichnet waren, haben sich, wie es scheint, nicht mehr erhalten. Von den Trierer Stadtrechnungen, die G. Kentenich herausgibt, ist das erste Heft, enthaltend die Rechnungen aus dem 14. Jahrhundert, erschienen.[3])

Die bedeutsamste Veröffentlichung städtischer Rechenbücher in jüngster Zeit ist die von Bernhard Harms besorgte Ausgabe der Baseler Jahresrechnungen, welche sich seit dem Jahre 1360 lückenlos erhalten haben. Harms plant den Abdruck dieser Quellen bis zum Jahre 1535 und gibt in dem ersten Bande seines Werkes die Einnahmen von 1360 bis 1535, während die Ausgaben von 1360 bis 1490 den zweiten Band füllen und ein dritter für die Zeit von 1491 bis 1535 noch zu erwarten ist.[4])

In vieler Beziehung ist diese Veröffentlichung vorbildlich zu nennen und sie wird zweifellos nach ihrer Vollendung unter allen Publikationen dieser Art mit an erster Stelle stehen. Insbesondere die drucktechnische Einrichtung ist sehr geschickt, und der von Harms benutzte Spaltendruck ist wegen der ökonomischen Verwendung des Raumes und der Unterbringung eines weitschichtigen Materials bei großer Übersicht über die einzelnen Posten, durchaus nachahmenswert.[5])

Leider hat Harms in anderer Weise die Vorzüge seiner drucktechnischen Einrichtung durch den vollständig konservativen Ab-

[1]) Aug. v. Bulmerincq, Zwei Kämmereiregister der Stadt Riga, Leipzig 1902.

[2]) Kämmereiregister der Stadt Riga 1348—1361 und 1405—1474, herausgegeben von der Ges. f. Gesch. u. Altertumskunde der Ostseeprovinzen Rußlands, bearbeitet von Aug. v. Bulmerincq, Bd. 1, Leipzig 1909.

[3]) G. Kentenich, Trierer Stadtrechnungen des Mittelalters, 1. Heft: Rechnungen des 14. Jahrhunderts, Trier 1909.

[4]) Bernhard Harms, Der Stadthaushalt Basels im ausgehenden Mittelalter. Quellen und Studien zur Basler Finanzgeschichte, Abt. 1: Jahresrechnungen 1360—1535, Bd. 1: Die Einnahmen, Bd. 2: Die Ausgaben 1360—1490, Tübingen 1910.

[5]) Man vergleiche damit die opulente Druckweise — um nicht zu sagen Raumverschwendung —, die besonders beim 2. Bande der sonst so mustergiltigen Ausgabe der Kölner Stadtrechnungen von Knipping auffällt.

druck der Quellen wieder großenteils vernichtet. Ist schon die Außerachtlassung der üblichen Editionsgrundsätze störend, so muß die Wiedergabe des gesamten Zahlenmaterials in römischen Zahlzeichen entschieden bemängelt werden. Man kann es wohl verstehen, daß bei lateinisch abgefaßten Einzelurkunden die vorkommenden Ziffern und Datumbezeichnungen in römischen Zeichen gedruckt werden. Allein es ist geradezu unverständlich, daß man in einer Quellenveröffentlichung, die vollständig auf Zahlenmaterial beruht und hauptsächlich der Ausbeute für statistische Zwecke dienen soll, die Einzelwerte und die Summenangaben in den ellenlangen lateinischen Zahlzeichen wiedergibt.

Ein rascher Überblick über die zahlenmäßigen Ergebnisse ist bei diesem Verfahren ganz unmöglich gemacht. Mit Recht haben Göller und Schäfer in den erwähnten Ausgaben der päpstlichen Register trotz des lateinischen Quellentextes das reiche Zahlenmaterial in arabischen Ziffern gedruckt. Ebenso ist Knipping bei den Kölner Stadtrechnungen und Ziesemer bei der Herausgabe des erwähnten Ausgabeverzeichnisses verfahren, und das ist auch geradezu selbstverständlich.

Sehr erfreulich ist es, daß Harms eine eingehende Darstellung der Finanzgeschichte des städtischen Haushaltes geben will. Er hat schon treffliche Vorstudien nach dieser Richtung unternommen, insbesondere ist es ihm gelungen, durch eine ausgezeichnete Untersuchung über die Münz- und Geldpolitik Basels[1]) sich für die wirtschaftsgeschichtliche Erschließung dieses reichen und vollständigen Materials den Weg zu ebnen. Die Vorbedingungen für eine Erforschung des Baseler Stadthaushaltes sind deshalb äußerst günstig, weil bereits die klassischen Studien von Schönberg vorliegen, die für die Behandlung finanzgeschichtlicher Fragen in gewisser Weise vorbildlich geworden sind. Glücklicherweise hat auch Harms reiches Material verwerten können, das ihm von Schönberg und Bernoulli zur Verfügung gestellt worden ist. Von ersterem stammt auch die wissenschaftlich höchst wertvolle Tabelle, welche die Einnahmen von 1361 bis 1500 statistisch verarbeitet und die Steuern und Anleihen den übrigen Einnahmequellen gegenüberstellt.[2])

---

[1]) Über diese Arbeit vgl. weiter unten S. 265 f.

[2]) B. Harms, Die Steuern und Anleihen im öffentlichen Haushalt der Stadt Basel, Zeitschr. für die ges. Staatsw. Jahrg. 1907 S. 627—681.

Der Bewältigung des aus zahlreichen Städten vorhandenen Materials auf dem Wege der vergleichenden Statistik stehen schier unüberwindliche Schwierigkeiten entgegen, und das ist begreiflich, wenn man bedenkt, wie sich die moderne Finanzstatistik vergeblich müht, in dieser Beziehung festen Boden zu erlangen. Das hat besonders Stieda empfunden bei seiner erwähnten, auf reichsten Quellenstudien beruhenden Arbeit über die städtischen Finanzen im Mittelalter, und er forderte mit Recht die Aufstellung eines einheitlichen Schemas, um die zahlenmäßigen Ergebnisse verschiedener Finanzwirtschaften besser miteinander vergleichen zu können. Auch seine weiteren Vorschläge, die Stadtrechnungen in ihrem ursprünglichen Umfang abzudrucken, die nötigen geld- und münzgeschichtlichen Vorarbeiten zu liefern und schließlich eine Darstellung der städtischen Finanzverwaltung beizufügen, sind vortrefflich. Ihre Durchführung ist leider nur in seltenen Fällen erfolgt, was deshalb sehr zu bedauern ist, weil ohne Berücksichtigung dieser Forderungen jeder Herausgeber solcher Quellen für die Wissenschaft nur halbe Arbeit leistet.

8. Land- und Kreistagsakten.

Wertvolles Quellenmaterial, namentlich zur Geschichte des Geldwesens, des Handels, des Zollwesens u. dgl., enthalten die Reichstagsakten. Ihre Veröffentlichung schreitet leider nur sehr langsam fort, sodaß wir wahrscheinlich noch lange Zeit auf die älteren Sammlungen von Reichstagsabschieden angewiesen sind. Dazu kommt noch, daß der Mangel eines Sachregisters bei Herausgabe der bis jetzt vorliegenden Reichstagsakten die Ausbeute gerade für wirtschaftsgeschichtliche Zwecke erschwert.

Erfreulicherweise hat man es neuerdings auch unternommen, die weitschichtigen Landtagsakten mancher Territorien durch den Druck zugänglich zu machen. Vor allem ist hier zu nennen die von G. v. Below in mustergiltiger Weise besorgte Herausgabe der Landtagsakten von Jülich und Berg.[1]) Das von Below hierbei angewendete Verfahren, wesentlich mit Regesten zu arbeiten und nur das wichtigste Material im Wortlaut zu geben, wurde von der

---

[1]) Landtagsakten von Jülich-Berg 1400—1610, herausgegeben von G. v. Below, Bd. 1: 1400—1562 (1895), Bd. 2: 1563—1589 (1907) mit Sachregister zu Bd. 1 u. 2 (= Publikationen der Gesellschaft für Rhein. Geschichtskunde XI).

wissenschaftlichen Kritik ziemlich allgemein gebilligt und ist für derartig weitschichtige Quellen auch wohl das einzig richtige. Der Ertrag dieser Veröffentlichung ist für wirtschaftsgeschichtliche Studien recht bedeutend; insbesondere für die Geschichte der Wirtschaftspolitik, des Steuerwesens [1]) und der gewerblichen Betriebe ist hier umfangreiches Material zutage gefördert worden.

Auch die von Burkhardt herausgegebenen Ernestinischen Landtagsakten [2]) bieten wertvollen Stoff für die Beurteilung des Finanz- und Steuerwesens, des Münzwesens, des Gewerbe- und Handels, wie der ausführliche darstellende Teil des Werkes zeigt. Bezüglich der Grundsätze für die Herausgabe der Akten schließt sich diese Veröffentlichung an das v. Belowsche Werk an. Andere Veröffentlichungen von Landtagsakten, wie z. B. die hessischen oder die württembergischen, haben lediglich Interesse für die politische und Verfassungsgeschichte.

Neben den Landtagsakten wäre die Veröffentlichung der wichtigsten Kreistagsakten, natürlich ebenfalls in stark gekürzter Form, eine lohnende Aufgabe.[3]) Nicht selten waren ja diese Kreistage im Hinblick auf die zu erfüllenden Aufgaben „kleine Reichstage" (Schröder), und es ist zu erwarten, daß ihre Akten stellenweise noch weit mehr wirtschaftsgeschichtliches Material bieten als die der Landtage. Bei der territorialen Zersplitterung suchte man für verschiedene Verwaltungsaufgaben zuerst eine Einheit innerhalb des Kreises herbeizuführen, um dann mit anderen Kreisen in Verbindung zu treten und für ein größeres Gebiet einheitliche Grundlagen zu schaffen. Dieses Ziel ist allerdings nur in den seltensten Fällen erreicht worden, und dahingehende Bestrebungen sind bei fast allen wichtigen Angelegenheiten, insbesondere bei dem Münzwesen, gescheitert.

---

[1]) vgl. G. v. Below. Geschichte der direkten Staatssteuern von Jülich und Berg (= Landständische Verfassung von Jülich und Berg Teil III), Düsseldorf 1890.

[2]) C. A. H. Burkhardt, Ernestinische Landtagsakten, Bd. 1: Die Landtage von 1487—1532 (= Thüringische Geschichtsquellen N. F. Bd. 5), Jena 1902. Die Herausgabe der Landtagsakten vor der Teilung von 1485/86 hat die Kgl. Sächs. Historische Kommission in Leipzig übernommen.

[3]) Eine Veröffentlichung von Akten des fränkischen Kreises wird eben von Chroust vorbereitet, deren 1. Band soeben erschienen ist: Geschichte des fränkischen Kreises, Darstellung und Akten, herausgegeben von Anton Chroust, 1. Bd. (Veröffentlichungen der Gesellschaft für fränkische Geschichte 2. Reihe) 1911.

9. Akten über Verfassungsstreitigkeiten.

Eine bisher wohl gänzlich unbeachtete Quelle für die Erkenntnis der gesamten Verfassungs-, Verwaltungs- und Wirtschaftsgeschichte einzelner Städte bildet das Aktenmaterial über die Revisionstätigkeit der kaiserlichen Kommissionen bei der Schlichtung von Verfassungstreitigkeiten. In den alten Reichsstädten führte der Streit zwischen Rat und Bürgerschaft, falls er nicht auf gütlichem Wege beigelegt werden konnte, zu langwierigen Prozessen bei den höchsten Reichsgerichten. In zahlreichen Fällen erforderten die Anklagen gegen den Rat eine Untersuchung am Orte selbst, weil das umfangreiche Aktenmaterial von auswärts gar nicht mehr zu bewältigen war.[1]) Aus diesem Grunde wurde eine aus benachbarten Reichsständen gebildete kaiserliche Kommission eingesetzt, welche in verwickelten Fällen eine genaue Revision der gesamten öffentlichen Verwaltung vornahm.

Bei dieser Gelegenheit wurde insbesondere das Ämterwesen, die Beamtenbesoldung, die Rechtspflege. die Finanzverwaltung, das Gewerbewesen und Münzwesen systematisch und aufs genaueste untersucht. Diesem Umstande verdanken wir für die Wirtschafts- und Verwaltungsgeschichte ein ungewöhnlich reiches und vielseitiges Aktenmaterial, wie es sich trefflicher kaum denken läßt. Umfangreiche Denkschriften, Auszüge aus den Rechnungsbüchern, Steuerbüchern, die sich über Jahrzehnte erstrecken, liegen bei den Akten, und es gibt wohl kaum ein Quellenmaterial, das einen tieferen und vollständigeren Einblick in das gesamte wirtschaftliche Leben einer Stadt gewährt als die Akten der kaiserlichen Lokalkommissionen.

Nach Eichhorn[2]) lassen sich die ersten Spuren von kaiserlichen Kommissionen zur Untersuchung von Rechtstreitigkeiten unter Maximilian II. nachweisen. Ursprünglich handelte es sich um Vergleichskommissionen, die besonders bei Religionswirren, anscheinend erst später bei Beschwerden der gesamten Bürgerschaft oder eines Teils derselben gegen den Magistrat, bei Münzwirren u. dgl. tätig wurden. Insbesondere für die Zeit des

[1]) vgl. Joh. Jak. Moser, Von der Reichsstättischen Regimentsverfassung 1762 S. 420ff., 454.

[2]) K. F. Eichhorn, Deutsche Staats- und Rechtsgeschichte 4. Aufl (1836) Bd. 4 S. 207 Note d. Eine ausführliche Abhandlung von diesen Untersuchungskommissionen findet sich bei Moser, Einleitung zum Reichshofrat-prozeß 2 Teil Nr. 2 S. 343.

17. und 18. Jahrhunderts scheinen sich Kommissionsakten der geschilderten Art erhalten zu haben, die sich besonders in den Ratsarchiven ehemaliger Reichsstädte und im k. k. Haus- Hof- und Staatsarchiv zu Wien befinden. Für Frankfurt a. M. speziell ist ein weitschichtiges, in den Einzelheiten fast unübersehbares Material vorhanden, das jetzt durch die Bemühungen der Städtischen Historischen Kommission einer systematischen Bearbeitung unterzogen wird. Da sich auch in zahlreichen anderen Reichsstädten ähnliche Vorgänge abspielten — besonders in Dinkelsbühl arbeitete seit 1693 eine kaiserliche Kommission nach der anderen, und ebenso haben für Biberach (1734—1740), Mühlhausen u. a. umfangreiche Untersuchungen dieser Art stattgefunden —, so ist gerade von diesem Material aus der bis jetzt nur spärlich behandelten Zeit des 17. und 18. Jahrhunderts für die Wirtschaftsgeschichte sehr viel zu erwarten.

B. Besondere Quellen.

I. Agrargeschichte, Grundbesitzverhältnisse.

Gegenüber der überaus reichen Literatur zur Erforschung der städtischen Wirtschaftsgeschichte beklagte Alfons Dopsch auf dem 8. Historikertag zu Salzburg (1904) mit Recht die Vernachlässigung agrarhistorischer Untersuchungen für die Zeit des Mittelalters.[1]) Über die wirtschaftliche Entwicklung der Karolingerzeit sind wir ja ziemlich gut unterrichtet, aber von dieser Zeit an bis ins 12. Jahrhuneert ist trotz mehrerer tief eindringender Arbeiten von Seeliger, Rietschel und Caro noch vieles aufzuklären, was allerdings zum Teil an den spärlicher fließenden Quellen liegen mag.[2]) Immerhin sind für die Erkenntnis der Agrargeschichte des Mittelalters Quellen in reichem Maße vorhanden, nur ist es bisher noch nicht gelungen, eine genügende Anzahl von ihnen in neueren kritischen Ausgaben der wirtschaftsgeschichtlichen Forschung nutzbar zu machen. Allerdings setzen diese Veröffentlichungen eine gewaltige Arbeit und weitgehende Arbeitsteilung voraus, denn

---

[1]) vgl. zum folgenden A. Dopsch, Die Herausgabe der Quellen zur Agrargeschichte des Mittelalters, Deutsche Gesch.-Bl. Bd. 6 (1905) S. 144.

[2]) Kritische Untersuchungen über die jüngsten Forschungen zur Geschichte der ostdeutschen Kolonisation gibt Rudolf Kötzschke in Deutsche Gesch.-Bl. Bd. 11 (1910) S. 279—300.

brauchbare Ergebnisse können nur bei völliger Vertrautheit mit den örtlichen Verhältnissen erzielt werden.

Das gilt vor allen Dingen für die vom 9. bis 12. Jahrhundert auftretenden Traditionsbücher, auf welche die Agrargeschichte erst in jüngster Zeit aufmerksam geworden ist. Die ältesten von ihnen waren Sammlungen von Abschriften der Urkunden über den Erwerb von Grundstücken, welche von großen Grundherrschaften angelegt wurden. Die Traditionsbücher stellen also gewissermaßen Kopialbücher der Besitzurkunden dar, jedoch mit dem Unterschied, daß ihnen noch die Bedeutung einer rechtlichen Sicherstellung zukam.[1]) Die frühesten bekannt gewordenen Traditionsbücher dieser Art sind die von Freising unter Bischof Hitto (811—835), sowie die etwa zur selben Zeit in Regensburg und Fulda angelegten; etwas später folgen diejenigen von Passau und dem Kloster Mondsee.

Als an Stelle der Urkundenausfertigung seit dem 10. Jahrhundert immer mehr die Aktaufzeichnung trat, welche ähnlich wie früher die Urkunde die Namen der Zeugen und wesentliche Angaben über die Erwerbung enthielt, nahmen auch die Traditionsbücher einen veränderten Charakter an. Waren sie früher Sammlungen von Urkunden, so werden sie jetzt nachträgliche Sammlungen und Abschriften der einzelnen Akte. Dieser Art waren z. B. die für Salzburg unter Erzbischof Odalbert (922—935) nachgewiesenen Traditionsbücher, und auch an den übrigen, seit Mitte des 10. Jahrhunderts festgestellten Quellen dieser Art läßt sich der Wandel deutlich erkennen.

Die Traditionsbücher gehören besonders dem bayrischen Rechtsgebiet an und sind für den Süden und Südosten Deutschlands zahlreich nachgewiesen. Da sie die gesamten Rechtsgeschäfte über den Grunderwerb einer Kirche, eines Klosters usw. umfassen, bilden sie vom 10. bis 13. Jahrhundert für die Verwaltung der großen Grundherrschaften die einzigen Hilfsmittel, über den Grundbesitz und die Einkünfte hieraus Aufschluß zu gewinnen. In gewissem Sinne stellen sie also die Fortsetzung der fränkischen Polyptycha dar, jener Steuerrollen der Großgrundbesitzer, welche die Namen der

[1]) Steinacker, Diplomatik (=Grundriß der Geschichtswissenschaft Bd 1 1. Halbbd) 1906 S. 247ff.; vgl. zum folgenden überhaupt O. Redlich, Die Privaturkunden des Mittelalters (=Handb. der mittelalterlichen und neueren Geschichte, Abt. 4: Urkundenlehre, 3. Teil) 1911 S. 80ff.

Grundstücke, Angaben über die Größe des Wald-, Wiesen- und Ackergeländes, die Anzahl der Rebstöcke und Oliven usw. enthielten.[1] Andererseits sind sie als Vorläufer der noch näher zu betrachtenden Urbare anzusehen, in die sie nach Ausbildung der Siegelurkunde im 13. Jahrhundert allmählich übergehen. In der ersten Hälfte dieses Jahrhunderts ist eine Vermengung von Traditionsbuch und Urbar häufig nachzuweisen, wofür der Falkensteiner Codex (1165 bis 1174) ein besonders kennzeichnendes Beispiel liefert.[2]

Die besondere Bedeutung der Traditionsbücher für die Wirtschaftsgeschichte liegt darin, daß sie für die Zeit des 9. bis 12. Jahrhunderts umfangreichen agrargeschichtlichen Quellenstoff bieten, also für eine Periode, aus welcher sonstige Zeugnisse nur spärlich vorliegen.[3] Wenn auch nur die älteren Traditionen von Mondsee und Passau eine genaue topographische Anordnung aufweisen, so läßt sich dennoch mit Hilfe dieser Quellen der Besitzstand und das allmähliche Anwachsen des Grundbesitzes einer Grundherrschaft deutlich verfolgen. Nicht selten enthalten die Texte von Traditionsbüchern (als Vorstufen der Urbare) schon eine Aufzählung von Einkünften, Naturaldiensten u. dgl.

Ein abschließendes Urteil über den Ertrag dieser Quellen für die Agrargeschichte wird sich erst dann bilden lassen, wenn sich die Wirtschaftsgeschichte einmal eingehend mit ihnen beschäftigt hat. Um die Herausgabe solcher Quellen haben sich besonders Redlich durch Veröffentlichung des Brixener Codex und Willibald Hauthaler durch Herausgabe der Salzburger Traditionen[4] verdient gemacht. Während vom Standpunkt der Diplomatik die Eigenart dieser Quellen schon recht gut erforscht ist,[5] hat ihnen die Wirtschaftsgeschichte bisher kaum Beachtung geschenkt. Was wir über sie wissen, geht im großen und ganzen auf die vortrefflichen diplomatischen Studien Redlichs über die habsburgischen und österreichischen Traditionen zurück.

---

[1]) Redlich S. 12ff.

[2]) Ebenda S. 91.

[3]) Redlich, Mitt. des Instituts für österreichische Geschichtsforschung Bd. 5 S. 53ff. sowie Deutsche Gesch.-Bl. Bl. 1 S. 91ff.; ferner J. Susta, Zur Geschichte und Kritik der Urbarialaufzeichnungen, Sitzungsberichte der Wiener Akademie Bd. 138 S. 43ff.

[4]) Redlich, Deutsche Gesch.-Bl. Bd. 1 (1899) S. 92.

[5]) Ausführliche Literaturangaben bei Redlich S. 79 u. Dopsch, Deutsche Gesch.-Bl. Bd. 6 (1905) S. 49ff.

Einer der wenigen, die ihre Bedeutung für die Wirtschaftsgeschichte erkannt und sie für die Darstellung verwertet haben, ist Caro,[1]) dem wir überhaupt zahlreiche wirtschaftsgeschichtliche Untersuchungen aus dem früheren Mittelalter verdanken. Bezüglich der Herausgabe von Traditionsbüchern ist jedenfalls der Forderung von Dopsch zuzustimmen, mit dem Abdruck des Textes gleichzeitig eine Darstellung und besonders eine statistische Bearbeitung der Hauptergebnisse zu verbinden. Nur auf diese Weise kann von einer Veröffentlichung dieser Quellen eine wirksame Förderung der Agrargeschichte erwartet werden.

Es ist bereits erwähnt worden, daß die jüngeren Traditionsbücher überleiten zu einer anderen, für die Agrargeschichte höchst wertvollen Quellengruppe, den Urbaren. Seit Inama-Sternegg in seinen Untersuchungen über die Quellen der Wirtschaftsgeschichte und in seiner deutschen Wirtschaftsgeschichte die Aufmerksamkeit erneut auf Urbare und urbariale Aufzeichnungen gelenkt hat,[2]) beschäftigt sich die Wirtschaftsgeschichte eingehend mit diesen für die Erkenntnis der älteren Wirtschaftsverfassung hervorragend wichtigen Quellen. Es sind dies von Grundherrschaften angelegte Verzeichnisse, welche bezweckten, einen Überblick über den Grundbesitz und die regelmäßig daraus fließenden Einkünfte festzustellen. Aufzeichnungen dieser Art reichen vereinzelt zurück bis ins 9. und 10. Jahrhundert,[3]) werden aber erst im Laufe des 12. und 13. Jahrhunderts allgemeiner. In gewissem Sinn kann man auch das unter dem Namen Domesday-book bekannt gewordene englische Reichsgrundbuch aus den Jahren 1083—1086, dieses großartige Denkmal mittelalterlicher Wirtschaftsgeschichte, als Urbar bezeichnen, denn es bezweckte, die Verteilung des Grund und Bodens und hiernach die Steuerleistung zu ermitteln.[4])

---

[1]) G. Caro, Studien zu den älteren St. Galler Urkunden, Jahrb. f. schweiz. Geschichte Bd. 26, 27, sowie Zur Agrargeschichte der Ostschweiz, in Jahrb. f. Nat. u. Stat. Bd. 79 (1902).

[2]) Sitzungsberichte der Wiener Akademie Bd. 84 (1877) S. 180ff. Vgl. auch seine Ausführungen über Urbarien und Urbarialaufzeichnungen in der Archivalischen Zeitschr. Bd. 2 (1877) S. 26ff.

[3]) vgl. den trefflich orientierenden Aufsatz von G. Caro, Zur Urbarforschung, Hist. Viertelj. 1906 S. 156.

[4]) Eine amtliche Ausgabe dieses Domesday-book (liber judiciarius Angliae) stammt aus dem Jahre 1783. Vgl. darüber Lappenberg, Geschichte von Eng-

Solche Güter- und Einkünfteverzeichnisse sind nicht nur von Landesherren, sondern auch von anderen weltlichen und geistlichen Grundherren vorhanden. Allerdings hat sich bisher das meiste Interesse den landesfürstlichen Urbaren zugewendet, von welchen jetzt diejenigen aus Niederösterreich, Oberösterreich und der Steiermark auf Veranlassung der Wiener Akademie herausgegeben wurden.[1]) Die von Alfons Dopsch (unter Mitwirkung von Mell und Levec) in mustergültiger Weise veröffentlichten Einkünfteverzeichnisse aus den Jahren 1220—1230 und 1236—1240 gehen zurück auf urbariale Aufzeichnungen Herzog Leopolds V. (1177—1194), und 1265 wurde ein Urbar für die Steiermark angelegt. In Bayern ist unter Herzog Otto um 1240 ein landesfürstliches Urbar errichtet worden[2]) (1280 erneuert), und die Habsburger schufen in dem 1303—1308 hergestellten Urbar ein Verzeichnis der Einkünfte, welches das Gesamtgebiet ihres schwäbisch-elsässischen Besitzes zusammenfaßte.[3])

Nach den grundlegenden Forschungen von Dopsch hängt die Entstehungsursache der Urbare hauptsächlich mit dem Auftreten der Erbleihe seit Mitte des 12. Jahrhunderts in den österreichischen Städten zusammen. Sehr bald verbreitete sich diese Einrichtung auf das Land, und jetzt waren die Grundherrschaften nach Zerschlagung der alten Fronhofsbezirke und Verpachtung der Parzellen genötigt, sich durch Anlage von Urbaren und Zinsbüchern einen Überblick über ihren reich gegliederten Besitzstand zu verschaffen.[4])

Bilden die Urbaraufzeichnungen überhaupt die wichtigsten Quellen der mittelalterlichen Agrargeschichte, so sind die landesfürstlichen Urbare ganz besonders auch für die Finanz- und Steuergeschichte der Territorien von großem Interesse. Bei fortschreitender Entwicklung des Territoriums ist der Grundbesitz

land. Hamburg 1834—1837; Ellis, Introduction in the Domesday-book (1833) und Maitland, Domesday-book and beyond, London 1897.

[1]) Österreichische Urbare, hrsg. von der K. Akad. d. Wiss. I. Abt.: Landesfürstliche Urbare; Bd. 1: Die landesfürstlichen Urbare Nieder- und Oberösterreichs aus dem 13. u. 14. Jahrh. (1904); Bd. 2: Die landesfürstlichen Urbare der Steiermark aus dem Mittelalter (1910).

[2]) Monumenta Boica Bd. 36. Vgl. Riezler, Geschichte Bayerns Bd. 2 S. 178 und Redlich, Urkundenlehre Bd. 3 S. 158.

[3]) Veröffentlicht von R. Maag und P. Schweizer in den Quellen zur Schweizer Geschichte Bd. 14 u. 15.

[4]) vgl. Dopsch, Landesfürstliche Urbare Bd. 1 S. CCXIII ff.

zwar die wesentliche, nicht aber die ausschließliche Einnahmequelle, und neben ihm sind schon Abgaben öffentlichrechtlicher Art (aus Vogteien, Gericht und Steuern) sehr bedeutend. Da bei den landesfürstlichen Urbaren Landesherr und Gutsherr in einer Person vereinigt sind, so enthalten diese Quellen neben den Einkünften aus Grundbesitz auch zahlreiche Bezüge öffentlichrechtlicher Art, wie die Forschungen von Dopsch ausführlich nachgewiesen haben. Daher kann die Finanz- und Steuergeschichte von einer Verwertung dieser Quellen großen Nutzen ziehen, und v. Below hat wohl nicht unrecht, wenn er unter Hinweis auf W. Lotz, Das Aufkommen der Geldwirtschaft im staatlichen Haushalt (1908) behauptet, daß in der nationalökonomischen Literatur diese Dinge oft ganz übersehen werden.[1])

Neben diesen landesfürstlichen Urbaren kommen namentlich diejenigen der Stifter und Klöster in Betracht. Als besonders wichtige Veröffentlichung dieser Art können die rheinischen Urbare bezeichnet werden. B. Hilliger hat sich um die Herausgabe solcher Verzeichnisse des Klosters St. Pantaleon in Köln und Rudolf Kötzschke um die Bearbeitung der Urbare der Abtei Werden a. d. Ruhr verdient gemacht.[2]) Wegen der sonstigen zahlreichen Veröffentlichungen von Urbaren, welche in der lokalgeschichtlichen Literatur enthalten sind, kann hier auf die erwähnten Aufsätze von Caro in der Historischen Zeitschrift und Dopsch in den Deutschen Geschichtsblättern verwiesen werden. Die mannigfaltigen Urbarveröffentlichungen geistlicher Grundherrschaften aus der österreichischen Literatur hat Dopsch im 1. Band seiner erwähnten Bearbeitung (S. 109 ff.) zusammengestellt.

Nicht mit Unrecht macht Caro (S. 156) geltend, daß in der Bevorzugung des Materials von Stiftern und Klöstern eine gewisse Einseitigkeit liegt, und daß Einkünfteverzeichnisse von „Fürsten, Grafen, Freiherren und Rittern, Bürgern und Bauern, an denen es ja durchaus nicht mangelt", vielfach weit lehrreicher sind. Es liegt jedoch in der Natur der Sache, daß sich die Lokalgeschichte

[1]) Zeitschr. f. Soz. Wiss. (hrsg. v. L. Pohle) Jahrg. 1911 S. 638.

[2]) Rheinische Urbare, Sammlung von Urbaren und anderen Quellen zur rheinischen Wirtschaftsgeschichte. Bd. 1: Die Urbare von St. Pantaleon in Köln, hrsg. von B. Hilliger (1902); Bd. 2: Die Urbare der Abtei Werden a. d. Ruhr, hrsg. v. R. Kötzschke; 1. Hälfte: Die Urbare vom 9. bis 13. Jahrh. (1906) (= Publ. d. Ges. f. Rhein. Gesch. XX).

— denn fast nur sie kommt hier in Betracht — bisher den sehr zahlreich überlieferten und mehr an der Oberfläche liegenden Quellen zugewendet hat. Jedenfalls ist aber die von Caro gegebene Anregung bei allen Urbarveröffentlichungen, welche größere Gebiete umfassen, sehr beachtenswert, und auch die Wiener Akademie hat in ihrem Arbeitprogramm bei Herausgabe der Urbare eine eigene (4.) Abteilung für die Verzeichnisse der weltlichen Grundherrschaften vorgesehen.

Viel gewichtiger als die von Caro gerügte Einseitigkeit ist die Tatsache, daß von den bisherigen zahlreichen Ausgaben von Urbaren nur wenige den Anforderungen einer strengen wissenschaftlichen Kritik standhalten können. In den meisten Fällen hat man sich auf einen Abdruck der Quellen nebst einer mehr oder weniger ausführlichen Einleitung beschränkt, die meist nur eine Urkundenbeschreibung, Untersuchung der Datierung usw. enthält, sodaß der Nationalökonom, wie Dopsch (S. 159) treffend bemerkt, stets leer ausgeht. Will man mit der Herausgabe dieser Quellen der Forschung einen wirklichen Dienst leisten, so ist es nötig, sie in den Zusammenhang der wirtschaftlichen Verfassung ihrer Entstehungszeit zu rücken und insbesondere die fraglichen topographischen Einzelheiten ausführlich klarzustellen.

In dieser Hinsicht ist die Ausgabe der österreichischen Urbare von Dopsch durchaus vorbildlich zu nennen. Hier ist außer der Wiedergabe des Textes in den Anmerkungen ein gewaltiges Material verarbeitet; in umfangreicher Darstellung sind die Hauptergebnisse niedergelegt, und zahlreiche statistische Tabellen ermöglichen einen Überblick über die Verteilung der verschiedenen Wirtschaftgüter innerhalb der Ämter, die Geld- und Naturralleistungen an den Grundherrn usw., mit anderen Worten, das so äußerst spröde Material ist in sehr bequemer Weise der wirtschaftsgeschichtlichen Forschung zugänglich gemacht worden.

Der wirtschaftsgeschichtliche Ertrag dieser Quellen lohnt in reichem Maße die erhebliche Mühe, welche auf ihre Herausgabe verwendet werden muß. Schon Inama-Sternegg hat hervorgehoben, daß Urbarialaufzeichnungen in vortrefflicher Weise geeignet sind, den Übergang von der Natural- zur Geldwirtschaft zu verfolgen.[1]) Für die Verteilung des Grundbesitzes, die Geschichte der

---

[1]) Über die Quellen usw. S. 204. Dagegen hat wohl Inama-Sternegg

Landwirtschaft (Betriebsformen, Bodenproduktion, Vieh- und Geflügelhaltung usw.) bilden sie Quellen ersten Ranges. Eine Verzeichnung sämtlicher in den österreichischen Archiven vorhandenen Quellen dieser Art ist bereits durchgeführt, und eine Veröffentlichung der Urbare auch der geistlichen und weltlichen Grundherrschaften, ist von der Wiener Akademie in Aussicht gestellt. Von einer Vollendung dieses monumentalen, nach großen Gesichtspunkten angelegten Werkes darf man für die Wirtschaftsgeschichte reichen Ertrag erhoffen.[1])

In anderer Weise wie Dopsch bei den österreichischen Quellen ist man bei der Bearbeitung der erwähnten rheinischen Urbare vorgegangen.[2]) Hier ist das umfangreiche Erläuterungsmaterial nicht wie bei der österreichischen Publikation in Anmerkungen verwertet, sondern zwischen den Texten vollständig abgedruckt worden. Insbesondere sind der Urbarveröffentlichung auch Urkunden über den Erwerb der einzelnen Güter, Protokolle über die Verleihungen und Weistümer beigegeben.[3]) Man ging dabei von Lamprechts Forderung der sogen. institutionellen Urkundenbücher aus, d. h. Veröffentlichungen, welche alle wichtigen Aktenstücke des betreffenden Instituts als Komplex zusammenfassen und daher nach den Anschauungen Lamprechts besonders geeignet sind, den kulturgeschichtlichen Gehalt der Quellen zu erschließen.[4]) Im vorliegenden Fall sollen also die Urbare „mit dem für ihr Verständnis absolut notwendigen Kern anderer aktenmäßiger Überlieferung“ umgeben werden. Der große Vorzug institutioneller Urkundenbücher ist ja gewiß nicht zu leugnen, allein wegen der Massenhaftigkeit des hier in Betracht kommenden Materials, insbesondere gegen Ende des Mittelalters,[5]) wäre die Urbaredition

---

den Wert der Urbare überschätzt, wenn er (S. 201) meint, daß sie für die mittelalterliche Bevölkerungsstatistik (Volksmenge, Verhältnis der Geschlechter, Volksdichtigkeit) mit zu den wichtigsten Quellen zählten.

[1]) Eine ausführliche Verwertung der österreichischen Urbare findet sich bei Alfons Dopsch, Die ältere Sozial- und Wirtschaftsverfassung der Alpenslaven, Weimar 1909. Vgl. dazu die Ausführungen von J. Peisker zum gleichen Gegenstand in Viertelj. f. Soz. u. Wirtsch.-Gesch. Bd. 7 (1909) S. 326—337.

[2]) vgl. K. Kaser, Viertelj. f. Soz. u. Wirtsch.-Gesch. Bd. 5 S. 469 ff.

[3]) vgl. F. Philippi, Über Veröffentlichung von Rechtsquellen und Rechtsaltertümern, Westd. Zeitschr. f. Gesch. u. Kunst Jahrg. 26 (1907) S. 41.

[4]) vgl. das Vorwort zu den rheinischen Urbaren Bd. 1.

[5]) Dopsch, Deutsche Gesch.-Bl. Bd. 6 S. 156.

ganzer Länder nach Lamprechts Vorschlag eine kaum zu bewältigende Aufgabe, und somit ist wohl dem von Dopsch gewählten Verfahren der Vorzug zu geben.

Besitzen wir also reiches Material für die Agrargeschichte der großen Grundherrschaften, so erhebt sich die Frage, welche Quellen uns für die Beurteilung der städtischen Grundbesitzverhältnisse zur Verfügung stehen. Anfänglich wurde in den Städten die Eigentumsübertragung an Grundstücken mündlich vor Richter und Schöffen vorgenommen, eine Beurkundung fand nicht statt. Das war natürlich nur möglich, solange die abgeschlossenen Rechtsgeschäfte verhältnismäßig wenig zahlreich und daher leicht zu übersehen waren. Als aber das Aufblühen verkehrsreicher Städte eine rasch wachsende Zahl von Eigentumsübertragungen mit sich brachte, wurde eine schriftliche Festlegung der abgeschlossenen Rechtsgeschäfte unerläßlich notwendig.

Für die schriftliche Beurkundung haben die einzelnen Städte verschiedene Formen gefunden.[1]) In Köln, der im 12. Jahrhundert größten und verkehrsreichsten Stadt Deutschlands, begann man zwischen 1130 und 1140 in den Sondergemeinden der St. Martins- und Laurentiuspfarre mit der schriftlichen Aufzeichnung dinglicher Rechtsgeschäfte. Die Einträge wurden auf Pergamentblättern vorgenommen, welche man auf Stäbe aufgerollt oder gefaltet in dem Schrein der Teilgemeinden hinterlegte, woraus die Bezeichnung Schreinskarten zu erklären ist. In den nächsten Jahrzehnten legten auch die übrigen Teilgemeinden und seit 1150 die Gesamtgemeinde solche Schreinskarten an. Später trat an Stelle der einzelnen Pergamentblätter die Aufzeichnung in Bücher, welche ebenfalls im Schrein aufbewahrt wurden (Schreinsbücher).[2])

Ebenso wie Köln hat sich auch die Stadt Andernach solcher loser

---

[1]) vgl. zum folgenden besonders die vortrefflichen Ausführungen von Redlich (S. 186ff.) mit Angaben der neuesten Literatur Steinacker S. 265ff. und Beyerle, Deutsche Gesch.-Bl. Bd. 11 (1910) S. 184ff.

[2]) Die Schreinskarten und Schreinsbücher sind durch den Druck veröffentlicht von Hoeniger, Kölner Schreinsurkunden des 12. Jahrhunderts (= Publ. der Gesellschaft für Rheinische Geschichtskunde Bd. 1), 2 Bde. 1884, 1893/94. Vgl. dazu die bei Redlich (S. 186 N. 5) erwähnten Arbeiten von Lau, Seeliger, Keussen und Beyerle; ferner Keussen, Verzeichnis der Schreinskarten und Schreinsbücher, in Mitt. aus dem Stadtarchiv von Köln Heft 32 (1904) S. 1—158.

Pergamentstreifen bedient,[1]) die an einander geheftet und zur besseren Aufbewahrung auf einen Holzstab aufgerollt wurden. In ähnlicher Weise ging seit den ersten Jahrzehnten des 13. Jahrhunderts auch in Metz die Beurkundung der Rechtsgeschäfte vor sich. In jedem Pfarrbezirk wurde ein Schrein aufgestellt, und die beiden Parteien übergaben dem Beamten eigens ausgefertigte Urkunden zur Aufbewahrung im Schrein, wodurch ihnen Beweiskraft verliehen wurde. Rechtskraft kam diesen Urkunden jedoch nur dann zu, wenn das Rechtsgeschäft zugleich in die Bannrolle eingetragen ward. Die für Metz erhaltenen Bannrollen beginnen im Jahre 1220 und sind, soweit das 13. Jahrhundert in Betracht kommt, durch den Druck veröffentlicht worden.[2])

In Köln war man, wie bereits angedeutet, aus Gründen der Zweckmäßigkeit im Anfang des 13. Jahrhunderts dazu übergegangen, statt der lose aufzubewahrenden Karten Bücher anzulegen. Diesem Beispiele folgten nun seit Mitte des Jahrhunderts zahlreiche andere Städte, und auch von den Gemeinden, welche die Einträge vorher auf Einzelblätter vorgenommen hatten, wurde jetzt die Buchform gewählt. In der rechtsgeschichtlichen und der diplomatischen Literatur bezeichnet man diese Quellen jetzt allgemein als Stadtbücher. Da man herkömmlicherweise jedoch unter diesem Begriff auch Stadtrechtsquellen und Bücher der städtischen Verwaltung (Steuerbücher, Rechnungsbücher u. dgl.) zusammenfaßt,[3]) macht Redlich (S. 189) den glücklichen Vorschlag, sie wegen ihres besonderen Charakters als privatrechtliche Stadtbücher zu bezeichnen.[4])

Diese privatrechtlichen Stadtbücher sind in Mittel- und Oberdeutschland ziemlich selten und haben ihre hauptsächliche Verbreitung im Gebiet des sächsischen Rechtes gefunden. Durch den Einfluß des lübeckischen und magdeburgischen Rechtes breiteten sie sich auch an den Städten der Ostsee aus. Nach Steinacker

---

[1]) Hoeniger, Annalen des histor. Vereins für den Niederrhein Bd. 42 (1884).

[2]) Karl Wichmann, Die Metzer Bannrollen des 13. Jahrh. (= Quellen zur Lothringer Geschichte Bd. 5 u. 6) 1908. Vgl. auch derselbe, Die Bedeutung der Metzer Bannrollen als Geschichtsquelle, Jahrb. d. Ges. f. Lothr. Gesch. u. Altertumskunde Bd. 21 (1909) S. 28—85.

[3]) vgl. die Ausführungen weiter oben S. 213.

[4]) Grundlegend für die Erforschung der privatrechtlichen Stadtbücher ist die oben erwähnte Arbeit von Homeyer. Vgl. auch Schröder, Deutsche Rechtsgeschichte (5. Aufl.) S. 720 N. 15 sowie den überaus wichtigen Aufsatz von Karl Beyerle, Deutsche Gesch.-Bl. Bd. 11 (1910), bes. S. 151 ff.

(S. 266) reichen die privatrechtlichen Stadtbücher in Magdeburg, Lübeck, Wismar, Hamburg, Stralsund usw. bis in die erste Hälfte des 13. Jahrhunderts zurück, und im 14. Jahrhundert fehlt das privatrechtliche Stadtbuch wohl nur in wenigen Städten des Nordens und Nordostens.

Dagegen wurde in Süddeutschland bei dem Abschluß von Rechtsgeschäften über Grundstücke der von Schöffen und Rat ausgefertigten Siegelurkunde der Vorzug gegeben.[1]) Die später in diesen Gebieten (z. B. seit 1381 in Konstanz) geführten Bücher über die abgeschlossenen Rechtsgeschäfte haben einen wesentlich anderen Charakter als die obenerwähnten Stadtbücher. Sie sind nicht Protokolle über den Vollzug des Rechtsgeschäftes, sondern ihr Inhalt besteht aus kurzen notizenhaften Aufzeichnungen über die wesentlichen Bestandteile der Abmachung, welche als Grundlage für die später auszustellende Urkunde diente.[2])

Berücksichtigt man nun, daß im 15. und 16. Jahrhundert die Einrichtung der neueren Grundbücher aufkam, welche Quellen ersten Ranges darstellen, so erkennt man, welch ein gewaltiges Material für die Geschichte des städtischen Grundbesitzes überliefert worden ist. Trotz der von der Diplomatik geleisteten trefflichen Vorarbeiten auf diesem Gebiet sind jedoch die Quellen für die Wirtschaftsgeschichte noch wenig erschlossen. Neben den Kölner Schreinsbüchern, den Metzer Bannrollen und der überaus reichen Literatur der Stadtbücher[3]) sind besonders die in süddeutschen Urkundenbüchern massenhaft veröffentlichten Urkunden über den Verkauf von Grundstücken einer eingehenden Bearbeitung nach der wirtschaftsgeschichtlichen Seite würdig.

Ganz besonders lohnend wäre eine historisch-statistische Ausbeute der städtischen Grundbücher, Währschaftbücher u. dgl., wofür bis jetzt nur spärliche Ansätze vorhanden sind. Da sie genügend Anhaltpunkte bieten, die Eigentumübergänge ein und desselben

---

[1]) Eine Sammlung von solchen Urkunden zur Geschichte des Grundbesitzes in Konstanz bietet K. Beyerle, Grundeigentumsverhältnisse und Bürgerrecht im mittelalterlichen Konstanz 2. Bd.: Die Konstanzer Grundeigentumsurkunden der Jahre 1152—1371, Heidelberg 1902.

[2]) Redlich S. 203.

[3]) Eine ziemlich vollständige Übersicht über die in Frage kommende Literatur bietet Kleeberg in seiner erwähnten Arbeit im Archiv für Urkundenforschung Bd. 2 (1909) S. 480ff.

Grundstücks auf längere Zeit zu verfolgen, bilden sie vortreffliche Quellen zur Geschichte der Grundrente, hinsichtlich der wir für frühere Jahrhunderte noch völlig im Dunkeln tappen. Allerdings zählen Untersuchungen über die Geschichte der Grundrente wohl zu den schwierigsten Forschungen der deutschen Wirtschaftsgeschichte, weil die Verschiebung der Kaufkraft des Geldes eine im strengen Sinn exakte Ermittlung der Wertveränderungen in Frage stellt.

Außer den Grundbüchern kommen auch noch andere Register der städtischen Verwaltung zur Erkenntnis der Grundbesitzverhältnisse in Betracht. Für die Reichsstadt Frankfurt bieten z. B. die vom Ackergericht geführten Schutzlohnregister eine vortreffliche, statistisch leicht verwertbare Quelle, um die Verteilung und Größe des privaten Grundbesitzes festzustellen. Jeder Besitzer von Ackerland, Wiesen, Gärten oder Weinbergen hatte eine nach dem Flächeninhalt abgestufte Gebühr (Schutzlohn) für die Bewachung des Grundstücks durch den Flurschützen zu entrichten, und die Schutzlohnbücher dienten zur Veranlagung des Betrages und zur Kontrolle der eingegangenen Zahlung. Sie enthalten daher für jeden Besitzer ein eigenes Konto, aus welchem sein Eigentum an Grundstücken mit Angabe des Flächeninhalts und der Gewannlage zu ersehen ist.

Zahlreiche andere Quellen zur Geschichte des Grundbesitzes wären hier noch zu nennen, so z. B. die böhmischen Landtafeln und polnischen Grodbücher, die Währschaft- oder Gewährbücher, die Satz- oder Insatzbücher u. a. m. Der Kürze halber sei hier auf die klare Darstellung bei Redlich (S. 195 ff.) verwiesen, wo eingehende Literaturangaben zu finden sind. Dem Grundbuchwesen von Novgorod hat C. Brinkmann ausführliche Studien gewidmet,[1] und für die Geschichte des Großgrundbesitzes in der neueren Zeit hat Max Bär in den Vasallenlisten der preußischen Provinz Westpreußen auf eine vielversprechende Quelle aufmerksam gemacht, welche besonders auch ermöglicht, den Wert des Grundbesitzes sämtlicher adeliger Untertanen festzustellen.[2]

---

[1] C. Brinkmann, Die ältesten Grundbücher von Novgorod in ihrer Bedeutung für die vergleichende Wirtschafts- und Rechtsgeschichte, Viertelj. f. Soz. u. Wirtsch.-Gesch. Bd. 9 (1911) S. 84 ff.

[2] Max Bär, Der Adel und der adelige Grundbesitz in Polnisch-Preußen zur Zeit der preußischen Besitzergreifung (Mitt. d. Kgl. Preuß. Archivverw. Heft 19), Leipzig 1911. Über die statistische Behandlung dieser Vasallenlisten vgl. Bär,

II. Historische Bevölkerungsstatistik.

Unter den mannigfaltigen, bis jetzt bekannten Quellen der historischen Statistik sind wohl die wichtigsten diejenigen, welche uns ermöglichen, direkt oder indirekt Schlüsse auf die Bevölkerung, ihre Zahl, ihre berufliche Gliederung usw. zu ziehen. In allen Fällen handelt es sich um Aufstellungen, die zu ganz anderen Zwecken gemacht wurden, als um den Stand der Bevölkerung zu erkennen. Vor allem hatten die mittelalterlichen, hinsichtlich der Versorgung mit Lebensmitteln in erster Linie auf sich selbst angewiesenen Städte das größte Interesse, die in ihren Mauern befindlichen Mengen von Brotgetreide zu erfahren, um etwaige Belagerungen in Kriegszeiten aushalten zu können.[1]) Um die Höhe der Bevölkerungszahl hat man sich jedoch wenig gekümmert, und es ist deshalb auch nicht ganz zutreffend, diese Erhebungen als „Volkszählungen" zu bezeichnen, wie das so oft geschieht.

Solche Getreideaufnahmen sind für verschiedene Städte im Mittelalter und der Neuzeit nachgewiesen worden, seit Hegel (1864) in den Chroniken der deutschen Städte[2]) auf die so wertvolle Nürnberger Quelle von 1449 aufmerksam gemacht hat.[3]) Eheberg konnte ähnliche wichtige Aufzeichnungen für Straßburg aus den Jahren 1473—1477[4]) und H. Pirenne für Ypern aus dem Jahr 1491[5]) (Vorräte an Korn und Salz) nachweisen. Für Frankfurt haben sich im Stadtarchiv ebenfalls Akten über derartige Erhebungen auffinden lassen, die aber leider nur bruchstückweise erhalten sind.

Geben also diese Quellen eine zahlenmäßige Feststellung der gesamten Bevölkerung, der Einzelhaushalte, der Erwachsenen, der

---

Westpreußen unter Friedrich dem Großen (=Publ. aus dem Kgl. Preuß. Staatsarchiv Bd. 83,84), Leipzig 1909, bes. Bd. 1 S. 361 ff., über die Grundbücher S. 375 ff.

[1]) vgl. Inama-Sternegg, Die Quellen der historischen Bevölkerungsstatistik, Statist. Monatsschrift Bd. 12 (1886) S. 390.

[2]) Über Nürnbergs Bevölkerungszahl und Handwerkerverhältnisse im 14. und 15. Jahrhundert, Chroniken Bd. 2 S. 317 ff., 500.

[3]) vgl. hinsichtlich der Bearbeitung von Bücher und Jastrow die kritischen Bemerkungen bei Sander, Die reichsstädtische Haushaltung Nürnbergs, dargestellt auf Grund ihres Zustandes von 1431—1440 (1902) S. 902 ff.

[4]) Jahrbücher f. Nat. u. Stat. N. F. Bd. 7 (1883) S. 297 ff., Bd. 8 (1884) S. 413 ff.

[5]) H. Pirenne, Les dénombrements de la population d'Ypres au XVe siècle (1412—1506), Viertelj. f. Sozial- u. Wirtsch.-Gesch. Bd. 1 (1903) S. 1 ff.

Kinder, der Dienstboten u. dgl., so bietet eine andere Gruppe von Quellen nur Teile der Bevölkerung, während das Fehlende durch Schätzung bezw. mehr oder minder genaue Berechnung ergänzt werden muß. Hierher gehören vor allem die Listen über die Zahl der Haushaltungen, der Erwachsenen, der Waffenfähigen sowie Bürgerlisten, Eidregister, Steuerbücher u. dgl. Sie sind für die Ermittlung der Bevölkerungsziffer gegenüber dem obenerwähnten Material Quellen zweiten Ranges, denn hier ist immer durch die Ergänzung der fehlenden Bevölkerungsteile eine mehr oder minder große Unsicherheit in die Berechnung hineingetragen. Seit den bahnbrechenden Untersuchungen von Bücher für Frankfurt ist eine ganze Literatur entstanden, und für eine große Zahl deutscher Städte besitzen wir jetzt Bevölkerungszahlen aus dem Mittelalter Von einem näheren Eingehen auf diese Dinge kann hier abgesehen werden, da eine erschöpfende Darstellung mit Angabe der neuesten Literatur in dem von Inama-Sternegg bearbeiteten Artikel „Bevölkerungswesen" in der kürzlich erschienenen dritten Auflage des Handwörterbuchs der Staatswissenschaften alles Nähere zu finden ist. Die beste Übersicht über die methodischen Fragen bietet noch heute die bekannte Arbeit von J. Jastrow,[1]) wenngleich sie in Einzelheiten durch die sehr zahlreichen Neuerscheinungen seit den 25 Jahren ihrer Herausgabe längst überholt ist.

Besitzen wir also für die Erforschung der mittelalterlichen Bevölkerung in einzelnen Städten zahlreiche Hilfsmittel, so befinden wir uns in nicht geringer Verlegenheit, wenn wir für das Gebiet eines Territoriums die Bevölkerung ermitteln wollen. Gelegentlich seiner Studien auf diesem Gebiet hat Paasche ganz allgemein ausgesprochen, es sei eine absolute Unmöglichkeit, soweit das germanische Mittelalter in Betracht kommt, für ganze Territorien nachträglich Aufschlüsse über ihre Volkszahlen zu geben, da es an jeder Grundlage für eine auch nur leidlich sichere Schätzung fehle.[2]) Zum Glück liegen die Dinge jedoch nicht so ungünstig, und mit Recht ist Grotefend dieser unvorsichtigen

[1]) J. Jastrow, Die Volkszahl deutscher Städte zu Ende des Mittelalters und zu Beginn der Neuzeit (1886). Vgl. auch Daszynska, Stoff und Methode der historischen Bevölkerungsstatistik, Jahrb. f. Nat. u. Stat., 3. Folge Bd. 11 (1896).

[2]) Jahrb. f. Nat. u. Stat., N. F. Bd. 5 (1886) S. 303 ff.

Äußerung Paasches entgegengetreten. Er erbrachte den Nachweis, daß die Akten über die Erhebung des gemeinen Pfennigs von 1495, welche sich an manchen Stellen bruchstückweise erhalten haben, tatsächlich die Bevölkerungsziffer ganzer Territorien ermitteln lassen.[1])

Nach der Ordnung des gemeinen Pfennigs vom Jahr 1495[2]), sollte in den nächsten vier Jahren eine jährliche Steuer im ganzen Reich erhoben werden, die von allen Personen über 15 Jahren zu zahlen war. Der Satz betrug bei einem Vermögen von weniger als 500 fl. den 24. Teil eines Guldens und war für alle, die mehr als 500 fl. besaßen, nach dem Vermögen abgestuft.[3]) Die Erhebungslisten weisen also nur die Zahl der Personen über 15 Jahre nach, sodaß in der Ergänzung der fehlenden Bevölkerungsteile auch hier wieder ein unsicherer Faktor in die Erscheinung tritt. Da uns der Altersaufbau der Bevölkerung aus jener Zeit nicht bekannt ist, sind wir auf die Zuhilfenahme moderner statistischer Koëffizienten angewiesen, wie ja auch Bücher zu seinen Berechnungen der unter 12 Jahre alten Personen die Zählergebnisse des Jahres 1858 zu Hilfe nehmen mußte.

Von den Steuerregistern des gemeinen Pfennigs haben insbesondere die auf Mecklenburg bezüglichen durch Friedrich Stuhr eingehende Bearbeitung und Verwertung für die historische Bevölkerungsstatistik gefunden.[4]) Stuhr wählt zur Ergänzung die Ergebnisse der ersten mecklenburgischen Volkszählung von 1819, wobei er vermutet, daß die so gewonnene Zahl der Personen unter 15 Jahren zu groß ausfalle, die Endergebnisse also Maximalziffern darstellen. Aber auf eine andere Schwierigkeit ist noch hinzu-

---

[1]) vgl. Frankfurter Zeitung 1893 Nr. 346 und neuerdings Grotefend, Das Volkszählungsmaterial im Schweriner Archiv, Korr.-Bl. 1908 Sp. 476ff.

[2]) vgl. Zeumer, Quellensammlung zur Geschichte der deutschen Reichsverfassung in Mittelalter und Neuzeit (= Quellensammlung zum Staats-, Verw.- und Völkerrecht, hrsg. von H. Triepel, Bd. 2) S. 238ff.

[3]) Nämlich bei einem Gesamtvermögen von 500 fl. rhein.: $1/2$ fl. Steuer, bei 1000 fl: 1 fl. und „uber 1000 fl. uber einen ganzen Rheinischen Guldin, sovil sein Andacht ist". Über die Erhebung dieser Reichssteuer vgl. E. Gothein, Der gemeine Pfennig von 1495 (Breslauer Diss. 1877), H. Ulmann, Kaiser Maximilian I., 1884 S. 379ff.

[4]) Fr. Stuhr, Die Bevölkerung Mecklenburgs am Ausgang des Mittelalters, Jahrb. des Ver. f. Mecklenburgische Geschichte und Altertumskunde 58. Jahrg. (1893) S. 332ff.

weisen, die in der Ungleichheit des Quellenmaterials liegt. Die Ordnung des gemeinen Pfennigs von 1495 befahl zwar die Aufstellung von Erhebungslisten durch die einzelnen Bezirke, gab aber keine Anweisung über ihre Einrichtung, und so erklärt sich, daß die Register der einzelnen Orte inhaltlich nicht selten verschieden ausgefallen sind.[1]) Einige der uns überlieferten Register nennen die Personen mit Namen und Steuerleistung, andere wieder nur die Summe der aus den einzelnen Orten bezw. Verwaltungsbezirken eingegangenen Beträge. So hat oft Stuhr für seine Mecklenburger Statistik vor der Frage gestanden, ob z. B. der Betrag von $^1/_2$ fl. für eine Person mit 500 fl. Vermögen oder für zwölf Personen mit einem Vermögen unter 500 fl. bezahlt war. Hinsichtlich des Mecklenburger Materials mißt Stuhr dieser Schwierigkeit allerdings keine große Bedeutung bei, da hier Güter im Wert von 500 fl. selten waren und sich nur in den Handelszentren und im Besitz weniger Adeligen befanden.

Diese Bedenken kommen natürlich überall dort in Betracht, wo das Material nur Gesamtergebnisse mitteilt und nicht die Einzelpersonen namhaft macht. Große Vorsicht in der Verwertung des Materials ist auch besonders dann am Platze, wenn es sich herausstellt, daß in einem Territorium gewisse Gruppen von Personen aus irgendeinem Grunde die Steuerleistung verweigert haben. So konnte z. B. Hans Widmann bei seiner sehr vorsichtigen und kritischen Bearbeitung der für das Erzbistum Salzburg aufgefundenen Register nur zu ungefähren Ergebnissen gelangen, da weder die Untertanen des Stifts im bayrischen Herzogtum noch die Grundholden einzelner Adeligen und die Reichsritterschaft ihren Beitrag geleistet hatten. Abgesehen davon stellte sich heraus, daß die Listen für manche Städte überhaupt fehlten.[2])

Im Anschluß an die Ausführungen von Grotefend hat Rudolf Jung das reichhaltige, im Frankfurter Stadtarchiv befindliche Material ausführlich beschrieben,[3]) um die historisch-statistische Forschung auf diese einzigartige Quelle aufmerksam zu machen.

---

[1]) Eingehende kritische Bemerkungen hierüber bei R. Jung, Die Akten über die Erhebung des gemeinen Pfennigs von 1495 ff. im Stadtarchive zu Frankfurt a. M. Korr.-Bl. 1909 Sp. 331.

[2]) vgl. Hans Widmann, Die Erhebung der ersten Reichssteuer in Salzburg im Jahre 1497, Mitt. der Ges. für Salzburger Landesgeschichte Bd. 50.

[3]) Korr.-Bl. 1909 Sp. 328 ff.

Ganz besonders eingehend sind die Register des Bistums Speyer, welche den Eindruck großer Vollständigkeit machen, wie ich aus eigener Anschauung des Quellenmaterials bestätigen kann. Hier sind die weltlichen Einwohner der Ämter Lauterburg, Kißlau, Udenheim, Kirrweiler, Bruchsal, Altburg und Deidesheim sowie der Stadt Landau (Angehörige der zwölf Zünfte nebst den Hintersassen) einzeln aufgezählt, und am Schluß wird die Geistlichkeit des ganzen Bistums in den einzelnen Kirchenbezirken namhaft gemacht.

Sehr eingehend sind auch die Nachweise für zahlreiche Ortschaften des Bistums Konstanz, während die Aufzeichnungen für das Herzogtum Wirtemberg oder den linksrheinischen Teil des Erzstiftes Mainz nur die Gesamtsummen angeben. Es ist durchaus nicht zu viel gesagt, wenn Jung von einem Diözesankalender der Geistlichkeit, einem Adreßbuch der Stadt Mergentheim oder einem Studenten- und Dozentenverzeichnis der Universität Freiburg spricht. Die Tatsache, daß hier ein ganz vortreffliches, bis jetzt nur spärlich verwertetes historisch-statistisches Quellenmaterial vorliegt, das noch wenig bekannt zu sein scheint, mag ein näheres Eingehen hierauf entschuldigen. Es ist nicht ausgeschlossen, daß sich im Laufe der Zeit außer den Mecklenburger und Frankfurter Listen auch solche noch anderwärts auffinden lassen.

In den bis jetzt genannten Registern besitzen wir also Quellen, welche für einzelne Städte oder größere Gebiete eine einmalige Beobachtung der Bevölkerung, also Querschnitte zu bestimmten Zeitpunkten ermöglichen. In der neuesten Zeit wird man immer mehr aufmerksam auf eine Quellengruppe, welche etwa vom zweiten Viertel des 16. Jahrhunderts ab nicht nur den Stand, sondern auch die Bewegung der Bevölkerung erkennen läßt, nämlich die Kirchenbücher.

Die Sitte der christlichen Kirche, über gewisse Amtshandlungen (Taufen, Trauungen, Beerdigungen) Register zu führen, reicht bis in die Zeiten des frühen Mittelalters zurück.[1]) Eine

[1]) Einen vortrefflichen Überblick über die Geschichte der Kirchenbuchführung gibt Jacobs im Korr.-Bl. 1902 Sp. 44 ff., worauf hier auch für das Folgende verwiesen wird. Die besten Teile dieses Aufsatzes hat Heydenreich in seiner „Quellenkunde der Familiengeschichte" (1909) verwertet und zwar in einer Weise, die von einem Plagiat nicht sehr weit entfernt ist.

regelrechte Kirchenbuchführung beginnt jedoch erst seit den 20er Jahren des 16. Jahrhunderts unter dem Einfluß der Reformation und bezweckte hauptsächlich, das Bekenntnis zu einer bestimmten Religionsgemeinschaft einwandfrei nachzuweisen. Die Einrichtung der Kirchenbücher gewann seit dem Jahre 1522 rasche Verbreitung, und man kann sie nach Jacobs verfolgen in dem breiten Landstreifen, welcher von den Schweizer Alpen nach dem Norden über Elsaß, Nassau, Schwaben, Mainfranken nach den sächsischen Landen, Nordböhmen und Schlesien zieht. Besonders weit reichen daher die Kirchenbücher in den Ländern zurück, welche schon frühzeitig die Reformation eingeführt haben,[1]) denn fast sämtliche reformatorischen Kirchenordnungen seit 1533 verpflichten die Geistlichen zur Führung von kirchlichen Registern. Für die katholische Kirche wurde die Einführung eigentlicher Kirchenbücher erst durch das Konzil von Trient (1563) angeordnet; die Vorschrift ist jedoch im Anfang wenig befolgt worden, und ihre Durchführung in den deutschen Bistümern hat etwa ein halbes Jahrhundert in Anspruch genommen. In England und Frankreich hat die Staatsregierung, unabhängig von den kirchlichen Vorschriften, in den Jahren 1538 bezw. 1539 die Führung von Tauf-, Trauungs- und Begräbnisregistern in allen Pfarreien angeordnet, und aus dem Jahre 1538 sind heute noch 812 englische Kirchenbücher erhalten.[2])

Das Verdienst, den hohen Wert der kirchlichen Register für die historische Bevölkerungsstatistik voll erkannt zu haben, gebührt neben Jastrow, der mindestens eine vollständige Inventarisierung dieser Quellen forderte, besonders Inama-Sternegg.[3]) Dieser gab im Jahre 1886 die Anregung zu einer von der k. k. Statistischen Zentralkommission ausgeführten Erhebung, welche die Feststellung aller in ganz Österreich erhaltenen kirchlichen Standesregister bezweckte und gleichzeitig deren Zustand und Alter ermittelte. In der Einleitung zu dem Bericht über die vorläufigen Ergebnisse dieser Erhebung[4]) hat Inama-Sternegg sehr treffend

---

[1]) Also besonders in Sachsen, wo sich für Zwickau schon Kirchenbücher aus dem Jahre 1522 nachweisen lassen. Vgl. Blanckmeister, Korr.-Bl. 1901 Sp. 1.

[2]) Über die Einführung der Standesregister in den einzelnen Kulturstaaten vgl. die Übersicht bei Ferd. Schmid, Statistische Monatsschr. Bd. 15 (1889) S. 404ff.

[3]) Statist. Monatsschr. Bd. 12 (1886) S. 402/03, 406.

[4]) Desgl. Bd. 15 (1889) S. 400ff.

ausgeführt, daß die Probleme der Bevölkerungstatistik in räumlicher Begrenzung bei zeitlicher Ausdehnung der Beobachtung weit erfolgreicher zu lösen sind, als umgekehrt bei Verwendung des massenhaften Materials großer Gebiete mit zeitlicher Beschränkung. Statt der so sehr überschätzten Zahlenbilder ganzer Staaten, deren naiv bewunderte Regelmäßigkeiten sich nur durch Verwischung aller Einzelheiten erklären ließen, befürwortet er, an Hand dieser Register von einer Auswahl besonders geeigneter Orte die Bevölkerungsbewegung für den Zeitraum von 3—400 Jahren zu verfolgen, wobei auch die besonderen lokalen Einflüsse gebührend untersucht werden könnten. Diese vortrefflichen Worte verdienen umsomehr hervorgehoben zu werden, als der erwähnte Aufsatz heute fast vergessen zu sein scheint. Wenigstens habe ich ihn gerade in den Untersuchungen vermißt, welche sich neuerdings mit der Verarbeitung dieses Materials beschäftigen und den Wert der Kirchenbücher sehr hoch einschätzen.

Diese in Österreich durchgeführte statistische Erhebung hätte auch in Deutschland Nachahmung verdient, um die für ganz Deutschland noch heute vorhandenen Quellen festzustellen und die wissenschaftlichen Interessenten auf dieses unerschöpflich reichhaltige Material aufmerksam zu machen. Zwar sind für einzelne Gebiete schon Erhebungen dieser Art mit großem Erfolg vorgenommen worden, so z. B. in mustergültiger Weise für die evangelischen Kirchenbücher des Regierungsbezirkes Wiesbaden,[1]) und für zahlreiche Länder und Provinzen Deutschlands sind Übersichten über den Bestand der Kirchenbücher veröffentlicht worden.[2]) Die Anregung zu diesen Veröffentlichungen ging seinerzeit von dem Gesamtverein der deutschen Geschichts- und Altertumsvereine aus, welcher auf Betreiben des Pfarrers Gmelin seit etwa zwei Jahrzehnten das Interesse auf den hohen Quellenwert dieser Register gelenkt hat.[3]) Wenngleich von privater Seite sowie durch die

---

[1]) K. Spieß, Die evangelischen Kirchenbücher des Regierungsbezirks Wiesbaden, Annalen des Ver. f. Nassauische Altert.-Kunde und Geschichtsf. Bd. 39 (1909) S. 1 ff.; vgl. insbes. den Fragebogen S. 1 u. 2 sowie die Tabelle S. 34 ff.

[2]) vgl. Blanckmeister, Die Kirchenbücher im Königreich Sachsen (= Beiträge zur Sächsischen Kirchengeschichte Heft 15) S. 27 ff.

[3]) vgl. Gmelin, Die Verwertung der Kirchenbücher, Deutsche Gesch.-Bl. Bd. 1 (1900) Sp. 157 ff. (Sp. 165 ff. über die Ausbeutung zu statistischen Zwecken), ferner Korr.-Bl. 1897 Sp. 15 ff., 1908 Sp. 61 ff.

Tätigkeit der lokalen Geschichtsvereine und historischen Kommissionen ein großer Teil der Kirchenbücher in Deutschland bereits inventarisiert worden ist,[1]) so würde sich noch heute eine zentralstatistische Erhebung über ganz Deutschland lohnen. Sie wäre schon deshalb zu empfehlen, weil durch eine von behördlicher Seite vorgenommene Verzeichnung der Bestände die amtierenden Pfarrer, welchen diese Schätze anvertraut sind, bezüglich der Instandhaltung, feuersicheren Verwahrung u. dgl. mehr kontrolliert werden könnten, als dies jetzt möglich ist.

Es ist bekannt, daß schon Graunt und Süßmilch die kirchlichen Register mit großem Erfolg zu bevölkerungsstatistischen Zwecken verwertet haben. Bis vor zwei Jahrzehnten etwa wurde jedoch den Kirchenbüchern als Quelle für die historische Statistik wenig Bedeutung beigemessen, und die Anregungen Inama-Sterneggs sind im allgemeinen nicht auf fruchtbaren Boden gefallen. Erst jetzt beginnt man mit der praktischen Ausbeute, und die bis jetzt vorliegenden Arbeiten haben die großen Erwartungen, die man an eine Verwertung dieses Materials geknüpft hatte, vollauf gerechtfertigt.

Hinsichtlich der Methode, die Kirchenbücher für die historische Bevölkerungstatistik nutzbar zu machen, sind insbesondere zwei Arbeiten von großer Bedeutung. Die eine stammt von Roller und untersucht die Bevölkerung der Stadt Durlach im 18. Jahrhundert,[2]) und die andere ist eine Studie von Gmelin über die Bevölkerungsbewegung der Stadt Hall i. W. nebst einer Anzahl der umliegenden Landgemeinden von der Mitte des 16. bis gegen Ende des 19. Jahrhunderts.[3])

Die von Roller angewendete Methode wird von ihm als die genealogische bezeichnet. Sie besteht darin, daß alle Einträge aus den Kirchenbüchern auf einzelne Blättchen geschrieben werden,

---

[1]) vgl. Krieg, Inventarisierung der Kirchenbücher, Korr.-Bl. 1907 Sp. 192 ff.; Gmelin, Korr.-Bl. 1908 Sp. 61.

[2]) Otto Konrad Roller, Die Einwohnerzahl der Stadt Durlach im 18. Jahrhundert in ihren wirtschafts- und kulturgeschichtlichen Verhältnissen dargestellt aus ihren Stammtafeln, Karlsruhe 1907.

[3]) Julius Gmelin, Bevölkerungsbewegung im Hallischen seit Mitte des 16. Jahrhunderts, Allgemeines Stat. Archiv, hsg. v. G. v. Mayr, Bd. 6, 1. Halbb., (1902) S. 240—283. Vgl. dazu dessen Aufsatz, Die Verwertung der Kirchenbücher, in Deutschen Gesch.-Bl. Bd. 1 (1900) S. 157—170.

wobei die festzustellenden Merkmale bezüglich der Geburt, des Todes, der Heirat, Patenschaft u. dgl. beizufügen sind. Nach alphabetischer Ordnung werden mit Hilfe dieser Blättchen Stammtafeln hergestellt, aus welchen dann Listen sämtlicher während des zu untersuchenden Zeitraumes nachweisbarer Personen gewonnen werden können.

Diese Methode ermöglicht also, auf Grund der Tauf-, Trauungs- und Sterberegister den Stand der Bevölkerung für jedes einzelne Jahr, ihre Einteilung in Altersgruppen, sowie ihre Gliederung nach Geschlecht, Familienstand und Beruf zu ermitteln. Ganz besonders wertvoll ist, daß auch die Bevölkerungsbewegung, sogar die Zu- und Abwanderung erfaßt werden kann, wobei Roller von der Fiktion ausgeht, daß die Geborenen, für die kein Sterbeeintrag vorliegt, abgewandert und die Verstorbenen, für welche kein Geburteintrag zu ermitteln ist, zugewandert seien. Die Zugewanderten tauchten teils als Paten bei Kindtaufen, teils in anderen Registern (Steuerbüchern u. dgl.) wieder auf, sodaß sich auch für ihre Feststellung zahlreiche Anhaltpunkte ergaben. Es liegt in der Natur der Sache, daß den ziffernmäßigen Ergebnissen kein Anspruch auf absolute Genauigkeit zukommt, und daß sie wohl mehr als Wahrscheinlichkeitziffern aufgefaßt werden müssen. Allerdings ist es für die Sorgfalt der Arbeitweise von Roller, sehr bemerkenswert, daß die aus amtlichen Zählungen festgestellten Ergebnisse der Jahre 1755, 1787 u. 1800 an Genauigkeit von den aus den Kirchenbüchern gewonnenen Zahlen erheblich übertroffen wurden.[1]) Die von Roller erzielten Ergebnisse sind in mancher Hinsicht überraschend, und man darf von einem weiteren Ausbau und einer Verfeinerung dieser Methode für die Zukunft nur das Beste erwarten.

Wesentlich verschieden von der hier beschriebenen Methode ist das Verfahren, das Gmelin zur Erforschung der Bevölkerungsbewegung „im Hällischen“ angewendet hat. Er untersucht die Bevölkerungsvorgänge von 17 Gemeinden für die Zeit von der Mitte des 16. Jahrhunderts bis zur Gegenwart, also etwa 350 Jahre, und kommt zu dem unerwarteten Ergebnis, daß die Bevölkerung der Jahre 1690 und 1790 in allen Orten gegenüber den für das Jahr 1590 ermittelten Zahlen ein Minus aufweist.

Gmelin ist nicht von der faktischen Bevölkerung aus-

---

[1]) vgl. Roller a. a. O. S. 186.

gegangen, da nach seiner Meinung im vorliegenden Falle ein einheitlicher Maßstab gefehlt hätte, um die Bevölkerungsbewegung für Stadt und Land zu vergleichen. Er wählt statt dessen die sogen. virtuelle Bevölkerung, d. h. die Summe der Lebendgeborenen aus den letzten 30, dem Untersuchungsjahr vorhergehenden Jahren und findet für diese Annahme eine Bestätigung in der modernen Bevölkerungstatistik der in Betracht kommenden Gemeinden. Für die Stadt Hall allein würden allerdings nach den Zählergebnissen des Jahres 1890 nicht 30, sondern etwa 36 vorausgehende Jahre zur Ermittlung dieser virtuellen Bevölkerungsziffer nötig sein, allein wenn man Stadt- und Landgemeinden zusammennimmt, genügen nach Feststellung Gmelins auch hier 30 Jahre.

Damit gibt aber eigentlich Gmelin schon zu, daß seine Berechnungen auf einer schwankenden Grundlage aufgebaut sind. Mit dieser virtuellen Bevölkerungziffer trägt er in seine Statistik der Bevölkerungsbewegung doch einen Faktor hinein, dessen Unsicherheit er wahrscheinlich bedeutend unterschätzt. Er geht eben von einer Voraussetzung aus, welche die historische Bevölkerungstatistik erst beweisen soll. Diese Geburtsjahrenziffer, wie man sie vielleicht nennen kann und die von Gmelin einfach mit 30 angenommen ist, hängt doch in erster Linie von der Geburtenhäufigkeit ab und diese selbst ist wieder abhängig vom Altersaufbau der Bevölkerung. Zweifellos ist bei einer Bevölkerung, deren höhere Altersklassen stärker besetzt sind als die niedrigeren, die Zeugungsfähigkeit bezw. Gebärfähigkeit eine viel geringere, als wenn die mittleren Altersschichten häufiger vertreten sind. Dadurch aber ist die prozentuale Häufigkeit der Geburten eine geringere und die Geburtsjahrenziffer entsprechend höher. Berücksichtigt man nun, wie der Einfluß verheerender Kriege, Auswanderungen, Pestepidemien u. dgl. noch viele Jahrzehnte im veränderten Altersaufbau der Bevölkerung nachzuweisen ist, so ergibt sich, daß die Fehlerquelle dieses Faktors sehr erheblich sein kann.

Daher wäre es empfehlenswert, gerade den umgekehrten Weg einzuschlagen, nämlich in ähnlicher Weise, wie das Roller getan hat, zuerst den Stand der Bevölkerung für jedes Jahr zu ermitteln. Dann läßt sich durch Verwertung der Taufregister die Anzahl der Lebendgeborenen einer gewissen Anzahl vorausgegangener Jahre in Beziehung setzen zu der im Untersuchungsjahr wirklich festgestellten Bevölkerungszahl. Die Ermittlung der faktischen Bevölkerung ist überhaupt die erste Aufgabe jeder bevölkerungsstatistischen Untersuchung, da sie die Grundlage bildet für alle Feststellungen der Bewegung der Bevölkerung.

Wenngleich vom Standpunkt der statistischen Methode und Technik noch manche Einwendung gegen die Arbeit von Gmelin erhoben werden können, so bilden seine mühevollen und zeitraubenden Untersuchungen methodisch immerhin einen großen Fortschritt und eröffnen hoffnungsvolle Ausblicke auf die Zukunft. Sie zeigen, daß wir exaktes statistisches Material besitzen, um für viele Orte die Bewegung der Bevölkerung früherer Jahrhunderte zu ermitteln. Mit Hilfe der Kirchenbücher ist die Wirkung der Pestjahre, Hungerjahre, des 30 jährigen Kriegs usw. auf die Volkszahl festzustellen, für welche wir bis jetzt größtenteils noch auf abenteuerliche Schätzungen und mehr oder weniger phantastische chronikalische Mitteilungen angewiesen sind. Insbesondere werden wir auch in der Lage sein, die Frage des Geschlechtsverhältnisses der Geborenen, der Kindersterblichkeit, des Altersaufbaus der Bevölkerung, der Legitimität und manches andere lehrreiche bevölkerungsstatistische Problem mehrere Jahrhunderte weit zurückverfolgen. Für zahlreiche Orte ließe sich wohl auch eine genaue Absterbeordnung früherer Jahrhunderte aufstellen.

In manchen Städten hat das Interesse, die jährliche Bevölkerungsbewegung nach den Eintragungen der kirchlichen Register kennen zu lernen, schon verhältnismäßig früh zur Aufstellung statistischer Tabellen geführt, welche durch den Druck bekanntgemacht wurden. Solche für die Zeit ihrer Entstehung bereits ziemlich ausführliche Nachweisungen besitzen wir für Frankfurt a. M. seit dem Jahre 1635, dem berüchtigten Pestjahr, und es kann keinem Zweifel unterliegen, daß diese Seuche den ersten Anstoß zum Druck dieser tabellarischen Übersichten in Frankfurt a. M. gegeben hat.[1])

Neben diesem bis jetzt erwähnten Quellenmaterial für die Erkenntnis der Bevölkerung früherer Jahrhunderte kommt noch zahlreiches von amtlichen Volkszählungen herrührendes archivalisches Material in Betracht, das noch nicht veröffentlicht ist.[2]) So besitzt

[1]) Handschriftliche Tabellen dieser Art weisen die Kirchenbücher schon lange vorher auf. Die von 1635 bis zur Gegenwart lückenlos erhaltenen gedruckten Jahrestabellen sind in einem Sammelband vereinigt, der sich im Besitz der Frankfurter Stadtbibliothek befindet.

[2]) Ausführliche geschichtliche Nachrichten über die Volkszählungen der

z. B. das Amorbacher Archiv reiche Bestände an älterem Zählmaterial seit der zweiten Hälfte des 17. Jahrhunderts, welches in kurpfälzischen, kurmainzischen und würzburgischen Amtsrechnungen enthalten ist.[1]) Besonderes Interesse verdienen die für Amorbach 1649, für Miltenberg 1655 angelegten Register, welche nach Beendigung des 30jährigen Krieges die vorhandenen Haushaltungen nachweisen sollten, um die Maßnahmen für Neubesiedelung, Steuererhebung und militärische Dienstleistungen vorzubereiten.

Sehr reichhaltiges Volkszählungsmaterial ist dann aus dem 18. Jahrhundert vorhanden, da von jetzt ab amtliche Erhebungen über die Bevölkerung ziemlich allgemein geworden sind. So besitzen wir für Brandenburg-Preußen zahlreiche Nachweise dieser Art in dem Buch von Otto Behre über die Geschichte der Statistik in Brandenburg-Preußen,[2]) und für die erste kurbayrische Volkszählung von 1771 bis 1781, welche durch eine gewaltige Preissteigerung veranlaßt war, ist sehr wertvolles Material vorhanden, das in einer Arbeit von Schorer[3]) eingehend beschrieben wird. Über die Ergebnisse der österreichischen amtlichen Zählungen berichtet Gürtler in einer Spezialstudie,[4]) welche zwar nur die Endergebnisse der Zählungen seit 1754 wiedergibt, aber dennoch eine Vorstellung von der großen Reichhaltigkeit des Quellenmaterials ermöglicht.

Die historische Bevölkerungsstatistik hat also ein weit ausgedehntes Feld der Betätigung vor sich. Allem Anschein nach ist ihr für Massenbeobachtung auf breiterer Grundlage die Zeit des frühen Mittelalters auf immer verschlossen,[5]) und die mühe-

deutschen Einzelstaaten finden sich in „Die Volkszahl der deutschen Staaten nach den Zählungen seit 1816“, Statistik des Deutschen Reiches Bd. 37,2, 1879.

[1]) vgl. Krebs, Altes und neues Volkszählungsmaterial im Amorbacher Archiv, Korr.-Bl. 1909 Sp. 125ff.

[2]) Otto Behre, Geschichte der Statistik in Brandenburg-Preußen bis zur Gründung des Kgl. Statistischen Bureaus, 1905.

[3]) Hans Schorer, Die Vornahme der kurbayrischen Volkszählung von 1771 bis 1781, Archival. Zeitschr. N. F. Bd. 11 (1904) S. 157ff.

[4]) Alfred Gürtler, Die Volkszählungen Maria Theresias und Josefs II. (1753—1790), Insbruck 1909. (Vgl. besonders die Tabellen im Anhang.)

[5]) Für die Statistik der Bevölkerung Englands seit dem 11. Jahrhundert bieten die Stiftslisten und kirchlichen Eingangsverzeichnisse über die Erhebung des Peterspfennigs wichtige Anhaltpunkte. Vgl. O. Jensen, Der englische Peterspfennig und die Lehenssteuer aus England und Irland an den Papststuhl

vollen Untersuchungen von **Lamprecht**[1]) und Caro[2]) haben die Hoffnungslosigkeit gezeigt, auf Grund des unzulänglichen Quellenmaterials einigermaßen sichere Ergebnisse zu erzielen. Dagegen steht ihr für das ausgehende Mittelalter und besonders vom ersten Viertel des 16. Jahrhunderts ab ein Material zur Verfügung, dessen systematische Ausbeute zu den größten Hoffnungen berechtigt. Von allen Zweigen der Statistik ist heute die Bevölkerungsstatistik methodisch und technisch am feinsten durchgebildet; sie liefert dank der vortrefflichen Organisation der standesamtlichen Registerführung gesicherte Ergebnisse wie vielleicht kein anderer Zweig der statistischen Wissenschaft.

Freilich erklärt sich der bedeutende methodische Fortschritt auf diesem Gebiete und die Erfassung aller der feinen Nuancen teilweise dadurch, daß sich die moderne Statistik ihre Quellen selbst schaffen kann; sie braucht nur hinsichtlich der Organisation und Technik der amtlichen Statistik die nötigen Änderungen herbeizuführen. Die historische Statistik dagegen muß sich stets mit den vorgefundenen Quellen begnügen; der Bereich ihres Forschungsgebietes findet stets in den überlieferten Tatsachen und ihrer möglichen Kombination seine Grenze, er läßt sich nicht, wie bei der modernen Bevölkerungsstatistik, nach Wunsch ausdehnen.

Für historische Zeiten wird also die Bevölkerungswissenschaft bei ihren Untersuchungen nicht annähernd die Vielseitigkeit und die Exaktheit erreichen können wie für die Gegenwart, schon aus dem Grunde nicht, weil sich in der chronologischen Reihe der Register oft große Lücken befinden und zahlreiche von ihnen durch Krieg, Brand, Verschleppung und Verwahrlosung für immer vernichtet sind. Aber noch ist so überreiches Material vorhanden, daß viele Generationen an seiner Verwertung zu arbeiten haben.

---

im Mittelalter, Heidelberg 1903. Natürlich kommt hier auch das an anderer Stelle (S. 238) erwähnte Domesday-book als Quelle für das ausgehende 11. Jahrhundert in Betracht.

[1]) Deutsches Wirtschaftsleben im Mittelalter Bd. 1 S. 161 ff., Bd. 2 S. 17 ff.

[2]) G. Caro, Jahrb. f. Schweizer Geschichte Bd. 27 S. 187, besonders auch: Zur Bevölkerungstatistik der Karolingerzeit, Deutsche Gesch.-Bl. Bd. 5 (1904) S. 195 ff.

III. Münz- und Geldgeschichte.

Von allen Zweigen der wirtschaftsgeschichtlichen Forschung ist wohl die Geldgeschichte heute noch am wenigsten ausgebaut. Das ist um so mehr zu bedauern, als gerade sie die unentbehrliche Voraussetzung und Grundlage für eindringende wirtschaftsgeschichtliche Studien bildet. Jeder, der Wirtschaftsgeschichte betreibt, wird — ob er nun lokal vorgeht oder Vorgänge in größeren Gebieten untersucht — auf Fragen der Münz- und Geldgeschichte stoßen, die ihn nicht selten zu sehr zeitraubenden Spezialstudien zwingen. Den Untersuchungen über die Steuer- und Finanzgeschichte, die Geschichte der Preise und Löhne, der Lebenshaltung usw. fehlt die sichere Grundlage, falls sie sich nicht auf eine Münz- und Geldgeschichte des zu untersuchenden Gebietes stützen können.

Diese Vernachlässigung geldgeschichtlicher Studien erklärt sich zum großen Teil aus den fast unüberwindlichen Schwierigkeiten, welche sich dem Bearbeiter entgegenstellen, insbesondere aus der Notwendigkeit, die grundlegenden numismatischen Vorarbeiten zu liefern. Die primären Quellen insbesondere für eine Kenntnis der alten und frühmittelalterlichen Geldgeschichte sind die Münzen, welche teils durch systematische Ausgrabungen, teils durch Zufallsfunde in großen Mengen zutage gefördert werden. Dank des unermüdlichen privaten Sammlerfleißes und der Aufmerksamkeit, welche man diesen Denkmälern seitens unserer öffentlichen Museen durch Gründung eigener Münzkabinette schenkt, sind wir im Besitz eines gewaltigen Materials.

Die erste Voraussetzung zur Erforschung der älteren Geldgeschichte, für die uns schriftliche Aufzeichnungen meistens fehlen, ist eine genaue Beschreibung der Münzen, welche insbesondere das Gewicht und den Feingehalt, den Münzberechtigten und die Münzstätte feststellen. Vereinzelt waren bereits im 16. Jahrhundert Neigungen vorhanden zur Sammlung und Beschreibung von Münzen, aber erst das 18. Jahrhundert hat eine reiche numismatische Literatur aufzuweisen.[1]) Aus dieser Fülle von Münzbeschreibungen

[1]) Einen Überblick über die Literaturgeschichte der Numismatik gibt Luschin v. Ebengreuth in seiner „Allgemeinen Münzkunde und Geldgeschichte des Mittelalters und der neueren Zeit“ (= Handb. der mittleren und neueren Geschichte, hrsg. von v. Below u. Meinecke, Bd. 5) 1904, S. 6ff.

ragen jedoch nur wenige hervor, welche über das Interesse eines Sammlers und Liebhabers hinausgehen und durch kritische Behandlung numismatischer Fragen wissenschaftlichen Wert besitzen. Einer dieser wenigen ist vor allem Eckhel, welcher durch seine „Doctrina nummorum veterum“ (Wien 1792 ff.) für die antike Numismatik eine wissenschaftliche Grundlage schuf, und Mader, welcher in seinen „Kritischen Beiträgen zur Münzkunde des Mittelalters“ vorbildliches geschaffen hat.

Die wissenschaftliche und kritische Numismatik hat nun im 19. Jahrhundert erhebliche Fortschritte gemacht und zum Teil vortreffliches geleistet. Eine Reihe hervorragender Einzelforscher haben sich durch die Methode, die gefundenen Münzen zu bestimmen und zu beschreiben, bleibende Verdienste erworben, insbesondere sind hier die Namen Grote, Dannenberg, Menadier, v. Höfken unter vielen anderen zu nennen.[1]) Durch das Handbuch von Luschin sind wir jetzt in der Lage, auch die überall zerstreuten numismatischen Einzelforschungen (es bestehen allein gegen 100 Zeitschriften) einigermaßen zu übersehen, sodaß auch der Nichtnumismatiker sich ohne allzu große Mühe zurechtfinden kann.

In viel weniger glücklicher Lage als die Numismatik befindet sich die Geldgeschichte. Weder sind bei ihr die Methoden so ausgebildet, noch verfügt sie über eine so reichhaltige Literatur, ja es ist noch nicht einmal ihr Forschungsgebiet in wünschenswerter Weise abgegrenzt. Die Wirtschaftshistoriker haben sich bisher leider viel zu wenig um die Ergebnisse der münzkundlichen Forschungen gekümmert und sind meist ihre eigenen Wege gegangen, da sie herkömmlich in schriftlichen Aufzeichnungen die einzige Quelle der Geldgeschichte erblicken. So erklärt sich der unbefriedigende Zustand unserer geldgeschichtlichen Literatur hauptsächlich daraus, daß nur wenige Gelehrte die numismatischen Kenntnisse mit dem Rüstzeug des in Verfassungs- und Wirtschaftsgeschichte geschulten Historikers vereinigen.[2]) Die Münzkunde und Geldgeschichte sind gar nicht voneinander zu trennen, und die

---

[1]) Eine gutgewählte Zusammenstellung der wichtigsten numismatischen Arbeiten gibt E. Bernheim, Lehrbuch der historischen Methode und der Geschichtsphilosophie 5. Aufl. (1908) S. 308/09.

[2]) Darauf hat gelegentlich schon Grote und nach ihm besonders treffend Wuttke (Numismatische Zeitschr. 1897 Bd. 29 S. 238 ff.) hingewiesen. Vgl. auch die Bemerkungen bei Luschin a. a. O. S. 133.

letztere kann nur durch eine fruchtbare Verbindung dieser beiden Zweige der Geschichtswissenschaft auf eine sichere Grundlage gestellt werden. Erfreulicherweise beginnt in neuester Zeit sich in dieser Beziehung ein größeres Verständnis anzubahnen, allein es wird noch eine geraume Zeit dauern, bis diese Erkenntnis allgemein durchgedrungen sein wird. Jedenfalls ist gegenwärtig die Zahl der Forscher, welche in gleicher Weise beide Gebiete ausreichend beherrschen, noch sehr gering. Besondere Erwähnung verdienen vor allem Luschin v. Ebengreuth, der hervorragende Kenner der österreichischen Geldgeschichte, v. Schrötter, der sich durch Erforschung des neueren preußischen Münz- und Geldwesens verdient machte, und Julius Cahn, dessen Arbeiten über die Straßburger Geldgeschichte, den Rappenmünzbund und neuerdings die Geldgeschichte des Bodenseegebiets in vieler Beziehung vorbildlich zu nennen sind.

Die Ergebnisse der geldgeschichtlichen Forschung werden also ganz wesentlich davon abhängen, wie sehr der Wirtschaftshistoriker in die von numismatischer Seite geleisteten Vorarbeiten einzudringen vermag. Es muß also das mehr zufällige Moment einer Vereinigung numismatischer und wirtschaftsgeschichtlicher Kenntnis beseitigt und der wissenschaftlich zu betreibenden Münzkunde an den Universitäten eine bleibende Stätte eingeräumt werden. Dem Wirtschaftshistoriker ist es meist unmöglich, sich während seiner akademischen Studien selbst über elementare Fragen der Numismatik zu unterrichten, denn nur an wenigen Universitäten werden ab und zu Vorlesungen über die Münzkunde des Altertums (Berlin, Jena, Bonn, Erlangen, Wien) und über mittelalterliches Münzwesen (Graz, Prag, Straßburg, Wien) gehalten. Als regelrechte Hilfswissenschaft der Geschichte ist die Numismatik noch nicht anerkannt, sie wird eben noch immer zu sehr als Tummelplatz mehr oder weniger gelehrter Dilettanten angesehen. Mit Recht hat man daher neuerdings die Gründung von Lehrstühlen für Münzkunde und die Errichtung von Münzsammlungen an den Universitäten zu Studienzwecken warm befürwortet.[1])

Wenngleich die uns zur Verfügung stehenden schriftlichen

[1]) vgl. Renner, Welche Wege sind einzuschlagen zur besseren Heranbildung des jungen numismatischen Nachwuchses? Korr.-Bl. 1911 Sp. 224 ff.

Quellen für die Geldgeschichte des Altertums vergleichsweise nur spärlich fließen, so sind wir dank dem zahlreich aufgefundenen Münzmaterial und der schon frühzeitig ausgebildeten antiken Numismatik und Metrologie über diesen Zeitraum recht gut unterrichtet. Den besten zusammenfassenden Überblick über die Verhältnisse im Altertum bietet wohl Eduard Meyer, der hervorragende Kenner der alten Geschichte in seinem vortrefflichen Artikel „Orientalisches Münzwesen" im Handwörterbuch der Staatswissenschaften,[1]) welcher besonders Babylonien, Ägypten, Griechenland und das Perserreich berücksichtigt. Sehr lehrreich ist auch der an diesen Artikel anschließende Abschnitt über römisches Münzwesen von B. Pick.[2])

Was speziell die römische Münz- und Geldgeschichte betrifft, so besitzen wir das epochemachende Werk von Th. Mommsen, das heute nach einem halben Jahrhundert seines Erscheinens noch immer grundlegend ist, und aus neuerer Zeit die allerdings mit Vorsicht zu benutzende Darstellung von Babelon über die römischen und griechischen Münzen.[3]) Freilich sind die Einzelergebnisse Mommsens in vieler Beziehung überholt worden, denn ihm stand seinerzeit ein nicht annähernd so reichhaltiges Münzmaterial zur Verfügung wie den heutigen Forschern auf diesem Gebiet. So hat u. a. H. Willers auf Grund zahlreicher Wägungen der in Betracht kommenden Münzen die Resultate Mommsens vielfach berichtigen können.[4]) Seine Schilderung der römischen Kupferprägung vom Bundesgenossenkrieg bis auf Kaiser Claudius bietet gerade geldgeschichtlich sehr viel, da zugleich eine Übersicht über das vorrömische Münzwesen in großen Zügen gegeben wird.

Eine geradezu hervorragende Neuerscheinung auf diesem Gebiet ist das kürzlich von J. Haeberlin veröffentlichte Werk über das römische und mittelitalische Schwergeld.[5]) Unermüdlicher Sammlerfleiß und tiefgründige Gelehrsamkeit haben hier zusammengewirkt, um in gänzlich dunkle Gebiete Licht zu bringen,

---

[1]) 3. Aufl. (1911) Bd. 6 S. 824—832.

[2]) Ebenda S. 832—839.

[3]) E. Babelon, Traité des monnaies grècques et romaines (1901).

[4]) Heinrich Willers, Geschichte der römischen Kupferprägung vom Bundesgenossenkrieg bis auf Kaiser Claudius, Leipzig und Berlin 1909.

[5]) E. J. Haeberlin, Aes grave, das Schwergeld Roms und Mittelitaliens einschließlich der ihm vorausgehenden Rohbronzewährung, Frankfurt a. M. 1910.

und namentlich in der Bestimmung des (aufschriftlosen) Schwergeldes ist hier Vortreffliches geleistet worden. Die Forschungen von Haeberlin weisen u. a. nach, daß Rom auch in früheren Zeiträumen im Geldwesen eine führende, bisher kaum geahnte Rolle spielte, daß nicht eine, sondern zwei Hauptmünzstätten für römisches Staatsgeld bestanden, nämlich in der Hauptstadt und in Capua.[1]) Während Mommsen seine Feststellungen über die Münzgewichte zum größten Teil der Literatur entnahm, hat Haeberlin die Wägung von etwa 13000 Originalmünzen vorgenommen und dadurch ein so umfangreiches Material beigebracht, daß fast von jeder Schwergeldsorte das Durchschnittsgewicht mit hinreichender Sicherheit ermittelt werden konnte. Seine Forschungen sind also für die Aufhellung des römischen Münzwesens und insbesondere die Metrologie des Altertums bahnbrechend, da seine Gewichtsbestimmungen ermöglichen, das zu den Münzen gehörige Gewichts- bezw. Währungssystem aufzufinden. Ein besonderes Verdienst von Haeberlin ist es, für das Schwergeld der Nord- und Ostregion den Zusammenhang mit dem babylonischen und phönizischen Gewichtsystem in einwandfreier Weise festgestellt zu haben.

Im Verhältnis zum Umfang der zu lösenden Aufgaben sind wir für die Münz- und Geldgeschichte des früheren Mittelalters viel weniger eingehend unterrichtet, insbesondere soweit die deutschen Verhältnisse in Betracht kommen. Als verdienstvolle Beiträge zur deutschen Geldgeschichte sind bekannt geworden die Arbeiten von Soetbeer über die karolingische Geldgeschichte,[2]) die Forschungen von Hanauer[3]) über das elsässische Münz- und Geldwesen, die Münzstudien von Grote,[4]) die Untersuchungen von Eheberg über das ältere deutsche Münzwesen,[5]) die eingehenden Forschungen von Lamprecht,[6]) die kölnische Geldgeschichte bis 1386 von

---

[1]) vgl. auch Haeberlin, Berliner Münzblätter Bd. 2 (1904) S. 107ff.

[2]) Soetbeer, Beiträge zur Geschichte des Geld- und Münzwesens in Deutschland (Forschungen zur deutschen Geschichte Bd. 1, 2, 4, 6), Göttingen 1862ff.

[3]) Hanauer, Études économiques sur l'Alsace ancienne et moderne (1876). Bd. 1: Les monnaies.

[4]) H. Grote, Münzstudien, 4 Bde., Leipzig 1854–1866.

[5]) Th. Eheberg, Über das ältere deutsche Münzwesen und die Hausgenossen, besonders in volkswirtschaftlicher Beziehung (= Staats- und sozialw. Forschungen, herausgegeben von Schmoller Bd. 2 Heft 5) 1879.

[6]) Lamprecht, Deutsches Wirtschaftsleben im Mittelalter (1886) Bd. 2 S. 424ff.

Kruse[1]) und die zusammenfassende Darstellung von Inama-Sternegg in seiner deutschen Wirtschaftsgeschichte.[2])

Dagegen ist das ausgezeichnete, für die ältere deutsche Münz- und Geldgeschichte geradezu grundlegende Buch von Johann Heinrich Müller,[3]) dem ehemaligen Konservator am Germanischen Museum, keineswegs nach Verdienst gewürdigt. Leider ist von dem auf drei Bände berechneten Werk nur der erste erschienen, welcher bis zu den Ottonen reicht, also mit dem Zeitpunkt abschließt, seit welchem sich das deutsche Münzwesen selbständig entwickelte. Müller hat als einer der ersten die Unzulänglichkeit der rein münzbeschreibenden Forschung eingesehen und eine Verwertung der numismatischen Einzelergebnisse für die deutsche Geldgeschichte gefordert. Erst die Münzbeschreibung in Verbindung mit einer Verarbeitung des urkundlichen Materials, der Feststellung des Wertverhältnisses der Edelmetalle u. dgl. kann nach Müller in richtiger Weise den Gang der Entwicklung aufklären. Wenngleich seit dem Erscheinen dieses Buches ein halbes Jahrhundert verflossen ist, kann es m. E. noch heute als die gründlichste und eindringendste Darstellung des ältesten deutschen Münz- und Geldwesens bezeichnet werden.

Große Beachtung verdienen vor allem auch die erwähnten Arbeiten von Julius Cahn, bei welchem durchgängig eine Beherrschung der numismatischen Einzelheiten mit geldgeschichtlicher Durchdringung des Stoffes in glücklicher Weise vereinigt ist. Insbesondere die Arbeit über den Rappenmünzbund[4]) ist ein wertvoller Beitrag zur deutschen Geldgeschichte des Mittelalters. Sie bildet die sichere Grundlage für die ausgezeichnete Darstellung von Harms über die Münz- und Geldpolitik der Stadt Basel,[5]) welche

---

[1]) Kruse, Kölnische Geldgeschichte bis 1386 nebst Beiträgen zur Kurrheinischen Geldgeschichte bis zum Ende des Mittelalters (= Erg.-Heft der Westd. Zeitschr. für Geschichte und Kunst) 1888.

[2]) Bd. 3, 2 S. 363 ff. Vgl. auch seinen Aufsatz: Die Goldwährung im Deutschen Reiche während des Mittelalters, Zeitschrift für Sozial- und Wirtschaftsgeschichte Bd. 3 (1893).

[3]) Joh. Heinr. Müller, Deutsche Münzgeschichte bis zur Ottonenzeit, Leipzig 1860.

[4]) Julius Cahn, Der Rappenmünzbund. Eine Studie zur Münz- und Geldgeschichte des oberen Rheintales 1901.

[5]) Bernhard Harms, Die Münz- und Geldpolitik der Stadt Basel im Mittelalter (= Erg.-Heft 23 der Zeitschr. für die ges. Staatsw.) 1907.

namentlich die volkswirtschaftlichen Momente (Wertverhältnis der Edelmetalle, Ausprägungsverhältnisse, Währungsfragen u. dgl.) in den Vordergrund rückt und mit zu dem besten gehört, was die neueste geldgeschichtliche Literatur aufzuweisen hat. In vieler Beziehung vorbildlich für geldgeschichtliche Forschungen ist die soeben erschienene neueste Arbeit von Cahn, welche es unternimmt, die badische Münz- und Geldgeschichte aufzuhellen. Der bis jetzt vorliegende erste Band behandelt Konstanz und das Bodenseegebiet im Mittelalter,[1]) weitere Bände sollen die oberrheinischen Gebiete, die Ortenau und die eigentliche Markgrafschaft beschreiben, sodaß nach Vollendung des Werkes eine bis zur Gegenwart reichende Darstellung für nahezu alle Gebiete vorliegen wird, welche das heutige Großherzogtum Baden ausmachen. Der große Vorzug von Cahns Arbeiten ist, daß der Verfasser die Münz- und Geldgeschichte im engsten Anschluß an die wirtschafts- und verfassungsgeschichtliche Entwicklung schildert und dabei die numismatischen Einzelheiten völlig beherrscht.

Einer der größten Mängel unserer geldgeschichtlichen Forschungen ist, daß wir über Fragen der Münzpolitik und Währungsfragen in der deutschen Vergangenheit nur sehr wenig unterrichtet sind. Einen lehrreichen Versuch, die Währungsverhältnisse der deutschen Geldgeschichte in ein System zu bringen, hat Karl Helfferich unternommen,[2]) der sich bekanntlich um die Erforschung des neueren deutschen Geldwesens große Verdienste erwarb. Auch Schmoller zeigt in einer vortrefflichen Skizze über die Scheidemünzpolitik die richtigen Wege zur Klarstellung der Währungsverhältnisse in der Vergangenheit.[3]) Er geht dabei aus von der für die Währungsgeschichte sehr lehrreichen Arbeit von Nagl über die Goldwährung im Mittelalter,[4]) schildert die Währungsverhältnisse

---

[1]) Julius Cahn, Münz- und Geldgeschichte von Konstanz und des Bodenseegebietes im Mittelalter bis zum Reichsmünzgesetz von 1559 (= Münz- und Geldgeschichte der im Großherzogtum Baden vereinigten Gebiete, herausgegeben von der badischen historischen Kommission, Bd. 1), Heidelberg 1911.

[2]) Karl Helfferich, Die geschichtliche Entwicklung der Münzsysteme, Jahrb. für Nat. u. Stat. 3. Folge Bd. 9 (1895) S. 801—828.

[3]) G. Schmoller, Über die Ausbildung einer richtigen Scheidemünzpolitik vom 14. bis 19. Jahrhundert, Jahrb. für Gesetzgebung, Verwaltung und Volksw. Jahrg. 1900 Heft 4.

[4]) Nagl, Die Goldwährung und die handelsmäßige Geldrechnung im Mittelalter, Wiener Numismatische Zeitschrift Bd. 26 (1894).

von Florenz und Venedig, sowie die deutschen und besonders ausführlich die preußischen münzpolitischen Bestrebungen.

Wie sehr die deutsche Geldgeschichte noch im Rückstand ist, zeigt sich daraus, daß oft über die wichtigsten Vorgänge noch keine Klarheit geschaffen ist, selbst wenn das Material an der Oberfläche liegt. So hatten wir bis vor kurzem noch keine aktenmäßige Schilderung der Vorgänge, welche zum Erlaß der Reichsmünzordnungen von 1524, 1551 und 1559 führten.[1] Jetzt hat dies F. v. Schrötter einigermaßen nachgeholt in einer soeben erschienenen Arbeit, welche die Entstehungsgeschichte dieser Gesetze in großen Zügen wiedergibt. Er unternimmt es, hauptsächlich das Ringen der damals herrschenden drei großen Münzsysteme um die Vorherrschaft zu schildern: nämlich des Systems der rheinischen Goldgulden, der tirolisch-sächsischen Silbergulden und der weißen Pfennige von Augsburg und Nürnberg, den in jener Zeit bedeutendsten Handelsstädten.[2] Mit der Entwicklung des preußischen Geldwesens in der Zeit von 1525 bis 1569 beschäftigt sich eine sehr eindringende Studie von Schwinkowski,[3] die hauptsächlich auch die Technik des Münzbetriebes, Einkäufe und Preise der Edelmetalle, Münzgewichte und Recheneinheiten sowie die Münzsorten ausführlich behandelt.

Die Reichsmünzordnung von 1559 bildet in der deutschen Geldgeschichte eine wichtige Epoche, denn mit ihr beginnt die Neuzeit im Münz- und Geldwesen. Für den nun folgenden Zeitraum kennen wir nur die allerwichtigsten Vorgänge, das Gerippe der historischen Entwicklung, und es bleibt hier fast noch alles zu tun übrig. Für die Zeit bis zum Beginn des 30jährigen Krieges ist die erwähnte Darstellung von Janssen sehr zu empfehlen, und den Zustand des Geldwesens zur Zeit der Kipper und Wipper bis zu den Reformen des Jahres 1623 schilderte Opel in mustergiltiger

---

[1] Ein lehrreicher, viel zu wenig beachteter Überblick über das deutsche Geldwesen vom ausgehenden Mittelalter bis zum Beginn des 30jährigen Krieges findet sich bei J. Janssen, Geschichte des deutschen Volkes seit Ausgang des Mittelalters Bd. 8, (13. Aufl. von Pastor 1903) S. 49ff.

[2] F. v. Schrötter, Das Münzwesen des Deutschen Reiches von 1500 bis 1566, Jahrb. f. Gesetzgebung, Verwaltung und Volksw. (herausgegeben von Schmoller) 35. Jahrg. (1911) S. 1697—1740. Von der Arbeit ist bis jetzt nur der erste Teil erschienen.

[3] Walter Schwinkowski, Das Geldwesen in Preußen unter Herzog Albrecht (1525—1569), Königsberger Diss., Berlin 1909.

Weise in einem Aufsatz über „die Finanznot beim Beginn des 30jährigen Krieges".[1]) Sehr beachtenswert ist ferner die hierher gehörige überaus gründliche Arbeit von Wuttke über die Probationsregister des sächsischen Kreises, deren Hauptwert in den mühevollen Berechnungen bei Aufstellung der Tabellen zu suchen ist.[2])

Verhältnismäßig gut sind wir dann unterrichtet über einige Zeiträume der neueren preußischen Münz- und Geldgeschichte durch die ausgedehnten Forschungen F. v. Schrötters in den Acta Borussica, die sich auf die Zeit des 18. Jahrhunderts beziehen. Seine bis jetzt vorliegenden Arbeiten behandeln die Münzverwaltung unter Friedrich I. und Friedrich Wilhelm I., die Begründung des preußischen Münzsystems durch Friedrich d. Gr. und Graumann und ferner die Zeit des siebenjährigen Krieges sowie die Münzreform nach dem Frieden.[3]) Allerdings steht bei Schrötter nicht so sehr das geldgeschichtliche als das münzgeschichtliche und technische Moment im Vordergrund, allein seine Forschungen zählen dennoch zu dem besten, was wir über die neuere deutsche Münz- und Geldgeschichte besitzen.

Wenn also auch verschiedene tüchtige Einzelarbeiten vorliegen, so ist doch der Gesamtzustand der deutschen geldgeschichtlichen Forschung ein sehr unbefriedigender. Überall dort, wo zusammenhängende Darstellungen versucht worden sind, zeigt sich, daß wir von einer deutschen Geldgeschichte noch weit entfernt sind, da Vorarbeiten gerade für die wichtigsten Landesteile noch fehlen. Leider sind auch die beiden Artikel des Handwörterbuchs der Staatswissenschaften keineswegs geeignet, einen richtigen Überblick über die bisherigen Ergebnisse der geldgeschichtlichen Untersuchungen zu geben. Sommerlad ist es bei seiner Darstellung des mittelalterlichen Münzwesens nicht gelungen, die großen Züge der Entwicklung herauszuarbeiten, er haftet an Einzelheiten, und das von ihm entworfene Bild ist verschwommen und unklar, was sich allerdings zum Teil durch den Mangel genügender Vorarbeiten erklärt. Die Darstellung von Lexis verlegt den Schwerpunkt

[1]) Hist. Zeitschr. 1866 S. 213—268.

[2]) Numismatische Zeitschr. Bd. 29 (1897) S. 238ff. Vgl. auch die Studie desselben Verfassers: „Zur Kipper- und Wipperzeit in Kursachsen", Neues Arch. f. sächs. Geschichte Bd. 15 S. 119ff.

[3]) Acta Borussica. Denkmäler der preußischen Staatsverwaltung im 18. Jahrhundert, herausgegeben von der kgl. Akademie der Wissenschaft: Das preußische Münzwesen im 18. Jahrhundert, 1904ff.

völlig auf die neueste Zeit, und gerade die wichtigsten Vorgänge der deutschen Geldgeschichte, nämlich der Eingriff der Reichsgesetzgebung, die Überweisung des Münzwesens an die Kreise und ihre Folgen, die gewaltige Geldkrisis der Kipper- und Wipperzeit usw., sind bei ihm entweder nur angedeutet oder überhaupt nicht berührt. Das Handwörterbuch der Staatswissenschaften, unsere wichtigste Nachschlagequelle zur raschen Orientierung, versagt also auch in der eben erschienenen 3. Auflage für die neuere deutsche Geldgeschichte vollständig, und es würde sich empfehlen, bei der nächsten Auflage doch dem deutschen Geldwesen einen selbständigen und ausführlichen Artikel zu widmen.

Hinsichtlich der Quellen für die Geld- und Münzgeschichte ist ja bereits erwähnt, daß die Münzkunde für die Zeit des Altertums und des früheren Mittelalters die wichtigste Rolle spielt, allein für manche Perioden verschiedener Kulturvölker des Altertums besitzen wir jetzt schon eine erstaunliche Fülle schriftlicher Zeugnisse über den Zustand der Geld- und Währungsverhältnisse. Durch die oben (S. 196) erwähnten Papyrusfunde wird in jüngster Zeit für die Geldgeschichte Ägyptens von der Ptolemäerzeit etwa 1000 Jahre vorwärts ein Material erschlossen, dessen Reichhaltigkeit in Erstaunen setzt. Es ist in solcher Fülle zutage gefördert worden, daß es der wissenschaftlichen Forschung bis jetzt nur zum kleinsten Teil zugänglich gemacht werden konnte. Einen Überblick über die bisherigen Forschungsergebnisse mit zahlreichen Literaturangaben über ägyptische Münzverhältnisse und Währungsfragen bietet Wilcken im ersten Bande seines obengenannten Werkes.[1]) Für die Geldgeschichte Babylons, des wichtigsten vorderasiatischen Handelsgebietes, kommen vor allem in Betracht die Keilschrifturkunden über Kaufakte, Mieten, Darlehn u. dgl., welche sich von babylonischen Städten seit der Mitte des dritten vorchristlichen Jahrtausends nachweisen lassen. Eine große Auswahl solcher Stücke mit Übersetzungen ist von F. Peiser[2]) herausgegeben worden; sie beweisen, daß die Verwendung der Münze noch unbekannt war und die Zahlungen sämtlich in Edelmetall vorgenommen wurden.

Für gewisse Zeiträume des Mittelalters sind wir viel weniger mit schriftlichen Quellen versehen wie für das Altertum. Für das

[1]) Wilcken a. a. O. Bd. 1 (hist. Teil) 1. Hälfte S. LXI ff.

[2]) Keilinschriftliche Bibliothek, hrsg. von E. Schrader, Bd. 4 (1896).

Vorhandensein einer Münzstätte, den Beginn des Münzrechtes eines Territoriums usw. sind oft die Münzen, welche aus Grabfunden, Schatzfunden oder Handelsfunden stammen, unsere einzige Quelle. Der Fundort gibt häufig Aufschluß über die räumliche Verbreitung der in einem Territorium geschlagenen Münzen, über die Züge und Richtungen des Handelsverkehrs und vieles andere.

Durch die Forschungen von Dannenberg und neuerdings von Julius Cahn ist festgestellt, daß verschiedene Münzanstalten entweder vorzugsweise oder ausschließlich für den Fernverkehr prägten, ihre Erzeugnisse also nur geringe lokale Bedeutung besaßen. Nur selten sind z. B. die Konstanzer Pfennige durch Heimatfunde ans Licht gekommen; in den meisten Fällen wurden sie im slavischen Gebiet, jenseits der Elbe, an den Küstenländern der Ostsee, in Pommern, Dänemark und Schweden zutage gefördert. Diese merkwürdige Erscheinung ist dadurch zu erklären, daß sich im 10. und 11. Jahrhundert der lokale Verkehr auf dem Konstanzer Wochenmarkt noch fast ausschließlich in naturalwirtschaftlichen Formen vollzogen hat.[1])

Urkundliches Material besitzen wir für die Zeit des früheren Mittelalters in den Volksrechten und Kapitularien, welche durch die Veröffentlichung der Monumenta Germaniae jetzt der Forschung in bequemer Weise zugänglich gemacht werden. Allerdings sind hier die Zeugnisse oft recht spärlich, und sie werden erst ausgiebiger seit Ausbildung der Privaturkunde. In den zahlreichen, bis jetzt herausgegebenen Urkundenbüchern ist zwar viel geldgeschichtliches Material zutage gefördert, aber nur spärlich ausgebeutet worden. Seine Verwertung ist durch das erwähnte Fehlen eines Sachregisters bei den meisten Urkundenbüchern aufs äußerste erschwert, und der geldgeschichtlich Interessierte muß in mühseliger Weise das ganze Material durcharbeiten, um verhältnismäßig wenige Angaben zu gewinnen.

Für die Zeit des Übergangs von der Natural- zur Geldwirtschaft bilden die kirchlichen Einnahme- und Ausgaberegister vorzügliches Quellenmaterial. Eine wichtige Aufgabe der künftigen geldgeschichtlichen Forschung wird es gerade sein, nachzuweisen, welcher Anteil an der Verbreitung und Ausbildung der Geldwirtschaft der kirchlichen Finanzverwaltung zukommt. Die ge-

---

[1]) Cahn a. a. O. S. 48.

waltige Organisation der Kirche umspannte ja die ganze Kulturwelt, und die kirchliche Finanzverwaltung war für die wirtschaftlichen Beziehungen zwischen Rom und weit entfernten Gebieten schon frühe auf geldwirtschaftliche Formen angewiesen. In England bestand schon im 9. und 10. Jahrhundert der Peterspfennig als freiwillige Gabe der angelsächsischen Könige an das römische Pilgerquartier und seit Wilhelm dem Eroberer als regelmäßige, vom Papst geforderte Abgabe an die päpstliche Kammer, die von den Haus-, Vieh- oder Grundbesitzern erhoben wurde.[1])

Schon frühe machte ein streng geregeltes System von Abgaben der Geistlichkeit an die päpstliche Finanzverwaltung einen regelrechten Geldverkehr zwischen Rom und weit entfernten Ländern notwendig, und so erklärt es sich, daß die Kirche bereits eine ausgebildete geldwirtschaftliche Verfassung besaß, als die Territorien und Städte noch tief in der Naturalwirtschaft steckten.[2]) In dieser Hinsicht ist gerade von den jetzt durch die Görres-Gesellschaft herausgegebenen Rechnungsbüchern der päpstlichen Hof- und Finanzverwaltung des 14. Jahrhunderts für die Geldgeschichte ein reicher Ertrag zu erwarten.[3]) Schon der erste Band, welcher die Einnahmen umfaßt und von Emil Göller bearbeitet ist, enthält zahlreiche Nachrichten über die Münzprägung, Abgaben des Münzmeisters an die päpstliche Kammer, die Legierung, den Betrag der Prägung usw.[4]) Insbesondere hat jedoch der zweite soeben erschienene Band, von K. H. Schäfer bearbeitet, welcher die Ausgaben unter Johann XXII. umfaßt, reiches geldgeschichtliches Material zutage gefördert. Vieles davon ist vom Herausgeber auch für die Darstellung verwendet worden, und die von ihm aufgestellten Kurstabellen über die Wertvergleiche des Florentiner Goldguldens mit den von etwa 1200 bis 1375 in Westeuropa umlaufenden Geldsorten sind für die deutsche Geldgeschichte äußerst wertvoll,[5])

---

[1]) vgl. O. Jensen, Der englische Peterspfennig und die Lehenssteuer aus England und Irland an den Papststuhl im Mittelalter, Heidelberg 1903.

[2]) Hinsichtlich des Übergangs von der Natural- zur Geldwirtschaft vgl. W. Lotz, Das Aufkommen der Geldwirtschaft im staatlichen Haushalt (= Volkswirtschaftliche Zeitfragen Nr. 233), Berlin 1908.

[3]) Näheres über diese Quellen siehe oben S. 223 ff.

[4]) vgl. auch P. M. Baumgarten, Vatikanische Akten zur Geschichte der päpstlichen Hof- und Finanzverwaltung von 1316—1378, Hist.-pol. Blätter für das kath. Deutschland Bd. 145 (1910) S. 719.

[5]) Der umfangreiche geldgeschichtliche Teil der Arbeit von Schäfer ist

wenngleich von numismatischen Sachverständigen an der Arbeit von Schäfer erhebliche Ausstellungen gemacht worden sind.

Mit dem 14. Jahrhundert beginnen die schriftlichen Quellen für die Münz- und Geldgeschichte überhaupt reichlicher zu fließen. Neben den massenhaft überlieferten Urkunden über abgeschlossene Rechtsgeschäfte, den Gültbriefen, Stadtrechtskodifikationen usw. sind die städtischen Rechnungsbücher,[1]) welche jetzt allgemein aufkommen und sich für manche Städte lückenlos bis zur Gegenwart erhalten haben, als wichtige Quelle zu bezeichnen. Mit ihrer Hilfe lassen sich die Münzrechensysteme, die Ankäufe und Preise von Edelmetall, das Wertverhältnis der verschiedenen Sorten zu einander, der Schlagschatz und vieles andere feststellen.

Einen noch weit besseren Einblick in diese Dinge ermöglichen die vom städtischen Münzmeister geführten Rechnungsbücher und die zugehörigen Akten, die allerdings gewöhnlich erst zu Ausgang des Mittelalters beginnen. Sie gewähren vollen Einblick in alle Prägungsverhältnisse und ermöglichen, die wichtigen währungspolitischen Grundsätze in die Vergangenheit zurückzuverfolgen. Gerade das münzpolitische Moment ist von den meisten Arbeiten nicht berücksichtigt worden, und es wäre zu wünschen, daß bei geldgeschichtlichen Untersuchungen insbesondere das zahlenmäßige Verhältnis der einzelnen Sorten, die Umprägung verrufener Münzen, die Bezugsquellen für den Ankauf von Edelmetallen, die Menge der geprägten Münzen pro Kopf der Bevölkerung, falls letztere festzustellen ist, eingehender untersucht würde, als dies bisher geschah.

Es ist bekannt, daß bei der territorialen Zersplitterung des deutschen Münzwesens stets eine große Menge der verschiedensten Münzsorten gleichzeitig im Umlauf gewesen ist. Insbesondere war dies bei Orten mit regem Handels- und Meßverkehr der Fall. Die Kaufleute aus aller Herren Länder brachten ihr eigenes Geld nach den Meß- und Handelsstädten mit und vermehrten so die Zahl der umlaufenden Sorten oft ins Ungemessene. Manche von den fremden Münzsorten erhielten durch Tarifierung den Charakter als Kurrantgeld, und wir kennen die wichtigsten jeweils umlaufenden

auch separat erschienen unter dem Titel: K. H. Schäfer, Der Geldkurs im 13. und 14. Jahrhundert, Kurstafeln und urkundliche Wertvergleiche des Florentiner Goldgulden zu den Edelmetallen und den wichtigsten europäischen Gold-, Silber- und Scheidemünzen, Paderborn 1911.

[1]) Näheres über den Wert dieser Quellen im allgemeinen s. oben S. 222 ff.

Sorten aus den zahlreichen Münztarifen, welche meistens durch den Druck veröffentlicht oder sonstwie bekannt gemacht wurden. Allein diese tarifierten Sorten bilden nur einen kleinen Teil der umlaufenden Münzen, eben nur die obrigkeitlich ausdrücklich zugelassenen.

Eine bisher noch nicht beachtete Quelle zur Feststellung der in einem bestimmten Wirtschaftsgebiet umlaufenden Sorten besitzen wir in den gerichtlich aufgenommenen Vermögensinventaren verstorbener Personen, die uns an manchen Stellen (z. B. im Frankfurter Stadtarchiv) massenhaft überliefert worden sind. Die Vermögensbestände sind so genau aufgezeichnet, daß bei den Barvorräten die einzelnen Sorten genannt werden, sogar der Inhalt der Sparbüchsen ist genau verzeichnet. Schnapper-Arndt hatte seinerzeit den Versuch unternommen, die Inventare nach dieser Richtung für geldgeschichtliche Forschungen zu verwerten, und in seinem Nachlaß befindet sich unter anderem noch eine sehr wertvolle Zusammenstellung, welche den Zeitraum von 1500 bis 1800 umfaßt und die in den Inventaren und Depositenbüchern des Frankfurter Stadtarchivs verzeichneten Münzsorten wiedergibt.

Um die deutsche Geldgeschichte auf eine einigermaßen sichere Grundlage zu stellen, ist es vor allen Dingen nötig, daß das unermeßlich weitschichtige Material, welches in Münzedikten überliefert ist, wenigstens in den allerwichtigsten Stücken in zuverlässigen Ausgaben der wissenschaftlichen Forschung zugänglich gemacht wird. In dem umfangreichen und sehr verdienstvollen Sammelwerk von Hirsch[1]) wird zwar ein umfassendes Material an Münzedikten des Reichs, der Kreise, Territorien und freien Städte vorgeführt. Allein der Abdruck ist nicht zuverlässig, und vor allen Dingen gibt Hirsch nur einen Teil des Materials wieder, auch ist die Auswahl bei ihm eine ziemlich willkürliche. Was not tut, ist eine streng lokal vorgehende, kritische Ausgabe aller wichtigen gesetzlichen Vorschriften über das Münzwesen im Reich, den wichtigsten Territorien und freien Städten sowie der Münzgesetze in den zehn Reichskreisen, die seit 1571 mit der Durchführung des Münzwesens betraut wurden.[2]) Allerdings ist die Arbeit eine gewaltige und übersteigt bei weitem die Kraft eines einzelnen,

[1]) J. C. Hirsch, Des Teutschen Reiches Münzarchiv. 9 Teile, 1756—1768.

[2]) Für Frankfurt ist eine Sammlung der Münzedikte durchgeführt worden von dem Senator Cleynmann, dessen „Diplomatarium monetarium“ im Frankfurter Stadtarchiv aufbewahrt wird.

sie kann daher nur bei entsprechender Arbeitsteilung und durch eine Anzahl geeigneter Fachleute bewältigt werden. Schon die Durcharbeitung der Kreismünzakten erfordert einen außergewöhnlichen Aufwand an Zeit und Arbeitskraft. Um das Ziel zu erreichen, wäre eine planmäßige Organisation etwa durch eine gelehrte Gesellschaft oder ein eigens zu begründendes Institut empfehlenswert. Die Publikation dieser Denkmäler der deutschen Münz- und Geldgeschichte wäre eine verdienstvolle und dringliche Aufgabe der deutschen Geschichtsforschung und den Veröffentlichungen der Monumenta Germaniae, der Reichstagsakten und der hansischen Geschichtsquellen würdig an die Seite zu stellen.

Viel zu wenig berücksichtigt ist auch in der deutschen geldgeschichtlichen Forschung die Popularliteratur, welche sich in Zeiten wirtschaftlicher Krisen oft sehr eingehend mit dem Münz- und Geldwesen beschäftigt hat. Unter dem Einfluß der Reformation ist im 16. Jahrhundert eine weitverbreitete Flugschriftliteratur entstanden, die sich anfangs nur mit theologischen Fragen, später aber auch sehr eingehend mit den Problemen des Wirtschaftslebens beschäftigt hat und insbesondere im 17. Jahrhundert, zur Zeit der Kipper und Wipper, eine große Ausdehnung gewann.[1])

Der Wert dieser Schriften ist sehr verschieden, und sie sind natürlich wie alle Flugschriften als Geschichtsquelle nur mit Vorsicht zu benutzen. Neben einer Menge von minderwertigen oder gar wertlosen Erzeugnissen gibt es zahlreiche theoretisch hochachtbare Leistungen, wie z. B. das bekannte als Flugschrift verbreitete Gutachten des Reichspfennigmeisters Geizkofler, die von W. Lotz herausgegebenen albertinisch-ernestinischen Münzschriften oder das von Gothein ans Licht gebrachte Colloquium zwischen Bürger, Bauer und Edelmann.[2]) Treffliche literarische Erzeugnisse der älteren Literatur vom Geldwesen sind schon völlig vergessen, und es wäre verdienstvoll, eine Auswahl der besten von ihnen durch Neudrucke wieder bekannt zu machen, um unsere Kenntnis

[1]) Eine kurze Charakteristik dieser Flugschriftenliteratur gibt W. Roscher in seiner „Geschichte der Nationalökonomie in Deutschland" 1874 S. 173–18.. Seine Darstellung ist jedoch keineswegs erschöpfend, sondern berücksichtigt nur einige besonders wichtige und stark verbreitete Schriften.

[2]) Die beiden von Lotz und Gothein besorgten Neudrucke sind erschienen in der von Brentano und Leser herausgegebenen „Sammlung älterer und neuerer staatswissenschaftlicher Schriften des In- und Auslandes" (Nr. 2 und 3).

vom deutschen Geldwesen der Vergangenheit auch literargeschichtlich auf eine sichere Grundlage zu stellen.

Der Aufbau einer deutschen Münz- und Geldgeschichte setzt also eine gewaltige und mühselige Vorarbeit und das Zusammenwirken der verschiedensten Gelehrtenkreise voraus. Den Erfolg für die gesamte deutsche wirtschaftsgeschichtliche Forschung kann man kaum hoch genug einschätzen. Da entsprechend der lokalen Zersplitterung des deutschen Geldwesens nur eine große Anzahl lokalgeschichtlicher Forschungen die erforderliche Grundlage liefern können, so wären besonders die landesgeschichtlichen Publikationsinstitute die berufenen Organe zur Förderung dieser Bestrebungen. Ihre erste Aufgabe sollte es eigentlich sein, die Wirtschaftsgeschichte ihres Gebietes durch die Herausgabe einer Münz- und Geldgeschichte auf sicheren Boden zu stellen, ehe sie sich an die Erforschung wirtschaftsgeschichtlicher Einzelheiten begeben. Allerdings wird vorläufig die Hauptschwierigkeit sein und für längere Zeit auch bleiben, geeignete Persönlichkeiten für die Bearbeitung lokaler Münz- und Geldgeschichten zu gewinnen, allein wenn einmal die wissenschaftliche Numismatik eine bleibende Stätte an unseren Universitäten erhält, wird auch diesem Mangel bald abgeholfen sein.

Die Bedeutung des Unternehmerstandes für den industriellen Fortschritt in Sachsen.

Ein Beitrag zur Geschichte der sächsischen Industrie.

Von **Johannes März.**

In einem Vortrage in der Gehe-Stiftung zu Dresden hat Ludwig Pohle[1]) eine die Bedeutung für den industriell-gewerblichen Fortschritt aufzeigende Würdigung des Unternehmerstandes gegeben, die zu dem wenigen Guten gehört, was die neue volkswirtschaftliche Literatur über die vielumstrittene Bedeutung des Unternehmers für die Volkswirtschaft hat verlauten lassen. Daß der Unternehmerstand im öffentlichen Leben und in einem großen Teile der Nationalökonomie oft nur geringes Verständnis findet, ja daß man ihm, dem führenden Stande des heutigen Wirtschaftslebens, eine zum Teil leidenschaftliche Gegnerschaft entgegenbringt, sowohl in der Schicht, die er überflügelt hat, dem Mittelstand, als auch bei denen, an welchen er die ökonomische Führung direkt ausübt, den Lohnarbeitern, hebt die genannte Schrift als eine bekannte Tatsache nicht ohne Bedauern hervor.

Man darf behaupten, daß für eine objektivere Würdigung der Leistungen des Unternehmerstandes so lange keine besseren Aussichten vorhanden sind, als die sozialistische zum Moralisieren und Ethisieren neigende Betrachtungsweise die auch im soziologisch-politischen Leben einflußreichen ökonomischen Schulen beherrscht.[2])

---

[1]) Ludwig Pohle, Der Unternehmerstand, Vorträge der Gehe-Stiftung zu Dresden, Bd. 3. 1910.

[2]) Die Notwendigkeit, bei der Betrachtung der modernen Berufsstände auch den Unternehmerstand mehr und objektiver als bisher zu berücksichtigen, betont außer Pohle seit längerer Zeit auch Ehrenberg, namentlich im Thünen-Archiv, ferner Julius Wolf-Breslau. Die Arbeiten Alexander Tilles, die von der gleichen Erkenntnis ausgehen, sind wegen der Extravaganz des Verfassers in Hinsicht der wirtschaftlichen Auffassung, der politisierenden, stark ins Agitatorische sich verlierenden Darstellung und der Sonderbarkeit seiner

Hier konzentriert sich das Interesse auf den zweiten, für die moderne Volkswirtschaft charakteristischen Stand, die Lohnarbeiterschaft, deren soziale Stellung wissenschaftliche Kreise sehr früh zu eingehender Betrachtungsweise veranlaßt hat. Die Gründe für das Zurücktreten des Unternehmerstandes bei der Behandlung der modernen Berufsstände in der nationalökonomischen Wissenschaft sind verschiedene. Sie liegen einmal in dem überragenden Einfluß der Theorie von der kapitalistischen Wirtschaftsauffassung. Die Einseitigkeiten der an Adam Smith und die Engländer anknüpfenden Schule, die Unternehmer = Kapitalist setzen, sind durchaus nicht, wie Brentano[1]) bemerkt, vollständig überwunden. Wenn auch dem Unternehmer, als dem „Träger des menschlichen Geistes, der die Produktionselemente trennt und verbindet und so das Produkt schafft", gegenüber der weitverbreiteten „Popularlehre von der alleinigen Produktivität und dem alleinigen objektiven Wert der materiellen Arbeit" eine gebührende Würdigung heute wenigstens in einem Teil der nationalökonomischen Wissenschaft zuteil wird, so erkennt man doch auch hier noch dem Kapital eine Rolle zu, der gegenüber die Bedeutung des Unternehmers wesentlich zurücktritt. Hiergegen wendet sich mit Recht Biermann.[2]) Nicht kann, wie Brentano[3]) behauptet, der Unternehmer seine die Produktionselemente trennende und verbindende Tätigkeit nur in dem Maße ausführen, als er über Kapital verfügt, sondern erst durch den Unternehmer, als den einzigen Produktions*faktor*, werden die Elemente der Produktion: Natur, Kapital und exekutive Arbeit, in den Dienst der Produktion gestellt. Diese letztere Auffassung Biermanns[4]) scheidet richtig

Terminologie, wie Behandlung der Sprache, wissenschaftlich wertlos. Hervorzuheben sind dagegen die Arbeiten von Wirminghaus sowie dem Schweizer Nationalrat Dr. Eduard Sulzer-Zieger. Eine schöne Würdigung der Verdienste des Unternehmerstandes um die Entwicklung und die Fortschritte eines Industriezweiges gibt auch Stieda in dem Schlußwort seiner Monographie über „Die keramische Industrie in Bayern während des 18. Jahrhunderts", Leipzig, B. G. Teubner 1906.

[1]) Brentano, Der Unternehmer, Vortrag, gehalten am 3. Januar 1907 in der Volkswirtschaftlichen Gesellschaft in Berlin. Erschienen in „Volkswirtschaftliche Zeitfragen". Vorträge und Abhandlungen, hrsgeg. von der Volkswirtschaftlichen Gesellschaft in Berlin, Jahrg. XXIX.

[2]) W. Ed. Biermann, Zur Lehre von der Produktion und ihrem Zusammenhang mit der Wert-, Preis- und Einkommenslehre, Lpz. 1904.

[3]) Brentano a. a. O. S. 20.

[4]) Von dieser Auffassung aus kommt Biermann auch bereits zu einer

das Kapital von den Produktionsanlagen. Unter diesem Begriffe sind zu verstehen die Betriebsgebäude, Werkzeuge, Maschinen, produzierte Produktionsmittel, deren Kennzeichen ist, daß sie durch Arbeit entstehen. Kapital sind die durch Sparen entstandenen „werbenden Geldsummen". Große Geldmittel sind sehr oft bei den Anfängen selbst der größten Unternehmungen noch nicht vorhanden gewesen und man kann bereits auf Grund der heute vorhandenen Unterlagen nachweisen, daß der weitaus größte Teil der Unternehmer Deutschlands ohne dieses soeben charakterisierte „Kapital" ihre Tätigkeit begonnen haben. So besaß Krupp nach 25 Jahren der Führung der im Jahre 1826 übernommenen verfallenen Gußstahlfabrik noch kein nennenswertes Vermögen. „Es ist bekannt, daß im Jahre 1826 die verfallene Gußstahlfabrik ohne Vermögen mir zur Führung anvertraut wurde. Mit wenig Leuten fing ich an, sie verdienten mehr und lebten besser als ich; so ging es fast 25 Jahre fort mit Sorgen und mühevoller Arbeit, und als ich dann eine größere Zahl von Leuten beschäftigte, war dennoch mein Vermögen geringer, als was heute mancher Arbeiter der Gußstahlfabrik besitzt." [1])

Von der Seite wissenschaftlicher Betrachtung aus, die Biermann

richtigen Einschätzung der volkswirtschaftlichen Bedeutung des Unternehmerstandes als solchen, wie sie Pohle in seinem Vortrag darlegt. „Es gehört zu den ungeheuerlichsten Verirrungen des menschlichen Geistes, wenn kommunistische Denker (freilich im Anschluß an die klassische Schule, insbesondere an Ricardo) gerade die materielle Arbeit als allein produktiv bezeichnet haben. Die lächerliche Geringschätzung der geistigen Arbeit, die jeder Lebenskenntnis bare Unterschätzung eines geistig hochstehenden Unternehmertums ist die Signatur des historischen Materialismus geworden. Natürlich verhält es sich gerade umgekehrt: Die organisatorische „dispositive" Arbeit des „Unternehmers" (im weitesten Sinne des Wortes) ist der einzige Produktionsfaktor, die materielle Arbeit dagegen nur ein Element. Sie trägt erst dann zum Enderfolge der Produktion bei, wenn sie durch schöpferische Intelligenz und Organisation der geistigen Arbeit in den Dienst der Produktion gestellt worden ist. Die „exekutive" Arbeit ohne das Ferment der organisatorischen „dispositiven" Arbeit ist einem großen Heere ohne einen Feldherrn vergleichbar. Es liegt auf der Hand, daß eine solche Zurückweisung übertriebener Schätzungen der rein materiellen Arbeit des Lohnarbeiters und eine gerechtere Würdigung der geistigen Arbeit in ihrer Bedeutung für das volkswirtschaftliche Geschehen auch in der Wert- und Preislehre, sowie in der Verteilungslehre zu anderen Resultaten gelangen muß wie jene einseitige Glorifizierung der mechanischen Handarbeit." Biermann a. a. O.

[1]) Krupp, Ein Wort an die Angehörigen meiner gewerblichen Anlagen. Als Manuskript gedruckt. Essen, Buchdruckerei des Kruppschen Etablissements.

mit anderen vertritt, wird sonach der Unternehmer als Produktionsfaktor gegenüber der ihn völlig negierenden kapitalistisch-marxistischen Wirtschaftsauffassung gewürdigt. Eine wissenschaftliche Behandlung des Unternehmerstandes als solchen, seiner Stellung und Bedeutung innerhalb der Volkswirtschaft ist aber damit nicht gegeben, wenngleich sie natürlich ihren Ausgangspunkt an dieser Stelle nehmen würde. Die weiteren Unterlagen wären dann erst zu gewinnen, wenn die Geschichte der industriellen und gewerblichen Entwicklung eine ausreichende Bearbeitung gefunden hat. Vorarbeiten hierzu sind bisher nur vereinzelt gemacht worden, meist nur dort, wo der Unternehmerstand ins Riesenhafte gehende Unternehmungen[1]) schuf. Dabei wird die überragende Bedeutung einzelner führender Persönlichkeiten auf dem Gebiete der Industrie naturgemäß gewürdigt. Es wäre aber ein Irrtum, wenn man annehmen wolle, daß es zu der großartigen industriellen und gewerblichen Entwicklung der Neuzeit nur des Anstoßes einzelner bedurft hätte. So bedeutsam solche Pioniere auch gewesen sind, auch ihre Anregungen wären nicht nutzbar gemacht worden, wenn nicht die große Menge der Unternehmer in allen Zweigen des Gewerbes Arbeitskraft, Intelligenz, Erfindungsgabe, Fleiß und Ausdauer angewendet hätten, mit denen die Tausende der industriell-gewerblichen Unternehmungen zur Höhe gebracht wurden und noch heute geleitet werden. Dies festzustellen, würde Aufgabe einer Geschichte der Industrie Sachsens und Deutschlands sein.

Das Material zu einer solchen Geschichte der Industrie und der Gewerbe, namentlich derjenigen Gewerbe, die zur industriellen Entwicklung übergegangen sind,[2]) ist, wie gesagt, leider noch sehr lücken-

---

[1]) Vgl. Ehrenberg, Die Unternehmungen der Gebrüder Siemens. Derselbe, Große Vermögen. Auch andere bedeutende Unternehmer und Unternehmungen haben ihren Geschichtsschreiber gefunden.

[2]) Das betont besonders auch Stieda in dem Artikel „Fabrik" im HWB. der Staatsw. Die Forschung hat das dunkle Gebiet der Entstehung des Fabrikwesens noch nicht im Zusammenhange beleuchtet, es existieren auch nur wenige, zum Teil auch nur bruchstückartige Arbeiten über die Entwicklung einzelner Industriezweige. Wo sie vorhanden sind, tritt der Anteil des Unternehmerstandes an dieser gewöhnlich kaum hervor. Wie solche Untersuchungen interessant und auch für die Würdigung der Bedeutung des Unternehmerstandes für den industriellen Fortschritt nutzbar gemacht werden können, zeigt Stieda in seinen Untersuchungen über die Entwicklung der keramischen Industrie in verschiedenen deutschen Landesteilen (Bayern, Thüringen u. a.).

haft; das gilt auch von den vorliegenden Untersuchungen über die Geschichte und Entwicklung einzelner Industriezweige in volkswirtschaftlicher Hinsicht. Man muß, will man über das Ganze der industriellen Entwicklung etwas erfahren, auf die historischen Darstellungen der Technik zurückgreifen, die gewiß auch wertvolles Material für die Geschichte des Unternehmerstandes bieten. Sie enthalten aber in der Regel natürlich nur die Namen derer, die speziell Techniker, sei es mit entsprechender Vorbildung, sei es durch Genie und Begabung, gewesen sind. Aber der größte Teil der Unternehmer war früher und ist heute noch Techniker und Kaufmann zugleich, wenn auch die kaufmännische Tätigkeit nach außen mehr hervortritt.[1] Eine Geschichte der Industrie und der Gewerbe nach volkswirtschaftlichen Gesichtspunkten würde darum auch über den Anteil des Unternehmerstandes am technisch-industriellen Fortschritt wertvolles Material zutage fördern und die Namen aller derjenigen festhalten, die, sei es auch nur durch kleinere Erfindungen, zweckmäßige Organisationsweisen, Verpflanzung bisher nur im Auslande betriebener Fabrikationsmethoden oder technische Verbesserungen an einzelnen Erfindungen oder Produktionsprozessen, zur Entwicklung der Industrie zu ihrer heutigen Höhe beigetragen haben.

Die Entwicklung der Industrie Sachsens wird nur in einigen Gesamtdarstellungen[2] der sächsischen Volkswirtschaft behandelt. Das für unsern Zweck Brauchbare drängt sich hier aber auf wenige Angaben über Namen und Lebensdaten hervorragender Unternehmer und Entstehung oder Vergehen der bedeutsamen Unternehmungen Sachsens zusammen. Das Fortschreiten der Entwicklung vom Mangelhaften zum Besseren und die Anteilnahme des Unternehmerstandes an der technischen Vervollkommnung tritt fast nirgends hervor. Gerade hierauf würde es aber ankommen, um die Bedeutung des Unternehmerstandes für die Volkswirtschaft

---

[1]) Hierauf macht Pohle aufmerksam. Das Bestreben des Unternehmers muß ständig auf Herabdrückung der Selbstkosten gerichtet sein, um nicht im Zeitalter der Gewerbefreiheit plötzlich durch einen Betrieb mit niedrigeren Produktionskosten vom Markt verdrängt zu werden. Diese Verbilligung der Produktionskosten kann erfolgreich nur vorgenommen werden, wenn der Unternehmer selbst die technischen Kenntnisse seines Produktionszweiges besitzt. Pohle a. a. O. S. 23.

[2]) So vor allem Gebauer, Die Volkswirtschaft im Königreich Sachsen, 3 Bde., Dresden 1893.

Sachsens zu zeigen. Monographien über einzelne führende Persönlichkeiten auf industriellem Gebiete und kleinere Arbeiten über bestimmt umgrenzte Teile oder einzelne Industriezweige sind zwar vorhanden, aber naturgemäß nicht ausreichend, um ein Bild von der Bedeutung des sächsischen Unternehmerstandes als solchen zu entwerfen. Es fehlt eben auch in Sachsen noch an bearbeitetem Material für eine zusammenhängende Darstellung der Wirksamkeit des Unternehmerstandes, obwohl gerade Sachsen vielleicht die größte Zahl der Männer aufzuweisen hat, die ihre Lebensarbeit auf Vervollkommnung und Ausbildung der großen englischen Erfindungen auf dem Gebiete der Maschinentechnik verwendet haben, neben einer Reihe von Erfindern von Arbeitsmaschinen, Apparaten, neuen technischen Verfahren und Betriebs- oder Fabrikationsmethoden zur Herstellung einzelner Artikel, die heute die Grundlage bedeutsamer Industriezweige bilden. Indessen sind wir nicht ganz ohne Nachrichten, wenigstens über die frühesten Zeiten der Entwicklung der sächsischen Industrie, und es trifft sich glücklich, daß die cameralistischen Schriftsteller des 18. Jahrhunderts einer subjektiven Schreibweise huldigten, die auf die Persönlichkeit einen gewissen Wert legt. Ihnen erschienen die Männer, die für die Entwicklung des Gewerbes Bedeutendes leisteten, erwähnenswert, ihre Tätigkeit wurde an ihrer Bedeutung für das Wohl des Landes gemessen, und so bilden denn die gewerblichen Journale, die Ausstellungsberichte, die „Produkten-, Manufaktur- und Handelskunden" des 18. und 19. Jahrhunderts ein willkommenes Quellenmaterial für eine Geschichte der sächsischen Industrie unter dem Gesichtspunkt der Leistungen der sächsischen gewerblichen Unternehmer.

Ihren erfinderischen Geist rühmt vor allem Rößig[1]) in seiner 1803 herausgegebenen Handelskunde: „Die erfinderische Industrie der Sachsen belegen nicht nur die Zeugnisse der Ausländer und Reisenden, sondern auch viele Erfindungen in dem Manufaktur- und Fabrikwesen selbst. Für das erstere redet das Zeugnis Riesbecks in den Briefen eines reisenden Franzosen über Deutschland: „Ein fleißigeres Volk als die Sachsen, sagt er, habe ich noch nie gesehen. Das ganze Gebirge wimmelt von geschäftigen Menschen, und dem nackenden Felsen brechen sie Nahrung ab ... Ihr

[1]) C. G. Rößig, Die Produkten-, Fabrik-, Manufaktur- und Handelskunde von Chursachsen und dessen Landen in zwey Teilen, in Römers Staatsrecht und Statistik des Kurfürstentums Sachsen. Leipzig 1804, 4. Bd.

erfindsamer Geist ist unermüdet und unerschöpflich. Wenn die Mode oder die Mitwerbung ihrer Nachbarn ihnen einige Arten ihrer Manufakturen niederschlägt, so haben sie in einem Augenblick zehn andere, um die ersteren wieder zu ersetzen".

Rößig beweist diese Mitteilungen an interessanten Beispielen, die er den von ihm gesammelten Nachrichten über die damalige sächsische Industrie entnimmt. Er beschreibt eingehend ihre Produktionweise, die zum großen Teil noch gewerblich war oder doch erst in den ersten Anfängen der Entwicklung zur industriellen Fabrikation stand. Da Maschinen in dieser Zeit der Entwicklung der sächsischen Industrie noch etwas Besonderes waren, so gibt er von allen derartigen Konstruktionen eine eingehende Beschreibung und nennt die sächsischen Unternehmer, deren erfinderische Tätigkeit und konstruktive Begabung dabei tätig gewesen sind. Zu den ihm besonders merkwürdig erscheinenden Maschinen gehört das „Filatorium", eine Maschine, welche zum Zwirnen und Doublieren der Seide verwendet wurde. Sie existierte zu Rößigs Zeit nicht mehr, doch besaß die in Sachsen noch lebende Familie noch die Risse und Zeichnungen. Als ihr Erbauer wird Kammerrat Rabe, der um die Hebung der Seidenmanufaktur in Sachsen sich große Verdienste erworben hat, genannt, „nachdem sachverständige Leute mit vielen Kosten und Lebensgefahr das Muster in Bologna abgesehen hatten"; sie kostete mitsamt dem Haus, in welchem sie aufgestellt war, 50 000 Taler. Das Filatorium arbeitete mit 80 000 Spulen und leistete in einem Tage ebensoviel, als 500—600 Menschen in dieser Zeit nicht leisten konnten. Das ganze Werk konnte durch 14—15 Personen, meistens Kinder, bedient werden. Sein Ruhm war so weit gedrungen, daß Friedrich II. gelegentlich seines feindlichen Einfalls in Sachsen die Maschine durch eine Wache vor Beschädigungen und Zerstörungen der herumschweifenden Truppen soll haben sichern lassen.

Einige Kaufleute, die späterhin in den Besitz der Maschine kamen, vermochten anscheinend nichts mit ihr anzufangen und so wurde sie schließlich vernichtet. Das Beispiel zeigt neben anderen, wie eifrig auch in Sachsen um die Zeit der epochemachenden Erfindungen auf dem Gebiet des Maschinenwesens konstruiert wurde, wenn auch diesen Konstrukteuren der Erfolg nicht blühte, den die englischen Erfinder erringen konnten. Rößig nennt weiter einen Kaufmann Arndt in Düben, der im Jahre 1800 eine englische Wollspinnmaschine aufstellte, ferner die Fabrikanten Wöhler und

Bernhardt, die zuerst in Sachsen Baumwollspinnmaschinen nach englischem Muster aufstellten. Vor den nach englischer Art eingerichteten Spinnmaschinenen hatten sächsische Konstrukteure bereits Handspinnmaschinen aufgestellt sowie Handkrempelmaschinen, die durch sinnreiche Einrichtungen immer wieder verbessert wurden. Eine solche Verbesserung brachte beispielsweise ein Chemnitzer Fabrikant an dem Leinen-Damast-Webstuhl an, indem er mittels eines Sperrholzes die Kette offen hielt, „so daß der Weber, der auf der einen Seite das Schiffchen einschießt, während es zwischen der offenen Kette durchschießt, auf der anderen Seite solches beheben, auffangen und zurückwerfen kann".

Andere in Sachsen hergestellte bezw. nach fremden Mustern konstruierte Maschinen sind die Tramirmaschine (eine Maschine, welche mittels eines Rades mehrere Spindeln zum „Nesselgarn drehen" bewegte), die Feuermaschine, welche für die Salinen zu Kötschau und Teuditz errichtet war, um bei dem Gradieren vorzüglich nicht so abhängig von dem Wasservorrat oder Mangel zu sein, die Maschinerie des Amalgamirwerkes in Halsbrückerhütte bei Freiberg, wo der Maschinenmeister Mende um das Maschinenwesen große Verdienste sich erwarb. Aus der großen Zahl der Namen von Unternehmern, die um die Fortentwicklung der Industrie sich verdient gemacht haben, nennen wir mit Rößig dann noch 1791 Friedrich Gottlob Meißner, der eine Zwirnmanufaktur einrichtete und mit Hilfe eines sachkundigen Konstrukteurs die Zwirnmaschine zu großer Vollkommenheit brachte, ferner die Familie Leonhardi, deren Mitglieder eigentlich ursprünglich Schwarz- und Blaufärber waren und bereits in den 90 er Jahren des 18. Jahrhunderts den bunten Leinwanddruck zu Grimma „ins Große" trieben. Sie besaßen 4 Manufakturhandlungen in Grimma und vertrieben ihre Waren bis nach Ostindien über Holland. Das Rohmaterial bezogen sie aus der Oberlausitz. Hier hatten sich, namentlich um die Damastweberei in Großschönau bereits zu Ende des 17. Jahrhunderts einzelne Unternehmer verdient gemacht. Ein gewisser Christoph Krause, der sich mit einem Mustermaler und einem Stuhlbauer verband, fertigte einen Webstuhl, auf welchem eine kostbare Tischgedeckgarnitur für den Kaiser mit dem kaiserlichen Wappen in jeder Serviette gearbeitet werden konnte.

Unter den Schleierfabrikanten (Mousseline) nennt Rößig einen Fabrikanten Mättig, der einen Artikel von lustriertem Flor und $^{4}/_{4}$ breiter Gaze erfand. Er arbeitete lange in der Stille mit vielem

Kostenaufwand, bis er 1771 am 31. Januar die ersten Vollkommenheiten dem Zittauer Rat vorlegen konnte, welche dem schweizerischen und französischen gleichkamen. Um die Wollzeug-Manufaktur, die 1558 durch einen Antwerpener Meister in Frankenberg eingeführt worden sein soll, haben sich die sächsischen Weber, deren Kunstfleiß besonders gerühmt wird, sehr verdient gemacht. Es können hier weitere Beispiele nicht aufgeführt werden, wenngleich Rößig deren noch eine ganze Reihe bringt. Zu bedauern ist nur, daß bei der Kürze der Darstellung, die durch den enzyklopädischen Charakter der Rößigschen Darstellung bedingt war, nicht eingehendere und namentlich mehr den Zusammenhang mit der Entwicklung aufdeckende Darstellungen bei Rößig zu finden sind.

In dieser Beziehung bietet ein Schriftsteller, der ein halbes Jahrhundert später Aufzeichnungen über die sächsische Industrie gemacht hat, außerordentlich interessantes Material. Es ist Georg Friedrich Wieck,[1]) dessen Aufzeichnungen ebenso wie diejenigen Rößigs neben dem historischen Wert seiner Darstellung für die Entwicklung der Industrie in Sachsen überhaupt wichtige Fingerzeige über die Leistungen des sächsischen Unternehmerstandes für den industriellen Fortschritt zu geben vermögen. Wenn Wieck schon damals sagen konnte, daß sächsischer Gewerbefleiß „sich nicht zur exotischen Riesenmäßigkeit englischer Fabriktätigkeit emporschwingen“ könne, dagegen durch „merkwürdige Vielseitigkeit und naturgemäße Entfaltung“ hervorrage, so ist damit zugleich der Charakter der sächsischen Industrie von heute festgehalten. Nur daß die technische Vervollkommnung und die Vielseitigkeit der industriellen Betätigung seitdem Riesenschritte gemacht haben. Und diesen Weg zur Höhe technischer Vollendung gegangen zu sein, ist die bedeutsame Arbeit, die der Unternehmerstand in Sachsen für die Volkswirtschaft des Landes geleistet hat.

In den vierziger Jahren des vorigen Jahrhunderts wiesen sehr viele fabrikmäßig betriebene Zweige des sächsischen Gewerbes noch gewisse Mängel auf. Besonders die schon damals wichtigsten Industriezweige der Textilindustrie und des Maschinenbaues hielten keinen Vergleich mit den entsprechenden Fabrikationszweigen des Auslandes, namentlich Englands, aus. So urteilte der Ausstellungsbericht[2]) von

[1]) G. F. Wieck, Industrielle Zustände Sachsens, Das Gesamtgebiet des sächsischen Manufaktur- und Fabrikwesens, Handels und Verkehrs, Chemnitz 1840.

[2]) Mitgeteilt von Wieck a. a. O. S. 253.

1831 z. B. über die Flachsspinnerei: „In der Bereitung des Rohflachses hat sich Sachsen das verbesserte Verfahren, welches namentlich in Braunschweig, den Niederlanden usw. angewendet wird, noch nicht zu eigen gemacht. Ebenso steht ersteres hinter dem Auslande in der Halbfabrikation der Flachsspinnerei zurück. Zwar beschäftigt diese in der Oberlausitz in den Gerichtsbezirken Purschenstein, Pfaffroda und dortiger Umgegend, auch in und bei Kolditz zahlreiche Hände, aber gewiß werden jährlich noch gegen 10000 Zentner leinenes Garn, hauptsächlich aus Schlesien, der preußischen Oberlausitz und Böhmen eingeführt, während Tausende, die sich sonst, namentlich im Vogtlande und Erzgebirge, von der Handspinnerei, früher der Baumwolle, zuletzt, wiewohl schon in verminderter Anzahl, der Kammwolle nährten, in der Flachsspinnerei Ersatz für den Verlust jener Erwerbszweige finden könnten“.

Von anderen Industriezweigen war nach Wieck ähnliches zu sagen.[1])

Die obererzgebirgische Eisenfabrikation sei namentlich hinsichtlich der vollkommeneren Verarbeitung ihrer Erzeugung zum Behufe einer fortgeschrittenen Maschinenbauerei und anderen Eisenarbeiten der Gewerbe sehr bedeutend zurückgeblieben. Der selbsttätige Webstuhl sei in der Kunstweberei in Sachsen noch nicht eingeführt. Die Tuchmanufaktur Sachsens stehe keineswegs auf dem höchsten Punkt der Vollkommenheit, die sächsische Spinnerei[2]) nicht auf der Höhe der englischen, die Weberei, Druckerei und Färberei seien vom englischen Markte noch fortwährend abhängig

[1]) Über die ehemals blühende Bandfabrikation urteilt der Ausstellungsbericht von 1839: „Es handelt sich hier nicht mehr darum, ob man dem auf Handarbeit beschränkten zunftmäßigen Betrieb oder der durch Fabrikbetrieb bedingten Anwendung mechanischer Hilfsmittel den Vorzug geben, sondern vielmehr darum, ob man das Gewerbe überhaupt erhalten oder es ganz und rettungslos fallen lassen wolle. Was in der Schweiz und in Frankreich hierin geleistet wird, ist zu allgemein bekannt, als daß es einer ausführlichen Nachweisung bedürfte. Nur mit denselben Waffen kann die Überlegenheit dieser Leistungen, in denen sich durch Benutzung aller Hilfsmittel der Mechanik, Vollkommenheit der Technik mit Wohlfeilheit des Preises vereinigt, bekämpft werden“: Wieck a. a. O. S. 343.

[2]) Das Lob, welches der Ausstellungsbericht von 1837 der sächsischen Baumwollspinnerei zollte, indem er behauptete, daß sich dieser Zweig auf seinem höheren Standpunkte erhalten habe, bezeichnet Wieck als einen Irrtum (a. a. O. S. 54).

und könne eine sichere Basis in der inländischen Spinnerei nicht finden; das Posamentiergewerbe ginge zurück, weil es nicht den Fortschritten des Auslands folgte; den sächsischen Flanellen machte man den Vorwurf, daß sie nicht die schöne Weiße hätten und in der Wäsche einliefen; die in Hainichen hergestellten gestreiften Flanelle und Kattune seien zwar wohlfeil, „aber eine sehr leichte Ware".

Über die Maschinenfabrikation klagt Wieck, daß sie in mancher Beziehung gegen ihre rheinische, schlesische, Magdeburger und Berliner Konkurrenz nicht aufzukommen vermöge. Den Grund hierfür findet er teilweise in den teuren Preisen der Rohstoffe, namentlich der Kohlen, ferner aber darin, daß namentlich am Rhein die Eisenarbeiter in allen Kategorien vorgeschrittener und tätiger seien als die sächsischen, so daß sie in der Regel ein dreifaches Maß der Leistung hervorbringen. Dadurch erkläre sich die Möglichkeit des Absatzes rheinischer Maschinen nach Sachsen, der besonders im Fache der Dampf- und Appreturmaschinen, der Maschinen für die Tuchfabrikation nicht unbedeutend sei. Während Preußens und Bayerns Maschinenfabriken ihre Erzeugnisse mit Vorteil nach Sachsen importierten, sei der Export der sächsischen Maschinenindustrie nur gering.

Eine damals sehr bekannte Firma Fiedler & Lechler in Scharfenstein bezog ihre Spinnmaschinen aus Lüttich, Kammwollespinnmaschinen wurden aus Frankreich eingeführt, und mit wenig Ausnahmen wurden die Maschinen für Tuchfabrikation in Sachsen noch gar nicht hergestellt. Diese wenig erfreulichen Tatsachen veranlaßten Wieck dazu, der Maschinenindustrie zu raten, in der eigentlichen Fabrikation voranzuschreiten und neue Maschinen billig und schnell anzubieten. Es sei Aufgabe des sächsischen Maschinenbaues gewesen, die neuesten Maschinen für die Tuchfabrikation herbeizuschaffen. Er habe dies den Rheinländern überlassen, wie er überhaupt die Schritte verabsäumt habe, die jede Fabrikationsbranche zu tun genötigt sei, wenn sie nicht zurückbleiben wolle.

Ein ähnliches Urteil wird über die Metallwarenfabrikation gefällt, in welcher hochwichtigen Branche Sachsen noch nicht die Stufe der Ausbildung erlangt habe, auf der andere Fabrikländer damals schon standen. Zwar erkennt unser Wirtschaftshistoriker in dem von ihm geschriebenen Ausstellungsbericht über die Gewerbeausstellung in Dresden vom Jahre 1845[1]) an, daß die Manufaktur- und Fabrikindustrie des Königreichs Sachsen einen ehrenvollen Platz in der Stellung der deutschen Gesamtindustrie einnehme, und es steht diese sehr günstige Beurteilung in einem merkwürdigen Gegensatz zu den Feststellungen, die Wieck in dem oben zitierten Buche über einige Mängel der wichtigsten Industriezweige gemacht hat. Der Ausstellungsbericht scheint also in dieser Beziehung etwas gefärbt zu sein; denn es ist nicht anzunehmen, daß in den fünf Jahren alle die Übelstände hätten behoben sein sollen, die im Jahre 1840 von Wieck, der die sächsische Industrie aus eigener Anschauung sehr genau kannte, festgestellt worden waren.

Stellt man dem Bilde der technischen Ansbildung der sächsischen Industrie, wie sie sich im Jahre 1840 darstellt, das heutige gegenüber, so wird man des ungeheuren Fortschritts gewahr, der seitdem von der sächsischen Industrie zurückgelegt worden ist. Diese Fortschritte eingeleitet und durchgeführt zu haben, ist zweifellos das Verdienst des sächsischen Unternehmerstandes, der mit verständnisvoller Förderung durch die damalige Regierung das Möglichste getan hat, die Erfindungen der Technik nutzbar zu machen und auszugestalten, vor allem einen sächsischen Arbeiterstamm heranzuziehen, der in erster Linie nötig war, um die Mängel in der Fabrikationsweise, die zu der damaligen Zeit noch bestanden, zu überwinden. Dieses Fehlen eines leistungsfähigen, mit der fabrikmäßigen Herstellung der Ware vertrauten und geübten Arbeiterstammes war überhaupt für die ersten Zeiten der industriellen Entwicklung in Sachsen ein großer Übelstand und die Ursache vieler Mißerfolge. Schon Wieck[2]) bemerkte bei der Besprechung des Maschinenbaues, daß der wenig vorgeschrittene Zustand der sächsischen Maschinenindustrie zurückzuführen sei auf das Fehlen eines geeigneten Arbeiterstandes.

---

[1]) Die Manufaktur- und Fabrikindustrie im Königreich Sachsen. Bei Gelegenheit der Gewerbeausstellung in Dresden im Jahre 1845 beschrieben von F. G. Wieck, Leipzig, B. G. Teubner.

[2]) Wieck fordert an verschiedenen Stellen seines weiter oben zitierten Werkes auf, tüchtige Arbeiter aus England zu holen, um „unseren Arbeitern zu zeigen, wie man dort die Dinge angreift". Er hat auch selbst im Jahre 1835 zwei englische Eisenarbeiter mit herüber gebracht, die den sächsischen Maschinenbauarbeitern erst das richtige Hauen mit dem Schrotmeißel (chipping) zeigen sollten, was den Eisenarbeitern von großem Vorteil sei.

Ebenso fehlte ein solcher in der Maschinenweberei. „Wir sind fest überzeugt, sagt Wieck[1]) bei der Besprechung der Baumwollspinnerei, daß es noch lange dauern wird, ehe sich ein Fabrikarbeiterstamm in Sachsen einrichtet, der imstande ist, es den englischen Arbeitern, die durch ausgezeichnete Maschinenbehandlung unterstützt werden, gleichzutun." Ebenso fehlten besonders in den Spinnereien und Webereien geschulte Werkmeister und Direktoren. In dieser Beziehung sei in Sachsen noch viel zu tun. Die meisten Spinnereien entbehren des Direktors, der das Ökonomische zugleich mit dem Technischen des Spinnfachs versteht.[2]) Werkstätten seien mit wenigen Ausnahmen geleitet gewesen mehr „von Leuten aus praktischer Schule" als von solchen, die „Erfahrung, Wissenschaft und die Anschauungen der großen Leistungen des Auslandes" weiter gefördert hätten. Gewiß darf nicht übersehen werden, daß an dem mangelhaften Zustand der sächsischen Industrie der 20er und 30er Jahre des vorigen Jahrhunderts auch manche wirtschaftlichen Zustände schuld waren, so namentlich die Hindernisse der gewerblichen Gesetze, Innungssatzungen usw., das Fehlen der Eisenbahnverbindungen, die mißlichen Zollverhältnisse, vor allem auch der mangelnde Zollschutz, der den damals überlegenen englischen und französischen Fabrikaten den sächsischen Markt auslieferte. Die Hauptursachen für die Mängel in der damaligen Industrie Sachsens lagen aber doch wohl darin, daß es einen industriellen Unternehmerstand noch nicht gab, und daß somit die bedeutsame Erziehungsarbeit fehlte, welche der Unternehmerstand an der sächsischen Arbeiterschaft geleistet hat und leisten mußte, um sie zur Behandlung der komplizierten Maschinen brauchbar zu machen, daß ferner die Erfahrungen in der Durchbildung der Fabrik- und Arbeitsorganisation noch nicht vorlagen, die namentlich der englischen industriellen Erzeugung zur Seite standen. Die Anfänge zu all diesen Vervollkommnungen liegen aber in derselben Zeit, in der die Mängel einzelner Zweige der sächsischen Industrie dem Unternehmerstand von damals so nach-

---

[1]) Wieck a. a. O.

[2]) „Die meisten Spinn- und Krempelmeister besorgen ihr Geschäft zu sehr empirisch, nicht rationell und wissenschaftlich genug. So wollen z. B. Kenner der Spinnerei das Wollige und Unegale der sächsischen Garne, den Mangel an jener Festigkeit, wodurch die englischen Gespinste, ohne doch zu viel Draht zu besitzen, sich auszeichnen, Fehlern beim Baumwollmischen in den Krempeln und den Strecken zuschreiben." Wieck a. a. O. S. 84.

haltig vor Augen geführt wurden. Wiecks Arbeiten über die sächsische Industrie stellen sich unter diesem Gesichtspunkte dar als eine Geschichte der Anfänge des sächsischen Unternehmertums. Eine große Reihe von Namen industrieller Unternehmer, deren Firmen zum Teil noch heute bestehen, sind in den Schriften Wiecks festgehalten, ihre Tätigkeit gekennzeichnet. Treffliche Urteile über ihre volkswirtschaftliche Bedeutung für das Land, zum Teil auch eine scharfe Kritik [1]) derjenigen Unternehmer, welche zu wenig Zeit auf die technische Vervollkommnung ihrer Betriebe verwandten, zeigen, wie schwer das Fehlen eines leistungsfähigen Unternehmerstandes in einer Zeit empfunden worden ist, als die Königlich Sächsische Staatsregierung noch mit Darlehen, Privilegien und Subventionen eingreifen mußte, um den Anfängen der fabrikmäßigen Gütererzeugung über die schweren Zeiten hinwegzuhelfen.

Diese Anfänge der sächsischen industriellen Gütererzeugung kenn-

---

[1]) Hierher gehört die scharfe Kritik des sächsischen Maschinenbaues: „Diese Tatsachen stellen freilich dem sächsischen Maschinenbau kein ganz erfreuliches Prognostikon, indes ist anderseits nicht in Abrede zu stellen, daß es ihm dennoch möglich werden kann, sich für gewisse Maschinenkategorien zu erhalten, wenn er den Forderungen der Zeit entspricht und nicht seine eigentliche Aufgabe verabsäumt, nämlich die, der eigentlichen Fabrikation voranzuschreiten und ihr neue Maschinen billig und schnell anzubieten. Es war Aufgabe des Maschinenbaues, die neuesten Maschinen für Tuchfabrikation herbeizuschaffen; er überließ dies den Rheinländern, die Flachsspinnerei mußte er schon vor fünf Jahren so maschinenfertig stehen haben, daß ein Unternehmer keinen Zweifel an der Rentabilität hegen durfte; nicht minder war er verpflichtet, die neuesten Maschinen für die Baumwollspinnerei (wir erinnern nur an die eclipse roving frame, self acting mule) in Modellen vorrätig stehen zu haben. Der Maschinenbau hat die Schritte verabsäumt, die jede Fabrikationsbranche genötigt ist zu thun, wenn sie nicht zurückbleiben will. Gewiß ist es noch Zeit, die verlorene Strecke nachzuholen und neue Gegenstände der Fertigung hervorzuziehen, wenn die alten nicht mehr abgehen wollen, sicher wird dies auch von den gegenwärtigen geschäftskundigen Disponenten der resp. sächsischen geschehen, und hoffen wir somit, daß sie in nächster Zukunft wieder frisch und kräftig aufblühen möge; denn ihr Gedeihen ist einflußreich für die gesamte Industrie" (a. a. O. S. 268). Das Urteil war wohl zu hart. Wieck unterschätzte die technischen Schwierigkeiten, die es bei dem Fehlen geschulter Mechaniker und Techniker zu überwinden galt. Die Geheimnisse des englischen Maschinenbaues waren schwer zu erkunden, da auf der Auslieferung von Zeichnungen und Modellen schwere Strafen standen. Selbst wenn man die Modelle besaß, war es in den primitiven Mechaniker-, Schmiede- und Tischlerwerkstätten mit ungeübten, meist auch ungebildeten Arbeitern schwer, Maschinen mit einiger Präzision zu bauen.

zeichnen sich durch eine Fülle von Versuchen einzelner, teils technisch gebildeter, teils kaufmännisch geschulter, teils ohne jede Schulung von einem natürlichen Unternehmergenie begabter Leute, die vom Auslande kommenden Anregungen aufzunehmen, sie mit den bestehenden Möglichkeiten für gewerbsmäßige Herstellung von Industrieerzeugnissen zu verschmelzen, teils auch ganz neue Maschinen und Verfahren oder die Verbesserung der vom Ausland übernommenen Methoden zu ersinnen. Die kaufmännische Tätigkeit, die heute vielfach im Vordergrunde steht, war damals das Sekundäre, meist wohl auch noch vom eigentlichen industriellen Unternehmer geschieden.[1]

„Die leitenden Kräfte, die in der Kunstweberei und Maschinenweberei in der damaligen Zeit dieses Schaffen und Neugestalten leiten und fördern wollten, liegen", so sagt Wieck, „in der Intelligenz und Arbeitsfähigkeit der Gesamtheit der Fabrikanten-Kaufleute, der Fabrikanten, der Meister-Weber und Arbeiter, die in steter Wechselwirkung, in wohltätigen Ideenreibungen, in nicht immer ganz zu verwerfender Konkurrenz miteinander wetteifern, irgendein Ziel zu erreichen, eine Ausbeute zu gewinnen."

Unter diesen Unternehmern nennt Wieck eine große Reihe von Namen, die auch dem Außenstehenden nicht unbekannt sind, wie u. a. den „rastlos strebenden und sinnenden" Haubold,[2] Bernhard,[3] Wöhler, Schönherr, welch letzterer erst kürzlich in

---

[1]) Wieck nennt neben den „Fabrikanten" und den „Unternehmern" noch Fabrikanten-Kaufleute, die anscheinend dem heutigen Verleger entsprachen und die Waren der „Fabrikanten" in Vertrieb nahmen, selbst aber nur in kleinerem Umfange produzierten, während die Fabrikanten nicht immer bloße Techniker oder Werkmeister gewesen sein dürften. Ein genauer Unterschied läßt sich bei Wieck nicht erkennen.

[2]) Haubold kann als der Vater der sächsischen Maschinenindustrie bezeichnet werden. Wieck gedenkt seiner mit der größten Hochachtung; ihm sei kein technisches Problem zu schwer gewesen, dessen Lösung er nicht versucht hätte.

[3]) Bernhard, ein Chemnitzer vermögender Kaufmann, hat mit Wöhler zusammen die erste mechanische Baumwollspinnerei angelegt und dabei sein ganzes Vermögen verloren. Die Spinnereiunternehmer mußten sich eigene Maschinenwerkstätten zuvor einrichten, um ihre Vorspinn- und Spinnmaschinen zu bauen. Aus England geholte Mechaniker legten Schlosserei und Schmiedewerkstätten an und die Drehbänke ans Wasser, wodurch eine bisher nicht gekannte Präzision in der Metallbearbeitung erreicht wurde. Die englischen Maschinenbauer fanden in den Chemnitzer Handwerkern sehr aufmerksame und gelehrige Schüler, die großen Eifer entwickelten, die Fortschritte des englischen Maschinenbaues sich zu eigen zu machen und dem Vorbilde ihrer Meister nachzustreben. Die Bau-

hohem Alter gestorben ist. Die Schwierigkeiten, mit denen diese Pioniere des industriellen Fortschritts in Sachsen zu kämpfen hatten, beweisen ihre Bedeutung; sie zeigen zugleich, daß es mit der Aufstellung von Maschinen, sei es des Auslandes oder selbsterfundener, nicht getan war. Vorurteile, Zunftsatzungen, ergebnislose Versuche, Ungeschicklichkeit der Arbeiter und Widerstände der Innungsmeister waren zu überwinden, das Fehlen oder plötzliche Versiegen barer Mittel machte oft die zweckmäßige Durchführung guter Erfindungen unmöglich. Daneben stand die durch größere technische Vollendung und Wohlfeilheit drückende Konkurrenz des Auslandes. Der Schönherrsche Webstuhl hatte z. B. trotz der Empfehlungen, die ihm durch den Sächsischen Industrieverein wurden, einen schweren Kampf gegen die Schweizer Kraftwebstühle und die Maschinen nach englisch-französischem Muster zu bestehen. Auch die Handweberei, von der man sich zum Teil nicht trennen wollte, weil man den Vorteil der neuen Betriebsweise nicht einsah, hemmte seine Verbreitung. Die zunftmäßig organisierten Gewerbe scheinen überhaupt der Einführung mechanischer Stühle starken Widerstand entgegengesetzt bezw. die Initiative zum Übergang zum maschinellen Betrieb nur selten gefunden zu haben.

So war z. B. nach Wieck die obererzgebirgische Posamentierbandfabrikation, die sich schon seit Jahren im dauernden Rückgang befand, durch Aufrichtung von Maschinenstühlen nicht wieder zu beleben. Das Fallissement eines talentvollen und unternehmenden Fabrikanten, der besonders sich die Ausbildung der Bandfabrikation nach französischem und schweizerischem System zur Aufgabe gestellt hatte, trug noch mehr dazu bei, den schon gesunkenen Mut vollends zu lähmen, so daß man den Posamentierfabrikanten den Rat gab, ihr Interesse der Seidenweberei zuzuwenden.

Ähnlich lagen die Verhältnisse in der Tuchmacherei. Diese wollte durch den Umschwung vom handwerksmäßigen zum fabrikmäßigen Betrieb, teilweise wegen der Armut der Handwerksmeister, teilweise auch wegen der Vorurteile der Zunft- und Innungssatzungen und der Bedenklichkeiten, die der Übergang vom Alten zum Neuen bei den kleinen Meistern erregte, nur schwer vorwärts kommen, obwohl eine

werkstätten der Wöhlerschen und Bernhardschen Spinnereien bildeten gleichsam die Schule für eine Reihe begabter Holz- und Metallarbeiter, aus denen sich die ersten Maschinenbauer in Chemnitz rekrutierten. (Vgl. Geschichte der Maschinenfabrik Germania, vorm. J. S. Schwalbe & Sohn in Chemnitz, 1911.)

große Anzahl von Unternehmern die Betriebsmethoden des Auslandes einzuführen versuchte. Die Bedeutung, die gerade in der Entwicklung dieser Branche einzelnen unternehmenden Persönlichkeiten beizumessen war, schildert Wieck[1]) in anschaulicher Weise:

„Aus der Schilderung der Betriebsweise der Tuchmacher ergibt sich die Notwendigkeit des Eintritts seiner Metamorphose, ‚die Entpuppung des Fabrikschmetterlings'. Diese Betriebsweise verhindert durchaus die Einführung der neuen Fabrikationsmethoden, da kein kleiner Tuchmachermeister wegen Mangel an Fonds imstande ist, sich jene höchst kostspieligen Maschinen, über die nachher einiges gesagt werden soll, anzuschaffen, hätte er auch die größte Lust dazu und fehlte es ihm auch nicht an Urteilskraft, einzusehen, daß er, auf altem Standpunkt des Fabrizierens beharrend, aufhören oder zugrunde gehen müßte.

So ist es denn auch gekommen, daß die Tuchmacherei in mehreren Städten ganz darniederlag, bis irgendein tüchtiger und einsichtsvoller Fabrikant die Zügel ergriff und neues Leben ins Geschäft brachte, indem er sich der Betriebsmethoden des Auslandes bemächtigte. So verdankten Lößnitz, Grimma, Öderan, Großenhain, Leisnig, Zschopau, Annaberg, Bischofswerda und mehrere andere Städte nur den ehrenwerten Fabrikanten Heinrich Meyer, G. Wendler, A. G. Fiedler, F. M. Eckhardt, J. G. Herrmann & Sohn, Th. Wislicenus, Gebr. Gensel, Gebr. Seelig den Wiederaufschwung des Tuchgewerbes.

Diese und mehrere ihrer Kollegen (Tuchfabrikanten) in anderen Bezirken haben eine der niederländischen und preußischen ähnliche Betriebsweise eingeführt. Sie kaufen die Tücher entweder roh oder lassen sie von eigenen Meistern fertigen und vollenden sie in ihren Etablissements bis zum Verkauf. Dies ihr Beispiel wirkt anregend auf ihre Umgebung, welche, die günstigen Erfolge vor Augen, zur Nacheiferung angespornt wird und es durch einzelne oder vereinte Anstrengung den Vormännern in der Fabrikation gleichzutun sucht. Mit einem Zauberschlage ist dies Verlassen alter Verfahrungsweisen inzwischen nicht bewirkt. Vermögensverhältnisse, Hang an Vorurteilen, Zunft- und Innungssatzungen, das vielen Unbequeme und Bedenkliche des Überganges vom Alten zum Neuen verzögert die Umgestaltung, und bis auf den heutigen Tag begegnen sich die

---

[1]) Wieck, Industrielle Zustände Sachsens S. 42ff.

Fabrikate der kleinen Meister und der größeren Fabrikanten konkurrierend auf dem Markte, wiewohl sehr unterscheidbar durch ihre resp. eigentümliche Qualität".

Wenn auch die Darstellung Wiecks, trotzdem er dies im Vorwort für sich in Anspruch nimmt, keineswegs vollständig ist, so ist doch der Zeitraum der Entwicklung, den er überblickt, ein großer, sein Urteil, namentlich über die Bedeutung der Einzelpersönlichkeit für die industrielle Untersuchung ein oft überraschendes, von moderner Auffassung getragenes. So wenn er z. B. den mit kühnem Unternehmungsgeist ausgestatteten Christian Gottfried Becker schildert, der die zu europäischer Berühmtheit gelangte Kattunmanufaktur von Becker & Schraps in Chemnitz begründete. Becker war der Sohn eines Geistlichen aus Mittweida, 1797 als Kommis mit Schulden aus dem Hause Kreisig & Co. abgegangen. Seine interessante Unternehmerpersönlichkeit mag mit Wieck's eigenen Worten geschildert sein:

Becker[1]) besaß das Talent, mit kluger, rascher, vielumfassender Tätigkeit eine ebenso glückliche und weltgeschichtliche als schnell vorübergehende Konjunktur dergestalt zu benutzen, daß sein großartiges Etablissement auf solider Basis mit einer in Sachsen beispiellosen Schnelligkeit emporstieg. Mit merkantilistischer Gewandtheit wußte er seinen Unternehmungen Kredit und seiner Produktion durch spekulative Berührungen die Vorzüglichkeit der ausländischen zuzuwenden. Fortschritte aus fernerliegenden Quellen ableitend, machte er sich, ohne selbst Techniker zu sein, um die Verbesserung des Fabrikates doch wesentlich verdient. Viele seiner Konkurrenten waren nicht so glücklich; ihre Etablissements gingen wieder ein, teils wegen mangelhafter Leitung, teils weil die mittellosen Fabrikanten oft teuren, überspannten Kredit zu Hilfe nahmen und dann zur Deckung ihrer Verbindlichkeiten bei fehlgeschlagenem Absatz oder verfehlter Fabrikation die Ware mit großem Schaden realisieren mußten.

Es ist interessant, mit dieser Schilderung eines Unternehmers

---

[1]) Er starb erst 40 Jahre alt. Neben seiner großartigen merkantilistischen Begabung wird seine Tätigkeit zum Wohle der Allgemeinheit gerühmt. Er war einer der ersten, der die Notwendigkeit der Errichtung von gewerblichen Schulen zur Heranbildung des Arbeiterstammes einsah, und hat selbst in Chemnitz eine Fabrikschule, die erste ihrer Art, begründet.

aus den Anfängen der sächsischen Industrie die Beschreibung eines für die industrielle Entwicklung Sachsens hochverdienten Mannes der neuesten Zeit zu vergleichen. Über Theodor Bickel, den Begründer der sächsischen Tüllspitzenindustrie, schreibt Otto Tröger[1]) in einer kleinen, sehr lesenswerten Monographie:

„Von der erstaunlichen Entwicklung des wirtschaftlichen Lebens im neuen Deutschen Reiche profitierte auch die Industrie Plauens, die, mit der führenden Firma F. A. Mammen & Co. an der Spitze, immer mehr an Bedeutung unter den Industrien des Königreichs Sachsen gewann. Freilich blieben gelegentlich Rückschläge bei dieser von der jeweiligen Mode abhängigen Industrie nicht aus. In solchen kritischen Zeiten des geschäftlichen Tiefstandes trat die Tüchtigkeit und die erfinderische Gabe Bickels glänzend hervor. Schier unerschöpflich schien die Fülle seiner Ideen für die Hervorbringung origineller Neuheiten; mit feinem Spürsinn folgte er den launenhaften Sprüngen der Mode oder eilte ihr voraus.[2]) Durch einzelnes Nichtgelingen seiner Versuche ließ er sich niemals abschrecken, mit eisernem Willen und mit zäher Ausdauer verfolgte er ein sich selbst gestecktes Ziel. Vorsichtig und kühl berechnend von Hause aus, ging er mit dem ganzen Wagemut seiner kraftvollen Persönlichkeit vor, sobald er die innere Überzeugung hatte, daß seine Berechnungen für gewisse geschäftliche Konjunkturen sich als zutreffend erweisen müßten. Diese verschiedenen Fähigkeiten und Eigenschaften eines ganzen Kaufmanns fanden sich bei ihm in selten schöner Vereinigung zusammen, und ihnen verdanken wir es,

---

[1]) Otto Tröger: Theodor Bickel, der Begründer der Tüllspitzenindustrie zu Plauen (ohne Jahreszahl).

[2]) Von Bickel gilt dasselbe wie von Becker. Auch Bickel ging durchaus nicht in dem Interesse für Gelderwerb auf, wie man dies vielfach dem Unternehmertum vorwirft. Über Bickel als Mensch urteilt Tröger a. a. O., der selbst in der Branche Bickels tätig war und ihn persönlich kennen gelernt hat: Aber nicht nur als Kaufmann und Fabrikant ragte Bickel hervor, sondern auch als Mensch und Charakter von vornehmer Gesinnung und wahrer Herzensbildung lernte ihn der Schreiber dieser Zeilen in jahrelangem Umgang kennen. Er war abhold allem leeren Schein und Tand, ein Feind aller Halbheit; auf äußerliche Ehren, Titel und Orden keinen Wert legend, war der Grundzug seines Wesens echte Bescheidenheit. Hervorstechend war sein tiefausgeprägtes Gefühl für Wahrhaftigkeit und Rechtlichkeit, welches er hineintrug auch in alle seine geschäftlichen Unternehmungen und Handlungen und dadurch zum Erfolge wesentlich mit führte.

daß er zum Schöpfer einer neuen Industrie wurde, der Spitzenindustrie Plauens und des Vogtlandes. Im Jahre 1881 gelang ihm, wie schon an anderer Stelle gesagt, die Herstellung der gestickten Tüllspitze. Diese Tat war die Krönung seines Lebenswerkes und sicherte ihm den ersten Ehrenplatz als Führer in dieser Industrie für alle Zeiten. Welchen gewaltigen Aufschwung die Stickereiindustrie mit einem Male nahm, veranschaulicht am besten die Zunahme der Stickmaschinen. Vom Jahre 1858 bis Ende 1881 waren ca. 2350 Stickmaschinen zur Aufstellung gelangt, Ende 1884 war deren Zahl 4700, in drei Jahren hatten die Unternehmer ebensoviel Maschinen angeschafft als in den vorhergehenden 23 Jahren zusammengenommen".[1])

Solcher Persönlichkeiten hat es in Sachsen zu Hunderten gegeben. Obwohl zunächst für eigenen Erwerb sorgend, bedeutet doch ihre Lebensarbeit einen dauernden Vorteil für die Entwicklung der Industrie und des Landes. Heute blühende Industriezweige verdanken ihnen ihr Entstehen, und es scheint, wie Stieda[2]) mit Recht bemerkt, als eine der Ausführung wohl würdige Aufgabe, das „Andenken an die Anstalten und die Männer, auf deren Schultern wir heute stehen und mit deren Hilfe wir es so herrlich weit gebracht haben", wieder aufzufrischen. Für die sächsische Industrie sind einzelne Gestalten auch durch neuere Biographen festgehalten, wie die des Maschinenbauers Richard Hartmann u. a. Aber da handelt es sich nur um wenige markante Persönlichkeiten, deren Firmen zu besonderer Größe und Berühmtheit gelangten, während die große Schar der anderen, für die Entwicklung ebenso bedeutsamen fast in Vergessenheit zu geraten scheint, wenn nicht einmal in einer geschichtlichen Darstellung der sächsischen Industrie all das wertvolle Material verarbeitet wird, das in Festschriften von Firmen, Monographien, Zeitungsbeilagen, Katalogen usw., in reicher Fülle vor allem in den Archiven liegen dürfte. Neben dem rein sachlichen Interesse, das eine Geschichte der Entwicklung der Industrie in Sachsen und der hier im Laufe der Jahrzehnte gemachten technisch-industriellen Fortschritte beansprucht, würde

[1]) Die Ähnlichkeit der beiden Schilderungen ist überraschend; die typischen Unternehmerzüge erscheinen bei beiden, doch so verschiedenen Zeitepochen angehörenden Biographen trefflich herausgearbeitet.

[2]) Stieda, Die Entwicklung der keramischen Industrie in Bayern, Leipzig 1906, S. 234.

auch eine persönliche Anteilnahme an diesen Männern erweckt werden, die in ihrer überwiegenden Mehrzahl aus den unteren Schichten des Volkes hervorgegangen sind, von denen sie heute so heftig bekämpft werden. Auch wer moralische Sentiments in der Volkswirtschaft nicht anerkennt, muß zugestehen, daß es eine Pflicht der historischen Forschung ist, das heute in der Allgemeinheit und namentlich in der Anschauung des arbeitenden Volkes verzerrte Bild eines volkswirtschaftlich so wichtigen Standes richtigzustellen. Die meisten Pioniere der sächsischen Industrie sind Männer nicht allein von technischer und kaufmännischer Begabung, sondern auch von hohem sittlichen Ernst und von einem eisernen Fleiß und einer Genügsamkeit gewesen, auf die man heute mit Bewunderung zurückschauen muß. Ihre einfache Herkunft und die oft sehr mangelhafte Schulbildung hat ihnen ihren erfolgreichen Weg in vielen Fällen nicht gerade erleichtert. Ihre persönlichen Bedürfnisse stellten sie meist hinter die des Geschäfts. Sie haben sich mannigfache Genüsse versagt und unter schwersten persönlichen Entbehrungen die Mittel für die Anforderungen des Geschäfts beschafft. Durch Fehlschläge nicht zu ermüden, oft durch verhältnismäßig geringfügige Kleinigkeiten um den erträumten Erfolg ihrer Erfindungen und maschinellen Konstruktionen betrogen, haben sie in ihrem kleinen Kreise qualitativ das gleiche geleistet, was an den großen Urhebern der weltbewegenden Erfindungen als unvergeßlich gerühmt wird. In der Summe dieser Einzelfortschritte, in der Gesamtheit der Erfolge dieser erfolgreichen und auf dem Felde der Arbeit verbrachten Lebensläufe liegt die technische Vollkommenheit und die bewundernswürdige Vielseitigkeit der heutigen Industrie in Sachsen verankert.

Wie schon gesagt ist die Wertung dieser Persönlichkeiten leider nur gering, die über all diese Einzelheiten nicht informierte Öffentlichkeit pflegt über die Verdienste dieser Männer zur Tagesordnung überzugehen, in den Kreisen der Arbeiterschaft werden sie und ihre Leistungen vielfach herabgesetzt, wennschon einzelne Ansätze zu einer besseren Würdigung der volkswirtschaftlichen Bedeutung des Unternehmerstandes vorhanden zu sein scheinen. Pohle[1]) zitiert eine darauf hindeutende Äußerung des Sozialdemokraten Quessel, der in den „Sozialistischen Monatsheften“ die oberflächliche, die volkswirtschaftlichen Zusammenhänge vollständig verkennende Beurteilungs-

[1]) Pohle a. a. O. S. 22.

weise des führenden Standes der deutschen Volkswirtschaft kritisiert: „In der Regel fehlt dem Proletarier die Erkenntnis, daß er nicht nur für den Unternehmer, sondern auch für die Gesellschaft arbeitet. Der Arbeiter sieht es dem Geld, das er als Lohn erhält, nicht an, daß sich dahinter ein gesellschaftliches Produktionsverhältnis verbirgt. Nichts ist mir so schwer geworden, als meinen Bekannten klarzumachen, daß auch heute schon jeder Arbeiter für die Gesellschaft arbeitet, ein bestimmtes gesellschaftliches Bedürfnis befriedigt, wenn er auch scheinbar nur dem Unternehmer dienstbar ist, der seine Arbeitskraft kauft". Früheren Zeiten, die das Schlagwort des Kapitalismus[1]) noch nicht kannten, ist solche Betrachtungsweise, die Pohle als etwas ganz Neues, als einen Fortschritt bezeichnet, durchaus geläufig. Wieck betont jedenfalls diesen Punkt an verschiedenen Stellen seines Werkes. Wenn er gelegentlich bemerkt, daß der deutsche Handel der Entwicklung des deutschen Kunstfleißes vorausgeeilt sei, so führt er doch wie zur Entschuldigung auch die Schwierigkeiten ins Feld, die den Unternehmerstand hindern, so rasch nachzukommen, „da der Handelsstand den großen Vorteil der mehr individuellen Führung seines Wirkungskreises voraus hat vor dem Fabrikstande, der nicht nur sich selbst beleben und sich regen, sondern auch ringsum viel Ungelehrige auf die rechte Bahn zum Ziele leiten soll".

Die Nähe, aus der Wieck die Fortschritte der meisten sächsischen Industriezweige beobachtete, ließ ihn die Bedeutung eines „leistungsfähigen Fabrikantenstammes" erkennen, den heranzubilden die sächsische Regierung sich damals so große Mühe gab. Und es war gerade die Einzelpersönlichkeit, deren Wert für den industriellen Fortschritt in jener Zeit er besonders erkannte. Die geringen Erfolge und mangelhaften Ergebnisse der Aktienmaschinenbauanstalten auf dem Gebiete der technischen Vervollkommnung führte man, wie Wieck mitteilt, nicht ganz mit Unrecht zum Teil darauf zurück, daß sie eben des leitenden Hauptes, wie es die individuelle

---

[1]) Die Einsicht in das wirkliche Wesen der heutigen Wirtschaftsverfassung wird durch die Ausdrücke „Kapitalismus" und „kapitalistisch" jedenfalls mehr gehemmt als gefördert. Im Grunde sind diese Beziehungen auch wohl weniger Mittel der Erkenntnis als Mittel der Anklage. Die häufige Verwendung dieser Schlagworte dient vor allem dazu, beim Leser eine ganze Skala von rein gefühlmäßig bestimmten Werturteilen in der Wirtschaftsordnung hervorzurufen. (Pohle, a. a. O.)

Unternehmung aufweist, entbehren; der „Aktienverein“ kann durch einen Mechaniker die „für den Unternehmer nötige Mischung von Genialität und Pedanterie, von freudigem Eifer und ruhiger Ausdauer“ nicht immer ersetzen. Die Worte sind so bezeichnend für den scharf beobachtenden Blick des Verfassers, daß sie hier im Wortlaut[1]) folgen mögen:

„Haben die Erfolge den Erwartungen bis dahin noch nicht ganz entsprochen, so darf die Schwierigkeit nicht übersehen werden, welche bei Verwaltung von Aktienunternehmen überhaupt hervortretend, bei Maschinenanstalten in um so höherem Grade sich äußern dürfte, je mehr hier alles nicht allein auf die theoretische und praktische Bildung, sondern auch auf die ganze Persönlichkeit und daneben auf die Selbständigkeit und freie Bewegung des Dirigenten ankommt“.

„Dem Künstler näherstehend als dem Fabrikanten, bedarf der Mechaniker, um einen großartigen Wirkungskreis ganz auszufüllen, eine eigentümliche Mischung von Genialität und Pedanterie, von feurigem Eifer und ruhiger Ausdauer, Eigenschaften, die, überall selten vereint, bei einem aus eigener Kraft, aus dem Druck der Umstände sich herausarbeitenden Manne gleichwohl nicht selten sich glänzender entwickeln als bei dem besoldeten Vorstande einer auf fremdes Kapital gegründeten Unternehmung.“

Man vergleiche mit diesen Sätzen die kurze Würdigung der Eigenschaften, die nach Pohle dem modernen Unternehmer eigen sein müssen, der ebenfalls auf die wichtige Synthese technischer und kaufmännischer Fähigkeiten und Kenntnisse hinweist, wenn der Unternehmer die ihm obliegenden Aufgaben mit Erfolg lösen soll: Wagemut, Neigung zur Spekulation, aktiver Geist, daneben Energie, Willenskraft, organisatorische und technische Befähigung, so wird man das treffsichere Urteil des Ausstellungsberichts recht würdigen. Die Zeit Wiecks stand den Erfindern viel näher als heute, wo die Grundlagen gewonnen sind und als etwas Selbstverständliches gelten, während sie für die damalige Zeit etwas Außerordentliches waren. Die heutigen technischen Fortschritte sind zum großen Teil Verfeinerungen und qualitative Ausgestaltungen oder Erfindungen, deren Herstellung erst auf einer sehr entwickelten Leistungsfähigkeit der Industriezweige möglich ist. Zweifellos

[1]) Aus dem Ausstellungsbericht von 1839, mitgeteilt bei Wieck a. a. O.

geht heute ein Zurückweichen der individuellen Unternehmung und ein Zug nach Vergesellschaftung industrieller Unternehmungen durch die Industrie, namentlich auch in Sachsen. Gewiß ist auch die Gesellschaft nach Pohle eine Organisationsform der Neuzeit, die den erfinderischen Geist befördern kann. „Die technische und die kaufmännische Intelligenz und event. als Dritter im Bund, der Kapitalist, sollen sich zu erfolgreicher Tätigkeit die Hand reichen." Gewiß kann auch durch solche industrielle Triumvirate Bedeutendes auf dem Gebiete der Industrie geleistet werden. Allein es wäre, wie Sulzer-Ziegler treffend bemerkt, ein großer Nachteil für die gesamte Volkswirtschaft, wenn der individuelle Unternehmer, der allein des Risiko des Betriebes trägt und seine ganze Existenz auf seine Fabrik gründet, ausgeschaltet würde. Was der Unternehmungsgeist einzelner Persönlichkeiten einmal geschaffen hat, das kann schließlich ohne viel Geist weitergeführt werden; wenn aber die Menschheit auf das hätte warten müssen, was, wie der Marxismus es will, Staat und Gesellschaft an schöpferischer Arbeit zu leisten geruht hätten, wir hätten wohl kaum annähernd den Stand der heutigen Volkswirtschaft, der heutigen Kultur erreicht. Diese Worte Sulzer-Zieglers gelten in vollem Umfange von der sächsischen Industrie. Auch sie ist durch solche Männer der Unternehmungslust groß geworden und wird heute noch von ihnen geführt. Die technische Findigkeit der sächsischen Fabrikanten ist bekannt, die Notwendigkeit, jede, auch die kleinste Verbesserungsmöglichkeit im Betriebe auszunutzen, ist schon gegeben durch die geringen Gewinne, die die meisten von der sächsischen Industrie hergestellten Artikel gewährleisten und die daher möglichst billige Herstellungskosten unter Ausnutzung aller technischen Möglichkeiten bedingen.

Neben den erfolgreichen Namen, die eine Geschichte des sächsischen Unternehmerstandes aufweisen würde, darf das Andenken derer nicht übergangen werden, die durch Fehlschläge und Mißgeschick verfolgt, für die Gesamtheit Großes geleistet haben, ohne für sich etwas erreichen zu können. Der Weg, den die Entwicklung der sächsischen Industrie genommen hat, ist mit solchen Opfern nur zu zahlreich markiert; auch Wieck nennt ihrer viele und gedenkt des nachhaltigen Eindrucks, den solche Fallissements in den Zeiten des industriellen Anfanges auf die Fortbildung der Industriezweige ausübten. Die gewaltigen Verluste, welche in der

Baumwollspinnerei durch den Fall der Kontinentalsperre hervorgerufen worden waren, ließen ihn daher auch für einen mäßigen Schutzzoll eintreten als eine Art „Ausgleichungssteuer, um die geographischen und pekuniären Vorteile der englischen Konkurrenz zu überkommen und den Standpunkt, den diese in technischer und fabrikökonomischer Durchbildung einnimmt, auch zu erreichen". Ein Gebiet, auf dem nach den Mitteilungen Wiecks sächsischer Unternehmungsgeist sich jahrelang mit schmerzlichen Erfahrungen betätigte, war die Zeug- und Kattundruckerei, die durch die Schutzzollbewegung der europäischen Staaten in den Jahren der Entstehung des Deutschen Zollvereins so stark in Schwierigkeiten geriet, daß ein Teil auswanderte, ein Teil aber völlig zum Erlöschen gebracht wurde. Blühende Unternehmungen, auch solche, die erst durch technische Neuerungen in die Höhe gekommen waren, gingen damals in großer Zahl zugrunde. Wieck hebt besonders hervor das Unternehmen von Ackermann & Co. in Chemnitz, das sich einer ausgezeichneten technischen Führung erfreute, seit 1828 eine tüchtige mehrfarbige Walzendruckmaschine in Gang gesetzt und lebhaft für den überseeischen Export gearbeitet hatte. Diese Mißerfolge ließen aber gleichwohl die Energie des sächsischen Unternehmerstandes nicht erlahmen. Die Beschreibungen Wiecks geben einen trefflichen Einblick in die unermüdliche Tätigkeit der Unternehmer dieser Branche und die Erfolge, die „sächsische Mühsamkeit" endlich nach langen Fehlschlägen erzielte. „Mit verdienstvollem Eifer,[1]) doch unter manchen Schwierigkeiten und Aufopferungen suchten einige Firmen überseeische Verbindungen anzuknüpfen und fremde Intelligenz durch Anstellung wissenschaftlich und technisch gebildeter Ausländer, in Sachsen wirksam zu machen. Dem Fortstreben in der Produktion besserer Druckwaren mußte eine abermalige Reform der Weberei vorangehen, und da vor der Anwendung der verbesserten Gewebe zum Druck dieselben oft erst infolge fruchtloser Versuche und nur nach und nach gesammelt werden konnten, die Garne und Arbeitslöhne in der ersten Hälfte dieses Zeitabschnittes aber im steten Fall waren, so gingen nicht selten 10 bis 20 g an der rohen Ware vor ihrer Verarbeitung verloren.

Wer die dem Auslande gegenüber nötigen Fortschritte zu

---

[1]) Wieck a. a. O. S. 195.

machen strebte, erlitt daher bei einem ohnehin unter so vielen Nachteilen fast unterliegenden Geschäfte noch manche Verluste, welche beim Verfolgen des gebahnten Schlendriangleises nicht aufs Spiel gesetzt werden.

Bis in die zweite Hälfte dieser Periode fanden die falschfarbigen, in Frankenberg, Hainchen, Großenhain gefertigten Kattune vielseitigen Vertrieb, sowohl zu Kleidern als zu Möbeln und Tapeten, zuerst nach Polen und Rußland, dann nach den türkischen Provinzen, später nach der Nordküste von Afrika, Westindien und Südamerika, bis endlich, indem man die höchste Empfehlung dieses Artikels in der größten Lebhaftigkeit der Farben suchte, welche auch deshalb oft gar nicht mehr gewässert wurden, der Überschuß an Säuren die Gewebe zerstörte, ihr Geruch und ihre Zerstörbarkeit sogar in Afrika sie für pestbehaftet ansehen ließ und die von der Leipziger Messe nach dem Norden und Osten oder aus den Fabriken nach den entferntesten Gegenden versandten Waren zuweilen als Lumpen zurückgebracht wurden, wodurch sich ein Fabrikant aus Frankenberg genötigt sah, plötzlich den Meßplatz Leipzig zu verlassen, vor den zornigen Brodyern und Jassyern fliehend, und dann sein Etablissement zu liquidieren, während man andere mit Prozessen verfolgte.

Es wurden dem fernen Auslande aber auch solidere Waren in dieser Periode zugeführt. Man exportierte gewalzte und andere schmale, äußerst billige Kattune namentlich über Hamburg und Bremen nach Westindien ohne Verlust, während bei Versuchen nach Ostindien mit dieser Ware fast der ganze Wert eingebüßt wurde. Von dorther sowie bei Aussendungen nach Brasilien wurden an den Retouren oft 50 bis 60 % verloren, Resultate, welche der britische und französische Export zwar auch erfuhr, die sich jedoch dort im großen Durchschnitte überwinden lassen, während mißglückte erste und einzelne Versuche, aus einem Binnenlande hervorgehend, sofort abschrecken müssen. Man sandte feinere breite Kattune nach Mexiko und den übrigen sonst spanischen Kolonien, lebhaft kolorierte Tücher nach Rio, Nationalartikel für die Malayen (Schurze, Sarongs) über Singapore und Sumatra, über die Häfen des Schwarzen Meeres und Konstantinopel Männerkleider (Agalugs) und Kopftücher nach Mittelasien, wobei man sich anzustrengen hatte, die größtenteils eingemalten, äußerst lebhaften Farben indischer Fabrikation an Glanz und Echtheit zu erreichen. Mitunter lohnte günstiger Erfolg, der sich durch wiederholte Aussendungen aussprach. Als Aufgaben für die sächsische Mühsamkeit wurden durch die in jener Zeit mehr als später erscheinenden, neue Verbindungen aufsuchenden Ausländer oft Ideen komponiert, um in neuer Weise für die Nationaltracht weißer, brauner und schwarzer Menschen Annehmliches zu liefern. Ein Fabrikhaus, das für eines der industriöseren galt, hatte am häufigsten derartige Aufgaben zu lösen, und zuweilen brachte die Erfindsamkeit Segen. Man fertigte Frauenkleider mit Bordüren auf möglichst breiter Ware, um den jenseits teuren Nählohn zu schonen, und vorübergehende Versuche damit nach Peru und Chile schlugen glücklicher ein als in Mexiko, dann Lendenschurze für die Neger von Surinam (Pandjes) sowie die wegen ihrer Fertigung in Berlin als prussian Shawls in Nordamerika bekannten baumwollenen Köpertücher mit Franzen. In letzteren überboten jedoch die Hunderttausende von Dutzenden des Berliner Fabrikates die diesseitigen stets an Wohlfeilheit und oft im Geschmack. Auch Italien bezog diesen Artikel sowie gedruckte Pikees. Es wurden über Triest und Livorno zum Transithandel in die Levante von einem Hause zuletzt sehr nachteilig ausfallende Geschäfte mit bunten, auf starkes Tuch (40r u. 60r) gedruckten Kattunen gemacht. Auch nach Norwegen gingen sächsische Druckwaren; nach Schweden wurden sie gepascht; denn selbst im hohen Norden will man, fast unerklärlicherweise, durch Prohibitiven eine Fabrikation heben, deren Produkte für das Klima nur sehr wenig geeignet sind. Dahin zogen vorzugsweise in Zschopau und Frankenberg gefertigte Kattuntücher von unglaublicher Billigkeit. Nach Belgien und Holland vertrieb man ebenfalls trotz der hohen Zölle und oft unverzollt eingehend gedruckte Waren. In den ungünstigsten Zeiten versuchte man den Absatz gebleichter Kattune als Imitationen von Leinen — z. B. Platilles, Estopolles — nach Westindien; ungebleichte starke Ware ging nach Mexiko (Domestiks, Mantas) und nach Chile und Peru (Tocujos); nach Ostindien verschiffte man violettblau gefärbte schwere Kattune als Salampores.

Man darf sagen, daß kein Ausweg unversucht gelassen wurde, um das bedrängte Geschäft nicht ganz sinken zu lassen. Allerdings arbeiteten einige kleinere Druckereien mit besserem Erfolge als die größeren für das Inland, für die freigebliebenen deutschen Staaten, z. B. in Nationalfarben für Altenburg usw. Die Schürzen, welche zu Hunderttausenden vertrieben wurden in gedruckter Ware, erschienen eine Zeitlang für dieses Geschäft und die damit verbundene Näherei als eine sehr ersprießliche Neuigkeit. Die Pariser Mode glücklich auffassend und schnell benutzend, brachte man auch große gedruckte Herrentücher für den deutschen Absatz in Gang, und baumwollene „Ribbse“, die über ein Dezennium verwendungslos geblieben waren, tauchten in bunten Farben auf als ein wohlfeiler Westenartikel, der ziemlichen Verbrauch fand. Vorhänge und Rouleaux in gotischem Geschmack erschienen als sächsisches Manufakt, ehe man das derartige englische auf den deutschen Messen sah. Das Gesuch gedruckter wollener Waren kam eine Zeitlang zu Hilfe. Nur geringen Gewinn, aber doch Beschäftigung gewährend, wurden Tausende von Stücken englischer Merinos, die in einfachen Farben nicht Absatz fanden, bedruckt. In die gleiche gewinnlose Kategorie gehörte das Überdrucken gewebter Waren, namentlich mit nur schwarzen Figuren, das sogen. Lithographieren. Lohnender war die Imitation des Jacquart-Gewebes auf Mäntelstoffe (Circassiennes), die z. B. starken Begehr nach Italien fanden, sowie der Druck feiner sächsischer Thibets und halbwollener gestreifter Zeuge.“

Wenn wir hier den wörtlichen Ausführungen Wiecks einen breiteren Raum vergönnten, so geschah dies, weil wir in diesen Darlegungen von so plastischer Deutlichkeit und Lebendigkeit einen trefflichen Beleg für die Feststellungen erblicken, deren Beweis uns am Herzen liegt.

Wieck behandelt das Kapitel Zeug- und Kattundruckerei, dem das letzte entnommen war, in seinen Industriellen Zuständen Sachsens besonders ausführlich und mit der Berücksichtigung einer Menge von Einzelheiten, die der unmittelbaren Beobachtung seiner Zeit entsprungen sind. Der Grund, weshalb er gerade auf diesen Zweig so besonders eingeht, mag bei dem Interesse, welches Wieck für die Betätigung des Unternehmerstandes in den einzelnen Industriezweigen an den Tag legt, darin zu suchen sein, daß gerade in diesem Zweig das Auf und Ab der Konjunktur, das Stürmische und bald wieder Nachlassende der Entwicklung und die daraus sich für den Unternehmerstand ergebenden schwierigen Aufgaben, die nicht immer glücklich gelöst worden sind, besonders deutlich zu beobachten war.

Die Kattundruckerei soll nach Wieck in Sachsen etwa im Jahre 1754 eingeführt worden sein, und zwar durch einen Kattundrucker, der aus Nürnberg nach Plauen im Vogtlande kam. Teils mit eignem Kapital, teils durch eine Gesellschaft von Schleierfabrikanten finanziell unterstützt, hat er eine Druckerei eröffnet, die sich sehr gut rentierte und größere Aufträge aus Bayern erhielt, während merkwürdigerweise die Chemnitzer Kattundruckerei ihre Fabrikate noch nach Augsburg zum Drucken sandte. 1840, also ungefähr nach 100 Jahren, konnte Wieck in diesem Zweig schon vier Perioden unterscheiden, innerhalb deren eine lebhafte Aufwärtsentwicklung und ein darauffolgender Abstieg zu verzeichnen war. Die schlimmste Zeit des Niederganges haben wir in den eben zitierten Ausführungen bereits kenntlich gemacht. Die Zeit, in der Wieck selbst schrieb, hatte den stärksten Schlag bereits überwunden, so daß die in den Druckereien beschäftigten Arbeiter wieder zu besseren Löhnen gelangten. Anscheinend ist jedoch die frühere Höhe nicht wieder erreicht worden. Zwar gab es einzelne Häuser, die in bezug auf Mannigfaltigkeit des Kattundruckes, Neuheiten der Muster und Herstellung der neuesten Vollkommenheiten eine führende Stellung in der Branche einnahmen. Die verschiedensten Firmen waren auch fortwährend auf Verbesserung namentlich des Walzendruckes bedacht, doch scheint es nicht, als ob man die im Ausland in dieser Branche gemachten Fortschritte eingeholt hätte.

Die Blüte der Kattundruckerei liegt in Sachsen in der Zeit der Kontinentalsperre, während welcher die englischen Fabrikate vom Markte ausgeschlossen waren. Es scheint, daß die sächsische Industrie ihre größere technische Vollkommenheit nach Aufhebung der Kontinentalsperre erlangte. Wenigstens gab ein sächsischer Druckfabrikant in den Mitteilungen des Industrievereins seinen Kollegen den Rat, daß sie aus der Geschichte der Entwicklung und Fortbildung der Druckerei in Sachsen die Mahnung entnehmen sollten, daß „selbst in der günstigsten Zeit die einträglichste Fabrikation ohne sorgsame merkantilistische Überwachung, ohne eifernde Beobachtung der neuen Erscheinungen im In- und Auslande“ nicht bestehen kann. Das unaufhörliche Weiterstreben der sächsischen Druckereien sei notwendig, sowohl in mechanischer, als auch in chemisch-technischer Hinsicht, sowohl in bezug auf schönere Leistung als auf Billigkeit. Namentlich auf das letztere komme gegenwärtig alles an, da die Berliner Konkurrenz mächtig und entschieden auftrete und auf den Leipziger Messen eine günstige Aufnahme finde. In die Rührigkeit und Findigkeit der Fabrikunternehmer setzte man die Hoffnung, daß sie es den Berliner gleichtun würden; es läßt sich aber aus Wiecks Aufzeichnungen nicht entnehmen, wie weit dies in der Folgezeit auch geschehen ist.

Den Weg des ständigen Fortschritts, der unaufhörlichen technischen Vervollkommnung hat die sächsische Industrie aber seit den Zeiten, da Wieck seine Betrachtungen über die industriellen Zustände Sachsens schrieb, getan. Wenn Reuleaux der deutschen Industrie auf der Weltausstellung in Philadelphia 1876 das Urteil „billig und schlecht“ glaubte anhängen zu können, so ist, abgesehen von der Einseitigkeit dieses Urteils, dieses keineswegs für die ganze sächsische Industrie zutreffend gewesen. Wo es aber richtig war, da hat auch Sachsens Unternehmerstand schon längst die Scharte ausgewetzt, denn die Weltausstellungen in Brüssel und Turin haben der deutschen Industrie und, soweit sie vertreten war, auch der sächsischen, das Prädikat der Vollkommenheit der ausgestellten Gegenstände zuerkannt. Sie haben sich neben den amerikanischen und französischen sowie englischen Erzeugnissen, welch letztere sie zu den Zeiten Wiecks noch sehr zu fürchten hatten, glänzend behauptet. Inzwischen hat Sachsens Industrie, deren Produkte, wie aus Wiecks Darstellungen zu ersehen, schon immer vom Auslande gesucht wurden, in weiterem Umfange den Weltmarkt erobert. Sächsische Weltfirmen konkurrieren mit englischen und französischen auf allen Teilen der Erde, und wer durch die Werkstätten geht und Fühlung hält mit den führenden Männern der sächsischen Industrie, der kann den Eifer und die Rastlosigkeit beobachten, mit der auch heute noch weiter gearbeitet wird. Die Summe der dabei aufgewendeten Intelligenz und der Arbeitsleistung der Unternehmer, die zunächst wohl für die Befriedigung des eignen Erwerbstriebes, darüber hinaus aber doch für die ganze Volkswirtschaft getan wird, bildet einen Faktor in der modernen industriellen Fortentwicklung, dessen Bedeutung die landläufige Auffassung, wie dargetan, zu übersehen leider nur zu sehr geneigt ist. Mit Theorien kann wirksam gegen diese Gleichgültigkeit nicht angekämpft werden. Das läßt sich nur dann, wenn an Beispielen gezeigt wird, was erreicht und was in vergangenen Jahrzehnten von dem Stande geleistet worden ist, der, wie Pohle treffend bemerkt, die heutige Volkswirtschaft geschaffen hat, dem Unternehmerstand. Dankbar ist es daher zu begrüßen, wenn auch die Wissenschaft sich der Aufhellung der hinter uns liegenden Zeiten der gewerblich-industriellen Entwicklung widmet.

Die Arbeiten Stiedas über die keramische Industrie haben den Weg gezeigt, auf welchem diese wichtigen Gebiete erfolgreich bearbeitet werden können. Was mit diesen Untersuchungen erzielt werden soll, ist, daß zunächst der Gang der Heranbildung einer vielgestaltigen Industrie selbst vor den Augen der Gegenwart klargelegt, daß gezeigt wird, wie die Entwicklung eines Industriezweiges einesteils den in der modernen Zeit auftauchenden Bedürfnissen entgegenkommt, anderenteils die Befriedigung derselben vielfach veredelt, zum Teil auch neue Bedürfnisse schafft; wie sie weiterhin die mannigfachsten Schwierigkeiten technischer und materieller Natur überwunden hat, hier tastend vorwärts gehen, dort die Anregungen vorgeschrittener Vorbilder aneignen, verarbeiten oder aus eigenen Gedanken neue Formen der Arbeit schaffen mußte.

Bei dieser Bearbeitung wird auch zugleich, was dem Verfasser dieses als eine ebenso notwendige wie interessante Aufgabe erscheinen möchte, der Anteil des Unternehmerstandes an den Fortschritten der Industrie festgehalten werden können. Und auch das ist, wie im Vorstehenden erörtert wurde und wie Stieda selbst am Schlusse des Nachwortes seiner „keramischen Industrie in Bayern“ sagt, eine Arbeit, ernster Forschung wert.

In diesem Sinne mögen die bereits eingangs erwähnten Worte Stiedas am Schlusse dieser Ausführungen im Wortlaut folgen:

„Trotzdem werden die vorstehenden Schilderungen keinen unerquicklichen Eindruck hinterlassen. Sie gewähren Bilder rastlosen, nicht versagenden Fleißes. Ernste, sicher zum Teil sehr begabte Männer, Pioniere der Arbeit, getragen von der Hoffnung, einmal die Früchte ihres unermüdlichen Schaffens ernten zu können, sieht man in Tätigkeit. Sind auch nicht alle belohnt, haben diejenigen, die die erste Anregung gegeben haben, keine Erfolge erzielt, für das Land und das Volk ist der Segen doch nicht ausgeblieben. Wie schon in der Einleitung erwähnt, erfreut sich Bayern heute einer bemerkenswerten Porzellanindustrie. Sie wäre nicht möglich gewesen ohne all diese Vorläufer, von deren Schicksalen vorstehend ausführlich die Rede gewesen ist. Darum verdient auch das Andenken an jene Anstalten und Männer, auf deren Schultern wir heute stehen und mit deren Hilfe wir es ‚so herrlich weit gebracht‘, wieder aufgefrischt zu werden.“[1])

---

[1]) Stieda a. a. O.

Das Stellenvermittlungsgesetz und seine Bedeutung für die öffentlichen Arbeitsnachweise.

Von Alexander Dominicus.

(Vortrag, gehalten auf der 2. Jahresversammlung des Landesverbandes öffentlicher gemeinnütziger Arbeitsnachweise im Königreich Sachsen zu Dresden am 2. März 1912.)

Wenn wir das Reichs-Stellenvermittlergesetz vom Jahre 1910 und seine Bedeutung für die öffentlichen Arbeitsnachweise betrachten wollen, so müssen wir uns zunächst einmal das Ziel klar machen, das mit diesem Gesetze für die öffentlichen Arbeitsnachweise angestrebt wurde. Sie wissen, daß da zwei Richtungen in der Entstehungsgeschichte des Gesetzes miteinander gerungen haben, eine weitergehende radikale Richtung und eine mildere. Zu der radikalen Richtung habe auch ich gezählt, und es ist mir auch von den gewerbsmäßigen Stellenvermittlern recht übel angerechnet worden, daß ich die Übergangszeit bis zu ihrer endgültigen Beseitigung so sehr wie nur irgend möglich abkürzen wollte. Der Gesetzgeber war ja darin auch mit den Radikalen unter uns einig, daß er die Existenz der gewerbsmäßigen Stellenvermittler als schädlich im volkswirtschaftlichen Interesse anerkannte, und der Unterschied zwischen der definitiven Fassung des Gesetzes und der mehr radikalen Richtung bestand im wesentlichen darin, daß die radikale Richtung die möglichst baldige Beseitigung der gewerbsmäßigen Stellenvermittler herbeisehnte. Zu diesem Zwecke war von ihnen gewünscht worden, daß nach einer bestimmt zu normierenden Übergangszeit die jetzt erteilten Konzessionen überhaupt erlöschen sollten, und zwar ohne daß eine Entschädigung bezahlt zu werden brauchte, wie sie in Frankreich für diesen Fall vorgesehen war. Auf diesen Boden hat sich der Gesetzgeber jedoch nicht gestellt, und als Männer der praktischen Verwaltung haben wir uns damit zu beschäftigen, was denn tatsächlich das Gesetz normiert hat.

Das Gesetz hat bekanntlich in seinem § 2 zu der früher bereits bestehenden Bestimmung, daß der betreffende gewerbsmäßige Stellenvermittler, der um die Konzession einkommt, persönlich geprüft werden muß in bezug auf seine Zuverlässigkeit, noch ein zweites Moment gebracht, aber auch dieses erste Moment, die persönliche Zuverlässigkeit des Stellenvermittlers, ist jetzt in dem neuen § 2 Abs. 2 Ziff. 1 des Gesetzes in eine viel schärfere Fassung gekleidet worden. Es heißt heute, daß die Erlaubnis zu dem Gewerbebetriebe versagt werden muß, „wenn Tatsachen vorliegen, welche die Unzuverlässigkeit des Nachsuchenden in bezug auf den beabsichtigten Gewerbebetrieb oder auf seine persönlichen Verhältnisse dartun". Diese Fassung ist eine verhältnismäßig sehr weitgehende, und darauf darf ich die Herren, die in der Praxis stehen, besonders hinweisen.

Früher hat unsere Gewerbeordnung, die ja ein Kind der liberalen Wirtschaftsauffassung der 60er und 70er Jahre des vorigen Jahrhunderts ist, sich außerordentlich dagegen gesträubt, die Konzession zu einem Gewerbebetriebe von der Erlaubnis der Behörde abhängig zu machen, und wenn sie das so machen mußte, dann wurden immer Tatsachen nach ganz bestimmter Richtung verlangt. Die Erfahrungen haben speziell auf diesem Gebiet hier gezeigt, daß, wenn man wirklich Schaden in der Praxis vermeiden will, man den Verwaltungsbehörden, denjenigen Personen, die diese Konzessionen zu verleihen haben, auch ein gewisses Vertrauen in ihre Unparteilichkeit entgegenbringen muß, und deshalb ist dieses Gesetz hier prinzipiell insofern sehr interessant, als es eine weitere Abkehr von diesem Ideal der Zeit vor 40, 45 Jahren darstellt. Ich darf mir also erlauben, die Herren noch einmal ausdrücklich darauf aufmerksam zu machen, daß zwar Tatsachen angegeben werden müssen, um die Konzession zu versagen, daß aber diese Tatsachen sowohl die Unzuverlässigkeit des Nachsuchenden in bezug auf seinen Gewerbebetrieb im speziellen beweisen können und sollen als auch auf seine persönlichen Verhältnisse im allgemeinen. Dieser letzte Zusatz scheint mir deshalb auch besonders berücksichtigenswert und durchaus berechtigt, weil die Erfahrung doch gezeigt hat, daß sich in diesem Gewerbe der Stellenvermittler eine ganze Anzahl von Elementen zusammenfinden, die oft nicht ganz lauter genannt werden können. Ich kann wenigstens aus meiner praktischen Erfahrung nur berichten, daß, wenn man sich einmal diese gewerbsmäßigen Stellenvermittler und -vermittlerinnen einzeln ansieht, sich eine ganze Menge von vorbestraften Leuten darunter befinden und von Leuten, die einen höchst wenig erbaulichen Lebenswandel führen. Ich weiß nicht, ob man das generalisieren kann, ich habe aber von allen Praktikern in dieser Richtung Bestätigung gefunden, und aus diesem Grunde begrüße ich, daß diese weitherzige Fassung von § 2 Abs. 2 Ziff. 1 des Gesetzes jetzt eine Handhabe gibt, die Konzession solchen Leuten zu versagen.

Nun kommen wir aber zu der noch viel wichtigeren Ziff. 2 des Abs. 2, die ja ein vollkommenes Novum darstellt. Hier sagt das Gesetz, daß die Konzession zu versagen ist, wenn ein Bedürfnis nach Stellenvermittlern nicht vorliegt, und für diese Feststellung des Bedürfnisses sind auch erfreulicherweise bestimmte Normen angegeben worden. Es ist insbesondere in den Ausführungsbestimmungen der meisten Staaten vorgeschrieben worden, die öffentlichen gemeinnützigen Arbeitsnachweise zu hören. Darauf möchte ich ganz besonders aufmerksam machen. Es ist eine Pflicht und, ich möchte sagen, eine Ehrenpflicht der öffentlichen Arbeitsnachweise, nachdem jetzt wesentlich auf unsere Initiative, auf unsere langjährigen Forderungen hin dieses Gesetz erlassen worden ist, nun auch dafür zu sorgen, daß die Vollmacht, die in dem Gesetze den öffentlichen gemeinnützigen Arbeitsnachweisen gegeben wird, von diesen ausgeübt wird, und deshalb, meine ich, ist es eine absolute Notwendigkeit, daß sich die öffentlichen Arbeitsnachweise ständig in Fühlung halten mit der Behörde, welche die Konzession zu erteilen hat, um auf diese Weise festzustellen, daß nicht einmal aus Versehen eine derartige Befragung, wie sie hier im Gesetz oder den Ausführungsbestimmungen vorgeschrieben ist, überhaupt unterbleibt.

Ein Moment aber in dieser Ziff. 2 verdient, glaube ich, noch besonders die Beachtung. Es heißt dort, daß anzuhören ist der für den Ort oder den w i r t s c h a f t l i c h e n B e z i r k bestehende öffentliche gemeinnützige Arbeitsnachweis. Das ist auch ein ganz interessantes Novum in unserer Gesetzgebung und verdient auch vom rein theoretischen und wissenschaftlichen Standpunkte aus Beachtung. Während wir uns sonst in unseren Gesetzen aus Gründen der Vereinfachung der Verwaltung streng an die politische Bezirkseinteilung des jeweiligen Landes halten, ist hier zum ersten Male in einem Gesetz anerkannt worden, daß die wirtschaftliche

Entwicklung doch die Hauptsache und von höherstehender Bedeutung ist als die altüberlieferte Grenz- und Bezirkseinteilung, daß also die wirtschaftliche Entwicklung der Dinge dazu führen kann, Orte und Bezirke miteinander zu verknüpfen, die in politischer Beziehung in bezug auf die Kreis- und Bezirkseinteilung voneinander getrennt sind. Und wenn für irgend ein Gebiet des öffentlichen Lebens es berechtigt ist, der wirtschaftlichen Gestaltung der Dinge das Hauptgewicht zuzumessen, das größere Gewicht als der politischen Tradition, so ist es wohl das Gebiet des öffentlichen Arbeitsnachweises. Das wird natürlich in der Praxis auch zu manchen Schwierigkeiten führen, bis sich da eine gewisse Tradition gebildet und festgestellt hat, was denn nun der wirtschaftliche Bezirk ist, für den der betreffende öffentliche Arbeitsnachweis Gültigkeit hat. Da gehört eben dazu auch wieder von Ihnen, als den Vertretern des öffentlichen Arbeitsnachweises Wachsamkeit und Fühlung mit den öffentlichen Behörden. Sie müssen selbst an Ihre Behörden herangehen und ihnen sagen: Meine Herren, wir sind hier zwar bloß Arbeitsnachweise für die Stadt soundso, aber der wirtschaftliche Bezirk dieser Stadt erstreckt sich hinüber in diese ganzen Ortschaften unter Umständen der Amtshauptmannschaft, die im Nachbarkreise domiziliert. Auf diesen Punkt wollte ich daher noch einmal Ihre Aufmerksamkeit richten.

Somit wäre die erste Seite der Bedeutung des Stellenvermittlergesetzes für die öffentlichen Arbeitsnachweise die, bei der Neukonezssionierung eines Stellenvermittlers aufmerksam die Interessen des öffentlichen Arbeitsnachweises wahrzunehmen, also zunächst festzustellen, daß die Anhörung, die im Gesetz vorgeschrieben ist, auch stattfindet, daß sie stattfindet in dem richtigen wirtschaftlichen Bezirke, wo der betreffende Arbeitsnachweis die Übersicht hat, und daß endlich hier nun auch der Arbeitsnachweis das Votum in dem Sinne gibt, in dem es das Gesetz wünscht. Da kann doch kein Zweifel darüber sein, daß das Gesetz im allgemeinen von dem Wunsche ausgeht, neue Konzessionen nach Möglichkeit zu verhindern. Nur dort, wo wirklich das wirtschaftliche Bedürfnis es erheischt, wo die Maschen des öffentlichen Arbeitsnachweises leider noch zu weit geknüpft sind, nur da darf eine neue Konzession erteilt werden, und ich glaube, auf diesem Gebiete hat Ihr Verband sich ein Verdienst erworben dadurch, daß er jetzt schon eine statistische Umfrage darüber veranstaltet hat, in welchem Umfange neue Konzessionen hier in Sachsen erteilt worden sind.

Vor mir liegt das Ergebnis dieser Umfrage, und das ist, wie mir scheinen will, ein sehr erfreuliches, denn von allen den angeführten Städten, die da als Mitglieder Ihres Verbandes Bericht erstattet haben, ist nur in zweien, in Wurzen und Großenhain, die erste Frage, ob neue Konzessionen seit dem Erlaß des Stellenvermittlergesetzes erteilt worden sind, bejaht worden, und auch nur in je zwei Fällen. Dagegen wird von einem anderen Orte, Döbeln, mitgeteilt, daß sich vier abgemeldet haben, und, was vor allen Dingen wichtig ist, von den ganz großen Städten ist nach dieser Auskunft, von der ich hoffe, daß sie auch tatsächlich richtig ist, keine einzige Neukonzession erteilt worden. Das ist an und für sich unzweifelhaft ein erfreuliches Ergebnis, und wenn die Sache in der Praxis, wie sie hier jetzt eingeleitet worden ist, in demselben Sinne weiter gehandhabt wird, dann kann man wohl hoffen, daß man zu einem allmählichen Aussterben der gewerbsmäßigen Stellenvermittelung gelangen wird.

Aber das möchte mir, der ich mich Ihnen vorhin als einen Radikaleren vorgestellt habe, noch nicht genügen, ich möchte vielmehr fragen, ob nicht noch weiter unser Gewissen gegenüber dem neuen Gesetz verlangt, auf eine weitere Einschränkung der gewerbsmäßigen Stellenvermittelung hinzuarbeiten, und ich möchte diese Frage bejahen aus dem weiteren Paragraphen des Gesetzes heraus. Denn das Gesetz spricht ja nicht bloß von der ersten Erteilung einer neuen Konzession, sondern mit vollem Rechte macht es dann darauf aufmerksam, daß auch die Mißbräuche und Auswüchse, die früher bei erteilten Konzessionen bestanden haben, nach Möglichkeit hintangehalten werden sollen, und in dieser Beziehung hat das Gesetz eine ganze Reihe von Ausführungs- und Kontrollvorschriften teils jetzt schon selbst als Gesetz für das Deutsche Reich erlassen, teils die Landeszentralbehörden zum Erlaß derartiger weiterer polizeilicher Vorschriften ermächtigt. Und derartige Vorschriften sind dann auch in allen deutschen Bundesstaaten erlassen worden. Diese Vorschriften, die fast überall übereinstimmen, zeigen nun eine ziemlich starke Detaillierung. Es sind da eine ganze Menge von Bestimmungen erlassen, die Sie ja alle kennen, die insbesondere z. B. den gleichzeitigen Betrieb des Gewerbes des Stellenvermittlers mit einem anderen Gewerbe einschränken und ähnliche derartige Vorschriften. Wenn wir uns nun die Tragweite dieser

Kontrollbestimmungen klarmachen wollen, so müssen wir vor allen Dingen zunächst einmal zugestehen, daß sie ein vollkommenes Novum gar nicht darstellen; schon vor dem 1. Oktober 1910, dem Inkrafttreten dieses Gesetzes, bestand, glaube ich, in fast allen deutschen Bundesstaaten eine ganze Reihe von ortspolizeilichen Verfügungen über die Art des Betriebes des Stellenvermittlergewerbes, und wenn trotz der Existenz aller dieser Verfügungen der Ruf nach diesem neuen Gesetze so laut geworden war und sich durchgesetzt hat, so muß uns das etwas skeptisch stimmen, es muß uns zum Beweise dienen, daß es durchaus nicht genügt, auf dem Papier eine ganze Menge wunderschön redigierter Vorschriften zu haben, sondern daß es viel wichtiger ist, diese Vorschriften in das lebendige Leben überzuführen. Das ist tatsächlich der Hauptfehler, der vor dem 1. Oktober bestand, daß eine wirkliche intensive Kontrolle der Ausführung dieser polizeilichen Überwachungsvorschriften nicht stattfand. Und das scheint mir unsere wichtigste Aufgabe zu sein, dafür zu sorgen, daß nun jetzt eine gründliche Änderung auf diesem Gebiete eintritt und daß der Sinn und Zweck des Gesetzes, das eine wirkliche Überwachung haben will, auch wirklich in die Praxis übergeführt werde. Wenn wir das aber bewirken wollen, so müssen wir uns darüber klar sein, warum denn vor dem Jahre 1910 eine wirksame Kontrolle nicht stattfand, und ich möchte den Grund für dieses Versagen der Kontrolle in der früheren Zeit darin finden, daß die Kontrolle den ordentlichen staatlichen oder städtischen Polizeibehörden übertragen war. Und bei den ordentlichen staatlichen Polizeibehörden kann man bei aller Anerkennung ihres pflichtmäßigen Eifers, der selbstverständlich ist, nicht erwarten, daß diese Kontrolle sachgemäß und eindringend genug geübt wird. Das ist einfach unmöglich und für den praktischen Verwaltungsbeamten ganz einleuchtend. Wer einmal gesehen hat, was für eine Fülle der verschiedenartigsten Verwaltungskontrollvorschriften in einem Polizeirevier einer Großstadt zu beobachten und auszuführen sind, der staunt über das Maß der Belesenheit und der Gesetzeskenntnis, das dem simplen Polizeisergeanten oder Wachtmeister zugemutet wird. Und da ist es ganz unmöglich, daß diese Leute mehr als eine ganz oberflächliche Kenntnis der Bestimmungen haben, wenn sie sie in dem Spezialfache überhaupt haben können. Infolgedessen wird eine derartige behördliche Kontrolle, wie das jeder Fachmann weiß, in höchst mechanischer Weise ausgeübt.

Da hat der Reviervorstand am 1. Januar jeden Jahres an seine Polizeidirektion zu berichten. Und da wird am letzten Tage vorher der betreffende Schutzmann instruiert und gefragt: Was ist da geschehen? Und da wird das Simile vom vorigen Jahre herausgesucht und genau so abgeschrieben, wenn nicht zufällig in dem betreffenden Revier ein ganz haarsträubender Fall in den letzten 14 Tagen sich ereignet hat. Also auf dem Wege wird man zu einer wirksamen Kontrolle niemals kommen. Nun ist aber doch einmal die Durchführung dieser polizeilichen Kontrolle den Ortspolizeibehörden übertragen, und da fragt es sich: Wie können wir denn die Ortspolizeibehörde dazu führen, daß ihrem guten Willen, an den ich durchaus glaube, auch das nötige sachliche und fachliche Verständnis beigebracht wird? Und da möchte ich mich wieder an Sie wenden und sagen: Sie sind die Instanz, von der allein gehofft werden kann, daß die Kontrolle der Polizeibehörde den Inhalt bekommt, den das Gesetz wünscht. Sie müssen sich in persönlichen Beziehungen halten mit diesen unteren Kontrollinstanzen der polizeilichen Lokalverwaltung und müssen die Leute laufend, nicht bloß zu den bestimmten Terminen, auf alle Fälle von besonderen Zuwiderhandlungen aufmerksam machen, die Ihnen irgendwo zu Ohren gekommen sind.

Aber das allein genügt noch nicht, sondern Sie müssen auch versuchen darauf hinzuwirken, daß zu den behördlich vorgeschriebenen, regelmäßigen Kontrollterminen auch Ihre Mitwirkung in der einen oder anderen Weise zugezogen wird. Da weiß ich nun, da wird mir der Einwand erhoben werden: Wie ist das möglich, daß ein Mann, der kontrolliert werden soll, kontrolliert wird durch seinen Konkurrenten? Und der Einwand ist auch mir erhoben worden von der staatlichen Verwaltungsbehörde, als ich in meinem früheren Wirkungskreis zum ersten Male an das Ministerium des Innern in Elsaß-Lothringen herantrat und sagte: Schafft euch doch die Hilfsorgane für diese polizeiliche Überwachungsaufgabe dadurch, daß ihr die Beamten des öffentlichen Arbeitsnachweises mit dieser Nebenarbeit und als Auskunftsstelle beauftragt und heranzieht. Da sagten mir die Herren Verwaltungsbeamten im Ministerium: Das geht doch nicht, das sieht furchtbar parteiisch aus. Und diesen Anschein muß man auch zugeben. Aber ich glaube, jetzt nach dem neuen Gesetze ist doch darin eine erhebliche Änderung eingetreten, denn in dem neuen Gesetze ist erklärt worden, daß schon bei Neukonzessionierung als der berechtigte Faktor zum Mitreden, als der berechtigte Gutachter der öffentliche Arbeitsnachweis anzuhören ist. Und was liegt da näher, als daß man dieselbe Instanz zur Lebendigmachung der laufenden Kontrolle heranzieht. Und auch in den letzten Paragraphen des Gesetzes, wo davon die Rede ist, daß auf Grund der späteren Feststellung der Unzuverlässigkeit eines Gewerbetreibenden die bereits übertragene Konzession entzogen werden kann, ist ja davon gesprochen, daß ein derartiger Antrag von dem Träger des öffentlichen Arbeitsnachweises gestellt werden kann. Aus diesen Gesetzesbestimmungen geht meines Erachtens ganz klar hervor, daß es dem Sinn und Geist des Gesetzes durchaus entspricht, die Träger des öffentlichen Arbeitsnachweises zu der laufenden Kontrolle und Überwachung der gewerbsmäßigen Vermittler heranzuziehen. Und zu meiner Freude kann ich konstatieren, daß diese Schlußfolgerung auch in der Zwischenzeit von einer ganzen Reihe staatlicher Verwaltungsbehörden gezogen worden ist.

Und zwar waren es in erster Linie die süddeutshen Regierungen, die sich zu diesem Schritt bereit erklärt haben. So hat z. B. das Großherzoglich Badische Ministerium des Innern eine generelle Anweisung an seine sämtlichen Bezirksamtmänner erlassen, daß diese Bezirksamtmänner zu den laufenden Kontrollen die Beamten des öffentlichen Arbeitsnachweises heranzuziehen haben. Ebenso ist im Königreiche Württemberg und dem Reichslande Elsaß-Lothringen verfahren worden. Ich habe das in Straßburg selbst mit durchgesetzt und kann Ihnen nur berichten, daß das die allererfreulichsten Erfolge gehabt hat. Der betreffende Vorstand des städtischen Arbeitsnachweises bekam von dem Polizeirevier zunächst einmal die Meldebücher, die offiziellen Formulare übersandt, die die einzelnen Stellenvermittler, sagen wir alle Vierteljahre vorzulegen haben. Und während der Polizeivorstand weder die Zeit noch das Verständnis hatte, die Listen auf die gesetzliche Richtigkeit durchzuprüfen, sah dieser Spezialist auf dem Gebiete des Arbeitsnachweises in ein paar Minuten die Lücken und gesetzlichen Mängel der Listenführung ohne weiteres und konnte dann in mündlichem Gespräche mit dem betreffenden Polizeireviervorstande sofort darauf aufmerksam machen: Hier ist die Taxe überschritten, hier hat der Mann nicht bloß die Hälfte von dem Arbeitnehmer erhoben, sondern mehr, hier wird gleichzeitig irgendein Ausschank betrieben, und ähnliche Geschichten.

Alles Einzelheiten, die man dem gewöhnlichen Polizeisergeanten beim besten Willen nicht zumuten kann. Da hat sich dann ergeben, daß auch in den Fällen der gröberen Beanstandung der betreffende Vorstand des Polizeirevieres den Vorstand des öffentlichen Arbeitsnachweises zu der Lokalbesichtigung mitgenommen hat, und das ist in den krassen Fällen der Zuwiderhandlung unter Umständen absolut notwendig. Erst dann hat die Lokalbesichtigung einigermaßen auf Erfolg zu rechnen, wenn ein Fachmann mitgeht, der innerhalb einer Viertelstunde an Ort und Stelle feststellt, wie der Geschäftsbetrieb gehandhabt wird. Natürlich ist zu derartigen Revisionen ein gewisser Takt seitens des Beamten des öffentlichen Arbeitsnachweises erforderlich. Das ist ganz selbstverständlich. Er muß sich auf den Standpunkt stellen, daß, wenn es ihm auch unerwünscht ist, eine einmal erteilte Konzession legal berechtigt ist, und daß er nicht das Recht hat, derartig zu Recht bestehende Konzessionen ohne weiteres zu befehden. Er muß sich darauf beschränken, festzustellen, ob die Polizeivorschriften auch befolgt sind, und wenn sie befolgt sind, hat er sich in der vollkommensten Höflichkeit und Liebenswürdigkeit zu benehmen. Wenn aber der betreffende Stellenvermittler gegen die Gesetzesbestimmungen handelt, so hat der betreffende Beamte des öffentlichen Arbeitsnachweises das Recht und die Pflicht, den Polizeibeamten darauf aufmerksam zu machen, und wenn das Nämliche wiederholt vorkommt, seine Behörde zu veranlassen, daß das Bürgermeisteramt nunmehr an die Polizeidirektion den Antrag stellt, die früher erteilte Konzession zum Gewerbebetriebe zurückzuziehen. In dem Sinne und in dem Geiste möchte ich Sie bitten, die Kontrolle auch Ihrerseits wahrzunehmen, und ich hoffe, daß auch das sächsische Ministerium sich damit einverstanden erklären wird, daß eine derartige Ausführung der polizeilichen Kontrolle Hand in Hand mit dem Träger des öffentlichen Arbeitsnachweises dem Sinne und dem Geiste des Gesetzes entspricht und allein geeignet ist, eine wirkliche Kontrolle durchzuführen.

Das scheint mir die Aufgabe zu sein, die das neue Gesetz Ihnen bei der Neuerteilung der Konzessionen und bei der laufenden Kontrolle stellt. Aber ich glaube, darauf dürfen Sie sich nicht beschränken. Wenn Sie kontrollieren wollen, wenn Sie sich des Rechtes, das das Gesetz Ihnen verliehen hat, in der Beziehung würdig erweisen wollen, dann müssen Sie aber auch mit allen Mitteln darnach streben, daß Ihre Geschäftsführung und die Erfolge

Ihrer Geschäftsführung denjenigen Geschäftsbetrieben vorbildlich sind, die Sie zu kontrollieren sich selbst das Recht zuerkannt haben. Und deswegen möchte ich heute an die Herren den Appell richten, daß, wenn Sie auf der einen Seite vor sich ein großes Feld einer neuen Berechtigung und einer erweiterten Tätigkeit sehen, Ihnen das auf der anderen Seite als Ansporn zu einer ständigen immerwährenden Ausdehnung Ihrer eigenen Geschäftstätigkeit dienen möge.

Einiges über die Stellung der fremden, insonderheit der niederländischen Schiffahrt in Bremen während des 16., 17. und 18. Jahrhunderts.[1)]

Von **Johannes Tack.**

I.

Bereits das 15. Jahrhundert sah die Niederländer eifrig Schiffahrt nach der Nord- und Ostsee betreiben. Der in das folgende Jahrhundert fallende Freiheitskampf mit Spanien begründete ihre dominierende Stellung im damaligen Welthandel; ihre Schiffe überstiegen an Zahl und Raumgehalt die der übrigen seefahrenden west- und nordeuropäischen Völker. Zugleich waren sie an die Stelle der Hansa getreten.

Auch für die bremische Schiffahrt kam die niederländische als Hauptkonkurrent in Frage, nicht nur in der großen Fahrt nach dem Norden und Osten, nach England und den südlich gelegenen Ländern, sondern vor allem im Verkehr mit den vereinigten sieben Provinzen selbst, mit denen Bremen in lebhaftem Warenaustausch stand. Groningen, Delfzyl, Kempen, Deventer, Zwolle, Enkhuizen, besonders aber Amsterdam waren Märkte des bremischen Handels und Zielpunkte bremischer Schiffahrt, wie Bremen einen bedeutenden Markt für den niederländischen Handel und damit für die ihm dienende fremde Schiffahrt bildete. Neben den Holländern und Seeländern waren es in großem Umfange die Friesen, die mit ihren Schiffen in Bremen erschienen. Die Küstenschiffahrt lag überwiegend in deren Hand. Bereits im 16. Jahrhundert empfanden die bremischen Schiffer die Konkurrenz der Niederländer in mehrfacher Beziehung als nachteilig und versuchten sich ihrer vor allem in der eigenen Vaterstadt zu erwehren.

In der wirtschaftlichen Auffassung jener Zeit und der folgenden Jahrhunderte lag es begründet, daß der Kampf gegen die fremde

---

[1)] Nach Akten des bremischen Staatsarchivs (R. 11 d 3 und 11 c) und des Archivs der Handelskammer in Bremen (C. 35 c I—III).

Konkurrenz, der Kampf um die Erhaltung der Vorherrschaft in dem eigenen, einheimischen Wirtschaftsgebiet unter Mitwirkung und durch die staatliche Macht geführt wurde. Der bremische Rat, als Vertreter und Hüter auch der wirtschaftlichen Interessen seines Gemeinwesens und dessen Bürger mußte daher Stellung nehmen und tat es. In seinem Vorgehen auf diesem Gebiete spiegelt sich daher ein Stück der bremischen Wirtschafts-, insonderheit der Schiffahrts- und Handelspolitik wider. Wie man den eigenen Handel und das eigene Gewerbe möglichst vor der fremden Konkurrenz zu schützen suchte, das eigene Wirtschaftsgebiet möglichst dem Bürger der Stadt vorzubehalten sich bestrebte, so lag es nahe, den gleichen Schutz der einheimischen Schiffahrt angedeihen zu lassen. Aber die Interessen dieser Schiffahrt und die des Handels waren nicht auf das eigene Wirtschaftsgebiet beschränkt, sie lagen vielmehr darüber hinaus und griffen hinüber in fremde Gebiete. Die zu ihrem Schutze in Bremen zu erlassenden Bestimmungen konnten und mußten in den fremden Handelsplätzen Maßnahmen auslösen, die ungünstig zurückwirkten auf das bremische Wirtschaftsleben. Es lag auf der Hand, daß man in anderen Seestädten ein reziprokes Verfahren gegenüber den bremischen Schiffern anwenden würde. War schon hierdurch eine ausschließliche Begünstigung der einheimischen Schiffahrt von vornherein ausgeschlossen, und mußte vor allem aus diesem Grunde wie aus allgemeinen Erwägungen der Einfuhrhandel der fremden Schiffahrt ohne Beschränkung frei gelassen werden, so kam bezüglich des Ausfuhrhandels hinzu, daß nicht allemal die Interessen von Handel und Schiffahrt in der gleichen Richtung liefen. Die völlige Ausschließung der fremden Schiffahrt hätte zu einem Monopol der einheimischen führen müssen, das durch Frachttaxen und obrigkeitliche Verordnungen allein für den Handel niemals hätte erträglich gestaltet werden können. Der Handel fordert seiner Natur nach nicht nur billige, sondern auch mannigfaltige und reichliche Transportgelegenheiten, die zu bieten die Bremer Schiffahrt an sich schon nicht in der Lage war.

II.

In der zweiten Hälfte des 16. Jahrhunderts scheint sich die Konkurrenz der niederländischen Schiffer besonders stark geltend gemacht zu haben, während andrerseits in einigen friesischen Städten die Bremer Schiffahrt auf Erschwerungen und Hinderungen stieß.

1563 versuchte der Rat zu Bremen dieser Benachteiligung zu steuern. Aber bereits 1566 beklagten sich die Bremer Schmackschiffer[1]) von neuem darüber, daß die Groninger Schiffer, entgegen dem Ratsbescheide vom 17. Februar 1653, in Bremen befrachtet würden, ehe ihre eigenen Schmacken beladen seien. Dies treffe sie um so härter, als ihnen in Friesland nicht die gleiche Behandlung zuteil werde. Während ihnen früher in Groningen und Delfzyl, ob sie nun beladen oder leer dort angekommen seien, gestattet sei, Ladung einzunehmen, erlaube man es ihnen jetzt nicht mehr in Delfzyl, sondern nur im Groninger Diep, einem für sie sehr ungelegenen Platze. Die Groninger bestritten die Berechtigung der Klagen und behaupteten, daß den bremischen Schiffen, die beladen in den beiden genannten Plätzen ankämen, niemals verwehrt sei, Ladung ohne Rücksicht auf die Groninger Schiffe einzunehmen.

Der Rat entschied unter dem 19. Februar 1566, daß die Gegenseitigkeit garantiert sein müsse; die Groninger Schiffer sollten daher eine Bescheinigung ihres Rates darüber beibringen, daß „die Ladunge deme Bremer Schepperen aldar tho Groninge unnd dem Delfsyle frig gelaten". Anders sollten sie in Bremen nicht zugelassen werden. Da sich die Klagen der Bremer Schiffer wiederholten, entschloß sich der Rat, eine allgemeine Regelung vorzunehmen, und erließ 1587 eine Verordnung: „Von uthländischen Schepen, so loß[2]) oder geballastet ankamen".[3]) Diese Verordnung bestimmte allgemein, daß alle fremden, d. h. nichtbremischen Schiffer, die leer oder mit Ballast in Bremen ankämen, nur dann ihr Schiff beladen und befrachten lassen dürften, wenn zuvor alle bremischen Schiffe beladen und befrachtet wären. Nur wenn der fremde Schiffer mit beladenem Schiffe an die Stadt gekommen sei, könne er sofort Fracht nach seinem Heimatshafen nehmen, „averst anders nergen hen". In diesem Falle brauchte er keine Rücksicht auf den Bremer Schiffer zu nehmen.

Wenn auch diese Verordnung prinzipiell den Schutz der einheimischen Schiffahrt proklamierte und erst sekundär die fremde zuließ, durchbrach sie dieses Prinzip in einem wichtigen Punkte,

---

[1]) Schmack: Barke von 50—80 Last, mit einem Gaffelmast.

[2]) loß = leer.

[3]) Abgedruckt in: Forschungen zur Hamburgischen Handelsgeschichte, II; Die Börtfahrt zwischen Hamburg, Bremen und Holland, von Dr. Ernst Baasch (S. 101).

nämlich in der Konzession an die fremden Schiffe, die eine größere Ladung von Waren nach Bremen gebracht hatten, eine Rückfracht nach ihrem Heimatshafen, wenn sie sich ihnen sofort nach beendeter Entladung bot, anzunehmen. Sie durften also nicht leer liegen bleiben und auf Befrachtung warten. Das entscheidende Moment war die Rücksicht auf Handel und Schiffahrt der eigenen Bürger. Der Handel erhielt eine vermehrte Gelegenheit für den Transport seiner Waren, aber auch zum Absatz insofern, als die fremden Schiffer vielfach auf eigene Rechnung kauften. Den bremischen blieb die Möglichkeit erhalten, in fremden Häfen Rückfracht nach Bremen zu nehmen, indem sie die gleiche Behandlung dort erwarten durften, die dem dortigen Schiffer hier zuteil wurde. Dies war für die Bremer um so wichtiger, als, wie aus der Beschwerde von 1566 hervorgeht, die Einfuhr aus einzelnen niederländischen Städten die bremische Ausfuhr dorthin überragte. Daß die Möglichkeit einer Rückfracht auf die den Handel belastenden Frachtkosten günstig einwirkte, wird gleichfalls nicht ohne Einfluß gewesen sein.

Trotz der angedrohten Strafe — Verlust der Fracht und fünf bremische Mark Buße, die je zur Hälfte an den Fiskus (Kämmerei) und an die „Arme Seefahrt", jetziges Haus Seefahrt, fielen — wurden die Bestimmungen der Verordnung von 1587 vielfach außer acht gelassen. Die ausländischen Schiffer versuchten sie dadurch zu umgehen, daß sie, nachdem sie an anderen Orten den Hauptteil ihrer Fracht gelöscht hatten, mit nur ganz geringer Ladung einliefen und Fracht nach ihrem Heimatshafen nahmen; sie scheuten sich auch nicht, die Ladungsberechtigung zu erschwindeln, indem sie angaben, nach dem Heimatshafen zurückzufahren, tatsächlich aber nach einem anderen Hafen segelten. Daß sie dies in den Fällen, in denen sie nicht auf eigene Rechnung ihr Schiff befrachteten, nicht ohne Mitwissen der bremischen Kaufleute taten, ist anzunehmen. Besonders im Herbste und im Frühjahr, also vor dem Auflegen der Schiffahrt und beim Wiederbeginn, scheinen letztere häufig ausländische Schiffe befrachtet zu haben; wohl aus dem Grunde, weil sie zu beiden Zeiten billigere Frachten erhielten, im Herbste, weil die fremden Schiffer die Heimfahrt lieber beladen, wenn auch bei geringem Verdienste, als leer antraten, — im Frühjahr, weil letztere, wenn sie den Winter hatten in Bremen überliegen müssen, erst recht unter der Konkurrenz der bremischen Schiffahrt zu leiden hatten und daher zu jeder annehmbaren Fracht bereit waren.

Auch der zu beiden Zeiten gesteigerte Warenverkehr, besonders mit Korn und anderen Massenartikeln, wird von Einfluß gewesen sein, wie der Umstand ferner, daß wohl im Frühjahr nach Aufgang der Schiffahrt eine größere Anzahl fremder Schiffe mit fremden Waren gleichzeitig an die Stadt kamen.

Um diese Mißbräuche abzustellen, erneuerte der Rat die Verordnung von 1587 unter dem 24. August 1592,[1]) verbot gleichzeitig den nur mit „einer Last gudes effte twe" einlaufenden fremden Schiffern Fracht zu nehmen und ebenso ihre Befrachtung im Herbst und Frühjahr, wenn Bremer Schiffe noch unbefrachtet an der Stadt lagen.

Beim Abwägen des Interesses aber des bremischen Kaufmanns und der bremischen Schiffahrt nahm der Rat eine Stellung zugunsten des ersteren ein und zwang ihn nicht, auf jeden Fall sich der letzteren zu bedienen, sondern nur wenn kein passendes Schiff zur Verfügung stand. War es zu klein oder zu groß, um nach dem in Frage kommenden Hafen zu laden, so war der Kaufmann frei in der Benutzung fremder Schiffe.[2]) Doch hatte er sich der Entscheidung der Weddekommission, einer Ratskommission aus vier Mitgliedern derselben, zu unterwerfen, die überhaupt zur Schlichtung von Streitigkeiten, auch über die Befrachtung selbst, bestellt war.

Auf einige Jahrzehnte scheint ein befriedigender Zustand eingetreten zu sein. Jedenfalls verlauten keine Klagen aus dieser Zeit. Aus dem Jahre 1630 zuerst liegt wiederum eine Beschwerde der Bremer Schiffer, die auf Holland fuhren, gegen die holländischen, insonderheit ostfriesischen Schiffer vor darüber, daß diese ihnen die Holzladungen aus dem Amte Blumenthal, die im bremischen Hafen Vegesack eingeladen wurden, wegnehmen. 1631 wurde die Beschwerde wiederholt und ferner darauf hingewiesen, daß die Holländer, die mit ihren Waren und Krämereien an die Schlachte[3]) kämen, dort nicht drei bis vier Tage, wie sonst überall gebräuchlich, liegen blieben, um die Waren zu verkaufen, sondern etliche Wochen.

1640 baten sämtliche auf Holland und Westfriesland fahrenden Schiffer von neuem, der Rat möge für die Aufrechterhaltung der Verordnung von 1592 ernstlich Sorge tragen. In allen drei Fällen

[1]) Abgedruckt in der vorgen. Schrift von Dr. Baasch (S. 102).

[2]) Hierbei wird es sich um sogen. Rusefahrten gehandelt haben, nicht um den Stückgüterverkehr.

[3]) Löschplatz an der Stadt.

führten sie besonders darüber Klage, daß man in Holland und Westfriesland den Bremer Schiffern nicht erlaube, Fracht nach Bremen oder anderen Städten, nicht einmal direkte Rückfracht nach Bremen zu nehmen, auch sogar dann nicht, wenn es der Schiffer eigene Waren seien.

Der Rat wies 1640 die vier Kämmerer an, darauf acht zu haben, daß die Fremden den Bremern nicht vorgezogen würden, wenn diese um gleiche Fracht und zu gleicher Zeit abfahren wollten. Doch sollten sie darauf sehen, daß den Fremden, die Waren an die Stadt gebracht hätten, die Rückfracht verstattet würde. Diese Anordnung zeigt durch den Zusatz: um gleiche Fracht und zu gleicher Zeit eine dem Handel entgegenkommende, mildere Praxis gegenüber der ausländischen Schiffahrt, wie sie auch in der Verordnung von 1592 bereits anklingt.

Als trotzdem die Klagen nicht aufhörten, erging, in Anerkennung der Mißstände, eine neue Ordnung am 2. April 1647, die jedoch an den Grundgedanken der von 1592 festhielt. Zur Beaufsichtigung wurde ein Kollegium von sechs Männern, je zwei aus dem Rat, der Bürgerschaft und den Schiffern eingesetzt, die in Zweifelsfällen zu entscheiden und auf gute, seetüchtige Fahrzeuge zu achten hatten. Es scheint, daß gerade in dieser Hinsicht die einheimischen Schiffe manches zu wünschen übrig ließen und daß schon aus diesem Grunde der Kaufmann die fremden oft bevorzugte; denn auch später wies die Kaufmannschaft gerade auf die ungenügende und schlechte Beschaffenheit der bremischen Schiffe hin.

In dieser Ordnung von 1647 [1]) wurden gleichzeitig die ersten Bestimmungen über die Börtfahrt auf Amsterdam [1]) getroffen; auch in dieser Reihefahrt wurden die fremden Schiffer nur subsidiär zugelassen. Diese Börtordnung wurde jedoch bereits am 29. Januar 1653 [1]) auf Ersuchen der an der Fahrt nach Holland beteiligten Mitglieder der Schiffergilde aufgehoben und an ihrer Stelle die Verordnung von 1592 wieder in Kraft gesetzt. Zugleich sah sich der Rat veranlaßt, sich noch aus einem besonderen Grunde mit der auswärtigen Konkurrenz seiner einheimischen Schiffahrt zu befassen. Infolge des Kriegszustandes, in dem sich die Niederlande in der

[1]) Über die bremische Börtfahrt auf Amsterdam und Hamburg siehe: Forschungen zur hamburgischen Handelsgeschichte, II: Die Börtfahrt zwischen Hamburg, Bremen und Holland, von Dr. Ernst Baasch, wo auch die Verordnungen von 1647 und 1653 abgedruckt (S. 103 u. 105).

Mitte des 17. Jahrhunderts mit England befanden, hatten die niederländischen Schiffer, um der Wegnahme von Schiff und Ladung durch die feindlichen Kaper zu entgehen, versucht, beides mit neutraler Flagge zu decken. Sie waren deshalb auch in Bremen, und mit Erfolg, um die Erwerbung des Bürgerrechtes, und zwar des billigeren neustädtischen, eingekommen, worauf ihnen der Rat auch die nötigen Seebriefe ausgestellt hatte. Sie hatten aber bei diesem Vorgehen nicht daran gedacht, dauernd sich in Bremen niederzulassen, sondern ihre Familien ruhig in ihrer Heimatstadt belassen. Gegen solches Vorgehen wandten sich die bremischen Bürger, wiesen darauf hin, daß sie alle städtischen Lasten zu tragen hätten, während jene, zumal sie überhaupt keine Wohnung in der Stadt besäßen, hiervon freiblieben, auch nicht die Gebühren an die Schiffergilde entrichteten. Der Rat verbot nunmehr den Erwerb des Bürgerrechts durch fremde Schiffer, sofern diese nicht ernstlich gewillt seien, sich mit ihrer Familie dauernd in Bremen niederzulassen und ihren Pflichten in vollem Umfange nachzukommen. Den inzwischen mit dem Bürgerrecht begnadeten wurde die Ladung verwehrt, bis sie dauernden Wohnsitz in der Stadt genommen hätten.

Klagen des Rates zu Enkhuyzen und die Aufhebung der Börtordnung von 1647 gaben dem Bremer Rat Anlaß, sowohl in Enkhuyzen als auch in Amsterdam bei dem dortigen Rate auf strikte Gegenseitigkeit in der Behandlung der Schiffahrttreibenden hinzuwirken. Im übrigen suchte man in Bremen der Beachtung der Bestimmungen durch die fremden Schiffer dadurch einen besonderen Nachdruck zu geben, daß man sie gegebenenfalls ihre Angaben über das Reiseziel eidlich erhärten ließ, was von diesen lästig empfunden wurde und zu dem Schreiben des Rates zu Enkhuyzen führte, vom Bremer Rate aber gebilligt wurde.

Die mehrfach erneuerte Verordnung von 1592 ist die Grundlage der Berechtigungen der fremden Schiffer geblieben. Aber ebenso bleibend sind die Streitigkeiten gewesen zwischen den bremischen und den fremden Schiffern wie zwischen den ersteren und der bremischen Kaufmannschaft. Diese hatte sich in den vergangenen Jahren der niederländischen Schiffahrt in erheblichem Umfange bedient und empfand die 1653 erfolgte Erneuerung der Verordnung um so lästiger, als sich die auf Niederlandt fahrenden bremischen Schiffer zu einer Gilde fester zusammengeschlossen hatten und durch die Ordnung von 1653 an der Beaufsichtigung durch vier ihrer

Mitglieder, je zwei aus den nicht mehr fahrenden und aus den noch fahrenden Schiffern, beteiligt waren. Diese übten, besonders durch den aus ihnen bestellten Gildemeister und den Gildeknecht, nicht nur eine besonders scharfe Aufsicht, sondern suchten auch die fremden Schiffer, soweit es möglich war, überhaupt auszuschließen. Kein Wunder, daß es zu Streitigkeiten zwischen der Kaufmannschaft und der Schiffergilde kam, zumal der Gildemeister und sein Knecht das Aufsichtsrecht in rücksichtsloser Weise ausgeübt zu haben scheinen. Die Differenzen führten 1659 zu einer heftigen Beschwerde des Kollegiums der Älterleute, im Auftrage der Kaufmannschaft, über die Handhabung der Verordnungen.

Die Klagen der Älterleute betrafen einmal das Verfahren des Gildemeisters und des Gildeknechtes bei der Erteilung des sogen. Freizettels, dessen der fremde Schiffer bedurfte, um Fracht für einen bremischen Kaufmann einzunehmen und damit die Stadt zu verlassen, ferner die Abnahme des Eides, wobei behauptet wurde, die fremden Schiffer seien gezwungen, den Eid in Abwesenheit des Gildemeisters und seines Knechts vor deren Frauen und Töchtern, ja sogar den Mägden zu leisten, endlich die fiskalische Ausnutzung des Vorrechtes durch Erhebung der hohen Gebühren von den fremden Schiffern zugunsten der Gilde. Darüber hinaus aber, behaupteten die Älterleute, seien die Verordnungen von 1592 und 1653 mißbräuchlich angewendet worden auch auf die sogen. Rusefrachten,[1]) während sie nur auf die regelmäßige Schiffahrt nach den Niederlanden zutreffe. Es sei von jeher dem Kaufmann erlaubt gewesen, in der Ruse auch den fremden Schiffer zu befrachten, hier und in anderen Handelsstädten, und zwar im Interesse und zur Beförderung des Handels. Die Beschwerde machte den bremischen Schiffern eine rigorose Ausnutzung ihrer bevorrechtigten Stellung und die Absicht zum Vorwurf, ein Monopol errichten zu wollen, während sie sich ihrer Pflichten aus dem ihnen schon eingeräumten Vorrechte nicht genügend bewußt seien. Es fehle an tüchtigen Schiffen, insbesondere an kleinen, schnelleren

[1]) Rusefracht: Befrachtung eines ganzen Schiffes, wobei der Befrachter die Fracht nicht nach Lasten oder stückweise bezahlt, sondern das ganze Schiff für eine Reise chartert und eine Gesamtfracht akkordiert. In der Rusefracht wurden besonders Massengüter (Bier, Korn, Malz, Hopfen, Künrauch, Eisen- und Holzwaren, Fässer) verschifft, besonders auch solche, die leicht verderblich waren oder doch keine lange Lagerung im Schiffe vertrugen.

zwischen 5—20 Last., während die bremischen meist 20 Last. und größer seien; es mangele den Schiffern selbst aber an dem nötigen Eifer und der erforderlichen Sorgfalt, des Kaufmanns Interessen während der Fahrt und bei der Abladung und dem Verkauf im fremden Hafen zu wahren. Endlich aber kämen die fremden Schiffer den Kaufleuten nicht nur im Frachtpreis, sondern auch insofern entgegen, als sie, soweit sie die Waren, hauptsächlich das Getreide, nicht gegen bar für eigene Rechnung kauften, was sehr häufig sei, Vorschuß auf das eingenommene Getreide gewährten und damit einen Teil des Risikos übernähmen, was nicht nur dem Kaufmann allein zugute komme, sondern vor allem jungen Anfängern, während andererseits der Schiffer an guter Beförderung und vorteilhaftem Verkauf nunmehr persönlich und daher erhöht interessiert sei. Die Beschwerde resumierte sich dahin, daß das allgemeine Handelsinteresse Bremens die Freiheit der Rusefrachten und damit insoweit eine Einschränkung des Vorrechtes der einheimischen Schiffahrt dringend erfordere.

Die Schiffergilde und die dazu verordneten „Herren und Bürger“ bestritten die Mißbräuche und die Mängel der Mitglieder der Gilde und ihrer Schiffe, vor allem aber die Freiheit der Rusefrachten, die auch an anderen Orten, so in Amsterdam, nicht zugestanden werde.

In diese Klagen spielt schon die Entwicklung der bremischen Schiffahrt nach den Niederlanden hinein, die in der ersten Börtordnung von 1647 zu dem Versuch einer Regelung der Börtfahrt nach Amsterdam geführt hatte. Es hatte sich tatsächlich eine solche Bört- oder Reihefahrt bereits entwickelt, auf die die Verordnungen von 1592 und 1653 bezüglich der fremden Schiffer Anwendung fanden. Die Reihefahrt fand auch der Handel für seine Zwecke nützlich, aber er war nicht gewillt, sie zu einem Monopol auswachsen zu lassen, sondern wollte in gewissem Umfange eine freie Bewegung sich erhalten und die Konkurrenz der niederländischen Schiffahrt, die jährlich in großer Zahl mannigfache Waren ihres Heimatlandes nach Bremen brachte und von hier vor allem Getreide, Holz und Bier zurückzunehmen bereit war, zu seinem und der Allgemeinheit Vorteil ausnutzen. Diese Freiheit beanspruchte er für die Rusefahrten, die außerhalb der Reihefahrt nach dem jedesmaligen Bedürfnis geschahen. Für die einheimische Schiffahrt aber, das mußte ihr zugestanden werden, lag die Gefahr vor, daß á Conto der freien Rusefracht ihr Vorrecht illusorisch gemacht wurde, solange nicht die Zahl der Rusefrachtgüter festgesetzt oder andere Bestimmungen getroffen waren, die den Mißbrauch der Rusefracht verhinderten, der etwa dadurch entstehen konnte, daß als Befrachter formell ein Kaufmann auftrat, während die Waren tatsächlich mehreren gehörten.

III.

Der Umstand, daß Amsterdam 1657 im Anschluß an die Börtfahrt nach Hamburg auch eine solche nach Bremem einrichtete, und die vorerwähnten Streitigkeiten zwischen Kaufmannschaft und Schiffergilde führten 1664 zum Erlaß einer neuen bremischen Börtordnung,[1]) die 1717[2]) erneuert und durch Verordnungen von 1733, 1744 und 1749[2]) ergänzt und teilweise geändert wurde. Auch in ihr mußten Bestimmungen bezüglich der fremden Schiffer getroffen werden. Der in den Börtordnungen von dem Rate eingenommene Standpunkt war der einheimischen Schiffahrt günstig, trotz der wiederholten Klagen der Kaufmannschaft über die Mißstände bei den Börtschiffen bezüglich Größe und Tüchtigkeit der Schiffe, rigorose Verfolgung des Börtprivilegiums und anderes mehr. Die fremden Schiffer wurden, entsprechend dem Vorgehen von Amsterdam und Hamburg, in der Börtfahrt erst zugelassen, wenn sie sich mit ihrer Familie dauernd in Bremen niedergelassen und die Gildegebühren und die sonstigen öffentlichen Abgaben gezahlt hatten, und zwar nach Ablauf einer Karenzzeit von drei Jahren. Die Amsterdamer Börtfahrer alternierten mit den Bremern, wie dies auch in Amsterdam der Fall war. Hiervon abgesehen enthält die Börtordnung von 1664 folgende Bestimmungen:

> „wen alhier keene kage edder Schmacke vorhanden und sick alsden frombde finden, up sulcken fall schall dem Koepman frystaen, eine frembde kaege edder Schmacke tho befrachten, damit den Koepman kene Verhindernüs in seinen Handel geschehen möge.“
>
> „wen sick gebörde, dat allhier einige frömde Schippers loes anquemen, de schölen nicht Macht hebben, einige

[1]) Abgedruckt ebenfalls bei Dr. Baasch S. 106.

[2]) Gedruckt in: Sammlung verschiedener Verordnungen, welche in Handlungs-, Schiffahrts- und Polizeisachen der kayserl. freyen Reichsstadt Bremen ausgegangen (Bremen 1750), S. 114, 118, 122, 123.

Rusefrachten anthonehmen, so lange alse von unser Borger Schippers einige tho Huess sind, de bequem sien, umme den Koepman tho bedehnen, by tein Rickesdaler Strafe, und einen Bremer laten dat goet innehmen".

Danach war der fremde Schiffer, soweit er nicht der Amsterdamer Bört angehörte, von der Börtfahrt regelmäßig ausgeschlossen. Die Ordnung gedenkt im 12. Artikel noch besonders des Falles, daß diese Schiffer in Bremen zum Schein selbst Güter kauften, um sie nach den Niederlanden zu bringen, während es sich tatsächlich um eine Befrachtung durch bremische Kaufleute handelte, und verbot solche Umgehungen. Nur wenn kein bremisches Schiff oder danach Amsterdamer Börtschiff zur Verfügung stand, durfte ein fremdes eintreten. Handelte es sich um eine sogen. Rusefracht, so war der Kaufmann nicht unbedingt an die Bremer Schiffe gebunden, sondern konnte, falls diese nicht in der passenden Größe im Hafen lagen, auch ein fremdes befrachten. Andererseits war der Bremer Schiffer gezwungen, eine Rusefracht, die ihm angetragen wurde, zu akzeptieren. Korn sollte stets als Rusefrachtgut behandelt werden. In diesem Umfange kam die Börtordnung den Bedürfnissen des Handels entgegen, wenn auch nicht zu dessen voller Befriedigung.

Als Grundlage für das Schiffahrtsrecht der fremden Schiffer blieben also auch hier die Gedanken der Verordnung von 1592 bestehen, auf die sich die Bremer bei ihren Klagen, die auch in Zukunft nicht ausblieben, stützten. Diese erhoben besonders 1708 aufs neue Beschwerden darüber, daß ihnen fremde „Retour-Fracht machende Schiffer" vorgezogen würden, worauf der Rat das Amt eines beeidigten Schiffsmaklers zum Schutze der einheimischen Börtfahrer wie auch der außerhalb derselben fahrenden Schiffer schuf. Wie ihm die Ordnung der Börtfahrt und die Beaufsichtigung der Börtschiffe übertragen war, hatte er zugleich auf strikte Innehaltung der die Zulassung der fremden Schiffahrt betreffenden Bestimmungen zu passen. Dabei sollte er auch acht haben auf die Lotsen, die vielfach den fremden Schiffern gegen Vergütung zu Frachten verholfen hatten.

In den ersten Jahrzehnten des 18. Jahrhunderts hatte der Handelsverkehr mit den Niederlanden, insonderheit mit Amsterdam ganz erheblich zugenommen; ein großer Teil der nordwestdeutschen Warenausfuhr ging über Bremen. Dieser Entwicklung scheint die bremische Schiffahrt, soweit sie börtmäßig organisiert war, nicht gerecht geworden zu sein, so daß in den Jahren 1716 und 1717 von seiten der Kaufmannschaft Beschwerde über Beschwerde dem Senate eingereicht wurde. Während die Schiffe nach Zustand und Größe vielfach untauglich, die Schiffer unzuverlässig, unpünktlich, faul seien, sich um die Bestimmungen der Börtordnung nur insoweit kümmerten, als sie ihnen vorteilhaft seien, z. B. von den ihnen zur Beförderung angetragenen Waren nur die mit hohen Frachtsätzen belegten annähmen, nützten sie das Privileg so rücksichtslos aus, daß ein Teil der aus dem Inlande kommenden Waren den Weg zur Elbe genommen habe, während andererseits die Frachtsätze von Amsterdam nach Bremen für Hering und Tran, welche Artikel auf holländischen Schiffen in großer Menge zur Einfuhr gelangten, ganz erheblich gestiegen seien, da der holländische Schiffer fast keine Rückfracht in Bremen finde. Die Kaufmannschaft beantragte nicht die Aufhebung der Börtfahrt, aber der Geist ihrer Eingaben läßt doch erkennen, daß man sie als für den Handel eher schädlich als nützlich ansah. So sehr dem Kaufmann an einer häufigen und regelmäßigen Verfrachtungsmöglichkeit gelegen sein mußte, sowohl in seinem eigenen Interesse als auch zur Heranziehung der binnenländischen Produkte zur Ausfuhr über Bremen, so sah er die mit solcher festen Ordnung verbundenen Nachteile zu deutlich vor Augen.

Der Senat prüfte die Beschwerden und erließ am 6. Januar 1717 eine neue Börtordnung, die aber grundsätzlich an dem börtfreundlichen Standpunkte festhielt und die von der Kaufmannschaft erstrebte Bewegungsfreiheit nicht erbrachte. Für die fremden Schiffer kamen in Betracht die Bestimmungen über die Rusefahrt, zu der sich zwei Kaufleute, doch nicht mehr zusammentun durften, und darüber, daß leicht verderbliche Waren, wie Mumme, Künrauch, Bier, die keine Verzögerung in der Versendung zuließen, börtfrei waren, ferner die Bestimmung, daß der Börtzwang von Aufgang der Schiffahrt im Frühjahr nur bis acht Tage nach Martini dauern solle und dann der Kaufmann, jedoch in der Erwartung, daß er auf den zur Fahrt bereiten Börtschiffer die gehörige Rücksicht nehme, in der Verschiffung seiner Güter frei sein solle. In diesen drei Fällen und in dem Fall, daß auch in der Bört kein bremisches Schiff im Hafen war, hatten die fremden Schiffer gemäß den Bestimmungen der Verordnung von 1592 und 1653 die Verfrachtungsmöglichkeit. Ein Eingriff ihrerseits in die Börtfahrt war unter erhebliche Strafe gestellt, die auch den beteiligten Kaufmann traf.

Der Erlaß der Börtordnung von 1717 erregte den heftigsten Widerstand der Kaufmannschaft, die sich in ihren Interessen schwer geschädigt sah. Sie erreichte jedoch die erstrebte Aufhebung nicht, half sich dagegen dadurch, daß sie die Bestimmungen nicht einhielt, sowohl bezüglich der Rusefrachten, der börtfreien Güter, als vor allem der Benutzung der fremden Schiffe, indem man die einheimischen Schiffe und Schiffer für nicht geeignet erklärte. Dies führte wiederum zu Klagen der bremischen Schiffer, die Repliken der Kaufleute hervorriefen, die sich in derselben Richtung bewegten wie früher. Wiederum prüfte der Senat die Verhältnisse. Wiederum aber blieb es unter dem Widerspruch des Handels bei den geltenden Bestimmungen, die durch die Börtordnung von 1733 und die Beschlüsse von 1744 und 1749 ergänzt wurden.

Bezüglich der fremden Schiffer bestimmte die Verordnung von 1733, daß diese zu einer Rusefracht nicht noch eines Dritten Güter, auch wenn sie börtfrei seien, in ihr Schiff laden dürften, und daß der bremische Börtschiffer, wenn er eine Rusefahrt übernehmen wolle, zu bevorzugen sei, es sei denn, daß diese Rusefahrt nach dem Orte ginge, woher der fremde Schiffer mit seiner Fracht nach Bremen gekommen. Es sind auch hier die alten Grundsätze, die zur Anwendung gelangen. Die Zahl der börtfreien Waren wurde, entsprechend der seit längerem bereits tolerierten Übung, erweitert: Korn, Mumme, Bier, Brunnenwasser, Blaussal, Schaar, Kienruß, Hohlglas, Steine, Holz und hölzerne Waren, sogen. Jagdgüter, als Heringe und Tran; sie konnten mit erster Gelegenheit verschifft werden, also gegebenenfalls auch auf fremden Schiffen. Der Beschluß von 1749 betrachte jedoch eine Erweiterung der Rusefrachten durch fast völlige Beseitigung der eben erwähnten Einschränkung von 1733, eine Maßnahme, die den Kampf zwischen der Kaufmannschaft und den Börtschiffern zugunsten der ersteren entschied. Der Rat bestimmte, „daß die Ruse-Frachten nicht gar zu sehr einzuschränken, sondern, dem Befinden nach, auch von einem dritten noch wol ein oder ander Stück (so dennoch kein Börd-Guth seyn muß) mit zu admittiren seye“. Auf das Befinden der Weddeherren kam es an. Daß dieses aber dem Handel im allgemeinen günstig war, bewiesen die späteren, eindringlichen und häufigen Klagen der Börtschiffer.

Noch gut ein halbes Jahrhundert hat die Börtfahrt bestanden, aber in ihrer Bedeutung für Handel und Schiffahrt im allgemeinen ständig in ihrer Bedeutung sinkend. Sowohl mit der Änderung und Erweiterung des Handels- und Schiffahrtsverkehrs als auch mit dem Wechsel der wirtschaftlichen Anschauungen, dem auch das jus stapuli längst zum Opfer hatte fallen müssen, konnte die Reihefahrt auf die Dauer im Einklang stehen. Der Rückgang und das endgültige Verschwinden der Börtfahrt (in den zwanziger Jahren des 19. Jahrhunderts) sind naturgemäß auch der fremden Schiffahrt zugute gekommen.

IV.

Abgesehen von der Börtfahrt und den für ihre Regelung getroffenen Bestimmungen galten für die fremden Schiffer generell die Verordnungen von 1592 und 1653. Noch 1696 wird auf eine Beschwerde bremischer Schiffer ausdrücklich vom Rat erwidert, daß es bei der Verordnung von 1653 verbleibe. Auch im Anfang des 18. Jahrhunderts muß sie noch in Kraft gewesen sein. 1704 wurden die Weddeherren aufgefordert, die früheren Beschlüsse des Senats zu beachten, auch die Lotsen dahin in Eid zu nehmen, daß sie keinem fremden Schiffer vor den bremischen zur Fracht verhelfen. 1722 erteilte der Senat den Bescheid, daß bei der Versendung von Pfeifenstäben nach England die bremischen Schiffer „billigerweise“ vorzuziehen seien. Dies deutet schon auf eine Lockerung der Handhabung der alten Bestimmungen hin, und es ist sehr fraglich, ob sie noch in irgendwelchem Umfange ernstlich durchgeführt wurden. Der ganze Kampf zwischen den bremischen und fremden Schiffern spielte sich im 18. Jahrhundert in der Hauptsache im Rahmen der Börtfahrt ab. Im übrigen scheinen auch die Verordnungen von 1592 und 1653 allmählich durch die wirtschaftliche Entwicklung stillschweigend beseitigt zu sein.

Wie die ganzen Verhältnisse sich verändert hatten, erweist ein Zirkularschreiben des Praeses Collegii Seniorum zu Bremen vom Dezember 1819, worin ersucht wird,

> „daß der hiesige Handelstand, die drückende Lage unserer Schiffahrt berücksichtigend, möglichst dahin wirken möge, ihre Güter im Auslande vorzugsweise in Bremer Schiffe verladen zu lassen, wenn sie unter gleichen Bedingungen wie Andere fahren, und zugleich ihre auswärtigen Correspondenten dahin vermöge, ebenfalls die Versendung ihrer über Bremen gehenden Güter mit hiesigen Schiffen vorzugsweise geschehen zu lassen“.

Zur Frage der Untervermietung in Leipzig.

Von Otto Meißgeier.

Während in Leipzig seit Jahren eine umfangreiche gemeinnützige Bautätigkeit mit Erfolg bemüht ist, den Bau von kleinen Familienwohnungen zu fördern, ist für die Unterbringung der Zimmermieter und Schlafleute in eigens für sie geschaffenen Räumen bisher noch wenig geschehen. Von einigen Heimen abgesehen, die den Charakter von Wohltätigkeitsanstalten tragen und nur eine geringe Personenzahl aufnehmen können, sind die Zimmermieter und Schlafleute auf die Wohn- und Schlafgelegenheiten angewiesen, die ihnen in mehr oder minder guter Beschaffenheit in privaten Haushaltungen geboten werden. Es handelt sich hierbei keineswegs um eine geringe Zahl von Personen. Die Zahl der Zimmermieter und Schlafleute zusammen betrug

	Männer	Frauen	Zusammen	$^0/_{00}$ der Haushaltungsbevölkerung
1890	28 028	9 613	37 641	108,3
1895	24 493	8 644	33 137	85,1
1900	31 336	9 790	41 126	91,9
1905*)	33 477	10 814	44 291	89,6

Bis auf das Jahr 1895, das noch unter dem Einfluß der wirtschaftlichen Krisis am Anfange der 90er Jahre stand, zeigen die absoluten Zahlen eine aufwärtssteigende Bewegung. Wenn auch im Verhältnis zur Bevölkerung die Zahl der Untermieter etwas zurückgegangen ist, was wohl mit der Verlegung größerer Betriebe nach nichteingemeindeten Vororten zusammenhängt, so sind die absoluten Zahlen erheblich genug, um die Frage aufwerfen zu lassen, ob die gegenwärtige rein private Befriedigung des Wohnungsbedürfnisses der Untermieter zu Mißständen geführt hat, die eine andere Art der Regelung dieser Frage erfordern. Auch die Tatsache, daß die Untervermietung sich in einer verhältnismäßig großen Zahl von Haushaltungen findet (1905: 237,6 $^0/_{00}$), muß Bedenken erwecken.

---

*) Die Ergebnisse der Volkszählung vom 1. Dezember 1910 liegen noch nicht vor.

Eine eingehende Untersuchung des Unter- bezw. Teilvermietungswesens haben wir nur für das Jahr 1897. Um die Durchführbarkeit eines im Jahre 1896 aufgestellten Regulativs über Teilvermietungen[1]) zu prüfen, wurden 1897 sämtliche Wohnungen mit Teilvermietung untersucht, im ganzen 22 037. Die Ergebnisse dieser Untersuchung waren derart, daß der Erlaß des genannten Regulativs aufgeschoben werden mußte. Von den untersuchten Wohnungen entsprachen 64,57 % nicht den Anforderungen des Regulativs. Die Hauptmißstände, die festgestellt wurden, waren zu geringer Luftraum (weniger als 10 cbm) und zu geringe Bodenfläche (weniger als $3^1/_2$ qm) auf den Kopf der Bewohner in den Schlafräumen. In 11 371 Fällen wurde das geforderte Luftminimum nicht erreicht, während in ungefähr ebensoviel Fällen (11 150) die Bodenfläche zu gering war. 1400 Personen mußten sich sogar mit weniger als 5 cbm Luftraum begnügen. Von Mißständen erheblicheren Umfangs sei dann noch hervorgehoben, daß in 2751 Fällen Küchen oder Räume, die nur indirekt oder überhaupt kein Tageslicht erhielten, zu Schlafzwecken benutzt wurden. In 2019 Fällen fehlte ferner für die abvermieteten Räume ein direkter Zugang vom Vorsaal oder sie waren von den Räumen des Vermieters nicht getrennt. Auch die Abortfrage war zum Teil ungenügend geregelt, in 3326 Fällen entsprachen die Wohnungen nicht den Mindestforderungen des Regulativs, das vorschrieb, daß ein Abort von nicht mehr als 10 Personen oder von nicht mehr als 3 Familien benutzt werden sollte. Bei 10,7 % der untersuchten Wohnungen, die nur aus einem heizbaren Zimmer mit oder ohne Zubehör bestanden, hätte auf Grund des Regulativs die Teilvermietung untersagt werden müssen.

Ohne Zweifel waren dies Mißstände, unter denen Gesundheit und Sittlichkeit leiden mußten. In der Folgezeit ist nun versucht worden, mit Hilfe der von der Wohlfahrts-, Bau- und Gesundheitspolizei ausgeführten Wohnungskontrollen die gröbsten Übelstände zu beseitigen. Aber erst 1904 schienen sich die Verhältnisse so weit gebessert zu haben, daß man glaubte, das Teilvermietungsregulativ in Kraft setzen zu können, ohne daß seine Handhabung zu Härten gegenüber den Betroffenen führen würde. Insbesondere war ein größerer Vorrat an kleinen Wohnungen vor-

[1]) Das Regulativ vom 18. Dezember 1896 ist erst am 5. November 1904 in der im Anhang abgedruckten Fassung in Kraft gesetzt worden.

handen, in denen die Familien, deren Wohnungen auf Grund des Regulativs geschlossen werden mußten, Aufnahme finden konnten.

Ob durch die fortgesetzten Wohnungskontrollen alle Schäden des Teilvermietungswesens, die im Jahre 1897 beobachtet wurden, beseitigt sind, läßt sich leider nicht feststellen, da eine geordnete Wohnungsaufsicht, die innerhalb eines gewissen Zeitraumes alle Wohnungen mit Teilvermietungen besichtigen könnte, in Leipzig noch nicht vorhanden ist und eine neue eingehende Wohnungsuntersuchung seit 1897 nicht stattgefunden hat. Über die Verhältnisse des Teilvermietungswesens geben aber bis zu einem gewissen Grade Aufschluß die im Zusammenhang mit den Volkszählungen vorgenommenen Aufnahmen der Haushaltungen und Wohnungen; einen Vergleich mit der Untersuchung vom Jahre 1897 lassen diese Aufnahmen, die rein statistischer Natur sind, allerdings nur in sehr beschränktem Umfange zu. Insbesondere ist aus der Statistik nicht zu ersehen, ob der in den Schlafräumen auf den Kopf der Bewohner entfallende Luftraum sowie der Anteil an der Bodenfläche genügend sind, ebenso erfahren wir nichts darüber, ob in Wohnungen mit Teilvermietung noch Küchen oder nicht direkt beleuchtete Räume zum Schlafen benutzt werden. Immerhin gibt die Wohnungs- und Haushaltungsstatistik doch auf eine Reihe wichtiger Fragen des Teilvermietungswesens Auskunft.

Untersuchen wir zunächst, wie sich im allgemeinen die Untervermietung im Jahre 1905 gegenüber dem Jahre 1900 entwickelt hat.

Es betrug die Zahl der

	Haushaltungen mit Zimmermietern und Schlafleuten	Zimmermieter und Schlafleute männlich	weiblich	Zusammen
1900	25 828	31 336	9 790	41 126
1905	27 654	33 477	10 814	44 291

Sowohl die Zahl der Haushaltungen als auch die Zahl der Zimmermieter und Schlafleute zeigen eine Zunahme. Die Zahl der Haushaltungen mit Teilvermietung hat sich um 1826 vermehrt, die Zahl der Untermieter dagegen bedeutend stärker, um 3165.

Diese im Verhältnis zu den Haushaltungen stärkere Zunahme der Untermieter braucht nicht notwendig eine stärkere Zusammendrängung der Bewohner der abvermietenden Haushaltungen zu bedeuten, offenbar hat vielmehr eine Verschiebung der Haushaltungen mit Teilvermietung hinsichtlich der Größe der

Wohnungen stattgefunden. Wie sich aus der nachstehenden Tabelle ergibt, sind am stärksten beteiligt an der Zunahme der abvermietenden Haushaltungen solche in Wohnungen mit 3 und 4 heizbaren Zimmern, während die Abvermietung in Wohnungen mit einem heizbaren Zimmer mit Zubehör etwas abgenommen hat.

Es waren Haushaltungen mit Zimmermietern und Schlafleuten*)

in Wohnungen von	1900	1905	Zu- oder Abnahme ±
0 heizb. Zimmer	3	3	—
1 „ „ ohne Zubehör	18	100	+ 82
1 „ „ mit „	3078	2921	— 157
2 „ „ „ „	10875	11258	+ 383
3 „ „ „ „	7528	8469	+ 941
4 „ „ „ „	2788	3228	+ 440
5 „ „ „ „	950	995	+ 45
6 „ „ „ „	335	368	+ 33
7 „ „ „ „	129	158	+ 29
8 und mehr „ „ „ „	124	154	+ 30

Als eine Besserung der Verhältnisse kann diese Verschiebung der Untervermietung nach den größeren Wohnungen hin nicht bezeichnet werden. Einmal ist die Abnahme in den unteren Wohnungsgrößenklassen viel zu gering, dann aber bedeutet die Aufnahme von Untermietern in größere Wohnungen immerhin ein Herabdrücken des Wohnniveaus. Allerdings ist dieses letztere Bedenken nicht so groß, wenn es sich, wie sich gleich ergeben wird, bei der Aufnahme von Untermietern in die größeren Wohnungen in der Hauptsache um Zimmermieter handelt.

Wenn wir nämlich die Statistik weiter verfolgen, so finden wir noch eine eigenartige Veränderung insofern, als im sozialen Charakter der Untervermietung eine starke Verschiebung eingetreten ist. Von 1900 bis 1905 hat sich, wie sich aus der nachfolgenden Tabelle ergibt, nur die Zahl der Haushaltungen mit Zimmermietern vermehrt, dagegen weist die Zahl der Haushaltungen mit Schlafleuten einen starken Rückgang auf. Die gleiche Veränderung zeigt sich bei den Zimmermietern und Schlafleuten selbst.

*) Die Haushaltungen, in denen sich Zimmermieter und Schlafleute zugleich befinden, sind immer den Haushaltungen mit Schlafleuten zugezählt.

Es betrug

	die Zahl der Haushaltungen mit		die Zahl der	
	Zimmermietern	Schlafleuten	Zimmermieter	Schlafleute
1900	11 625	14 203	18 259	22 867
1905	15 520	12 134	25 566	18 725
Zu- oder Abnahme	+ 3 895	— 2 069	+ 7 307	— 4 142

Da mit der Abnahme der Zahl der Schlafleute selbst kein Rückgang der Untervermietung im ganzen eingetreten ist, sondern diese sogar eine Zunahme um 1826 Haushaltungen mit 3165 Untervermietern aufweist, so muß sich, zumal auch die Zahl der Haushaltungen mit Zimmermietern sowie die Zahl der Zimmermieter stärker gewachsen ist, als die gesamte Untervermietung, eine Verschiebung derart vollzogen haben, daß Schlafstellen in eine sozial höhere Form der Untervermietung, in eine Art „Garçonlogis“ umgewandelt worden sind.

Das ergibt sich schon aus der Tatsache, daß nur die Zahl der männlichen Schlafleute abgenommen hat, während die Zahl der weiblichen eine kleine Zunahme zeigt. Bei den Zimmermietern ist dann natürlich auch bei den männlichen die Vermehrung am stärksten.

Es betrugen die Zahlen der

	Zimmermieter		Schlafleute	
	männlich	weiblich	männlich	weiblich
1900	13 535	4724	17 801	5066
1905	19 894	5672	13 583	5142
Zu- oder Abnahme	+ 6 359	+ 948	— 4 218	+ 76

Wie stark diese Verschiebung des sozialen Charakters der Vermietung in den einzelnen Wohnungsgrößenklassen ist, zeigt folgende Tabelle.

Es betrug die Zahl der Haushaltungen mit

	Zimmermietern			Schlafleuten		
in Wohnungen mit	1900	1905	Zu- oder Abnahme	1900	1905	Zu- oder Abnahme
0 heizb. Z.	2	1	— 1	1	2	+ 1
1 „ „ ohne Zub.	5	35	+ 30	13	65	+ 52
1 „ „ mit „	626	880	+ 254	2452	2041	— 411
2 „ „ „ „	3572	5082	+ 1510	7303	6176	— 1127
3 „ „ „ „	4126	5411	+ 1285	3402	3058	— 344
4 „ „ „ „	2052	2635	+ 583	736	593	— 143

in Wohnungen mit	Zimmermietern 1900	1905	Zu- oder Abnahme	Schlafleuten 1900	1905	Zu- oder Abnahme
5 heizb. Z. mit Zub.	756	862	+ 106	194	133	— 61
6 „ „ „ „	285	331	+ 46	50	37	— 13
7 „ „ „ „	105	142	+ 37	24	16	— 8
8 u. m. „ „ „	96	141	+ 45	28	13	— 15

Zum Teil dürfte diese ganze Verschiebung wohl auf die Anwendung des Regulativs über Teilvermietungen zurückzuführen sein, wonach die Küchen und Räume, die der direkten Belichtung entbehren, nicht mehr zum Schlafen benutzt, und ferner Räume, die keinen eigenen Zugang vom Vorsaal haben, nicht mehr abvermietet werden dürfen. In vielen Fällen wird man diesen Bestimmungen dadurch Rechnung getragen haben, daß der Schlafbursche zum Schlafen einen besonderen Raum erhalten hat, ohne daß er nun gerade zum „Garçonherrn" aufgerückt sein wird. Ob diese Verschiebung für die abvermietenden Haushaltungen eine Verbesserung des Wohnens gebracht hat, darf bezweifelt werden, meist wird die Abgabe eines besonderen Raumes an den Untermieter eine Einengung des Schlafraumes der Familie bedeuten.

Die Verschiebungen im sozialen Charakter der Untervermietung können allerdings auch auf verändertem Sprachgebrauch beruhen, daß nämlich ein großer Teil der Schlafleute neuerdings als „Untermieter" bezeichnet worden ist. Für die weitere Untersuchung muß daher wegen der Unsicherheit der Unterscheidung von Zimmermietern und Schlafleuten von einer Vergleichung der Zählungen der Jahre 1900 und 1905 abgesehen werden.

Betrachten wir nun die Verhältnisse des Teilvermietungswesens des Jahres 1905 näher, so finden wir als erste unerfreuliche Tatsache, daß die Haushaltungen mit Untervermietung sich in der Hauptsache in den kleinen Wohnungen von 1—4 Zimmern finden.

Es entfallen von den Haushaltungen mit

auf Wohnungen	Zimmermietern %	Schlafleuten %	Untermietern überhaupt %
mit 1 heizb. Zimmer m. Zubehör	5,7	16,8	10,5
„ 2 „ „ „ „	32,7	50,9	40,7
„ 3 „ „ „ „	34,8	25,2	30,6
„ 4 „ „ „ „	16,3	4,8	11,6

Die Haushaltungen mit Untervermietung verteilen sich also hauptsächlich auf die 2- und 3-Zimmerwohnungen, namentlich die Schlafstellenvermietung bietet ein ungünstiges Bild insofern, als hier allein 67,7 % der Haushaltungen mit Schlafleuten sich in Wohnungen mit 1 und 2 Zimmern finden. Auf eine bedenkliche Erscheinung sei aber vor allen Dingen hingewiesen. 10,9 % der Haushaltungen mit Teilvermietung (= 3024) finden sich in den allerkleinsten Wohnungen bis zu einem heizbaren Zimmer mit Zubehör. Soweit diese Wohnungen nur aus Stube, Kammer und Küche bestehen, ist nach dem Regulativ über Teilvermietungen bis auf gewisse Ausnahmen (s. Regulativ § 2, Abs. 2) das Abvermieten überhaupt untersagt. Trotzdem wurde 1905 in einer so beträchtlichen Anzahl solcher kleinen Wohnungen noch Abvermietung getrieben. Gegenüber 1900, wo die Ziffer dieser Wohnungen 3099 betrug, ist der Rückgang, der nur 75 ausmacht, sehr gering.

Als ein weiteres ungünstiges Moment ist es zu betrachten, daß auch innerhalb der einzelnen Wohnungsgrößenklassen die Haushaltungen mit Teilvermietung bei den Wohnungen von 1—4 Zimmern einen erheblichen Prozentsatz ausmachen.

Es betrug der Anteil der Haushaltungen mit

in den Wohnungen	Zimmermietern %	Schlafleuten %	Untermietern überhaupt %
mit 1 heizb. Zimmer m. Zubehör	3,61	8,39	12,00
„ 2 „ „ „ „	11,53	14,02	25,55
„ 3 „ „ „ „	21,62	12,22	33,84
„ 4 „ „ „ „	24,62	5,54	30,16

Hier tritt die starke Anhäufung der Haushaltungen mit Teilvermietung in den unteren Wohnungsgrößenklassen besonders deutlich hervor. Bei den Wohnungen mit 3 heizbaren Zimmern steigt die Zahl der Haushaltungen mit Untervermietung bis auf 33,84 vom Hundert, während die Summe der abvermietenden Haushaltungen von der Gesamtzahl der Haushaltungen überhaupt nur 23,76 % ausmacht.

Noch ungünstiger ist das Bild der Verteilung der Haushaltungen mit Teilvermietung, wenn wir die Alt-Leipziger Verhältnisse allein betrachten.

Es kommen in Alt-Leipzig auf 100 Haushaltungen solche mit

in den Wohnungen	Zimmermietern	Schlafleuten	Untermietern überhaupt
mit 1 heizb. Zimmer u. Zub.	5,96	10,04	16,00
„ 2 „ „ „ „	16,04	15,53	31,57
„ 3 „ „ „ „	29,48	13,55	43,03
„ 4 „ „ „ „	31,31	5,86	37,17

Die starke Besetzung der unteren Wohnungsgrößenklassen mit Zimmermietern und Schlafleuten ist natürlich nicht ohne Einfluß auf die Wohndichtigkeit, die wir hier allerdings nur aus der Größe der Haushaltungen ersehen können. Die Wohndichtigkeit in Wohnungen mit Teilvermietung ist regelmäßig größer als der Gesamtdurchschnitt aller Haushaltungen derselben Wohnungsgrößenklasse.

Es kommen Personen auf die Haushaltungen mit

in Wohnungen	Überhaupt	Zimmermietern ohne Schlafleute	Schlafleuten ohne Zimmermieter	Schlafleuten und Zimmermietern
mit 1 heizb. Zimmer m. Zub.	3,6	4,3	4,5	5,5
„ 2 „ „ „ „	4,3	4,8	5,4	6,0
„ 3 „ „ „ „	4,4	4,9	5,8	6,2
„ 4 „ „ „ „	4,6	5,3	6,6	7,0

Die Haushaltungen mit Zimmermietern allein haben eine stärkere Wohndichte als die Gesamtzahl der Haushaltungen; die Wohndichtigkeit steigt dann weiter bei den Haushaltungen mit Schlafleuten und ist schließlich am höchsten bei Haushaltungen, in denen sich Zimmermieter und Schlafleute zugleich finden.

Betrachtet man die Haushaltungen für sich, in denen der Haushaltungsvorstand ein Ehepaar ist, so erhält man eine noch stärkere Steigerung der Wohndichtigkeit bei den abvermietenden Haushaltungen.

In Haushaltungen, wo der Haushaltungsvorstand ein Ehepaar ist, kommen im Durchschnitt Personen auf die Haushaltung mit

in Wohnungen	Überhaupt	Zimmermietern ohne Schlafleute	Schlafleuten ohne Zimmermieter	Schlafleuten und Zimmermietern
mit 1 heizb. Zimmer m. Zub.	3,9	5,0	5,0	6,5
„ 2 „ „ „ „	4,4	5,2	5,7	6,5
„ 3 „ „ „ „	4,6	5,4	6,1	6,8
„ 4 „ „ „ „	4,9	5,7	6,8	7,5

In welcher Weise sich die Zimmermieter und Schlafleute auf die einzelnen Wohnungsgrößenklassen verteilen, läßt sich aus dem zur Verfügung stehenden statistischen Material nicht ersehen. Es kann indessen eine Übersicht gegeben werden, wie stark die Untervermietung in den einzelnen Stadtteilen verbreitet ist und wieviel Untermieter im Durchschnitt auf eine Haushaltung kommen. Über beide Fragen geben die Tabellen A 1, A 2, B 1, B 2 Auskunft. Zu diesen Tabellen sei bemerkt, daß die Haushaltungen, in denen sich Zimmermieter und Schlafleute zugleich finden, sowohl bei den Haushaltungen mit Zimmermietern, als auch bei denen mit Schlafleuten gezählt worden sind.

Aus den Tabellen sei folgendes hervorgehoben: Absolut genommen ist die Untervermietung am stärksten in Neu-Leipzig, und zwar überwiegen in Neu-Leipzig die Schlafstellen, in Alt-Leipzig die Haushaltungen mit Zimmermietern. Im Verhältnis zur Zahl der vorhandenen Haushaltungen ist die Untervermietung aber am weitesten verbreitet in Alt-Leipzig, wo ein Drittel (33,20 %) der Haushaltungen abvermietet, gegenüber einem Fünftel (19,96 %) in Neu-Leipzig. Hinsichtlich der Zahl der Untermieter ist Alt-Leipzig mit 13,20 % der Bevölkerung Neu-Leipzig überlegen, wo nur 6,49 % der Bevölkerung Untermieter sind. Während dann Alt-Leipzig mehr Zimmermieter aufweist als Neu-Leipzig, ist es bei den Schlafleuten umgekehrt. Aus dieser Art der Verteilung der Haushaltungen und Untermieter ergibt sich dann, daß Alt-Leipzig auch hinsichtlich der auf eine Haushaltung entfallenden Durchschnittszahl der Untermieter ungünstiger dasteht als Neu-Leipzig, und zwar sowohl hinsichtlich der Zimmermieter als auch der Schlafleute.

Wenn wir die einzelnen Stadtteile der inneren Stadt betrachten, so ergeben sich noch ungünstigere Verhältnisse. Die höchste Zahl der Haushaltungen mit Untermietern finden wir in der inneren Südvorstadt (43,62 %), dann folgen die Südostvorstadt (40,11 %), die Nordostvorstadt (39,89 %), die innere Nordvorstadt (39,81 %) usw. Wie die Durchschnittszahl der auf eine Haushaltung entfallenden Untermieter in diesen Stadtteilen eine höhere ist als der Gesamtdurchschnitt — für die Zimmermieter steigt die Durchschnittszahl bis 2,1 (Südvorstadt), für die Schlafleute bis 2,3 (äußere Nordvorstadt) —, so wird auch die Wohndichtigkeit in diesen Bezirken höher sein als der oben mitgeteilte Gesamtdurchschnitt.

Das Schlafstellenwesen ist verhältnismäßig am stärksten verbreitet in Plagwitz (16,45 % der Haushaltungen), in Kleinzschocher (14,84 %) und in Lindenau (13,54 %), doch sind die Zahlen der auf eine Haushaltung im Durchschnitt entfallenden Schlafleute niedriger als in Alt-Leipzig.

Für die Beurteilung der wirtschaftlichen Bedeutung der Untervermietung ist die Beantwortung der Frage wichtig, welche Kreise sich mit dem Vermieten von Teilen ihrer Wohnung beschäftigen. Hier gibt das statistische Material nur Aufschluß über Geschlecht und Familienstand der Haushaltungsvorstände.

Als abvermietende Haushaltungen kommen in erster Linie solche in Frage, deren Vorstand ein Ehepaar ist, als zweitstärkste Gruppe die alleinstehenden Frauen und dann die alleinstehenden Männer. Die nachfolgende Tabelle zeigt die absoluten Zahlen dieser Gruppen und zugleich den sozialen Charakter, den die Untervermietung bei ihnen hat.

Unter den Haushaltungsvorständen, welche abvermieten, finden sich

	Ehepaare	Einzelne Frauen	Einzelne Männer
	19 390	7567	697
Davon vermieteten ab			
an Zimmermieter	10 326	4745	449
„ Schlafleute	8 317	2423	218
„ Zimmermieter und Schlafleute	747	399	30

Für die wirtschaftliche Bedeutung der Abvermietung besonders wichtig ist es zu wissen, in welchem Verhältnis diese abvermietenden Haushaltungen zur Gesamtzahl der Haushaltungen dieser Gruppen stehen. Es ergibt sich da folgendes Resultat:

Es vermieten ab von den Haushaltungen, deren Vorstand

ein Ehepaar	21,7 %
eine einzelne Frau	36,3 %
ein einzelner Mann	12,6 %

Während also die Ehepaare, absolut genommen, das Hauptkontingent der Abvermieter bilden, wird in der Gruppe der alleinstehenden Frauen verhältnismäßig die stärkste Untervermietung getrieben. Bei dieser Gruppe dürfte die Einnahme aus der Teilvermietung einen größeren Teil des Einkommens ausmachen. Besondere Mißstände scheinen hier aber, soweit sich dies auf Grund der Statistik beurteilen läßt, nicht vorzukommen, wenigstens ist die Wohndichtigkeit in den einzelnen Wohnungsgrößenklassen verhältnismäßig gering.

Im Anschluß hieran sei noch die Frage erörtert, ob in Leipzig aus der Untervermietung ein Geschäft größeren Umfanges gemacht wird, derart, daß in ungesunder Weise an eine den Räumen nicht entsprechende Anzahl von Leuten Schlafstellen vermietet würden. Wo man solche Verhältnisse vermuten könnte, nämlich in den Wohnungen von 5 Zimmern und darüber, in denen sich Schlafleute sowie Zimmermieter und Schlafleute zugleich befinden, scheinen, soweit sich dies aus den Gesamtziffern und der Wohndichtigkeit ersehen läßt, größere Übelstände nicht zu herrschen.

Es finden sich

in Wohnungen mit	Haushaltungen mit Schlafleuten	Personen	Personen auf eine Haushaltung
5 heizb. Zimmern	87	628	7,2
6 „ „	17	146	8,6
7 „ „	11	73	6,6
8 „ „	4	35	8,7
9 „ „	—	—	—
10 „ „ u. mehr	3	24	8,0

in Wohnungen mit	Haushaltungen mit Schlafleuten und Zimmermietern	Personen	Personen auf eine Haushaltung
5 heizb. Zimmer	46	364	7,9
6 „ „	20	169	8,4
7 „ „	5	48	9,6
8 „ „	2	18	9,0
9 „ „	—	—	—
10 „ „ u. mehr	4	52	13,0

Diese Übersicht zeigt eine ungewöhnlich hohe Durchschnittsziffer der Haushaltsangehörigen, die indes nur dann schädlich zu sein braucht, wenn sich mehrere solcher Haushaltungen in einer Wohnung befinden sollten, was aus der Statistik nicht hervorgeht. Im übrigen ist aber die Zahl dieser Wohnungen über 5 Zimmer, in denen sich Schlafstellen finden, so gering, daß von einem erheblichen Mißstand nicht gesprochen werden kann.

Fassen wir unsere bisherige Untersuchung zusammen, so ergibt sich folgendes:

Soweit sich aus der Wohnungs- und Haushaltungsstatistik vom 1. Dezember 1905 ersehen läßt, ist in Leipzig ein eigentliches Schlafstellenunwesen, wie es sich etwa in London findet, nicht vorhanden. Deswegen können aber noch keineswegs die Verhältnisse auf dem Gebiete des Teilvermietungswesens in Leipzig als günstig bezeichnet werden. Schon die Tatsache, daß nahezu der 4. Teil der gesamten Leipziger Haushaltungen, in einzelnen Stadtteilen sind es sogar bis über 40%, Untermieter aufnimmt, muß zu Bedenken Anlaß geben.

Dabei fällt vor allen Dingen ins Gewicht, daß die Untervermietung sich in der Hauptsache in kleinen und kleinsten Wohnungen findet, die an und für sich schon nur über einen geringen Wohnraum verfügen. Die im Jahre 1905 gegenüber 1900 zu beobachtende stärkere Benutzung größerer Wohnungen für Untervermietung kann nur in sehr beschränktem Maße als ein Fortschritt bezeichnet werden. Auf jeden Fall bedeutet der Übergang zur Untervermietung in größeren Wohnungen ein Herabdrücken des Wohnniveaus der betreffenden Familien.

Für die Zukunft dürfte diese Verschiebung der Untervermietung nach den größeren Wohnungen hin in noch stärkerem Maße zu erwarten sein. Im Jahre 1905 war bei über 3000 Wohnungen bis zu einem heizbaren Zimmer noch Untervermietung anzutreffen, obwohl sie bei der Mehrzahl dieser Wohnungen eigentlich verboten ist. Dabei haben 1905 auf dem Wohnungsmarkte keineswegs ungünstige Verhältnisse geherrscht. Die Zahl der leerstehenden Wohnungen betrug 1905 nahezu 4 % der Gesamtzahl der Wohnungen. Unter dem seit 1905 eingetretenen Rückgang der Zahl der leerstehenden Wohnungen ist hinsichtlich der Untervermietung in den kleinsten Wohnungen wohl kaum eine Verbesserung eingetreten. Im Gegenteil scheinen noch sehr schlimme Verhältnisse zu bestehen. Der Jahresbericht des Stadtbezirksarztes für 1908 bemerkt nämlich über die Handhabung der Wohnungsaufsicht: „Bei dem Mangel an Kleinwohnungen verbot es sich von selbst, energisch einzugreifen, man war sogar gezwungen, recht mißliche Wohnungsverhältnisse, namentlich Überfüllungen, bestehen zu lassen.“ Aber auch aus den Wohnungen mit zwei heizbaren Zimmern dürften noch Untermieter entfernt werden müssen, wenn erst die Wohnungsaufsicht wirklich zur Durchführung gelangt ist. Ferner dürfte die beabsichtigte Ausdehnung der Wohnungsaufsicht auf Wohnungen, in denen Gewerbsgehilfen des Wohnungsinhabers mit schlafen, dahin führen, daß ein Teil der Gewerbsgehilfen fortan außer dem Hause wird schlafen müssen, denn es ist fraglich, ob die Schlafräume der Gewerbsgehilfen immer den gesetzlichen Anforderungen entsprechen werden. Im Jahre 1905 fanden sich in 3495 Haushaltungen 6015 männliche und 2501 weibliche Gewerbsgehilfen, im Durchschnitt 2,4 auf die Haushaltung, in Alt-Leipzig sogar 2,9. Die Durchschnittszahlen sind also höher als bei der Untervermietung.

Die straffere Durchführung der Wohnungsaufsicht wird demnach als notwendige Folge haben, daß die Untervermietung, da sie in den kleinen Wohnungen begrenzt ist, entweder in den Wohnungen, die bereits Untermieter haben, verstärkt auftritt oder sich auf neue Wohnungen ausdehnt, eine Entwicklung, die bei der jetzt schon starken Besetzung der unteren Wohnungsgrößenklassen und der weiten Verbreitung des Untervermietungswesens keineswegs erwünscht ist.

Notwendig erscheint es aber auch, den gegenwärtigen Umfang der Untervermietung in den unteren Wohnungsgrößenklassen einzuschränken und den privaten Wohnungsmarkt in dieser Beziehung zu entlasten. Dafür sprechen nicht allein gesundheitliche und sittliche Gründe, sondern auch die Rücksicht auf die Preisgestaltung des Wohnungsmarktes, die durch die Untervermietung ungünstig beeinflußt wird. Eine so starke Verbreitung der Untervermietung in den unteren Wohnungsgrößenklassen und ebenso in einzelnen Stadtteilen, wie wir sie in Leipzig haben, kann nicht ohne Wirkung auf die Gestaltung der Mietpreise bleiben. Statistisch läßt sich allerdings eine Steigerung der Mieten als Folge der Untervermietung für Leipzig nicht nachweisen, da aber der Mietpreis immer einer gewissen Grenze zustrebt, die durch die Einkommensverhältnisse der Mieter bezeichnet wird, so ist als ziemlich sicher anzunehmen, daß, wo ein Teil der Miete durch Untervermietung wieder eingebracht werden kann, auch der Mietpreis ein höherer sein wird. Diese Preissteigerung wird sich zum Teil auch auf die Wohnungen fortsetzen, die nicht abvermieten. Besonders da, wo die Untervermietung so weit verbreitet ist, wie in den unteren Wohnungsgrößenklassen oder in einzelnen Stadtteilen, wird sich bald ein einheitliches Preisniveau für alle Wohnungen einstellen, für dessen Höhe die Mietpreise maßgebend sein werden, die bei der stärksten Ausnutzung der Wohnräume gezahlt werden können.

Auch wenn in Leipzig nicht besonders schwere Mißstände auf dem Gebiete des Teilvermietungswesens bestehen, so gibt es also eine Reihe von Gründen, die gegen eine weitere Ausdehnung der Aufnahme von Untermietern in die Familienhaushaltungen und für die Schaffung besonderer Wohngelegenheiten für Ledige sprechen: Die schon bestehende starke Verbreitung der Untervermietung, besonders in den unteren Wohnungsgrößenklassen und in einzelnen Stadtteilen, die für die Zukunft zu erwartende Zunahme der Untervermietung in den größeren Wohnungen und schließlich die Wirkung der durch die Untervermietung erzielten Einnahmen auf die Mietpreise der Wohnungen. Mit der strafferen Handhabung der Wohnungsaufsicht werden die gröbsten Schäden des Untermieterwesens allmählich beseitigt werden. Daneben wird man aber auch auf die Schaffung besonderer Wohngelegenheiten für Ledige bedacht sein müssen, damit die Untervermietung nicht in immer neue Haushaltungen vordringt. Den Wohnungsmarkt zum Teil von den Zimmermietern und Schlafleuten zu entlasten, muß neben der Durchführung der Wohnungsaufsicht ins Auge gefaßt werden. Erst wenn dieses in größerem Umfange geschieht, wird eine Gesundung unseres Wohnungswesens, besonders auch hinsichtlich der Mietpreise, eintreten können.

Diesen Fortschritten, die die Schaffung von Ledigenheimen bringen würde, stehen verschiedene Bedenken gegenüber, die hier noch erörtert werden müssen.

Da außerordentliche Mißstände auf dem Gebiete des Untervermietungswesens in Leipzig nicht bestehen, so könnte man der Meinung sein, daß ein Ledigenheim nicht genügend benutzt werden würde. Darauf ist einmal zu sagen: Daß gerade solche Untermieter, die unter besonders schlechten Verhältnissen wohnen, sich dem Ledigenheime zuwenden würden, ist nicht anzunehmen. Der Trieb, seine Lage zu verbessern, ist gerade bei den alleruntersten Schichten der Bevölkerung am wenigsten vorhanden. So finden wir auch bei dem Charlottenburger Ledigenheim, daß im Jahre 1908 unter 1162 Mietern nur 410 waren, die in Schlafstellen gewohnt hatten. Das Arbeiterheim in Stuttgart hat in der Hauptsache gelernte Arbeiter als Mieter. Es sind also nicht die alleruntersten Schichten, die das Ledigenheim aufsuchen, und sie rekrutieren sich nur zum Teil aus Schlafstellen. Es brauchen daher auch nicht große Mißstände zu sein, die die Untermieter zum Ledigenheim führen. Schon die Engigkeit, die in den kleinen Wohnungen herrscht, wird viele veranlassen, dem Ledigenheim mit seinen luftigen Räumen den Vorzug vor der Schlafstelle oder dem kleinen Zimmer zu geben. Auch die Unordnung und Unsauberkeit, die in vielen kleinen Wohnungen anzutreffen ist, werden die Untermieter veranlassen, sich, wenn möglich, zu verbessern. Es ist ferner nicht jedermanns Sache, von der Freundlichkeit und der Gefälligkeit der Wirte in bezug auf Handreichungen der verschiedensten Art abhängig zu sein. Auch die Geselligkeit, die der Untermieter in der Familie des Wohnungsinhabers finden kann, ist durch die verfügbaren Räume und die frühe Schlafenszeit der Kinder sehr beschränkt. Bietet ein Ledigenheim luftige Räume, Reinlichkeit und Ordnung, hat es außerdem einen gemeinsamen Aufenthaltsraum für die Abende, so werden viele die Vorzüge, die das Leben in der Familie doch nur in sehr geringem Umfang bietet, kaum vermissen. Die Aufnahme solcher Untermieter mit schon höheren Bedürfnissen und Ansprüchen würde schon eine Verbesserung des Untervermietungswesens bedeuten, da ja ihre Zimmer und Schlafstellen frei würden für Personen, die bisher noch schlechter gewohnt haben.

Bis zu einem gewissen Grade werden natürlich solche Wohngelegenheiten für Ledige eine Konkurrenz sein für die Haushaltungen, welche bisher Untervermietung betrieben haben. Solange die Zahl der Untermieter zunimmt, wird diese Konkurrenz nur so weit von Bedeutung sein, als durch Ledigenheime denjenigen Haushaltungen, die wegen der Höhe der Mietpreise zur Untervermietung greifen wollen, die Untermieter entzogen werden. Der Schaden dürfte hier nur dann erheblich sein, wenn die betreffenden Haushaltungen eine Wohnung inne haben, deren Mietpreis in sehr großem Mißverhältnis zu ihrem Einkommen steht, wenn sie also von vornherein die Absicht hatten, gleich mehrere Untermieter aufzunehmen. Das ist besonders da der Fall, wo der Haushaltungsvorstand eine einzelne Frau ist, die durch Zimmervermieten ihren Lebensunterhalt erwirbt. Die Zahl dieser Frauen ist nicht unbeträchtlich, 1905 gab es 7567 solcher Haushaltungen, wovon aber etwa 62 % Haushaltungen mit Zimmermietern sind. Diese Haushaltungen mit Zimmermietern dürften kaum von der Konkurrenz eines Ledigenheims getroffen werden, und auch die Haushaltungen, in denen alleinstehende Frauen an Schlafleute abvermieten, werden in der Regel vor solchen bevorzugt, in denen schon ganze Familien hausen. Soweit sie keine großen Schäden zeigen, wird diesen Haushaltungen ihre Vorzugsstellung auch gegenüber einem Ledigenheim bleiben weil der Raum nicht zu sehr beengt ist, und weil hier die Möglichkeit vorhanden ist, daß von der Vermieterin für die Instandhaltung der Wäsche mit gesorgt wird.

Nun gibt es aber eine sehr große Zahl von Fällen, wo Familien eine größere Wohnung nehmen und darin abvermieten, weil sie andere Wohnungen nicht erhalten können, oder sie vermieten auch in kleinen Wohnungen ab, weil die Miete im Verhältnis zum Einkommen zu hoch ist. Soweit es sich dabei um Zimmervermietung handelt und die Verhältnisse sonst günstig sind, ist für diese Haushaltungen durch ein Ledigenheim nur wenig Konkurrenz zu befürchten. Bei Schlafstellen sind, wie Dr. Wiedfeldt nachgewiesen hat (Schriften der Zentralstelle für Arbeiter-Wohlfahrtseinrichtungen Nr. 26, S. 125 ff.), die Einnahmen aber nur dann erheblich, wenn an mehrere Schlafleute abvermietet wird. Solche Zustände sind indes keineswegs wünschenswert, und wenn die Konkurrenz eines Ledigenheims dahin führen würde, daß das Abvermieten an mehrere Schlafleute eingeschränkt wird, so wäre dies nur zu begrüßen. Vor allen Dingen muß hier auch bedacht werden, daß wenn eine Haushaltung aus der Untervermietung größere Einnahmen gewinnt, die Gefahr nahe liegt, daß ein Teil dieser Einnahmen wieder durch die Steigerung der Miete aufgezehrt wird, so daß der Vorteil der Untervermietung dann nur ein sehr geringer ist. Solange weiter die Möglichkeit besteht, daß Familien mit geringerem Einkommen die Mieten größerer Wohnungen durch Abvermietung aufbringen können, wird der Bau größerer Wohnungen vom Baugewerbe wegen der höheren Rentabilität bevorzugt werden. Schwindet diese Möglichkeit, so wird die erhöhte Nachfrage nach kleinen Wohnungen auch das Baugewerbe in dieser Richtung mehr beeinflussen. Das Baugewerbe wird sich dem Bau kleiner Wohnungen um so eher widmen, wenn durch die Wohnungsaufsicht die Untervermietung mit ihrer starken Abnutzung aus den kleinen Wohnungen entfernt wird.

Im übrigen wird die Konkurrenz eines Ledigenheims, da es von der großen Zahl der Untermieter nur einen geringen Teil aufnehmen kann, gar nicht so sehr zu befürchten sein. Die vorbildliche Einrichtung des Ledigenheims würde aber einen heilsamen Einfluß auf die private Untervermietung ausüben, insofern als die Konkurrenz eines solchen Unternehmens zu einer Verbesserung der Ausstattung der Räume und der sonstigen Verhältnisse in der privaten Untervermietung selbst führen würde, so daß sich mit der Schaffung eines Ledigenheims zwei Ziele würden erreichen lassen: Die Entlastung des Wohnungsmarktes von der zu starken Verbreitung der Zimmermieter und Schlafleute und die Verbesserung des Untervermietungswesens selbst.

Tabelle A 1.
Haushaltungen mit Zimmermietern.

	Haushaltungen mit Zimmermietern		Zimmermieter		Auf eine Haushaltung entfallen Zimmermieter
	Zahl	%	Zahl	% der Bevölkerung	
Alt-Leipzig . . .	9 650	23,05	16 514	9,05	1,7
Ostbezirke	3 155	9,85	4 051	3,12	1,2
Südbezirke . . .	311	5,26	362	1,51	1,1
Westbezirke . . .	2 298	9,38	2 938	2,73	1,2
Nordbezirke . . .	1 282	10,55	1 701	3,34	1,3
Neu-Leipzig . . .	7 046	9,45	9 052	2,91	1,2
Gesamt-Leipzig . .	16 696	14,34	25 566	5,17	1,5

Tabelle A 2.
Haushaltungen mit Schlafleuten.

	Haushaltungen mit Schlafleuten		Schlafleute		Auf eine Haushaltung entfallen Schlafleute
	Zahl	%	Zahl	% der Bevölkerung	
Alt-Leipzig . . .	4 252	10,15	7 563	4,15	1,7
Ostbezirke	3 125	9,76	4 247	3,27	1,3
Südbezirke . . .	382	6,46	473	1,97	1,2
Westbezirke . . .	3 309	13,51	4 909	4,56	1,4
Nordbezirke . . .	1 066	8,77	1 533	3,03	1,4
Neu-Leipzig . . .	7 882	10,51	11 162	3,58	1,4
Gesamt-Leipzig . .	12 134	10,42	18 725	3,78	1,5

Die Verhältniszahlen beziehen sich auf die Haushaltungen bezw. die Haushaltungsbevölkerung des betreffenden Bezirks.

Tabelle B 1.

Haushaltungen mit Zimmermietern.

	Haushaltungen mit Zimmermietern		Zimmermieter		Auf eine Haushaltung entfallen Zimmermieter
	Zahl	%	Zahl	% der Bevölkerung	
Innere Stadt . . .	688	23,41	1317	9,23	1,9
Nordostvorstadt . .	906	26,86	1634	10,68	1,8
Südostvorstadt . .	1465	28,13	3018	13,16	2,1
Innere Südvorstadt .	2149	30,99	3777	12,45	1,7
Äußere Südvorstadt .	1245	14,84	1642	4,75	1,3
Innere Westvorstadt .	1695	20,85	2741	7,98	1,6
Äußere Westvorstadt	436	18,52	631	6,45	1,4
Innere Nordvorstadt .	573	27,35	964	9,89	1,6
Äußere Nordvorstadt	493	20,15	790	7,10	1,6
L.-Reudnitz . . .	1600	14,14	2141	4,71	1,3
L.-Anger-Crottendorf	357	8,45	449	2,46	1,2
L.-Neureudnitz . .	40	6,94	50	2,17	1,2
L.-Thonberg . . .	86	6,17	98	1,79	1,1
L.-Neuschönefeld . .	150	8,85	177	2,75	1,1
N.-Neustadt . . .	358	11,07	452	3,48	1,2
L.-Volkmarsdorf . .	394	6,66	484	2,09	1,2
L.-Sellerhausen . .	129	4,30	155	1,18	1,2
L.-Neusellerhausen .	41	6,14	45	1,66	1,1
L.-Connewitz . . .	306	5,64	357	1,64	1,1
L.-Lößnig	5	1,02	5	0,21	1,0
L.-Kleinzschocher .	365	7,34	454	1,97	1,2
L.-Schleußig . . .	323	10,37	417	3,39	1,3
L.-Plagwitz . . .	568	13,50	775	4,43	1,3
L.-Lindenau . . .	1042	8,42	1292	2,22	1,2
L.-Gohlis	1018	11,65	1365	3,82	1,3
L.-Eutritzsch . . .	264	7,75	336	2,72	1,2

Die Verhältniszahlen beziehen sich auf die Haushaltungen bezw. die Haushaltungsbevölkerung des betreffenden Bezirks.

Tabelle B 2.

Haushaltungen mit Schlafleuten.

	Haushaltungen mit Schlafleuten		Schlafleute		Auf eine Haushaltung entfallen Schlafleute
	Zahl	%	Zahl	% der Bevölkerung	
Innere Stadt	383	13,03	813	5,70	2,1
Nordostvorstadt	311	9,22	572	3,74	1,8
Südostvorstadt	624	11,98	1218	5,36	1,9
Innere Südvorstadt	876	12,63	1464	4,82	1,6
Äußere Südvorstadt	713	8,46	1051	3,04	1,4
Innere Westvorstadt	711	8,74	1159	3,37	1,6
Äußere Westvorstadt	119	5,05	202	2,06	1,7
Innere Nordvorstadt	261	12,46	492	5,05	1,9
Äußere Nordvorstadt	254	10,38	592	5,32	2,3
L.-Reudnitz	1038	9,18	1502	3,31	1,4
L.-Anger-Crottendorf	479	11,33	613	3,36	1,2
L.-Neureudnitz	70	12,15	101	4,38	1,4
L.-Thonberg	108	7,75	119	2,18	1,1
L.-Neuschönefeld	181	10,68	246	3,80	1,3
L.-Neustadt	369	11,41	507	3,90	1,3
L.-Volkmarsdorf	595	10,05	794	3,43	1,3
L.-Sellerhausen	207	6,90	262	2,02	1,2
L.-Neusellerhausen	78	11,69	103	3,80	1,3
L.-Connewitz	371	6,84	460	2,12	1,2
L.-Lößnig	11	2,26	13	0,56	1,1
L.-Kleinzschocher	738	14,84	1154	5,08	1,5
L.-Schleußig	204	6,92	284	2,31	1,4
L.-Plagwitz	692	16,45	1108	6,33	1,6
L.-Lindenau	1675	13,54	2363	4,39	1,4
L.-Gohlis	763	8,73	1084	2,97	1,4
L.-Eutritzsch	303	8,90	449	3,18	1,4

Die Verhältniszahlen beziehen sich auf die Haushaltungen bezw. die Haushaltungsbevölkerung des betreffenden Bezirks.

Das Regulativ über Teilvermietungen in Leipzig vom 5. November 1904.

§ 1. Als Teilvermietung im Sinne dieses Regulativs gilt die Vermietung oder Untervermietung von Teilen einer Wohnung zum Wohnen oder Schlafen (Schlafgängerei).

§ 2. In Wohnungen, die nur aus Stube, Kammer und Küche bestehen oder noch weniger Räume enthalten, ist Teilvermietung verboten.

Dieses Verbot bezieht sich nicht auf Blutsverwandte des Wohnungsinhabers oder seiner Ehefrau und nicht auf Kinder unter 14 Jahren. Auch dürfen einzelne Personen, die eine solche Wohnung allein oder mit Angehörigen desselben Geschlechts inne haben, Personen desselben Geschlechts in ihren Räumen aufnehmen. Einzelstehende ältere Frauen können auch an Männer vermieten.

§ 3. Teilvermietung an Familien mit Kindern ist nur dann gestattet, wenn jede der die Wohnung teilenden Familien mindestens eine Stube und eine Kammer erhält.

§ 4. Küchen, des unmittelbaren Licht- und Luftzutritts entbehrende Räume, Hausflure, Korridore, Keller und offene Hausböden gelten nicht als Stuben und Kammern im Sinne dieses Regulativs und dürfen zu Wohn- oder Schlafzwecken weder von den Wohnungsinhabern noch von den Untermietern benutzt werden. Ein gleiches gilt von solchen Räumen, deren Benutzung zum dauernden Aufenthalte von Menschen aus wohlfahrtspolizeilichen Gründen untersagt worden ist.

§ 5. Bei Aufnahme von Teilmietern ist die gemeinsame Benutzung einer Küche zulässig.

§ 6. Einzelne Teilmieter verschiedenen Geschlechts dürfen in einer Wohnung nur dann aufgenommen werden, wenn sie Räume erhalten, die voneinander vollständig getrennt sind und eigenen Zugang vom Vorsaal aus haben.

§ 7. Die zur Aufnahme von Teilmietern benutzten Räume müssen von den eigenen Wohn- und Schlafräumen der Wohnungsinhaber und ihrer Familien vollständig getrennt sein und eigenen Zugang vom Vorsaal aus haben. Es ist jedoch die in § 2 Abs. 2 festgestellte Ausnahme zulässig. Außerdem ist gestattet, daß Angehörige des Wohnungsinhabers mit Teilmietern desselben Geschlechts den nämlichen Schlafraum benutzen.

§ 8. Die Teilvermietung ist in jedem Falle nur an so viel Personen zulässig, daß auf jede in der Wohnung schlafende Person ohne Unterschied des Alters und ohne Unterschied, ob sie zur Familie des Haushaltungsvorstandes gehört oder nicht, mindestens 10 cbm Luftraum und mindestens $3\frac{1}{2}$ qm Bodenfläche des Schlafraums kommen. Für je drei Familien ist mindestens ein besonderer Abort notwendig. Die Betten dürfen nicht übereinander gestellt werden. Bei Aufnahmen von einzelnen Personen hat jede ein eignes Bett zu erhalten.

§ 9. Alle zu Wohn- und Schlafzwecken an Teilmieter überlassenen Räume sind wohnlich und sauber zu erhalten.

§ 10. Teilmieter, die den Bestimmungen des Regulativs zuwider aufgenommen wurden, sind binnen einer vom Rate von Fall zu Fall festzusetzenden angemessenen Frist aus den Wohnungen zu entfernen.

§ 11. Die Bestimmungen dieses Regulativs sind nach Ablauf eines Jahres von Inkrafttreten auch auf diejenigen Wohnungen anzuwenden, in denen beim Verkünden des Regulativs bereits Teilvermietung bestand.

§ 12. Der Rat ist befugt, die Teilvermietung zu untersagen, wenn Tatsachen vorliegen, die die Unzuverlässigkeit der Vermieters in sittlicher Beziehung dartun.

§ 13. Dem Rate bleibt das Recht vorbehalten, in Fällen, in denen die Handhabung dieses Regulativs zu Härten und Unbilligkeiten führen würde, von einzelnen Bestimmungen desselben zu dispensieren.

§ 14. Zuwiderhandlungen gegen vorstehende Vorschriften werden mit Geldstrafe bis zu 60 Mk. oder mit Haft bis zu 14 Tagen bestraft.

Robert Noske, Borna-Leipzig, Großbetrieb für Dissertationsdruck.

www.ingramcontent.com/pod-product-compliance
Lightning Source LLC
LaVergne TN
LVHW060628300926
849162LV00008B/1736

* 9 7 8 3 1 1 2 6 7 5 8 7 8 *